光明社科文库
GUANGMING DAILY PRESS:
A SOCIAL SCIENCE SERIES

·法律与社会书系·

社会工作行业与专业发展

陈玉生　胡文辉　李瑶葵 | 编著

光明日报出版社

图书在版编目（CIP）数据

社会工作行业与专业发展 / 陈玉生，胡文辉，李瑶葵编著．--北京：光明日报出版社，2022.2

ISBN 978－7－5194－6466－0

Ⅰ.①社… Ⅱ.①陈… ②胡… ③李… Ⅲ.①社会工作—案例—中国 Ⅳ.①D632

中国版本图书馆CIP数据核字（2022）第036665号

社会工作行业与专业发展

SHEHUI GONGZUO HANGYE YU ZHUANYE FAZHAN

编　　著：陈玉生　胡文辉　李瑶葵

责任编辑：刘兴华　　　　责任校对：刘浩平

封面设计：中联华文　　　　责任印制：曹　净

出版发行：光明日报出版社

地　　址：北京市西城区永安路106号，100050

电　　话：010－63169890（咨询），010－63131930（邮购）

传　　真：010－63131930

网　　址：http://book.gmw.cn

E－mail：gmrbcbs@gmw.cn

法律顾问：北京市兰台律师事务所龚柳方律师

印　　刷：三河市华东印刷有限公司

装　　订：三河市华东印刷有限公司

本书如有破损、缺页、装订错误，请与本社联系调换，电话：010－63131930

开　　本：170mm×240mm

字　　数：413千字　　　　印　　张：23

版　　次：2022年2月第1版　　　　印　　次：2022年2月第1次印刷

书　　号：ISBN 978－7－5194－6466－0

定　　价：99.00元

目录

CONTENTS

总论

宏观社会工作与微观社会工作

——基于广东省的实践看社会工作本土化创新与发展

第一节　中国社会工作发展概略

2020 年 10 月 29 日，中国共产党第十九届中央委员会第五次全体会议通过《中共中央关于制定国民经济和社会发展第十四个五年规划和二〇三五年远景目标的建议》，建议指出："加强和创新社会治理。发挥群团组织和社会组织在社会治理中的作用，畅通和规范市场主体、新社会阶层、社会工作者和志愿者等参与社会治理的途径。"社会工作者再次作为参与社会治理的重要主体被提及，同时，也向广大社会工作者提出了如何才能有效参与社会治理的重大时代议题。

百余年前，无数的爱国志士就开始了谋求中国富强民主的社会改良实践探索，社会工作行业和专业也因此得以探索发展。晏阳初的乡村建设实验旨在通过平民教育解决中国农村愚穷弱私的问题；杨开道的农村生活运动旨在通过"好农业，好经营，好生活"建设农村社区；梁漱溟的乡村建设实践旨在通过组织活动把散漫的、只顾自家自身的农民组织起来搞生产，在生产中学习和运用科学技术。但社会改良实验的最终失败，给我们今天开展社会工作服务实践提供了许多有益的启示。例如，改良无法真正解决当时的诸多问题，与农民的沟通出现诸多障碍，出现"乡村运动而乡村不动"的困境，有很强的官办色彩，出现"高谈社会改造而依附于政府"的现象。当前，社会工作发展也存在类似的困境。在行业上如何找准自身定位，扮演好时代发展的角色，将深刻影响社会工作的长远发展。此外，在具体的服务技巧上，如何与群众搞好关系、管理好项目、有效利用各项资源，解决社区和老百姓实实在在的问题，这又是留给每一个社会工作从业者的考题。

21 世纪以来，回望社会工作实务发展的历程，从 2008 年的汶川地震，到 2010 年的富士康 13 连跳事件，到 2014 年的鲁甸地震，到 2015 年的深圳山体滑坡，到2020年的新冠肺炎疫情防控等等，无不体现着这样一个现实，“时代越发展，越需要社会工作者；情况越危急，越需要社会工作者”。社会工作行业也随着政府采购力度的加大而不断获得发展壮大，社会工作的专业性也随着服务的深入而不断变得本土化。

广东作为社会工作发展先行先试的典范，从2007年深圳市委、市政府在全国率先出台《关于加强社会工作人才队伍建设推进社会工作发展的意见》及七个配套文件（简称“1+7”文件）开始，广州、东莞、佛山、中山、惠州等地轰轰烈烈开展专业社会工作的探索和实践，已历经13个年头，积累了丰富的实践案例和理论素材。广东13年社会工作发展经历“引入借鉴—适应改造—本土挖掘—创新发展”四个逻辑发展阶段，走出了一条本土化探索之路。

在传入期，深圳、东莞、广州等地借助毗邻香港、澳门等地的优势，大量引入香港、澳门督导，开展内地和港澳的深度交流合作，推出了诸如“深圳督导计划”“东莞督导计划”等合作项目，广东各地的实践也大多是采取港澳的运作模式。广州略有不同，在一段时间内，借鉴和学习了新加坡的实践路径，例如家庭综合服务中心。然而都可以统称为传入期，主要以学习、吸收和借鉴为主。

在改造期，文化上的差异、政治环境不同等因素，让实务工作者很快发现“外来和尚不好念经”了，必须在坚持社会工作理念的情况下改造外来理论和模式。采取灵活的方式，对一些具体的服务方法和模式进行改造，以不断适应当前国家、社区、居民的实际需求。

在实践期，无论是高校的学者还是实务的工作者都在呼吁和探索一条社会工作本土化的道路。他们尝试挖掘和运用具有中国特色的文化基础、政治制度、社会和经济环境，用以解读我国的社会和社区问题。

在创新期，社会工作者需找到既有服务质量又有文化特色的实践模式。在社会工作实务有了一定积淀，老百姓对社会工作不再陌生，政府对社会工作的期待不断增加的情况下，社会工作者必须从内部发生改变，不断优化自身的理论和组织形式、创新服务技巧和模式等，才能不断适应新的时代需要。

很显然，“引入借鉴—适应改造—本土挖掘—创新发展”四项内容很难明晰地界分社会工作13年的发展历程，所以，只能说是四个逻辑发展阶段。社会工作发展历程既体现了西方价值观为支撑的理论基础和服务技术的不断融合和创新的改进历程，也体现了本土社会工作和社会治理文化价值观的不断发掘和创新发展。当前，中国社会工作者对西方经验的吸收与本土经验的积累都取得了重大成效，独立发展能力越来越强。比如，广东社会工作发展中香港和澳门督导逐步退出各地的一线督导服务，转而扮演顾问和咨询的角色，各地着力培养起本土的专业社会工作督导，因此本土的督导开始承担起不断优化和创新行业与专业的历史责任。因此，“引入借鉴—适应改造—本土挖掘—创新发展”四项内容既整体地融汇于社会工作发展总体进程，又依次在总体进程中的某个时期发挥着主导作用。

我国社会工作虽然历经百余年发展，以及新世纪快速发展，但王思斌指认，我国社会工作实践不成熟，还处于模仿、探索和初步的经验积累阶段，并导致中国社会工作学术创新的困境。① 那么，如何认识中国社会工作实践不成熟和学术创新困境呢？从逻辑上说，理论与实践相辅相成，在创新实践中发展检验理论，用科学理论指导创新实践；理论工作与实践工作如果处于良性状态，两者应该相互促进。但是，与西方社会工作从宗教孕育出来并从实践中发展出理论不同，中国社会工作是在政府主导下先培育专业人才，后发展职业，并主要以政府购买社会服务的方式创造岗位。在目前中国的社会工作发展中，理论和实践两个领域似乎处在相互观望和期待的阶段。一方面，社会工作学术界期待社会工作实践更加成熟，经验更加丰富，以期助推社会工作学术创新；另一方面，中国社会工作面临效果和方法的质疑、价值倾向问题等，② 实践亟待理论创新和指导。中国社会工作学术创新困境和实践本土化压力越发凸显。可是，西方社工知识和政府购买服务是中国社工发展的典型背景，当在学术界和实践界从业的社工领域人员彼此期待而未能如愿时，通常自觉不自觉转向国外知识。可以说，绕不开的国外社工知识，用于本土化的中国社会工作实践，无异于饮鸩止渴。这种创新有困难、出路有限制的状况，实际更加延缓和阻碍了创新发展。如何破局？王思斌老师谈了学术创新问题，并指出其中的一个困境在于中国社会工作实践的不成熟，那么，本书尽量站在实践者的角度，来谈谈社会工作本土化实践困境，以及亟须理论总结和理论研究的一些领域，供各位专家批评和参考。

---

① 王思斌．社会工作学术创新刍议［J］．社会建设，2017，4（04）：7－11.

② 王思斌．客观认识社会工作的地位和作用［J］．中国社会工作，2019（19）：46.

第二节　宏观与微观社会工作：基于广东经验分析社会工作发展的十个面相

本书结集了十篇基于广东经验的研究文章，从一个侧面揭示了新时期社会工作本土化探索的历程和结果，剖析社会工作行业和专业发展情况与存在问题，并尝试提出合适的解决路径。概言之，本书用十个案例勾勒出社会工作行业发展和专业实务本土化发展的十大基础领域，分别为：社会工作功能定位，社会工作机构发展，社会工作平台建设，社会工作队伍建设，社会工作能力建设，掌握专业技能，服务社会群体，整合社会力量，执行政策规划，管理服务项目。

第一，对于某个区域，"定好位、培好业、搭平台、育人才、增能力"是发展社会工作行业的基础。也就是说，社工行业发展首先要明确社会工作的功能定位，并为此开展服务机构、服务平台、人才队伍、专业能力建设。我们可以将此概括为社会工作行业发展的"1+4"。

第二，对于某位社工，"开好一个小组、凝聚好一股力量、执行好一项规划、带好一个团队、服务好一群人"是开展社会工作实务的基础。也就是说，社会工作者要不断提升自身工作能力，梯次培养出"专业服务技能、整合社会力量、执行政策规划、管理服务项目"的能力，并最终专业地"服务社会群体"。我们可以将此概括为社会工作专业实务发展的"4+1"。

总体而言，本书十个主题立足于广东经验，大多比较新颖，但蕴含理论和现实关切。文章用丰富的资料，主要从微观的角度，揭示社会工作处境、方法和过程，较系统地展示了当前社工发展的生态，提出了"社会营造周期""P-C模型"等新的概念，提供了许多新的思路和对策建议，以便更好地改善社会工作发展。一个案例一个期盼、一个案例一个标尺，我们以此倡导和促进更好的"社会服务"。这里就十个主题做个简要介绍。

第一章主要探讨社会工作功能定位的问题。分析认识一个行业，首先要了解其在社会系统中处于什么地位、扮演什么角色、发挥什么功能。社会工作作为一个从西方引进的新兴行业，在国内尚处于起步阶段，对于社会工作功能定位的研究应摆在社会工作行业发展状况研究的首要位置。为了更好地处理实务社工与政府及服务相关方的关系、厘清各自的角色定位，探索社工与合作方的合作模式，避免社工陷入角色困境，提升社工的工作效能感，提高政府、服务对象及社会大众对社会工作的满意度，本章通过78个青少年服务个案的经验分析，表征当前社工角色期待和角色扮演的情况，进而对社工的功能定位做规范性研究。以社会角色理论和结构功能主义理论为研究视角，采用文献法、访谈法和内容分析法进行研究。首先，对政府、事业单位/社会团体、服务对象、机构、督导、社工自身六个服务相关方的社工角色期待与社工角色扮演情况进行内容分析，并进行横向的比较；其次对角色期待与角色扮演之间的角色偏差与一致性进行分析，探讨社工角色困境；再次，从个体层面、他人角色期待层面以及社会层面对社工角色困境进行原因分析；最后，基于社工角色困境的原因，笔者从个体层面和社会层面提出了社工角色调适的方案对策。本章通过对社工角色困境的研究以及角色调适方案的探讨，得出了如下结论：社工在社会系统中发挥着补位功能，即案主功能缺失，首先要由相关服务主体承担相应的服务功能，在服务主体履行好自身的职责后，案主的功能仍然存在不足的地方，才由社会工作进行介入。社会工作补位的前提是各服务主体各归其位、各司其职。

第二章主要探讨社会工作机构发展问题。随着社会工作在中国大陆蓬勃发展，北上广等发达地区的社会工作机构发展态势良好，相对而言，粤东粤西北等相对欠发达地区的社会工作发展迟缓，社工机构较少，无法满足当地群众的需求。潮汕地区自身拥有较多的资源，如数目众多的海内外侨胞力量、历史悠久的传统民间慈善机构以及潮汕地区特有的各种习俗文化等，如果对其加以挖掘和运用，将为潮汕地区社会工作机构的发展带来难得的生机。本章以“场域”理论为切入点，选择潮汕地区 3 类不同背景的社会工作机构作为研究对象，分别是由政府相关部门下属单位直接成立的政府背景型社会工作机构、由潮汕传统民间慈善机构善堂成立的民间背景型社会工作机构以及由潮汕地区爱心企业组织成立的企业背景型社会工作机构等三个类型。笔者从潮汕地区 31 个社会工作机构中抽取三种类型的典型机构作为研究对象，通过质性研究分析不同背景的社工机构如何运用自身的资本和禀赋而施展自己的策略，从而在潮汕这一社会工作场域中占据自己的位置。从潮汕地区的社工机构发展现状入手，简述潮汕场域不同类型机构的分化情况；从场域构型出发，探讨社工机构的目标、可运用的资本禀赋及其行动者惯习对于潮汕地区不同类型的社工机构在生成营造过程中所采取的策略的影响；从场域环境角度，从社工机构场域界限、场域自主性、场域内外部所对应的权力关系等四个方面分析潮汕地区社工机构持续性发展的策略。最后，通过对潮汕地区各类社工机构的策略进行总结和反思，结合潮汕地区特有的侨胞资源、传统民间慈善力量以及民俗惯习等丰富的内在资源总结出适合潮汕地区社会工作机构的发展策略。

第三章主要探讨社会工作平台建设。平台作为服务催生的重要硬件，“政府搭台、社会唱戏”口号虽已提出多年，但我们对平台与服务的深层关系和逻辑脉络却不得而知，由此我们萌生了以社会平台为切入点，尝试性深入探究社会工作平台与社会工作服务的关系。在理论视角的运用上，我们发现经济学领域早有关于平台研究的双边平台理论，但考虑到公共领域平台与经济学领域平台存在本质差异，于是认真引入公共领域的一些重要思想后对双边平台理论的分析框架进行了修正，并建构了平台供给、平台效用和平台战略三个分析概念，这三个概念一方面汲取了双边平台理论原有的研究思路，另一方面也引入了公共领域的思想意识和形态，也为我们顺利开展社会工作平台发展研究捋清了思路。研究中，我们首先从静态、动态、生态上分析了其供给类型、供给变化和供给差异，在发现平台供给类型呈现多样化、层次性并具备一定周期特征基本掌握社会工作的基本面的情况下，我们迅速转向社会工作平台的效用研究，首先从平台规模、平台运营、平台队伍三个方面探究了社会工作平台与社会工作服务关系。其次通过对质性材料的研究得出社会工作平台对社会工作服务的四大作用机制，随着作用机制的得出，我们又深入探究了社会工作平台到社会工作服务的生成路径。最后，基于南海区社会工作平台持续向好的发展趋势以及在社会工作服务中所发挥的巨大效用，笔者从建设、管理、运营和保障四个方面揭示了社会工作平台的发展战略。因此，要更好地发展社会工作服务，必须重视社会工作平台的发展，从平台建设的有序化、运营的多元化、管理的体系化和保障机制创新四个层面推动社会工作平台健康发展。

第四章主要探讨社会工作队伍建设。随着社会工作人才队伍的不断发展与壮大，社会工作行业逐步实现了职业化与专业化发展。广东省社会工作顶层制度设计初步完成，综合政策引领、专项政策配套的制度体系逐步健全；社会工作专业人才和社会工作服务机构日益壮大，全省通过全国社会工作者职业水平考试人数达近 6 万人，已有社会工作服务机构 1245 家。珠三角地区特别是深圳、广州、东莞等多个城市已取得了可喜的成绩。但就在这样的一个现实背景下，社工队伍建设、社工个人发展等方面在向更高水平发展的同时，一些问题也渐渐浮上水面。这些年轻社工在工作中要面对工作上的适应、对异地的适应，再加上身边的社工不停流转——有的转往别的行业，有的成了公务员，有的回到老家发展，以致社工行业离职率高，人才流失量大。现阶段需要了解社会工作者的职业稳定性现状，了解其影响因素，从而寻找提升社会工作者职业稳定性，留住社会工作者人才的途径，进而建设更加强大的人才队伍。本章以珠三角社会工作者为研究对象，首先，根据对现有文献的研究，提出自己的研究假设和研究设计。其次，运用职业发展理论与内外影响力范式作为本书的理论基础，对珠三角的社会工作者进行问卷调查，收集整理、分析数据；不仅分析了内外部影响对社会工作者职业稳定性的影响，而且还把这些内外部因素与社会工作者职业稳定性进行了相关分析和回归分析，证明了前文所提出的假设，即年龄、从业时间、家庭支持、职位及月收入等因素对社会工作者职业稳定性影响显著，社会工作者的职业稳定性受外部影响最大；职业稳定性和低个人成就感呈显著负相关，与职业倦怠总分呈显著负相关。再次，对本研究进行了总结和分析，并结合研究结果和理论基础，引出了提升社会工作者职业稳定性的启示，包括完善薪酬待遇体系、建立机构激励机制、增加家庭对社会工作者的支持、重视社工个人成长与行内交流等方面。最后概述了本研究的不足和展望。

第五章主要探讨社会工作能力建设。社工专业支持是外部为了促进社工自身服务能力、意识的提升，或促进社会服务项目的顺利执行，而运用对应学科、行业知识来对个体采取的积极措施、提供的专门帮助。社工在接受专业支持后，在个人层次，社工个人感觉到自己有能力去影响服务对象，解决服务对象的问题；在人际层次，社工可以与同工、志愿者、服务对象一起合作，去解决服务中遇到的困难；在社会层次，社工可以推动社区甚至社会的改变，做出对社会福利的政策倡导。本章以佛山某镇社工项目的专业支持情况为例，探索已有社工专业支持能否满足社工在各领域的社会服务工作需求。受项目阶段影响，初期阶段的项目，社工人际层次、社会层次赋能有待实现；部分处在中期阶段的项目，社工社会层次赋能有待实现。研究发现，为了实现社工个人能力、意识的提升，以及服务项目的顺利执行，社工专业支持的内容需要满足赋能的五大要素，包括专业价值观、案例经验、专业理论、专业技能、集体行动，以促进社工在个人层次、人际层次、社会层次的赋能。

第六章主要探讨如何掌握专业技能的问题。在社会工作专业发展研究中，实务研究是重要的部分，对于一线社会工作者开展实务工作有很好的指导意义。掌握小组工作的专业技能，是开展一线实务的利器。本章依托小组动力学理论，基于笔者实习的南海区青少年公益项目，采取个案研究法，综合运用参与式观察和半结构式的访谈进行资料的收集。在小组动力学概念的界定基础上，以小组动力因素为分析小组动力变动的维度，整体上揭示了成长性小组动力变迁的过程。首先成长性小组认为小组的动力形成过程，是在社工主导下增进组员互动意愿的动力培育过程。成长性小组动力的波动是多种不良因素作用下，小组走向成熟必经的“烦恼”。而成长性小组的动力发展，则是社工有效干预小组动力，组员基于个体成长的积极调试过程。在完整阐述了小组动力的基础上，笔者建构起社工介入策略、成长性小组因子、小组动力因素和输出结果为向度的成长性小组动力模型。结合其他类型的小组动力研究，发现成长性小组动力是小组“场域”下的目标动力和互动动力相互作用的结果，其动力呈现出滞后性和稳定性的特征。最后笔者基于小组动力模型，分别从重视小组动力评估、评估小组动力对小组和组员的影响，灵活的小组动力领导风格和激发个体组员成长几个方面提出了摆脱成长性小组动力困境的实务建议。小组动力是小组工作重要研究议题，也是小组实务中不可忽视的方面。但目前国内对于小组动力的研究依然不足，更多的是国外的研究经验。笔者认为这需要引起一线社会工作者和研究者的注意，加强对于该领域相关课题的研究，并对国外研究是否适用于我国的情况加以鉴别。这对于一线社会工作者更准确地掌握专业技能有着重要的意义。

第七章主要探讨服务社会群体的问题。作为一名社会工作者，个案、小组、社区等是必备的专业技能，是我们开展服务时需要灵活应用的专业手段，自如地运用这些技能可以使服务开展得更加顺利；在上一章节中我们可以看到在小组动力理论的视角下，作者呈现了一整个完整小组的动力干预过程以及反思。优秀的小组在开展过程中能够活跃气氛，帮助组员进行能力的提升和发展，协助组员正视自身解决自己的问题，鼓励小组成员通力合作实现自身的价值等。同时我们也要明白社会工作主要服务的是社会中的普通群体，如何将这些专业的社会工作服务手法结合实际，通过本土化运用到不同的社会服务群体之中去，这就需要社会工作者不单单做到对专业技能的熟练运用，更要做到对不同的社会服务群体的特点、困难、表现、如何开展服务等了然于胸。作为微观的服务实践来说，本章节所要详细述说的是农村老年人这一群体；以社会支持网络的视角，通过在日常生活中的接触了解收集相关的资料，剖析农村老年人这一群体的基本特点，了解在日常生活中他们会遭遇的普遍性问题，以及他们自身对于这些问题的解决方法等，同时通过更深层次的探究，了解构建老年人社会支持网络的可能性以及社会支持网络对解决他们日常生活所遭遇问题的影响。

第八章主要探讨如何整合社会力量的问题。当前社区社会组织“依赖”现象较为严重，其日常运作和活动开展还是紧密依靠居委会或社会组织，而难以真正形成自主能力，且社区参与层面较浅，难以形成真正协商共治、共建共享的自治力量。本章则以“共建共享美好社区”项目为例，该项目已历时一年，成功培育出一个健康发展的社区社会组织，能够独立开展社区自主服务和管理，并通过活化社区文化、美化社区环境，以实现“自助”的创新模式被广州市社会组织授予2019年度优秀“广州街坊”社区治理案例。通过项目的成功经验，重点探讨社工如何在社区社会组织中整合社会资源，通过培育具有社区使命感的社区志愿者队伍，带动社区居民共同参与，整合社区各方资源，服务社区困难群体，完善社区自我服务功能，助力美好社区建设，落实创新基层城乡社区治理政策。

第九章主要探讨执行规划政策的问题。在我国，社会工作的发展离不开社会政策的支持，两者之间是相互依赖和促进的关系。社会工作要更好地发展和更有效地发挥作用，在社会政策框架下，探索符合中国特色社会主义建设，执行回应社区在地化需求的社会工作服务项目尤为重要。社区营造是推动社区建设的有效形式，对于推进社区治理现代化具有重要价值。因此，本章主要围绕社区营造的执行进行探索和研究。目前，对于社区营造研究，多数集中于：第一，关于它的历史变迁过程，即概括社区营造的特点、主要内容以及未竟问题，总结经验教训；第二，以“人”“文”“地”“产”“景”不同维度划分，探讨社区营造的模式；第三，探讨参与主体在社区营造中发挥的不同作用。以上的研究，都是对社区营造项目的静态分析，缺少从动态分析的角度，探讨社区营造。本章以S村社区营造作为研究案例，探讨资产为本视角下的社区营造，分析其不同发展阶段的执行情况、所遇问题，进行实务反思，提出社区营造周期，期望为其他社区提供经验，协助得到长效发展，推进基层创新社区治理。通过研究，本章提出社区营造周期包括阶段、介入原则及主体角色。其中，社区营造的阶段为发掘社区资产、发动社区资产、累积社区资产；社区营造介入原则是以资产为本，社区资产逐步推进、以社区为主的内在取向工作策略、以关系为重，伙伴式推动发展；社区营造的三个主体是政府、社工、社区，政府是社区营造的保障者、社工是社区营造的推动者、社区是社区营造的参与者。

第十章主要介绍了管理社会工作服务项目的方法。通过一个项目运作的实际案例，说明社会工作项目质量管理的具体过程以及前后对比成效情况。随着社会工作的不断发展，渐渐出现了以项目运作为主要服务手段的趋势。虽然行业引入了项目的管理方法，但是在项目质量管理方面存在突出问题。结合近几年的情况来看，社会工作项目存在“重指标轻质量”“以次充好”“以假乱真”“服务质量参差不齐”“服务成效不明显”“服务对象偏离”等质量问题。为了能够确保服务质量，除了要求社工机构定期接受第三方评估外，还应当要求其能够自觉地改进质量问题，建立符合社会工作服务项目的质量控制体系。为解决社会工作服务项目执行过程中遇到的各种质量问题，本书构建了质量控制体系“P－C”模型。该模型借鉴了管理学PDCA质量循环方法，融入教育学的CIPP成果评估模式，结合社会工作服务项目的特点，丰富和完善了PDCA各阶段的质量控制内容，并在CHECK检查阶段运用CIPP作为检查工具，形成了相对完善的质量控制体系。本章首先对社工机构使用PDCA进行质量管理的情况进行研究，分析其存在的局限和不足，通过反思和借鉴，引入CIPP作为检查工具，弥补PDCA在社会工作服务实践中存在的局限，构建了社会工作服务项目质量控制体系“P－C”模型。其次，“P－C”模型用于具体的G项目实践，通过对比项目前期使用PDCA的情况和中期运用“P－C”模型的情况，并以第三方评估机构评分作为客观评价，来分析“P－C”模型的实务效果。最后，通过项目关系人对质量控制体系“P－C”模型的实务评价，进一步分析该体系的特色、优势和不足，并得出结论。笔者运用“P－C”模型对G项目过程进行质量控制，同时引用第三方评估结果进行效果检验，从而证明“P－C”模型的有效性，得出质量控制的相关经验，以供其他社会工作者进行借鉴和使用。

从整体角度而言，本书从实践出发，综合运用社会学、社会工作、管理学、心理学等相关理论，以广东社会工作行业和专业发展的问题和探索为例，论述和介绍了宏观层面的社会工作功能定位、机构发展、平台建设、队伍建设和能力建设等行业状况，还有微观层面的社会工作专业技能、服务群体、组织培育、政策执行和项目管理等专业方法。参与本书撰写的各位作者都是社会工作行业的从业人员，是基于他们切身的机构、项目、社区服务和研究经历得出的经验总结，具有很强的应用性和实用价值，是本书的一大特色和亮点所在。同时，本书还体现了社会工作者行动研究的特点。一方面，本书所论及问题都是从社会工作的实践开始，是持续推动行动研究的原动力；另一方面，社会工作者没有停留在感性的基础上，而是进行理性的分析，不断推动社会工作行业和专业持续改进。另外，社会工作者没有站在局外人的角度观察事情发展，而是把服务机构、服务对象也作为行动的成员来对待，共同探讨服务的方法，一起承担责任，不断循环往复，促进地区发展以及提升居民克服困难的能力。案例的典型性也是本书的另一特色。每一个都是经典案例，对于这些案例进行深入、全面完整的解读，为类似案例问题提供了许多切实可行的解决办法。本书所有案例都来自实践服务，有助于拉近书本与读者的距离，在产生共鸣的同时，获得对不同领域深刻的认识以及化解问题的途径。

第三节　系统与环境：
基于广州经验分析社会工作的服务关系建设

根据上述研究可判断，中国社会工作系统建设已经取得重大成功，但是，中国社会工作实践仍然面临诸多困境，但追根溯源，根本上需解决的是两个核心问题：一是社会工作的着力点在哪里？二是社会工作该如何提高工作效率？前者要解决的是“心往一处想”的前提问题，本书将其定位于社工开展服务涉及的“需求调查问题”；后者要解决的是“劲往一处使”的前提问题，本书将其定位于“价值实现问题”。这两个问题如果没有讨论清楚、认识到位、解决妥当，社工服务将困境重重、效率低下。

从社会学家卢曼的社会系统论视角看，本书社会工作十个领域的分析主要是社会工作系统内部的建设，如果将系统外的环境因素纳入考察，需要进一步的研究工作。作为本书的总论部分，我们初步考察了社会工作系统与环境的关系。什么是社会工作系统的外部环境？如何建立社会工作系统与外部环境的关系？这需要考察。总体而言，社会工作提供的是专业服务，服务是社会工作系统与外部环境的根本沟通媒介。因此，服务关系建设是社会工作发展的根本所在。

下面基于对广州社工站的服务调研，主要从需求调查、价值、履职、职业化、项目制、评估、机构化等方面将所发现的问题进行系统整理。在此基础上，提出相应的解决策略，包括识别最基础的需求，澄清社会工作自身在公共服务供给中的角色定位，尝试固化社工业务，改变机构化的组织形态，建立良性的激励机制。同时，指出调动社工的积极性、激发社工活力才是解决问题的根本所在。

一、通过社工系统甄别社会需求：广州社工站（家综）服务中调查工作分析

以广州市社工服务站（家庭综合服务中心）为例，社工站（家综）服务采取项目方式由社工服务机构承接，那么，到底向谁提供服务和怎样评价服务呢？这就涉及服务需求调查和项目评估调查相关问题。简言之，广州市家综社工服务中的调查工作包括以下内容。第一，项目采购方（主要是镇街）在招标书的用户需求方面，会有大致服务范围和内容。第二，应标的社工机构，会在投标书中响应用户需求，并将其细化，同时会象征性地提交一份服务群体的调查报告。第三，中标的社工机构承接项目进场后，又会对服务对象开展需求调查并形成调查报告，并在接受第三方评估时声称在此基础上拟订服务计划。第四，具体开展服务过程中，社工真正提供服务给服务对象，这些对象的来源有转介来的、有与政府部门和社区居委会协作开展的活动、有居民自己主动要求提供服务的、有社工走访发掘的、有签约时明确要求的，等等。第五，因评估指标

和行业规范要求，接受社工服务的居民要对社工服务进行评价，填写一份满意度调查表。第六，第三方评估时，会对服务购买方进行调查，对居民进行随访，了解服务供给情况。

综合上述需求调查和服务评价调查，前者回应向谁提供服务和提供怎样的服务的问题，后者回应服务成效和质量的问题。粗略看，上述调查工作没有什么可讨论的问题，但细细推敲，认真调研梳理后发现，上述调查工作在实践中引发和带出了诸多问题，并反映于如下社工发展的许多困境之中。

二、通过社工系统回应社会需求：社会工作服务关系建设中的实践困境

基于广州市社工站（家综）服务中调查工作的问题发现，社会工作实践中的困境较多，分类不一，本书具体从需求调查、价值、履职、职业化、项目制、评估、机构化七个方面展开讨论，为下一步提出有针对性的建议打下基础。

（一）需求调查相互脱节，对实践的指导意义较低

前文所述四种需求调查相互脱节，并不能真正回应到底向谁提供服务的问题。招标书用户需求基本上是由委托方根据以往经验、上级要求、行业惯例，再结合辖区经济社会状况和人口状况拟定的，比较粗略，其真正的功能之一就是在形式上表明了确实需要购买一定量的社工服务，向社会表明招标的合法性。真正有意竞标的投标人基本都会响应用户需求，并提交响应用户需求的调查报告，这种调查报告形式多样，总体质量较差，真实性是存疑的，但只要有，评标专家基本确定其为真实并都会根据横向对比给分。中标后的服务对象需求调查，是用来回应评估专家的，在通常情况下，学者为主的评估专家倾向于科学的问卷调查，社工机构因此做足功课，会提交一份定量需求调查报告；评估过程中，因大部分社工定量分析水平有限，调查报告中很多专业性的统计问题难以回答而备受评估专家诟病，以至于双方都不满意。但实际上，服务计划通常是镇街项目购买方和社工机构协商确定，会反复修改完成，镇街社工业务主管部门首先要考虑领导的指示和镇街当前重点工作，并因此影响到服务内容。但是，前面这三种调查都是功夫用在事外，最后真正决定为谁提供服务的，是在实际服务过程中实现的。如上，社工服务的对象有多种来源渠道，受多种临时性因素影响。对于广州家综服务而言，尤其是小组和社区活动，很有可能，覆盖的人群就是家综中附近居民。因此，向谁提供服务这件事似乎很后现代，非计划、无中心、偶然、局部。那么，为什么需求调查不能解决向谁提供服务的问题？为什么要那么多次需求调查？这是社工行业问题，需要反思。

（二）服务效能感不高，自我价值和专业价值遭受质疑

社工服务需求调查存在几个悖论：首先，能不能开个案、开小组、搞社区活动，在逻辑上看，是专业性的问题，只有社工通过专业评估才能决定，但是，因为是政府项目，受项目逻辑影响，定了产出指标，这样就必须完成任务，其间的悖论就是即使一个社工从专业角度看，确实没有发掘那么多个案，也只好降低专业标准开个案。其次，从项目角度而言，到底向谁提供服务和提供怎样的服务应该由购买方明确，但现实中，社工既是需求的测定者，又是需求的供给者，那么，社工必然选择为那种容易满足需求的对象提供服务。最后，需求调查尤其是评估专家希望看到的需求调查报告，要求科学性，但向谁提供社工服务，主要是专业性和价值性的，现实中花费巨大精力撰写的调查报告通常只是摆设。我们举个例子，在社工服务还是稀缺公共物品的情况下，非常科学的问卷调查结果表明，5%的社区老年人有康复照料需求，而50%有文体娱乐需求，请问，这样的调查结果对于社工服务而言，有什么指导作用？这样的调查结果既不能告知社工向哪个群体提供服务，因为这是价值性问题；更不能告知社工有康复照料需求的老年人到底是谁，因为问卷是匿名的，不能指示方向。总之，诸多调查，表面看很有必要，甚至很科学，可就是没能解决向谁提供服务的问题，没能解决提供什么类型什么程度的服务的问题。最后，一线服务社工只能靠自己选取服务对象，诊断服务需求，评判服务品类，不仅要花费诸多时间，而且非常无序，费心费力，最终造成的是社工效能感不断衰减，陷入自我价值和专业价值的怀疑中。

（三）社工履职过程中，存在错位、越位、失位现象

我们参与过一些社工服务评估和调研，比如问在青少年领域开展服务的几名社工，你们服务范围内有多少辍学青少年等问题，答不上来，很快就会发现，他们对服务群体没有清晰的认识。行业内形成的传统，不是社工入职了就可以直接对接服务对象并顺利开展服务，而是首先要花费很多时间去找服务对象，在评估过程中，找到服务对象并将其确定为个案通常成为一个典型案例用故事包装给评委听。这是将社工的力用错了方向。这叫错位。基层社区活动，通常由镇街、社区居委、社工服务机构等部门一起搞，还出现一场活动有多个单位拉了多次横幅拍照，充当单位业绩的现象。皆大欢喜，大家凑份子，不仅完成了业绩，而且省了不少开支。我们没调查，不能判断期间是否存在各部门都做了活动经费预算，最后合伙办的一场活动成了完成预算的牌坊。但这种行为，如果不能明确这场活动是花费了哪个部门的预算经费，并将活动成果明确对应活动经费的预算，而扩大其范围，肯定是属于越位，甚至是违规。此外，有些

政府部门将一些本应该由自己干的活交给社工处理，有时也能匹配上服务产出指标，这也是越位。社工服务过程中，因为向谁提供服务难以监管，又没有价值导向，社工因此倾向于回应容易达成产出指标和少花精力的服务对象。其结果导致本应该接受服务的没有享受到，其表现有“锦上添花的事情做得多，雪中送炭的事情做得少”“社工干的活，居委会也能干，丢了专业性”等。这叫失位。综上，社工履职过程中，存在错位、越位、失位现象，如何回归本位、位其所位，应值得思考。

（四）社工在社会中缺乏固定业务，未完成职业化

如何激发社工活力，应该置于“推进国家治理能力和治理体系的现代化”这个大政方针下来思考。具体措施就是让社会对社工服务有需求，可期待；让社会对社工服务有选择，可交易。当前“有困难，找社工”这个口号，就像“有困难，找警察”一样，体现的是公共服务价值取向，而非职业化的专业服务价值取向。社工与律师、会计、医生、教师、工程师、心理咨询师、保姆、保安、厨师等职业群体相比，还远未完成职业化。其中一个重要原因就是虽然确实有社会需求，但至今没有任何机制能够将其固定在一些领域，并通过政策建立起社工与服务对象的法律或政策关系，社工服务处于可有可无的状态。社工目前只是漂浮在政府的项目中。项目是什么，是一种临时性和一次性的事项。政府如果政策调整，随时可以将其取代和调整。其次，社工在整个社会还没有固定的业务，没有不可替代性的专业事务。项目制基础上的社工岗位，没有形成真正的社会自发需求的根基，是社工行业的虚假职业化。

（五）社工生存过度依赖政府项目，发展受到多元主体的约束

中国社会工作得以发展主要得益于政府的大力推动。比如，《广州市社会工作服务指导性规范》具体地定义社会工作者为“在社会工作专业服务机构或政府购买社会工作服务项目中，从事社会工作服务的专业人员”。与宗教背景下的社工集结有（类宗教）组织自身的价值取向和使命不同，政府背景推动下的社工机构并没有超世俗的使命。政府购买社会工作服务项目存在着风险和挑战，如交易成本增加、服务对象瞄准问题、腐败和寻租现象、机构丧失独立性、目标置换现象等。① 社工机构经费主要来源于财政，招募社工主要为完成项目目标，难以形成自身纯粹与恒常的使命。宗教背景和背景不同会影响到社会工作者的集结方式。社会工作者集结在社工机构或政府项目中，机构化和项目化。

① 陈为雷．政府和非营利组织项目运作机制、策略和逻辑——对政府购买社会工作服务项目的社会学分析［J］．公共管理学报，2014，11（03）：93－105＋142－143.

比如，现实中，广州市社工机构基本上依靠政府项目存活，机构招募社工主要为完成项目目标。项目目标基本是一种临时性和一次性任务；政府购买的社工项目受财政部门财政控制权和专业行政部门发包控制权约束；项目控制权必须回应财政的公共性而离不开监督和评估项目的有效性和合法性。现实中，广州市社会工作要回应财政部门绩效考核、行政发包方监管、业务主管部门监管、行业协会监管、人大代表监督、第三方评估、社会评价、服务对象评价、机构考核、专家督导等。面对多元主体，社会工作实际上非常难以适从，但仍然有迹可循，比如调研中，受访社工普遍认为第三方评估即项目评估，最影响他们的行为。

（六）第三方评估结果识别度不高，难以达成以评促建、以评促改的目标

第三方评估属于专业评估，是项目制的内在要求，目的在于更好地规范项目本身，提高项目效能。2015 年 5 月 13 日，民政部印发《关于探索建立社会组织第三方评估机制的指导意见》指出："建立社会组织第三方评估机制，是完善社会组织综合监管体系的重要内容，是社会组织评估的发展方向"。同时要求"吸收有关部门代表、人大代表、政协委员、专家学者、市场中介机构和社会组织代表等专业人士，建立信誉好、公信力高的评估委员会和复核委员会，充分发挥委员会在第三方评估中的决策和监督作用"。但是，第三方评估在直接影响项目过程的同时，必然引起多元主体的关注，并引起一些困境和问题。首先，行政发包方既是项目的发包主体又是第三方评估的委托人，这在逻辑上可以影响项目评估的中立性，但同时，由于评估是专业行为，难以约束相对独立的评估专家，事实上难以通过评估实现对项目的监管。其次，第三方评估对于财政绩效而言，要实现产出评价、社会效应评价，同时更为重要的是要发挥社工服务优胜劣汰的作用，但第三方评估往往专注于产出完成情况、专业性，评估结果识别度不高，难以成为财政发包的选择机制。再次，因为第三方评估直接影响到社工服务机构的生存发展，机构因此以评估指标为导向考核社工，哪怕亏损专业性。最后，评估专家、发包方、财政监督方等发现社工和社工机构指标导向，亏损服务质量，因而不满意。第三方评估同样也存在着独立性不强、专业化水平不高、客观性不足、评估效益不明显的内卷化现象。① 总之，第三方评估难以发挥应有作用，导致多元主体均不满意。社工服务因为面对多元主体，各主体价值取向不同，因此对第三方评估存在不同看法实属正常，但是，大家

① 韩江风．政府购买服务中第三方评估的内卷化及其优化——以 Z 市 S 区社会工作服务评估项目为例［J］．四川理工学院学报（社会科学版），2019，34（02）：20－37.

均不满意，就是一个行业问题。从调研结果来看，一方面，社会工作者效能感差，也即没有工作成就感，没有付出足够努力或付出了努力而没有取得想要的结果；另一方面，其他各方总体认为社工服务项目产出不错，但社会效应较差。这反映了社会工作业内业外对其服务质量有所期待。总之，这表明社工服务用力不够或方向错误。

（七）社工服务机构存在资本累积难、风险与收益不匹配等问题，导致资深社工不断被挤出

社工服务机构基本上是民政部门登记注册的社会组织，多属于社会服务机构。社工机构基本是非营利组织，同时是法人实体。社工机构作为法人，又是非营利性，再加上主要依靠政府项目存活，最后导致的结果是机构法人治理存在以下方面问题。第一，非营利性决定了社工机构很难有资本的积累，在当前主要依靠政府项目生存发展的情况下，没有项目就意味着贫血，也就没有任何抵御风险的能力。但是，法人实体要求社工机构对其聘用的员工、服务的对象、承担的项目等承担风险责任。为规避风险，成熟的社工机构会拿出一部分项目经费用于购买员工的意外险和服务场所的场地险。第二，没有考虑到社工机构的风险和收益关系，现有民政部门相关的法规政策明确社工机构开办人和实体经营者不能分配收益，其实也没有多少收益分配，也没有法规涉及他们的法律责任和风险责任如何分配，主要是对他们进行行为监管。第三，社工机构作为非营利组织也是法人，法人必须像企业组织那样遵守国家有关法人法规，比如劳动合同法第十四条“无固定期限劳动合同”、第四十二条用人单位“劳动合同解除”限制、第四十六条和第四十七条有关用人单位应向劳动者支付经济补偿等的相关规定，对于非营利性尤其又是依靠政府项目存活的社会组织而言，是不可承担之重。第四，法人的法定代表人承担法人风险但并没有相应的收益匹配，这导致其以规避风险为第一要务及工作激励性不断衰减。第五，社工机构被迫与社工签订与项目周期相匹配的短期劳务合同，并不断挤出老员工。可以说，非营利、项目制和劳动合同法强化了社工流动和法人治理危机。随着社工行业的不断发展，这方面带来的困境将越来越明显。

三、重建服务关系：社会工作系统的完善与畅通外部环境联结机制

为了更好地解决社会工作实践当中的困境，必须从识别最基础的需求，到澄清社会工作自身在公共服务供给中的角色定位，再到尝试固化社工业务，改变机构化的组织形态，建立良性的激励机制，不断推动社会工作成为一个能够

自我更新完善，适应社会需求的职业。

（一）社会的需求是可以识别清楚的，当前必须夯实社工服务需求的数据信息基础工作

当前，社工每接一个项目，都要搞好几次需求调查。在相同区域，居民群体实际相对稳定，但进一个项目要做一次调查。这些调查，不管是谁开展，只要是政府购买项目，其成本实际都由财政支付。因此，与其如此折腾和低效率，政府部门不如建立基层社情民意登记信息网络，夯实基础，将基本的公共物品供给和需求信息一次性摸查清楚，对往后增减人口，以及公共物品供需调整，坚持做好信息记录的加减法就可以了。如果一个社工能够这样声称：经我们排查或购买方提供的数据表明，服务范围内有精神病患者50人，其中具有潜在攻击性的有6人，不按时吃药的有8人，没有监护人的有3人；并经过我们进一步专业诊断，30名精神病患者在现有服务下（包括社区医院配送药物和定时诊治，家人服务监管等）就可以了，另有19名可以发动志愿者定期探访，最严重的有3名，需要开个案，有6名需要开小组，其中有20名家属需要提高照料服务的能力，有4名要加强家人服务监管，有2名要联动社区公安和安保人员协同监管，等等。那么，我会认为，这样的需求调查是真正回应了需求的，解决了向谁提供服务的问题，是合格的。但即使社工能清晰地识别社会需求，接下来仍然要面对需求满足的问题。下面以一个案例来说明：某农村社区，有不少独居甚或孤寡老人的住房破败，有的甚至是危房，社工进场后，项目督导希望能够系统梳理居民公共物品包括社工服务需求内容，做到精准化精细化程度，形成表格。社工在系统梳理一些居民公共物品需求点的同时，向基层部门提出修缮某些住户房屋的请示，得到的答复是，“这个情况比较普遍，但并不知道多少家需要修缮；倘若给某几户修缮，其他住户也会向政府要求修缮，但没有财政预算，比较困难”。用这个案例说明两个观点：一是基层公共供给状况和需求状况是可以通过排查、登记、备案等方式搞清楚的；二是政府对公共物品的供给到底到什么程度，是可以明确的。但目前我们似乎都没有往这个方向想。为什么用“排查”这些概念，而不用“调研”，就是要将具体的社工服务需求调查与科学研究调查区别开来。地方政府倘若看重问卷调查，对辖区居民公共物品需求只知道个大概，然后就拟定公共物品供给方略，无异于黑夜中前行。

（二）需求的层次是可以评定的，当前需要规划好公共物品的供给水平

社工服务毕竟涉及专业，政府部门信息登记不能反映全部。比如，夫妻俩到民政局打算办理离婚，通常情况下，办理登记人员会了解情况，然后判断准许与否。这时，是否可以将这对夫妻作为社工服务个案转介给社工呢？是否需

要公共服务信息登记呢？信息登记后发布的范围到哪里呢？是否关涉到隐私等问题呢？再如，从学校或居委会大致可以了解到有多少个义务教育阶段小孩辍学了。这时，是否可以将孩子的信息转介给社工呢？是否需要公共服务供给信息登记呢？信息登记后发布的范围到哪里呢？是否关涉到隐私等问题呢？等等，确实非常复杂。作为信息登记，起码有四个层次：一是离婚必须出具社工做出的婚姻状况评估报告。二是夫妻一旦启动离婚程序，就意味着出现婚姻危机，政府有责任责令社工介入。三是夫妻一旦启动离婚程序，就意味着出现婚姻危机，政府有责任提供社工服务供欲离婚夫妻选择，对需要服务的提供服务。四是政府为特定区域范围的特定居民提供社工服务，将婚姻危机干预与否交给社工选择。因此，信息登记与政府公共物品供给程度相关。

在这个假设中，如果政府实施前三个层次，整个社会必然形成社工服务需求市场，社工服务有大量业务，社工服务将走向市场化。比如，上海市社工服务作为三甲医院评估的重要指标，对培育医务社工服务市场发挥了重要作用。但是，当前各地社工服务还处于第四层次，案主没有社工服务的必选项，只有政府对社工服务的专项。从这个意义上而言，社工服务需求调查涉及中国这样的服务型政府如何释放某项居民必选公共服务业务给社工。如果是政策建议，我们认为这可以试点。因此，政府公共服务需求信息应该以公共物品供给程度作为基础，明确供给程度后，将可能有需求的居民信息登记清楚，并有机制保证各方主体将公共物品供给到位。那么，接下来就要进入有需求的主体需要怎样的公共物品的甄别阶段。比如，一个低保户，除了政府给到的基本保障物品之外，同样需要甄别清楚，是否需要照料服务、康复医疗服务等。如果有需要，当前是否有相关主体提供，如果没有，是否要责成相关主体提供。如果提供服务，是否需要付费。如果需要付费又没有付费能力，有何救助渠道。这就是甄别。谁来甄别？专业人士评估并出具评估报告。对于非紧急需求的居民，可以请专业人士到辖区开展集中评估和入户评估，一年或半年评估一次。评估结果出来以后，凭评估报告，居民可以接受相应服务，对少数评估报告认为必须接受服务的，政府可责令相关方干预和介入。社工服务也是如此，由专业人士按照一定方式对辖区内居民在某一时期需要什么类型的社工服务做出诊断和评估，然后将服务需求提交政府，由政府决定是否向相应居民或群体提供服务。社工服务流程应该将辖区内居民社工服务需求评估、服务供给、服务过程监管、服务结果评价四项工作分离开来。

（三）公共物品供给是多元主体的，社工服务应该定位为“补位功能”

既然社工服务属于公共物品，当前阶段处于短缺状态，那么，以政府为背景通过财政购买的社工服务项目，就必然要求购买方对向谁提供服务做出说明，并且在项目中明确约定。首先，在服务型政府的大背景下，基层社会治理存在上面千条线下面一根针的境况，这种状况导致进入基层的公共物品来源多头，这也就会出现一个活动多个部门拉横幅，各自为政，制造虚假业绩的现象。其次，服务型政府各部门已经在基层供给了各种公共物品，像广州甚至还开办了长者食堂等，可谓种类繁多，那么，社工服务的独特性在哪里，需求点在哪里。最后，我们会发现基层仍然对公共物品供给有很大的期待，说明虽然品类繁多但未能满足需求，这时，政府到底满足到什么程度。如果政府创新了很多做法，但都是蜻蜓点水式的公共物品，政绩上好看，但里子却很寒碜，既不能解决问题，还可能被认为“半心半意”，落下口舌。所以，在政府给社工定位及明确服务需求之前，需要做好几项基础工作：一是镇街和社区公共物品供给必须一盘棋。怎么办？可以依托权力清单，将各条线传递下来的政策、事务、责任在转化为具体行动时，能整合的整合，能化约的化约，再建立一个事务清单，以此保证基层公共服务的事务不交叉，不虚设，不重复让费。二是立足实际，坚持实事求是，系统摸查清楚辖区内公共服务需求点，精准到人，精细到个性化，构建公共物品需求信息和供给信息，在现有政策下，做到一个理想状态的供给图表，对已经供给到位的，表明供给物品、供给主体、供给方式，对尚未供给到位的，明确供给主体、方式和物品种类，做到各司其职，各归其位，位其所位。以此保证基层公共事务供给有责，责任到人，供给有物，物尽有效。

接下来的一个问题是，社工服务在整个基层公共服务体系中扮演什么角色？社工服务虽然在本书被确定为公共服务，但其有非常强的社会性，尤其是其价值取向，主要在于通过专业社工以助人自助的方式增加社会福利，因此，在公共服务供给清单中，并非非常强烈的国家公共责任，相比社会保障、教育、公共交通、医疗与公共卫生、公共安全等，社工服务实际上尚未真正纳入公共物品清单。因此，社工服务的实际地位次于这些公共服务。当且仅当公共服务政策用尽但仍然难以覆盖到，居民又难以通过自身渠道获得服务但又确实有服务需求时，社工服务才可以提供。社工服务一方面延伸公共服务，另一方面补偿和修复社会不足。我们将这种社工定位定义为“社工补位功能”。社工“补位”有四层意思或四个方向，一是社工直接为案主提供服务，补偿功能；二是社工提供服务，采取助人自助方法，增强案主自身能力，恢复自身丧失或不足的功能；三是社工通过联结资源，为案主培育外在补偿功能和社会资本；四是社工开展社会倡导，改变行为方式和政策环境。那么，如果社工定位为补位功能，当案主应当享受公共服务而相关部门没有且不提供时，社工当如何行动？社工此时仍然扮演补位功能，一方面协助案主争取公共服务，另一方面在公共服务供给不到位之前及时通过其他途径为其补偿功能。简单而言，社工服务依据“各司其责，位其所位；社工补位，充实修复”原则。对社工而言，当案主（个人、家庭、群体、组织和社区）需要社工服务时，必然意味着案主存在某些功能缺陷，在公共服务政策和社会资本难以补偿的情况下，社工补位。

（四）从项目化走向职业化，必须固化社工业务

推动社工职业化最有效的方法就是，释放一项公共服务给社工，让居民与社工能够直接建立公共关系，就如打官司通常必须找律师、看病必须找执业医师、财务处理必须找会计执业人员一样、必须经由执业社工诊治后，案主才能进入公共服务的下一个程序，唯其如此，才能向全社会宣示，我们的社会是需要社工服务的，社工的专业服务是值得拥有的。社工职业化可从以下方面入手。第一，社会政策执行社工化和职业化。以镇街为单位，社工驻点服务。社工在公共服务领域，就做社会政策的行动者。政府逐渐将有关社会政策的权责利下沉到基层，并释放给社工，让社会政策的执行专业化和职业化。社工为居民个人和家庭解决最后社会政策方案并提供咨询服务，免费提供社工专业服务。第二，政府购买社工服务。有些政府部门认为其承担的一些事务或面对的人群需要社工介入的，可以采取专项的形式，购买社工服务；也可采取岗位的形式，聘用具有社工专业资格的人员。第三，企业社会责任社工化和专业化。当前企业社会责任仍然依靠企业自己聘用人员专门从事这项事务，既不专业，也成为企业负担，故释放出来交给社工代理完成。第四，协助宗教和慈善组织回馈社会，尤其宗教领域，将传统的行善方法通过社工升级为专业的回馈社会的方法。第五，规定社工可以开展付费服务，但有义务每年志愿向有需要的案主提供免费服务。

（五）回归常识，必须明确社工只是专业从事利他主义工作的一般劳动者

先看定位，《美国全国社会工作者协会道德准则》指出：“社会工作的主要任务是增进人类福利，帮助满足所有人的基本需要，特别关注弱者、被压迫者和贫穷者的需要和权利。”“社会工作者为了案主的利益而促进社会公正和社会变革。‘案主’包括个人、家庭、群体、组织和社区。”《广州市社会工作服务指导性规范》更具体地定义社会工作服务“是指社会工作服务机构安排社会工作者，运用社会工作专业知识、方法和技能，为有需要的个人、家庭、社区、单位等提供困难救助、矛盾调处、人文关怀、心理疏导、行为矫治、健康管理、关系调适、资源协调等服务的活动”。从定位而言，中美社会工作服务看不出很明显的差别，均为利他主义。一个非常重要的常识就是，全国这支规模宏大的

社工队伍，其发挥作用，不能仅仅停留在不断强调其“助人自助”的精神品质上，而是要在激发其不断地付出劳动及提供更高品质的服务上。一个重要的机制就是释放活力。当前购买社工服务定位在购买服务工时和服务量上面，对于社工而言，类似于吃大锅饭，服务好服务差都一个样。

为应对困境，中国社工发展应该回到常识。首先，社工助人自助是社工工作行为效应的价值所在，但并非社工职业者人生的价值所在。因此，社工职业化就必须让社工回归劳动力市场这个常识。其次，社工服务的产出主要是软体而非硬体，很难通过科学检测那样的方法对其服务产出予以客观评估，社工服务应以居民响应和评价为标准并建立起社工服务产品供给的交易机制。因此，社工服务产品必须回归交易市场这个常识。最后，社工服务是高度专业性、高度复杂性、高度价值性的智力活动，很难被直接监督，最好的办法就是让每个成员分享剩余收益。因此，社工联结形态必须回顾劳动力组织这个常识。

（六）引入“有限责任合伙制”，建立能真正激励“专业劳动者”社工个体的组织形态

我们首先要明确一个常识：社工服务是高度专业性、高度复杂性、高度价值性的智力活动，很难被直接监督和客观评估。购买社工服务时，应该有服务工时的采购、服务量的采购。社工如何在购买（交易）中体现竞争力，那就是，相同服务需求，有经验的社工可以更少的成本（专业劳动时间）和更高的质量实现案主的服务需求，比如，培育更为丰富的社会资本，联结更为有效和持久的资源，案主获得更强的自助能力等，相应的其收入也应更高。这是对第一个劳动力市场的认识。那么，服务的质量到底好不好，应该由受益人来评价。受益人获得服务必须要有付出，倘若没有付出，免费（包括不是作为选择机会）供给，受益人只要得到好处，给予肯定。因此，社工服务作为公共物品供给必须是有代价的，或者付费，或者用选择机会换取。这就是交易常识。

为了获得更多的收益，社工必须改变当前被机构雇佣的状况。机构化导致社工服务质量的边际效益配给了机构，必须将其配给到社工个人。如上可见，“非营利机构+项目制”是当前我国社工发展的最典型形式。这种制度安排将面临越来越多的困境。为此，社工机构的法人结构需要完善。回到上述三个常识之后，要社工提供高质量的专业服务，建议将“有限责任合伙制”的精髓嵌入社会工作领域。大量研究已经表明并在实践中实施，那就是会计和律师的联结合伙制。与会计和律师非常相似，社工服务属于轻资产，主要成本就是劳动时间和专业知识，即专业劳动。合伙社工机构以共有机构的所有资产承担有限责任，同时合伙社工对其自身行为承担无限责任。这样，合伙社工可以在符合相关规定下，单独开展

业务，提供专业服务，打造自己的服务品牌。

四、结语

如何调动社工的积极性、激发社工活力才是解决问题的根本所在。第一，要非常精准地指引社工提供服务。社会工作需要测定和评估，首先要解决价值定位问题。谁付费，谁定位。社工服务需求评估和满足不能由相同的机构和社工解决，要将服务对象的选择与服务提供分离。根子就在于没有解决到底向谁提供服务的问题。应坚持两个原则：购买方明确服务需求，服务需求评估和服务需求提供分离。第二，要非常有效地调动社工的积极性。当前社工发展的动力主要是机构的竞争。机构以项目为王，有了项目，就能招社工完成；适当管理，就能应付评估过关。这种状况导致机构难以潜心提升服务质量。总的问题就是当前社工从业人员难以适从，身处多重困境。故提升服务质量的真正潜力不在机构，在社工。以上是基于调研和长期思考总结的一些认识，尚未科学论证和严肃讨论，先抛出来供学界、社工实践界和决策者参考及进一步探究。实践彰显了问题，实践者抛出了想法，呼唤严肃认真地开展学术研究！

最后需要说明的是，本书并没有方方面面反映社会工作行业和专业发展的现状和问题，而是有所侧重地选择论述的角度。例如，宏观层面社会工作行业的问题，远不止本书所涉及内容，而只是当前凸显出来的显性问题，还有很多隐性问题，囿于篇幅，不能一一予以展示。与此同时，本书所介绍的相关研究主题仅是初步的探索性的研究成果，未必具有普遍的适用性，部分结论由于研究的能力和时间有限，不能确保绝对准确。然而，无论如何，本书努力为政府、行业、从业人员展现一个行业和专业发展的阶段性总结图景，并尝试在研究主题、研究方法和案例选择方面做出一些创新。本书力图打造成一本兼具理论性、探索性、实用性和借鉴性的应用型书籍，为社会工作行业发展以及提升从业人员专业能力做一些独特性、创造性和启发性的贡献。

上篇 01

社会工作行业发展研究

引导语：

社会工作作为舶来品，在国内尚属新兴行业，社会工作的发展状况与社会的稳定、民众的福祉息息相关。而对于社会工作行业发展状况的研究，不得不首先思考一个问题，社会工作作为一个行业，它在社会系统中处于什么地位，发挥什么功能。本章基于社会角色理论和结构功能理论视角，通过青少年服务个案内容分析，表征当前社工角色期待和角色扮演的情况，进而对社会工作的功能定位做规范性研究，为社会工作的整体发展和研究提供参考依据。

第一章

社会工作功能定位：角色理论视角下的青少年服务个案内容分析

随着社会工作在内地的蓬勃发展，开始流行起一句话：有问题找社工。社工似乎是万能的，从摇篮到坟墓都是社工的服务人群：新生儿阶段，适应新成员加入的家庭辅导服务，产妇产后抑郁的辅导服务；临终阶段，针对临终人士的临终关怀服务，针对家属的哀伤辅导服务。从人群的特定需要的角度来看，有普适性的家综服务，也有针对特定人群的专项服务，企业社工服务、医务社工服务、精神康复服务、妇女深度服务、青年地带服务、学校社工服务、居家养老服务、司法社工服务、禁毒服务、农村服务、外籍人士服务等等，甚至福利院、养老院、军休所等也都购买了社工服务或者聘请了社工，社工服务涉及人们生活工作学习的方方面面。不过，社会工作只是一门专业、一种职业，有自己特定的服务人群，特定的工作职责，不可能三百六十行都懂。然而，由于社会大众、合作方，甚至政府对社工的角色功能认识不清，导致了人们对社工服务成效产生一定的心理落差，进而对社工发挥的功能产生怀疑。

第一节　结构之功能与实务之角色：社会工作定位的理论探讨

在社会学上，社会角色是在社会系统中与一定社会位置相关联的符合社会要求的一套个人行为模式，也可以理解为个体在社会群体中被赋予的身份及该身份应发挥的功能。王笑（2014）认为，现有的社工角色研究一般以功能性为出发点，沿着功能性与实务性两个理路展开。

在实务性理路中，社工担任着什么角色呢？不同的学者有不同的看法。万仁德（2006）认为，社会工作者担当的社会角色包括服务者、支持者、倡导者、管理者、资源获取者以及影响者。社会工作者在社会服务中往往扮演服务提供者、计划和执行者、沟通和协调者、资源链接者以及支持者的角色（盖显颖，2017）。目前在我国社区治理中，社会工作者承担着服务者、支持者、调查者、资源链接者等多重角色（张凌云，2017）。在老年工作中，社会工作扮演着经纪人、支持者、宣传者、策划举办者的角色（汤佳，2018）。吴咏梅（2013）认为，农村社会工作者扮演着服务者、组织者、引领者、协调沟通者、调查评估者、政策影响者六重的重要角色。社会工作者在精神康复领域的角色是多重的，在康复的不同阶段其角色定位又各不相同：住院初期的资料收集者、关怀者；治疗前期的协调者、服务提供者；治疗后期的支持者、调解者；出院回归期的追踪者（薛静茹等，2013）。社会工作角色对农民而言分别为“教育者”和“领路人”，“服务提供者”或“福利照顾者”，“协作者”和“陪伴同行者”（陈涛，2014）。针对农民工的社会工作承担着服务提供者、服务创新者、能力建设者、资源协调者、教育倡导者、资源整合者、研究者、组织建设者等多重角色（李真等，2013）。医务社会工作的角色包含三个层面，微观层面包含咨询者、心理疏导者、指导者；中观层面包含资源链接者、社区健康教育者；宏观层面是政策倡导者（李静等，2018）。从上述文献可以看出，对于社会工作的角色，可以分为直接服务角色与间接服务角色。直接服务角色包括服务提供者、治疗者、支持者、关系协调者、宣传者；间接服务角色包括行政管理者、资源整合者、政策影响者、研究者。而这些角色都是沿着实务的理论，从社会工作的服务技巧或工作内容的角度进行界定的，并没有把社会工作放在社会体系中，从社会发展和社会治理的角度进行界定。

在实务理路上，社工角色面临哪些困境呢，又该如何应对？不同的实务领域各有不同。医养结合中社会工作者面临对自身专业角色认知模糊、定位不清、实际服务与角色期望断裂等角色困境，应通过提高社会工作者专业水平，明确医养结合中社工专业角色定位，完善相关制度等来破解角色困境（陈琳等，2019）。社工参与社区治理出现角色失调的原因为角色期望难以统一、社工在扮演角色时的精力分配不合理、理想角色、领悟角色与实际角色之间存在差距和角色互动的另一主体的负面影响等。并提出角色学习、角色换位、角色转移和角色教育等应对策略（陈前，2019）。上述文献指出了社工在实务工作中的角色失调或角色困境的表现、原因分析以及角色调适方案，但对于社工角色究竟如何定位，没有一个明确的界定。

那社工与其他服务主体之间的关系如何呢？岗位社工从事行政工作，与政府部门之间的博弈导致社工专业角色被抑制（徐子彬等，2017）。医务社工角色在跨领域团队合作中出现弱化的现象（胡真一，2018）。社工以其特有的视角和方法在多学科团队中发挥着不可替代的作用（于玲等，2017）。社工与其他服务主体的合作互动中，社工角色呈现出了消极的一面，也有积极的一面。

在功能性理路上，社工的角色定位如何呢？闵兢等（2018）认为，在社会要求的宏大叙事框架下，青年社工的角色定位实质上只是社会建设与治理过程中某一（些）功能的承担者和实践者，它聚焦于目标达成和成效实现的工具理性，而忽略了主体自我中价值取向、价值需求、价值判断等价值理性，体现了工具理性和价值理性的分离与断裂，暗含了“角色规制”的内在危机。社工角色定位不清对于项目社工自身、社工机构、福利机构和服务对象产生了不良影响，需要对社会工作进行一个较为明晰的定位（郭建婷，2014）。影响社会工作者角色定位与职能发挥的深层次原因包括两方面因素：主观因素在于社会工作教育制度；客观因素在于社会工作的社会认知度低（李明珠，2011）。政府在购买社会工作服务中的角色定位包括：服务委托者、政策设计者、经费支付者、监督管理者、能力培育者（勾学玲，2017）。了解政府在购买社工服务中的角色定位，对于界定社会工作的角色定位边界有重要意义。而王笑等（2015）指出，社会工作面临着角色不清、角色冲突、角色紧张、角色超载等角色问题，并从社工角色管理的角度提出了事务性、补偿性和增益性的三大角色。定位这三大角色虽在一定程度上阐明了社工角色在社会体系中的功能定位，但并没有深入分析这些社工角色与其他服务主体之间的关系、社工角色与服务主体之间的职责分工。顾东辉（2008）在《社会工作概论》一书中认为，讨论社会工作者的角色应把握几个原则：一是多功能的社会工作者是服务成功的重要前提。二是社会工作者并非在任何情况下都需要全面的功能，理想的社会工作者应该成为“角色补充者”或“液体角色”。三是不同模型和不同服务阶段中社会工作者的角色各不相同。该书对社工角色分析的原则以及“补充者”的角色定位对本书探讨社工角色定位有一定的启发意义，但为什么社工角色定位为“补充者”以及如何进行“补充”，该书并没有进行具体深入的分析。

社会工作的功能包含哪些呢？社会工作是社会系统中的一个组成部分，它对社会的协调稳定具有重要的功能。具体表现在缓解社会问题，帮助弱势群体以及促进社会的人本关怀（殷晓清等，2003）。万德仁（2006）在《社会工作导论》一书中认为社会工作的功能包括预防、治疗、发展的直接功能和推进社会公平、促进社会整合、维持社会稳定的社会功能。从社会工作功能的内容来看，张乐天（2005）在《社会工作概论》中对社会工作功能的定义包括三个方面：一是恢复的功能，包括治疗与康复；二是预防的功能；三是发展的功能。王思斌（2013）则认为专业社会工作的基本职能是对困难以及有需要群体的帮扶。陈成文等（2011）从结构功能主义的视角，把社会工作功能分为个体、群体、社会三个层面。个体功能包括人格塑造、情绪调节、行为转化；群体功能包括目标导向、规范约束、价值整合；社会功能包括社会整合、社会导进。彭惠青等（2018）指出，社会工作者在社会治理中的功能包括两方面，对于服务对象的治疗和恢复功能、发展功能；对于社会的稳定功能和发展功能。助人自助、维护社会进步和稳定是社会工作的基本功能和最高境界（穆楣，2010）。赵芳（2015）则认为，当代社会工作的社会角色出现了新的发展趋势，一方面是除了治疗性的临床工作，还注意尝试了解形成问题的环境因素，并且促进人类与环境的积极互动；另一方面是促进经济社会正义。从上述文献可以看出，对于社会工作功能的内容大致都是从微观和宏观两个层面进行界定，微观层面主要是个体的帮扶，宏观层面是社会秩序的维持。

社会工作在社会系统中的功能定位如何呢？社会工作是社会福利的组成部分，人类需要是其出发点，福利动机、社会资源、福利历史和主流意识形态等共同决定了满足需要和解决问题的对策，而社会工作是其对策之一（顾东辉，2008）。当前，社会工作专业在我国尚处于辅助地位（王思斌，1997）。基层民政部门人少事多，“做不到”的问题没有得到很好解决，新的“做不好”的问题越来越突出，需要发挥社会工作“助手”的作用，提高民政工作社会化、专业化水平（赵显富等，2019）。在中国目前的国家治理模式和司法实践环境下，专业辅助者是司法社会工作最现实和有效的发展定位（王雨磊等，2019）。从社会工作功能的特点来看，王思斌（2011）认为社会工作功能具有依附性，它有两个方面的含义：一方面，在与相关部门的社会服务合作中，社会工作专业群体处于次要地位，他们所承担的任务是辅助性的，功能的表现是依附性的。另一方面，在服务功能的表达上，社会工作的作用常常被置于次要的地位。社会工作功能的依附性主要是从社会服务主体中，社会工作所处的地位以及所发挥的作用这个角度来进行阐述，但阐述得还不够全面、深入。从上述文献观点可知，当前社会工作在社会体系中的地位是次要的，功能主要是辅助功能。王思斌（1997）指出，当社会改革进行到对原体制中最关键的部分的改革时，当由这些改革所带来的问题再难以从原体制中找到承担者时，政府就会从原体制之外寻求“替代物”去解决这些问题，社会工作专业作为这种“替代物”的一种形式就有可能被进一步受到重视。这里把社会工作定位为原体制外的“替代物”，来弥补原体制的缺陷和不足，是对社会工作专业发展的制约因素的探讨和设想，也对当今社会工作功能定位有启发意义。

综上，在实务理路上，社工角色可以分为直接服务角色与间接服务角色。而这些角色都是从社会工作的服务技巧或工作内容的角度进行界定的，并没有把社会工作放在社会体系中，从社会发展和社会治理的角度进行界定。另外，相关研究也指出了社工在实务工作中的角色失调或角色困境的表现、原因分析以及角色调适方案，但对于社工角色究竟如何定位，没有一个明确的界定。而社工与其他服务主体的合作互动中，社工角色呈现出了消极的一面，也有积极的一面。

在功能性理路上，从社工角色管理的角度提出了社工的三种角色定位：事务性角色、补偿性角色以及增益性角色，然而，这三大角色虽在一定程度上阐明了社工角色在社会体系中的功能定位，但并没有深入分析这些社工角色与其他服务主体之间的关系，社工角色与其他服务主体之间的职责分工。对社工角色分析的原则以及“补充者”的角色定位对本书探讨社工角色定位有一定的启发意义，但为什么社工角色定位为“补充者”以及如何进行“补充”，相关研究并没有进行具体深入的分析。

可见，对社会工作功能的相关研究中，社会工作功能的内容大致都是从微观和宏观两个层面进行界定，微观层面主要是个体的帮扶，宏观层面是社会秩序的维持。但是，当前社会工作被认为在社会体系中的地位是次要的，功能主要是辅助功能。那么，社会工作到底如何定位呢?

对上述问题，我们必须回到现实本身。本章采取现实主义态度，通过 78 个青少年服务个案的经验分析，表征当前社工角色期待和角色扮演的情况，进而对社工的功能定位做规范性研究。本书的 78 个个案均来源于广州市某区青年地带项目 2017—2019 年度已结案的服务个案。“青年地带”是广州市 2008 年启动的政府购买社会工作专项服务项目之一，自 2015 年开始正式转型发展为预防青少年违法犯罪服务站，着力为广州市 6—25 岁青少年，特别是重点青少年群体提供超前预防、临界预防和矫正预防社会服务。服务群体涵括 6 至 25 岁的户籍青少年和来穗人员未成年子女、有不良行为的普通在校学生、受到公安机关处理的有严重不良行为的未成年人、社区“两需”青少年（需就学或就业青少年）、困境未成年人、留守儿童、未成年社区服刑人员、涉及犯罪案件办理过程中的未成年人（简称涉案未成年人）、服刑人员未成年子女、在工读学校就读的学生。

第二节　社工角色期待与角色扮演：78 个青少年服务个案的定性内容分析

通常情况下，社会角色是由社会身份和地位所要求并被社会所期待的一整套社会行为模式和规范。那么在 78 个青少年服务个案中，哪些人对社工有所期待？期待所指是什么呢？这些期待与社工现实的行为结果之间是否一致呢？从社工期待与社工角色扮演之间的差别看社工定位，有哪些认识和启示呢？

一、政府对社工的角色期待与社工角色扮演

1. 政府对社工的角色期待

青年地带项目政策要求。区综治委预防青少年违法犯罪专项组（以下简称“区预青组”）由区内22个成员单位组成。区预青组建立、健全了一系列的预防青少年违法犯罪工作机制。各成员单位要对“青年地带”社工项目给予支持和指导，充分利用“青年地带”预青工作阵地，通过资源共享、工作互通，将其打造成我区预青工作的优质品牌。同时，积极打造区青少年事务信息平台，充分发挥合适成年人及社会观护员等专业志愿队伍的作用。积极建立“社工＋志愿者”的重点青少年服务队伍，发动各方力量服务辖内重点青少年。

青年地带项目合同要求。本项目服务时间为2017年6月至2019年5月，共两年，一年一签。运用社会工作理念和方法加强青少年的教育、管理和服务，着力为白云区6至25岁青少年特别是重点青少年群体提供超前预防、临界预防和矫正预防社会服务，实现为街道、学校、社区以及其他社会组织搭建重点青少年群体和涉案青少年群体个案转介平台，服务将辐射到青少年及其家庭，乃至整个社会，能够有效促进社会的稳定和谐。

政府部门对青年地带社工的期待。公安、检察院、法院、司法所、团委等政府部门通过个案转介、服务委托、项目合作、驻点服务等形式与青年地带项目进行合作，在合作中对青年地带社工提出了本部门的期待，青年地带社工也因应这些部门的角色期待，进行角色扮演。社工的角色扮演有的符合政府部门的期待，有的与政府部门的期待有差别。下文通过B区青年地带项目的个案，探讨政府部门的期待、社工的角色扮演都有哪些类型，以及为什么有这样的期待。

表1　政府对青年地带社工角色期待情况表

服务类别	编号	政府期待	社工角色扮演	一致性
困境青少年	C002	个体增能	咨询者	个案中断
	C009	个体增能	辅导者	一致
	C043	个体增能	咨询者	个案中断
	C045	个体增能	辅导者	一致
侦查阶段	C020	降低犯罪率	咨询者	个案中断
	C027	保障权益	合适成年人	一致
	C030	保障权益	合适成年人	一致
	C031	降低犯罪率	咨询者	个案中断
	C051	保障权益	合适成年人	一致
检察阶段	C006	降低犯罪率	观护员	一致
	C016	降低犯罪率	观护员	一致
	C033	保障权益	合适成年人	一致
	C040	降低犯罪率	咨询者	个案中断
	C047	降低犯罪率	辅导者	一致
	C053	保障权益	合适成年人、倡导者	倡导被拒
	C057	降低犯罪率	社会调查员	一致
	C063	保障权益	合适成年人	一致
	C064	保障权益	合适成年人	一致
	C065	保障权益	合适成年人	一致
	C066	保障权益	合适成年人	一致
	C067	降低犯罪率	社会调查员	一致
	C070	保障权益	合适成年人	一致
	C071	保障权益	合适成年人	一致
	C075	保障权益	合适成年人	一致
	C076	保障权益	合适成年人	一致
	C078	保障权益	合适成年人	一致

续表

服务类别	编号	政府期待	社工角色扮演	一致性
审判阶段	C017	保障权益	合适成年人	一致
	C060	保障权益	合适成年人	一致
	C061	保障权益	合适成年人	一致
	C072	保障权益	合适成年人	一致
	C073	保障权益	合适成年人	一致
	C074	保障权益	合适成年人	一致
	C077	保障权益	合适成年人	一致
其他	C022	维稳	/	拒绝接案
	C050	精神病监控	个案转介者	拒绝接案

政府对社工的角色期待主要是保障权益和降低犯罪率。在35个个案中，政府的角色期待有保障权益、降低犯罪率、个体增能、维稳、精神病监控。针对重点青少年群体的期待主要是个体增能，而针对处于侦查阶段、检察阶段、审判阶段的司法程序中的涉案未成年人的期待主要是保障权益和降低犯罪率。从政府的角色期待可以看出上述政府部门的工作目标主要是降低犯罪率，维护社会稳定，促进青少年健康成长。而其中保障权益和降低犯罪率的期待有29个，占了总数的83%。由于与青年地带合作的政府部门主要是司法部门，司法部门对于青少年工作的宗旨就是保障未成年人合法权益，降低未成年人再次违法犯罪的可能性，因此，上述政府部门对青年地带社工角色的期待比较集中在保障权益和降低犯罪率上面。

2. 社工角色扮演与角色期待的一致性分析

合适成年人、社会调查员与社会观护员的角色扮演与政府期待基本一致。

因应政府部门的期待，社工扮演的角色有合适成年人①、社会调查员②、社会观护员③、辅导者、咨询者、倡导者、个案转介者。其中合适成年人是针对保障权益的期待的，能达到100%与政府期待一致；社会调查员与社会观护员是针对降低犯罪率的，也能达到100%与政府期待一致。合适成年人、社会调查员以及社会观护员的工作内容均在社会工作专业范畴内，针对这些工作项目，青年地带与政府部门签订了合作协议，并且都有相关的管理办法，政府部门与社工都有章可循。除此之外，司法部门有大量的合适成年人、社会调查、社会观护的工作，且这些工作不一定是司法部门工作人员的专业领域，甚至他们要回避，合适成年人工作就不能由从属于司法机关的人担任。司法部门没有能力、没有资格提供的，或者司法部门暂时无法提供的，但是法律程序又要求必须要有的，以便保障未成年人合法权益，或保障未成年人权益最大化，这为社工角色的成功扮演提供了可能。

社工扮演的咨询者、倡导者角色与政府期待的个体增能、维稳以及精神病监控的期待不一致。其中有5个个案因为难以接触到案主、案主离开了社工服务区域、未能与案主建立信任关系的原因中断了，社工仅是提供了一两次的浅层次的咨询服务，没能达到政府的期待；而维稳和精神病监控不在社工服务范围，社工拒绝了接案；个案C053中，社工在案主的告知书中，发现该案件涉及了几名未成年女生，其中一名在卖淫时已怀孕，社工向庭长获取资料跟进这几名女生无果，被庭长拒绝。虽然，社工出于专业判断，认为几名未成年女生有社工服务需求，且比较急迫，但法院出于对涉案未成年人个人资料的保密，不能向社工提供相关信息，社工扮演的倡导者角色被政府部门拒绝了，角色扮演失败。

---

① 合适成年人是指根据合适成年人制度，为刑事司法程序中的未成年人提供帮助、以维护未成年人合法权益的成年人。一般来讲，与案件有牵连的人、未成年人明确拒绝到场的人以及从属于司法机关的人均不能担任该案件的合适成年人。社工作为合适成年人介入司法程序中主要有四个维度：一是保障未成年人合法权益；二是向未成年人普及法律及使其积极面对判决；三是疏导未成年人紧张、不安等负面情绪；四是联系未成年人父母，加强未成年人与家庭的依附程度。

② 社会调查是对未成年犯罪嫌疑人的成长经历、犯罪原因、监护教育等情况进行收集和评估，为检察院的附条件不起诉、取保候审或法院的宣判提供参考依据。心理测评是对未成年犯罪嫌疑人的心理健康、认罪态度等情况的评估。

③ 未成年人观护制度是对涉罪未成年人采取非监禁措施，将其置于社会、交由社会力量组成的专门观护组织，在诉讼期间接受观护人员的辅导、监督、观察、矫正、保护、管束等措施，以达到改善行为、预防再犯、保证诉讼顺利进行的目的，并为司法处理提供依据的活动。

二、事业单位与社会团体对社工的角色期待与社工角色扮演

1. 事业单位与社会团体对社工的角色期待

与青年地带项目有合作关系的事业单位/社会团体有学校、12355 广州青少年服务台、社工机构，他们通过个案转介、驻点服务、活动合作等形式与青年地带进行合作，并在合作中对青年地带项目社工的工作提出了期待，社工因应这种角色期待，在角色扮演中诠释了他们对角色期待的理解（参见表 2）。

表 2　事业单位/社会团体对青年地带社工角色期待情况表

服务类别	个案	事业单位、社会团体期待	社工角色扮演	一致性
不良行为青少年	C007	纠正偏差行为	辅导者	一致
	C013	纠正偏差行为	辅导者	一致
	C037	纠正偏差行为	咨询者	个案中断
	C048	纠正偏差行为	辅导者	一致
服刑人员子女	C008	纠正偏差行为	辅导者	一致
两需青少年	C012	纠正偏差行为	咨询者	个案中断
	C014	纠正偏差行为	辅导者	一致
未成年社区服刑人员	C059	降低犯罪率	辅导者	一致

事业单位/社会团体对社工角色的期待集中体现在纠正偏差行为上。上述 8 个个案的类型均为重点青少年，包括不良行为青少年、服刑人员子女、两需青少年以及未成年社区服刑人员。事业单位和社会团体的期待有 7 个是纠正偏差行为，可以看出学校期待纠正学生偏差行为，是为了学生能遵守学校各项规章制度，维护学校正常的教学秩序。12355 广州青少年服务台以“倾听青少年心声，维护青少年权益，陪伴青少年成长”为理念，纠正青少年偏差行为的期待符合 12355 的服务理念。个案 C059 中，外市社会工作服务机构因为距离遥远无法跟进社矫对象的情况，且社矫对象已经连续 2 个月没有准时提交思想汇报，可能面临重新起诉，社工机构期待纠正社矫对象偏差行为，以降低服务对象再次违法犯罪的可能性，这是社矫社工的职责所在。

2. 社工角色扮演及其与角色期待的一致性分析

社工扮演的辅导者、咨询者角色大部分能与事业单位/社会团体的期待达成一致。因应事业单位/社会团体的期待，社工扮演了辅导者和咨询者的角色。其中有6个个案社工扮演的辅导者角色均能与事业单位/社会团体的期待达成一致，而有2个个案因为案主离开社工服务区域、未能与案主建立信任关系的原因中断了，社工仅是扮演了咨询者角色，为案主提供了一两次浅层次的咨询服务，与事业单位/社会团体的期待有差别。

三、服务对象对社工的角色期待与社工角色扮演

1. 服务对象对社工的角色期待

合同中明确规定了青年地带的服务对象包括青少年个人及其家庭。在B区青年地带项目个案中，很多非自愿案主基本表示没有诉求、期待，而有些则是案主本人及其家人的期待不一致，甚至相反。社工本着尊重他们意愿的前提，深入挖掘他们深层次的需求，进而提供适切的服务（参见表3）。

表3　服务对象对青年地带社工角色期待情况表

服务类别	个案	案主/家人期待	社工角色扮演	一致性
普通青少年	C039	个体增能	辅导者	一致
	C054	个体增能	辅导者	一致
困境青少年	C001	个体增能	咨询者	未达到预期效果
	C002	个体增能	咨询者	个案中断
留守儿童	C003	个体增能	辅导者	一致
不良行为青少年	C005	纠正偏差行为	辅导者	一致
两需青少年	C010	个体增能	咨询者	个案中断
	C012	个体增能	咨询者	个案中断
侦查阶段	C029	调解纠纷	咨询者	没做调解
检察阶段	C034	纠正偏差行为	合适成年人	个案中断
	C035	信息转达	合适成年人	一致
	C041	信息转达	合适成年人	一致
	C047	个体增能	辅导者	一致
	C052	信息转达	合适成年人	一致
	C055	信息转达	合适成年人	一致

续表

服务类别	个案	案主/家人期待	社工角色扮演	一致性
检察阶段	C057	个体增能	社会调查员、辅导者	一致
	C062	信息转达	合适成年人	一致
	C065	信息转达	合适成年人	一致
	C066	信息转达	合适成年人	一致
	C068	信息转达、个体增能	合适成年人	没完成个体增能
审判阶段	C061	信息转达	合适成年人	一致

服务对象对社工的角色期待主要表现为个体增能和信息转达。上述21个个案，服务类别分别有普通青少年、重点青少年以及处于司法程序中的涉案青少年。服务对象的期待包括个体增能、纠正偏差行为、调解纠纷以及信息转达。个体增能主要是针对普通青少年和重点青少年，纠正行为偏差主要是针对重点青少年和涉案青少年，这类青少年或多或少都存在行为偏差的问题，处于违法犯罪中或违法犯罪的边缘，纠正行为偏差成为他们最需解决的问题，因此也是他们对社工角色的期待。而信息转达主要是针对处于司法程序中的涉案青少年，处于检察与审判阶段的涉案青少年已经被关押看守所，隔断了与外界的联系，陌生的环境以及对后续司法程序的未知加深了他们的焦虑和紧张，对衣物、日用品等的物质需求、家人精神上的支持和宽恕、办理取保候审、聘请律师等的诉求都要通过合适成年人或律师予以转达，因此，信息转达是处于检察和审判程序中的涉案青少年对社工角色主要的期待。

2. 社工角色扮演及其与角色期待的一致性分析

社工扮演的合适成年人角色能满足服务对象信息转达的期待，而咨询者角色未能与服务对象个体增能的期待达成一致。因应服务对象的期待，社工在服务中扮演了辅导者、咨询者、合适成年人、社会调查员的角色。因应信息转达的期待，社工扮演的合适成年人角色完全与服务对象的期待一致，联系案主家人、转达信息本来就是合适成年人的工作内容之一，除非案主无法提供家人联系方式或者社工联系不上案主家人，否则转达信息的期待会在社工合适成年人的角色扮演中顺利完成。有4个个案因为未能给到案主实质性帮助、未能与案主建立信任关系、对案主需求评估有偏差、难以接触案主的主客观原因中断了，社工扮演的咨询者角色仅为案主提供了浅层次的咨询服务，未能与服务对象的期待达成一致。有2个个案，因为社工个人的能力问题以及超出青年地带服务范畴而未达到预期效果，未能与服务对象的期待吻合。社工在个案C029中扮演的是咨询者角色，案主父亲期待社工调解纠纷，联系施暴青少年家庭进行经济赔偿。案主父亲提出的诉求，容易让社工夹在受害家庭、施暴家庭两者的经济赔偿纠纷中，协调经济纠纷不在社工专业范畴，社工对这一诉求予以拒绝了。

四、机构对社工角色的期待与社工角色扮演

1. 机构对社工角色的期待

青年地带项目由H社工机构承接，青年地带项目共有两个站点，配有两名站长，负责站点内日常事务以及对外事务的管理，并承担着上传下达的角色，代表着机构的意志对站点的一切事务进行管理。一线社工开展的个案，由上级主管（站长）进行批复，批复意见体现出机构对社工的期待（参见表4）。

表4　机构对青年地带社工角色期待情况表

服务类别	个案	机构期待	社工角色扮演	一致性
不良行为青少年	C048	纠正偏差行为	咨询者	未达到预期效果
侦查阶段	C051	保障权益	合适成年人	一致
检察阶段	C055	保障权益	合适成年人	一致
	C056	保障权益	合适成年人	一致
	C057	个体增能	社会调查员	未达到预期效果
审判阶段	C018	保障权益	合适成年人	一致
	C032	保障权益	合适成年人	未达到预期效果
	C043	个体增能	咨询者	个案中断
其他	C021	调解纠纷	个案转介者	拒绝接案

机构对社工的角色期待主要表现在保障权益和个体增能上。上述9个个案，机构对社工角色的期待包括纠正偏差行为、保障权益、个体增能以及调解纠纷。这些是机构对社工在服务专业性、方向性、成效方面的期待，除此之外，社工SW02在访谈中还提出机构的其他期待：

“辅导该个案的一些方式，能够为后面辅导类似的个案提供一定的借鉴意义。透过该个案的辅导，对博域理论有更多认识及方法掌握，同时能够形成一

定成效，获得合作方及购买方的认同。”

这里其实隐含着机构三方面的期待，一是个案的辅导方式方法能总结提炼成某类型个案的指引性思路框架，为同类型个案的介入提供参考。二是对使用频率高的社工理论的理解和掌握提出要求，作为机构，对同工的专业成长和服务质量有期待和要求是正常的。三是服务要有成效，以获得合作方和购买方的认可。毕竟购买方是机构的衣食父母，得到购买方的认可是机构生存的前提。

2. 社工角色扮演及其与角色期待的一致性分析

社工扮演的合适成年人角色能满足机构保障权益的期待，而咨询者角色未能与机构个体增能的期待达成一致。因应机构对社工的角色期待，社工在服务中扮演着咨询者、合适成年人、社会调查员以及个案转介者角色。因应机构保障权益的期待，社工扮演的合适成年人角色均能与机构的期待达成一致。有3个个案因为案主改变动机低、案主的戒备心理以及社工的经验欠缺导致社工服务未达到预期效果，社工扮演的咨询者、合适成年人、社会调查员的角色与机构期待的存在差距。有1个个案因为与案主失去了联络而中断，社工扮演的咨询者角色仅是为案主提供了浅层次的咨询服务，未能达到机构个体增能的期待。个案C021中，案主疑似患有精神疾病，并蓄意破坏机构所属的总公司在青年地带服务辖区内的资产，总公司希望青年地带社工做好案主思想工作，调解纠纷，避免案主再次发生过激行为，损害总公司的利益。然而，案主年龄、服务范畴均超出青年地带服务范围，社工拒绝了接案。

五、专业督导对社工角色的期待与社工角色扮演

1. 专业督导对社工角色的期待

B区青年地带项目共有两名专业督导，王督导是香港持证社工，从事社工年限38年，擅长领域是青少年服务。张督导是中级社工师，从事社工年限6年，擅长领域是青少年服务。两名督导通过个督、团督、个案研讨以及文书批阅等方式进行督导，督导频率均是1天/月。督导通过专业指导、情感支持、行政沟通的方式对社工表达出其对社工角色的期待，社工也因应这种角色期待在服务中扮演着不同的角色（参见表5）。

表 5　督导对青年地带社工角色期待情况表

服务类别	个案	督导期待	社工角色扮演	一致性
普通青少年	C054	个体增能	辅导者	一致
困境青少年	C001	个体增能	咨询者	未达到预期效果
服刑人员子女	C004	个体增能	咨询者	未达到预期效果
审察阶段	C017	个体增能	合适成年人	个案中断
	C019	个体增能	社会调查员	未达到预期效果
	C046	个体增能	合适成年人	个案中断
	C049	个体增能	合适成年人	个案中断
	C052	个体增能	合适成年人	个案中断
	C053	个体增能	合适成年人	个案中断
审判阶段	C025	个体增能	合适成年人	个案中断
	C026	个体增能	合适成年人	个案中断

督导对社工角色的期待均是个体增能。督导的定位是从专业角度，给予适切的意见。督导认为，无论是普通青少年、重点青少年还是涉案青少年，他们表现出的行为偏差根本原因都是案主及其家庭存在某些功能缺陷，唯有通过增能来弥补这些缺陷才能从根本上纠正这些表面的行为问题。因此，督导对社工角色的期待都体现在个体增能上。另外，由于王督导来自香港，对内地司法体系中的限制没有深入的了解，对社工角色的期待都是从专业角度出发，没有过多考虑实际情况的局限性。

2. 社工角色扮演及其与角色期待的一致性分析

社工扮演的咨询者等浅层次服务角色未能与督导个体增能的期待达成一致。因应督导对社工的角色期待，社工在服务中扮演着辅导者、咨询者、合适成年人以及社会调查员的角色。其中，只有 1 个针对普通青少年的个案，社工扮演的辅导者角色能够与督导期待的角色达成一致，其余 10 个个案均未达到一致。其中有 3 个个案因为社工的能力或低效能感、个案超出服务范围、案主存在戒备心理，社工服务未能达到预期效果，社工扮演的角色与督导期待的没能达成一致。而有 6 个个案均是因为难以接触案主而中断，社工扮演的合适成年人角色仅是提供了简单的权益保障等服务，未能进行深入辅导，与督导的个体增能的期待存在差距。个案 C026 中，社工以合适成年人的角色从案主庭审中就开始跟进该个案，与案主建立了信任关系，但案主回到社区服刑后，社区矫正由司法所负责，所以该个案不得不转介给司法所继续跟进。个案的中断使得社工扮演的角色未能与督导期待的达成一致。

六、社工自我对社工角色的期待与社工角色扮演

1. 社工自我对社工角色的期待

社工通过对案主的问题需求、社工自我能力、掌握的资源情况、可能的意外情况等的评估对自我的服务有一定的期待，并朝着这个期待的方向践行社工服务。而实际服务效果，有的能与社工自我的期待吻合，有的则因为各种原因产生差异（参见表6）。

表6　社工自我对青年地带社工角色期待情况表

服务类别	个案	社工自我期待	社工角色扮演	一致性
不良行为青少年	C011	个体增能	辅导者	一致
	C036	纠正偏差行为	咨询者	个案中断
侦查阶段	C030	个体增能	合适成年人	个案中断
	C042	个体增能	咨询者	个案中断
	C051	个体增能	合适成年人	个案中断
检察阶段	C015	个体增能	合适成年人	个案中断
	C019	降低犯罪率、个体增能	社会调查员	未达到预期效果
	C041	个体增能	合适成年人	个案中断
	C057	个体增能	社会调查员	未达到预期效果
	C058	个体增能	合适成年人	个案中断
	C062	个体增能	合适成年人	个案中断
	C066	个体增能	合适成年人	个案中断
	C067	个体增能	社会调查员	个案中断
	C068	个体增能	合适成年人	个案中断
	C069	个体增能	合适成年人	个案中断
	C076	个体增能	合适成年人	个案中断

续表

服务类别	个案	社工自我期待	社工角色扮演	一致性
审判阶段	C023	个体增能	合适成年人	个案中断
	C024	个体增能	合适成年人	个案中断
	C028	个体增能	合适成年人	个案中断
	C038	个体增能	合适成年人	个案中断
	C044	个体增能	咨询者	个案中断
未成年社区服刑人员	C059	个体增能	辅导者	一致

社工对自我角色的期待主要表现为个体增能。上述22个个案，社工对自我角色的期待包括个体增能、纠正偏差行为、降低犯罪率。虽然社工对自我角色的期待是基于案主的问题需求、社工自我能力、掌握的资源情况、可能的意外情况等做出的，但社工秉持着为服务对象谋福祉的宗旨，把服务对象的利益摆在首位，即使考虑到实际工作中可能遇到的限制与障碍，还是把社工角色期待往服务对象的需求、利益上靠，个体增能、纠正偏差行为以及降低犯罪率都是需要社工深入辅导才能达成的，可见，社工对自我角色的期待是偏高的。

2. 社工角色扮演及其与角色期待的一致性分析

社工扮演的咨询者等浅层次服务角色大部分都未能与社工自身个体增能的期待达成一致。因应社工自我角色的期待，社工在实际服务中扮演的角色包括辅导者、咨询者、合适成年人、社会调查员。其中有2个针对不良行为青少年和未成年社区服刑人员的个案，社工扮演的辅导者角色能够与社工自我角色期待达成一致，其余20个个案均未达到。而有18个个案因为未能与案主建立信任关系、难以接触案主、案主失联、案主存在戒备心理、案主离开服务区域、案主被刑拘等原因而中断，社工扮演的咨询者、合适成年人以及社会调查员角色仅是完成了政府交与的任务，而对社工自我角色期待的个体增能等还存在差距。有2个个案因为社工社会调查员的身份引起了案主的戒备心理，未能与案主建立信任关系；另外，由于社工的低效能感，满足于社会调查的工作，而没有进一步提供辅导服务，导致社工服务未能达到预期效果，社工扮演的社会调查员角色与社工自我角色的期待存在差距。

七、服务相关方角色期待比较分析

基于上述对政府、事业单位/社会团体、服务对象、机构、督导、社工自身六个主体的角色期待、社工角色扮演情况的分析，下面从服务主体的主要角色期待、社工主要角色扮演以及角色期待与角色扮演一致的比率三个方面，对青年地带的服务相关方进行横向比较（参见表7）。

表7　青年地带服务相关方角色期待比较分析表

相关方	主要角色期待	主要角色扮演	达致率
政府	保障权益、降低犯罪率	合适成年人、社会调查员、观护员	77%
事业单位/社会团体	纠正偏差行为	辅导者、咨询者	75%
服务对象	个体增能、信息转达	合适成年人、辅导者、咨询者	67%
机构	个体增能、保障权益	合适成年人	44%
督导	个体增能	合适成年人、咨询者	9%
社工自身	个体增能	合适成年人、社会调查员、咨询者	9%

通过表7青年地带服务相关方角色期待比较分析表呈现的信息，可以看出青年地带服务存在着几个现象。

第一，服务相关方对社工角色期待不一致。服务主体的主要角色期待中，政府和事业单位属于政府体制内的主体，他们的角色期待倾向于对外部呈现出问题的控制，例如降低犯罪率、纠正偏差行为；而机构、督导和社工自身属于社工系统内的主体，他们的角色期待倾向于解决案主及其家庭内部的问题，例如个体增能。这种区别主要是由于两类主体不同的服务目标、服务理念而产生的。政府和学校以维护社会稳定、维持正常的教学秩序、保障青少年合法权益为工作目标；社工机构、督导和社工以服务对象的福祉为依归，把服务对象的利益放在首位。政府和学校以法律法规、规章制度、上级指示为指引，在体制框架内完成工作任务。社工机构、督导和社工相信案主个体呈现的行为问题根本原因在于案主及其家庭内部的功能缺陷，只有通过个体增能才能从根本上解决个体表面的行为问题。

第二，社工倾向于扮演低投入、高产出的角色。从主要角色扮演一栏可以看出，社工扮演的主要是合适成年人、社会调查员、观护员、咨询者等只需要提供三两次浅层服务的角色，这种角色倾向有两种可能：一是个案样本的选择标准，把那些尚未结案的深度辅导个案去掉了，因此显得社工扮演辅导者的角色少了；二是社工低效能感，社工由于自身的价值理念、能力、经验、自信心、抗逆力等因素，加之采购方和评估方并没有对社工个案服务类型及其比例有明确的规定，因此，社工会倾向于选择低投入、高产出的工作任务。

第三，浅层的咨询者角色易达成，深层的辅导者角色难达成。从达致率一栏可以看出，政府、事业单位/社会团体、服务对象的角色期待与扮演一致率偏高，而机构、督导和社工自身角色期待与扮演一致率偏低。前者的角色期待只需要社工扮演合适成年人、社会调查员、观护员、咨询者角色，要求提供的服务次数少，浅层次，社工较容易达成；而后者的角色期待主要是个体增能，需要社工扮演辅导者角色，开展历时较长的深度辅导服务，辅导者角色需集资源整合者、沟通协调者、治疗者、陪伴同行者、宣传教育者、人生导师、协作者等角色于一身，对社工来说，挑战较大，不容易达成。

第三节　社工角色困境及其原因分析

一、社工角色困境

通过上述社工角色期待与角色扮演之间存在的角色偏差或一致的情况，可以看出青年地带社工在服务中存在着一系列的角色困境，下面从“万能社工”“架空社工”“缺陷社工”“去专业化”四个方面对社工角色困境进行阐述。其中，“万能社工”“架空社工”“缺陷社工”是针对角色偏差的情况，而“去专业化”是针对角色期待与角色扮演一致的情况。

第一，万能社工。个案C010中，社工通过HAMD抑郁量表、精神分裂阴性症状量表，虽能初步确定案主患有精神疾病，但毕竟不是精神科医生，没能力也没有权限诊断并医治案主的疾病。只能建议案主家人劝说案主去看病，在案主病情尚未稳定的情况下，社工难以介入。个案C022中，信访办希望社工安抚案主家庭，从而让案主妈妈停止上访，达到维稳目的。个案C029中，案主父亲希望社工调解纠纷，帮忙联系施暴青少年家庭进行经济赔偿，而协调经济纠纷不在社工专业范畴，社工对这一诉求予以拒绝了。个案C050中，法院期望社工能在保证女方当事人在精神疾病病情稳定的情况下与女儿见面。但据社工了解，女方当事人没有按时、按量服药，病情稳定性无法保障。个案C068中，案主父亲向社工咨询了很多关于法律的问题，并且想让案主在社工处得到更多的法律知识。但法律咨询不是社工的专业范畴，社工只能建议案主父亲向法援律师咨询。

服务相关方把社工看作是万能的，把维稳、精神病人监控和诊疗、调解纠纷、法律咨询等超出社工专业范畴和职责范围的工作期望社工去做，让社工陷入了两难境地。

第二，架空社工。个案 C040 是检察院转介的，社工到看守所接案主出狱，但案主存在戒备心理，拒绝了社工提供的临时住房和食物援助，最终失去联系，个案无法继续跟进。个案 C053 中，社工在案主的告知书中，发现本案件涉及了几名未成年女生，其中一名在卖淫时已怀孕，社工向庭长获取资料跟进这几名女生，但法院出于对涉案未成年人个人资料的保密，拒绝了社工的请求。个案 C037 中，社工与案主及案主奶奶初步建立了信任关系，但尚未开始深入辅导，案主已不在社工服务区域内居住和读书，社工无法继续跟进。个案 C026 中，社工虽然从庭审中就开始跟进该个案，与案主建立了信任关系，但案主回到社区服刑后，社区矫正由司法所负责，所以该个案不得不转介给司法所。个案 C062 中，案主存在个体、家庭、朋辈等方面的问题需要社工介入辅导，然而判决结果没有出来，案主仍旧羁押在看守所里，社工难以接触。

社工因为案主的戒备心理、案主离开服务区域、司法制度的局限性、案主被羁押看守所难以接触等原因，导致本应由社工履行的职责，服务对象和政府部门没让社工履行，架空了社工。

第三，缺陷社工。个案 C002 中，案主因为家庭变故，要从事一些法律道德边缘地带的职业，可能对案主的身心发展有不好的影响，但社工未充分履职，未能为案主链接经济救助资源，导致案主因为经济原因而陷入困境。个案 C012 中，社工历时五个月，均未能与案主进行正面沟通，案主问题没有得到改善。社工在个案反思中也写道：

“本个案为社工从业以来，最难接触，最无法沟通的案主。社工初期一直关注案主本人，在无法取得突破时，仍没有及时转变思路。其实，根据案主父母强烈的改变动机，应把辅导方向转向案主父母。父母的积极变化，相信对案主也同样有影响的。”

个案 C032 中，在庭上，案主作为证人情绪逐渐激动，且表示不想再被此事困扰，而社工作为合适成年人，没有及时安抚案主激动的情绪，影响了证词的客观性。个案 C001 为非自愿个案，案主及其母亲的改变动机比较低，且社工忙于对家暴事件进行危机介入，没能兼顾案主及其母亲的自我探索及心理创伤辅导。个案 C004 中，案主妈妈自身存在很多问题需要解决，虽然案主妈妈问题的解决能对案主有好的影响，但由于青年地带的服务对象是青少年，且社工没有太多的时间、精力来给妈妈多开一个个案，所以选择了把案主妈妈的个案转介给了社工站。个案 C019 中，社工是作为社会调查员身份介入，但囿于调查员身份与时间的限制性，仅完成了社会调查的任务，没有对案主的个人及家庭问题进行深入辅导。而督导在个案记录督导意见中也指出了社工工作存在的缺陷：

“社会调查员身份与香港的感化官有相似的地方。案主及其家人对感化官，必然有顾忌的地方。然而，透过工作员真诚的态度，让他们了解社工是以帮助案主重建生命轨迹为主要目的，相信会更有效地去与他们建立彼此信任的工作关系。”

由于先天的社会工作专业教育存在的不足，或后天社会工作职业环境存在的阻碍和限制，导致社会工作存在种种缺陷。

第四，去专业化。从上文社工角色期待与角色扮演一致的情况可以看出，合适成年人的角色扮演是针对保障权益以及信息转达的角色期待的，能达到100%与政府以及服务对象角色期待一致；社会调查员、心理评估员与社会观护员是针对降低犯罪率的，也能达到100%与政府期待一致。这些角色要求社工提供的服务次数少，服务层次浅，不需要投入太多社工专业性，社工较容易达成。

合适成年人的工作内容包括法律普及、信息转达、保障权益以及安抚情绪。其中信息转达主要是针对处于司法程序中的涉案青少年，处于检察与审判阶段的涉案青少年已经被关押看守所，隔断了与外界的联系，陌生的环境以及对后续司法程序的未知加深了他们的焦虑和紧张，对衣物、日用品等的物质需求、家人精神上的支持和宽恕、办理取保候审、聘请律师等的诉求都要通过合适成年人或律师予以转达，因此，信息转达是处于检察和审判程序中的涉案青少年对社工角色的主要期待。而基本上参加过一次培训，领取了证书就能有资格担任合适成年人角色，事实上，合适成年人由不同行业背景的人担任，社工、律师、教师、街镇团干、司法系统退休人员等，而且合适成年人工作都是一次性的，社工专业性可以发挥作用的空间不大。

而社会调查、心理评估员与社会观护员是司法系统授权社工开展的业务，社会调查、心理评估是为检察院的附条件不起诉、取保候审或法院的宣判提供参考依据的，社工只需要约见案主及其家人，对案主的成长经历、犯罪原因、监护教育等情况进行收集和评估，心理测评是对未成年犯罪嫌疑人的心理健康、认罪态度等情况的评估。这些调查与测评也都有一套固定的套表，有限定的时间，有一定的程序，没有太多自由发挥的空间，也不需要太多社工专业性。

而社会观护是涉案未成年人在诉讼期间接受观护人员的辅导、监督、观察、矫正、保护、管束等措施，以达到改善行为、预防再犯、保证诉讼顺利进行的目的，并为司法处理提供依据的活动。社工在访谈中也说道：

“文件里要求案主一个月至少与社工面谈三次，要听从社工的安排，社工需要定期向检察院汇报情况。”

虽然社工在为期 6 个月的观护期内与案主有较多的见面机会，但因为观护内容主要是法律知识的普及、行为操守的监督等比较行政化的任务，社工要同时把专业辅导的元素融合进去，身份有点尴尬，也会面临角色冲突。因此，社工担任社会观护员的角色，较容易协助案主顺利度过观护期，但较难对案主提供深入的辅导服务。

从合适成年人、社会调查员、心理测评员以及社会观护员的工作内容可以看出，政府指派给社工的这些角色缺乏社工专业性，其他行业的人稍微培训一下也完全能胜任，这就使社工陷入了“去专业化”的角色困境。

二、社工角色困境原因分析

1. 个体方面原因分析

(1) 社工角色不清

角色不清是指社会大众或角色扮演者对于某一角色的行为标准不清楚而引起的角色矛盾。

社工功能定位不明确。社工在实际服务中会担任社会调查员或者社会观护员等角色，然而，这些角色身份都是法院或检察院赋予的，或是为做出更客观的裁决或是否起诉的决定提供依据，或是为协助涉案未成年人顺利度过观护期，虽然也是有助于青少年更好地改造自己，但社会调查和社会观护不应该是社工的主要业务，社工只能通过社会调查和社会观护这个切入点，创造机会与非自愿案主接触，从而建立信任关系，最终目的还是要帮助案主重建生命轨迹。如果社工对自身角色没有清晰的认识，很容易会沦为政府部门的二等助手，贬低了社会工作的专业价值，失去了为服务对象重建生命轨迹的机会。

社工职责界限含糊。青年地带项目合同中明确规定未成年社区服刑人员是青年地带优先支持和照顾的服务对象，然而，所有年龄段的社区服刑人员也都是社区矫正项目的服务对象。青年地带项目服务由团区委购买，社区矫正服务由区司法局购买，购买方不同，但是在服务对象上有重叠之处。青年地带不仅与社区矫正有服务上的重叠，跟社工站的青少年领域服务、禁毒专项服务等都有服务对象上的重叠。正如社工 SW03 在访谈中提到的：

“我认为社会对社工扮演角色无明确期望，也可以说社会各方分工不太明确，缺乏共识，未有明确的做法和指引。”

青年地带社工职责界限含糊，服务对象不明确，给社工实际服务的开展带来诸多不便与困扰。

社工独立第三方的身份不突出。社工机构本来是独立于政府的第三方，对于服务对象没有人身自由上的威胁，但由于社工服务项目是由政府购买的，社工又与政府里的具体部门有个案转介、驻点服务等的合作，致使服务对象有时会误会社工从属于政府部门，进而产生戒备心理，不利于社工与服务对象建立信任关系。社工 SW07 在访谈中也说道：

“因为和司法部门的合作，让社工的服务有点行政化和强制性，这对（社工与服务对象）关系的建立不太好。”

社工独立第三方的身份不突出也反映了社工的认知度比较低、社工专业形象不够鲜明的问题。

社工存在角色冲突。个案 C021 中，案主疑似患有精神疾病，并蓄意破坏机构所属的总公司在青年地带服务辖区内的资产，总公司希望青年地带社工做好案主思想工作，不要有过激行为，损害总公司的利益。然而，案主年龄、服务范畴均超出青年地带服务范围。青年地带社工是机构内的员工，应该服从机构工作上的安排；但同时又是青年地带项目内的社工，要恪守项目合同对于服务对象群体的界定，项目内的人力资源应该服务于项目内的服务对象。社工产生了角色冲突，对社工的服务抉择带来了挑战。

（2）社工角色扮演能力不足

第一，社工与非自愿案主建立专业关系的能力不足。青年地带项目的服务对象以涉案青少年与重点青少年为主，他们大多数是由相关部门转介而来，基本是非自愿案主。而社工开展服务的第一步是与服务对象建立好互相信任的专业关系，因此，提高社工与非自愿案主建立信任的专业关系的能力尤为关键。

第二，社工资源链接能力有限。青年地带的服务对象由于家庭、朋辈交往、学历、价值观念、失学失业等原因，很多都面临经济上的困境，且很大部分是外地人，在广州连固定的住所都没有。然而，社工对于掌握各种资源的部门和群体不了解，资源链接能力有限，常使服务对象陷在困境中而无能为力，甚至因此而与服务对象断了联系，失去深入辅导的机会。社工 SW01 在访谈中也提出了这个困境：

“案主提及过自己不知道目前是选择就业还是就学，期望能够参与一些就业如淘宝电商等的培训，但社工较难寻找到这方面的资源。社工也不了解哪些主体部门负责就业培训。”

第三，社工服务的经验不足。个案C032中，在庭上，案主作为证人情绪逐渐激动，且表示不想再被此事困扰，而社工由于相关服务经验不足，虽然作为合适成年人，但没有及时安抚案主激动的情绪，影响了证人证词的客观性。青年地带社工，有的是刚毕业的职场新人，服务经验不足。加上青年地带项目与公检法司等司法部门合作比较多，社工对未成年人法律知识、司法系统的结构、司法部门的职责权限、司法程序等都要有一定的了解，否则会在工作中到处碰壁，找不到方向。

（3）社工使命感缺失

社工在工作中容易迷失方向，不知道自己想要什么，不知道为了什么而坚持，甚至不知道自己正在干什么，表现出茫然、浮躁的心态。我们在家综工作期间曾在社交平台指出过这种现象——《社工，你急什么?》：

“不知从什么时候起，社工就总是急着开个案，急着结案。殊不知与案主关系没建立好，绕了一大圈还是回到原点。案主的情绪没宣泄完，每次会面就只是在处理案主情绪。我们总是希望第一次会面就摸清案主的心思，建立好关系，第二次会面就想要改变案主。然而，案主求助的问题往往是存在了相当长时间的了，十几年抑或几十年，不是三言两语就能解决的。《登天的感觉》一书中提到，‘当别人来找你倾诉某种心灵痛苦时，你首先想到的，不是去竭力阻止他接着讲，而是让他讲下去，把话讲完。这是情绪宣泄的必要步骤。’人的成长规律也是这样，要慢慢诱导、启发，而不是一味地灌输教育。

当然，社工的着急也是可以理解的。政府购买服务，要求结案率达到多少，半年评估一次，指标率要达到多少。这些无不催促着社工们要加紧脚步，像工厂批量生产产品一样，要快、要多。可是做人的工作哪是这样简单，不说人的改变需要一个过程，而且每个人都是一个特殊的个体，工作方法也不是完全能复制的。希望我们的社工要勤于反思总结，不要把自己变成一个做个案、小组、社区活动的机器。其实我们是艺术家，运用创造力、灵感精心打造我们每一件独一无二的艺术品。”

以上的现象正是说明了社工缺乏使命感，正如闵兢等（2018）认为，青年社工太聚焦于目标达成和成效实现的工具理性，而忽略了主体自我中价值取向、价值需求、价值判断等价值理性，使得工具理性和价值理性相互分离与断裂。对于社会工作这个行业来说，使命感、价值感这些元素是不可或缺的，否则也会影响目标的达成和成效的实现。

2. 他人期待方面原因分析

（1）期待过高

政府和机构对社工服务量要求过高。青年地带项目合同中明确规定了项目的服务指标包括个案、品牌项目打造、活动、社会团体的孵化、探访、调研、外展、建档、宣传等。而个案指标每年最少开启100个个案，结案率必须达到40%；其中，开展“临界预防”及“矫正预防”个案数量不少于项目个案总量的50%。项目除了2名站长、1名行政人员，其他7个人每年要开展15个个案。青年地带的案主大都是非自愿案主，又都存在比较严重的问题，很多个案往往要跟进半年以上，社工服务量大，想要把服务做得更深入、更全面，对于社工的精力来说是一个很大的考验。项目合同中的服务指标类型和数量是政府和机构共同协商制定的，服务指标约定的社工服务量过大，体现出了政府和机构对社工服务量要求过高。

社工系统对社工服务专业性要求过高。机构、督导和社工自身对社工角色的期待都倾向于个体增能，然而社工实际角色扮演与机构、督导和社工自身角色期待的达致率分别是：44%、9%、9%，达致率偏低。个体增能需要社工扮演辅导者角色，开展历时较长的深度辅导服务，辅导者需集资源整合者、沟通协调者、治疗者、陪伴同行者、宣传教育者、人生导师、协作者等角色于一身，对社工来说，需要耗费大量的时间、精力，挑战较大，不容易达成。一个个案做到个体增能不难，但每个个案都要求做深层次的辅导，对于个案数量大、时间紧迫的项目现实情况来说，期待过高了。

（2）期待不合理

服务相关方在工作中会对社工提出一些不合理的期待，信访维稳、法律咨询、透露涉案未成年人的案情、调解经济纠纷或是精神疾病的鉴定评估等等，这些都不是社工的职责与专业范畴，社工没有能力去完成，也没有义务去承担，这些不合理的期待会让社工陷入角色困境。

（3）期待不一致

政府和事业单位属于政府体制内的主体，他们的角色期待倾向于对案主外部呈现出的问题的控制，例如降低犯罪率、纠正偏差行为；而机构、督导和社工自身属于社工系统内的主体，他们的角色期待倾向于解决案主及其家庭内部的问题，例如个体增能。服务相关方对社工角色期待的不一致容易造成社工在角色扮演中抓不住重点，无所适从，迷失方向，造成服务混乱和无序，最终影响服务效果。

3. 社会方面原因分析

(1) 司法制度的滞后性

青年地带服务中，社工在司法制度框架下，与司法部门开展各种合作，为涉案青少年提供社工服务，保障其在司法程序中的合法权益，降低他们再次违法犯罪的可能性。而社工在服务开展中遇到的很多角色困境涉及制度层面的问题，单靠个人层面的努力是难以解决的。下文主要通过政府职能设置与社工服务的权限来评估司法制度的合理性（参见表8）。

表8 司法制度合理性分析表

编号	案主需求	政府职能设置	社工服务权限	制度合理性
C006	社会观护	观护员	有权限	合理
C017	担任合适成年人	合适成年人	有权限	合理
C020	卖淫少女释放后重新改造	无相应职务	无权限	不合理
C036	对公安微博透露的离家少女背后的问题进行介入辅导	无相应职务	无权限	不合理
C040	涉案青少年释放后重新改造	无相应职务	无权限	不合理
C053	跟进辅导案主告知书中涉及的已怀孕卖淫少女	无相应职务	无权限	不合理
C057	社会调查	社会调查员	有权限	合理
C062	为监禁在看守所的案主提供心理辅导服务	无相应职务	无权限	不合理

从上表可以看出，司法系统中是有适合成年人、社会调查员以及观护员的职务的，而社工对于这三种职务也是有权限担任的，能通过司法系统给予的权限，更好地完成相关服务内容，保障青少年权益，降低涉案青少年再次违法犯罪的可能性。而对于涉案青少年处于羁押中或释放后，社工是没有权限进入看守所进行跟进辅导的，也没有权限强制要求已释放的涉案青少年接受社工的服务。另外，对于涉案未成年人的个人档案资料，仍然属于司法系统内部资料，社工也没有权限查阅。

适合成年人、社会调查员以及社会观护员的工作内容均在社会工作专业范畴内，并且都有法律制度予以保障。以社会调查员和观护员角色为例，社工具有一定的权限，案主必须定期见社工，必须参加社区服务，并由社工撰写社会调查报告和社会观护报告，这些报告对案主后续的检控结果有重大影响。这就为社工介入被动求助的案主提供了两个很好的切入点。除此之外，司法部门有大量的合适成年人、社会调查、社会观护的工作，且这些工作不一定是司法部门工作人员的专业领域，甚至他们要回避，合适成年人工作就不能由从属于司法机关的人担任。司法部门没有能力、没有资格提供的，或者司法部门暂时无法提供的，但是法律程序又要求必须要有的，以便保障未成年人合法权益，或保障未成年人权益最大化，这为社工的出场填补空缺提供了可能。社工在个案C006的面谈记录中也写道：

“社工也体谅案主的辛苦，但是也强调案主必须每个月要来见社工一次，这个是附条件不起诉的条件之一，也是犯错必须要接受的惩罚之一，而案主也是接受的，案主表示能过来跟社工聊天也很轻松，有些事情可以不知不觉地说出来。”

在青年地带78个个案中，因为案主羁押在看守所，社工无法介入而结案的个案有19个；涉案青少年释放后因为没有强制规定，也不愿意接受社工服务而失联的个案有4个；由于不能共享涉案青少年资料而不能提供社工服务的个案有1个。这类因司法制度滞后，而导致社工功能未能发挥的个案占总数的31%。总地来看，司法制度的滞后性体现在三个方面。

第一，涉案青少年释放后的介入缺乏制度保障。个案C020中，社工评估到未成年性工作者一旦走出派出所的门口很可能又重操旧业，无奈案主不愿意接受社工的辅导服务，社工也没有权力要求案主一定要见社工，甚至派出所在跟案主做完笔录以后，也没有文件规定可以强制性要求案主留下来或者去见社工。个案C040中，案主关押在看守所一个月，释放当天，检察院希望社工能够帮助案主，预防案主再次犯罪，因此让社工到看守所接案主出狱。虽然案主身无分文，也没有固定的住处，但案主还是拒绝了社工提供的临时住房和食物援助。虽然评估到案主很可能会找回以前的不良朋辈一起生活，但社工没有权力要求案主一定要接受社工服务。后来社工通过案主经常出入的网吧以及案主妈妈都无法与案主取得联系，个案无法继续跟进。

第二，涉案青少年资料档案的共享缺乏制度保障。个案C053中，社工在案主的告知书中发现本案件涉及了几名未成年女生，其中一名在卖淫时已怀孕，社工向庭长获取资料跟进这几名女生无果，被庭长拒绝。虽然，社工出于专业判断，认为几名未成年女生有社工服务需求，且比较急迫，但法院出于对涉案未成年人个人资料的保密，不能向社工提供相关信息。这也反映出社工尚未在司法流程中具有合法身份、合法地位。

第三，涉案青少年羁押在看守所期间的介入缺乏制度保障。青年地带 78 个个案中，因为案主羁押在看守所，社工无法介入而结案的个案有 19 个。未成年人在犯罪之后直至进入社区矫正或监禁矫正之前，还要经历公、检、法三个刑事诉讼程序，这长达半年至三年的刑事诉讼时间甚至能抵掉涉案未成年人的刑期。如果这个过程能让社工进行介入，提供辅导服务，对于降低未成年人再次违法犯罪会有助益。然而，目前的情况是，对于这类处于司法程序中的涉案未成年人，社工最多只能作为合适成年人，保障涉案未成年人在讯问中的合法权益；联系其家人，提高涉案未成年人与家人的依附程度；与涉案未成年人通信，鼓励其积极面对判决，规划好以后的生活。然而，这种服务由于缺乏案主的深度参与，都只是蜻蜓点水式的，很难让案主发生根本性的转变。正如社工 SW05 在访谈中提到的：

“在合适成年人案件当中，社工主要发挥的还是合适成年人的作用，即保障权益，但是在社工最应该发挥作用的地方也就是促进案主改变方面始终缺乏介入的地方，工作是有做，效果也是有，但是缺乏最有力的成效，因为在判决结果出来后，案主要么回老家，要么在监狱中，社工根本无法接触。在整个介入过程中，案主和家属得到的更多是权益的保障、法律知识的提高和家庭凝聚力的提高，以及案主本人自身的反思，但至于案主是否真正改变则无法评估。”

相对于社工没有合法身份的尴尬，律师这个身份在涉案青少年羁押在看守所期间的介入就有制度的保障，律师只要办理了相关手续，去见自己的当事人是合法合规的。社工在涉案青少年羁押在看守所期间的介入有了制度保障，才能更深入、系统地为涉案青少年服务，更有效地降低涉案青少年再次违法犯罪的可能性。

（2）社会流动对社会工作的负面影响

社会流动，是指人们在社会关系的空间中从一个位置向另一个位置的移动。经济地位、政治地位的升降，职业的变动都是一种社会位置的变动。本书的社会流动主要针对服务对象以及社工两个方面来阐述。

服务对象的社会流动导致其问题更加严重。青年地带项目的 78 个个案，其中有 8 个个案是服务对象离开社工服务范围而中断服务的。个案 C037 中，社工与案主及案主奶奶初步建立了良好关系，也吸引了案主对青年地带的兴趣。但是未与案主深入面谈其与家人的关系，案主已不在社工服务区域内居住和读书，社工无法继续跟进，结案处理。个案 C059 中，外市社会工作服务机构因为距离遥远无法跟进社矫对象的情况，且社矫对象已经连续 2 个月没有准时提交思想汇报，可能面临重新起诉，所以才转介给 B 区青年地带社工进行帮扶。服务对象因为读书、工作或社区服刑的需要等原因存在居住地变动的情况，而青年地带项目服务是由属地政府购买的，仅服务辖区内的青少年群体，因此，离开辖区工作生活的服务对象将进行转介或结案处理。然而，转换环境后，服务对象可能要重新熟悉新的环境、新接手的社工、新的行为规范等，服务对象与新接手社工需要一段时间进行磨合，以建立专业信任关系，服务对象本来存在的问题没那么快可以马上介入而使得问题可能会愈加严重，而本来取得的个案成效因为没能及时巩固而大打折扣。

社工流动影响服务成效。社工的流动分为三个层面：一是机构内的流动。社工因为职位晋升或者对当前项目产生职业倦怠或者个人职业规划的原因，而从机构内的一个项目转移到另一个项目。H 机构承接青年地带项目期间，有 1 个社工调动到其他项目。二是社工离职。社工因为待遇问题、晋升机会、机构文化、家庭、工作环境、工作压力等元素而选择辞职。H 机构承接青年地带项目期间，有 4 个社工离职。三是项目承办机构的更换。青年地带项目以两年为一个服务周期，服务周期一满就要重新招投标。而 B 区青年地带项目自从 2016 年正式启动至今，已经由三个机构经手承办过。社工的频繁流动对于项目服务的延续性有严重影响，也影响了服务相关方对项目的信任度与认可度，影响了项目团队的凝聚力与工作积极性，最终影响服务成效。

（3）社会变迁对社会工作的挑战

社会变迁是指由生产力和生产关系为基础的社会矛盾运动所引起的种种社会变动现象，包括社会形态、社会结构、社会制度、社会关系、社会组织、人口、经济、政治、法律、教育、道德、时尚、宗教、文学艺术、生活方式等一切社会现象所发生的变动。本书所指的社会变迁主要体现在青年地带服务群体违法犯罪特点的变化上，以及青年地带相关社会政策的变化。

青少年群体违法犯罪呈现低龄化、团伙化、严重化的趋势。从青年地带项目接触到的涉案青少年的实际情况以及青少年违法犯罪的相关研究可知，青少年群体的违法犯罪特点近些年呈现低龄化、团伙化、严重化的趋势。从这些趋势和特征，可以探讨出青少年的家庭、学校以及社会环境存在危机因子，青少年过早被不良风气影响，容易受到不良朋辈误导，加之青少年自身冲动、情绪控制能力差，没养成正确的、稳定的价值观、人生观，这些因素叠加就容易导致青少年走上违法犯罪的道路。社工如果没有敏感的触觉，及时感知到青少年群体的变化趋势，就很容易低估服务对象的问题，在工作中碰壁，进而陷入角色困境。

青少年服务政策及工作重点的变化。“青年地带”是 2008 年开始设立的政府购买社会工作专项服务项目之一，是实现青少年交流、组织、服务的重要平台。而自2015年起，“青年地带”开始转型发展为预防青少年违法犯罪服务站。服务群体重心从涵括所有青少年变化至服务重点及涉案青少年。除了项目的定位，服务群体、服务指标、评估体系等也在不断地更新换代。另外，B区青年地带项目的工作重心也随着政府中心工作的变化而随之发生变化，从全面铺开禁毒服务转变至逐个击破重点村的问题，从I志愿的普及再到青年之声的推广。团委及司法系统内部小范围的政策制度环境以及政府重点工作变化如此之快，如果社工不能跟上工作节奏，没能及时调整自己的工作步伐，统筹好各项工作，很可能就会影响工作进度，拖团队后腿，影响购买方对项目的满意度，也会给项目内部带来压力、抵触等负面情绪。

第四节 社工角色调适

一、个体方面的社工角色调适

1. 社工角色定位：补位角色

（1）社会工作功能分析

帕森斯用地位——角色作为最基本的分析单位来解释社会互动的稳定模式，服务相关方对社工角色的期待未得到满足，也预示着社工作为行动者所处的结构位置是有偏差的。在整个社会系统中，当前社工开展的个案和提供的服务，是因为个案本身由于各种原因导致功能丧失，又没有渠道获得，这时社工提供服务；但接案后发现，社工实际上并不能提供案主需要的服务，修复不了其丧失的功能，这说明社工服务存在角色困境的问题，社会工作功能失调了；同时发现，案主丧失的功能，按当前社会制度而言，应该由其他具体的主体提供；但为什么个案仍然转介给了社工或者社工仍然接了这个个案呢？这就证明社会工作在当中有存在的必要，那么需要探讨的一个问题是：社工作为整个社会系统中的一个主体，到底发挥怎样的功能？

从社会工作的核心竞争力方面来说，社会工作教育在高校中所涵括的课程很全面，除了社会工作专业课，还有法学、心理学、人力资源、社会保障等等；而社会工作专业课单单社工实务课程就涵括了儿童、青少年、老年、妇女、残疾人、司法、优抚安置、社会救助、家庭、学校、社区、医务、企业社会工作等，对象人群从摇篮到坟墓的都涵括在内，内容涉及人们学习、工作、生活的方方面面。

社工看似懂的东西不少，但社工的核心竞争力在哪里？心理辅导不够心理咨询师专业，活动不够文化公司出彩，链接资源不够基金会或社企有方法。社会工作看似方方面面都有涉猎，却方方面面都不够精深。那社会工作的核心竞争力是什么呢？如果没有政府购买社工服务的话，社工能在社会中站稳脚跟吗？社会工作自身的定位与发展方向是什么呢？针对社会工作功能与定位的困境，下文从服务主体功能、社会工作功能以及两者关系进行探讨（参见表9）。

表9　青年地带社会工作功能分析表

个案	服务主体功能	社会工作功能	两者关系
C001	司法部门的权威性、震慑力以及妇联、团委、学校、公益机构、律师事务所等的帮扶，让案主父亲停止了家暴行为。	对案主父亲不理性的教育理念进行深入辅导，对案主受到创伤的心理进行安抚。	司法部门等保证了案主父亲的家暴行为停止，才能为社工的介入辅导提供可能；社工的辅导服务又是司法部门等主体无法提供的。
C010	精神科医生给案主提供精神疾病的诊断和治疗。	为案主链接就业资源，鼓励并陪伴其外出运动、与人交往；缓解案主家人的照顾压力，鼓励家人给予案主以理解和支持，改善案主的家庭关系。	案主得到精神科医生的诊治，病情稳定是社工介入服务的前提，而社工提供的辅导服务不是精神科医生的专业范畴，精神科医生无法提供。
C026	司法所强制案主定期报道，限定出行的范围，不参与违法犯罪活动；甚至案主有涉毒情况，也只能由专业部门提供验尿，或者服用美沙酮进行戒毒。	社工以成年人身份，在庭审中保障了案主的合法权益，对案主的是非观念、家庭关系、朋辈交往、学习生活情况等问题进行辅导。	司法所运用国家权力保证案主减少违法犯罪的可能性是社工介入的前提，而社工提供的辅导服务非司法所专业范畴，司法所无法提供。

个案C001中，案主父亲存在错误的教育观念，对案主教育以打骂为主，存在严重的家暴行为。案主没有能力和渠道进行自我保护，社工搭建了包括司法部门、妇联、团委、学校、公益机构、律师事务所等在内的个案的支持帮扶平台，利用司法部门的权威性、震慑力以及其他主体的帮扶，让案主父亲停止了

家暴行为。但为什么个案没有一开始就让具有威慑力的派出所来跟进，而是转介给社工？因为案主父亲不理性的教育理念需要进行深入辅导，案主受到创伤的心理需要安抚，这些不是派出所的专业范畴。而只有让父亲从根本上改变教育理念，才能真正保障家暴行为不再发生。

个案 C010 中，案主失学、失业，整天宅在家，不讲个人卫生，并曾因为与父亲争吵而捅伤了父亲。社工通过 HAMD 抑郁量表、精神分裂阴性症状量表，虽能初步确定案主患有精神疾病，但毕竟不是精神科医生，没能力也没有权限诊断并医治案主的疾病。社工应该一开始就把个案转介给精神病医院，但社工还是把个案接下来了，因为精神科医生只能治疗案主的精神疾病，但为案主链接就业资源，鼓励并陪伴其外出运动、与人交往；缓解案主家人的照顾压力，鼓励家人给予案主以理解和支持，改善案主的家庭关系这些服务是精神科医生做不来的。但前提是案主得到了精神科医生的诊治，病情稳定下来，社工才能介入服务。

个案 C026 中，社工以合适成年人身份，在庭审中保障了案主的合法权益，案主被判社区矫正以后，个案交由司法所继续跟进。但青年地带社工结案之后，发现案主有涉毒的情况，也不配合社区矫正，后又转介回青年地带项目。司法所有权强制案主定期报道，限定出行的范围，不参与违法犯罪活动；甚至案主有涉毒情况，也只能由专业部门提供验尿，或者服用美沙酮进行戒毒。这些都是社工无法提供，必须由相应主体提供的。但为什么还要继续让社工跟进？那是因为案主的是非观念、家庭关系、朋辈交往、学习生活情况等问题的辅导，司法所难以跟进。司法所运用国家权力保证案主减少违法犯罪的可能性，而社工在此前提下，通过降低案主的危机因子，减少不良朋辈的接触、解决就业就学问题、树立正确的是非观、价值观、养成积极健康的兴趣爱好、加强与家人的依附等，巩固案主已取得的成效。

综合上述案例，根据功能理论，案主功能缺失，首先要有相关服务主体承担相应的服务功能，在服务主体履行好自身的职责后，案主的功能仍然存在不足的地方，才由社会工作进行介入。从社会服务的结构来看，政府承担着重要的社会服务功能，而社会力量（民间组织）也承担着大量社会服务，而社会力量承担的这些服务主要是政府无力或没有能力承担的服务，或者还没有列为政府责任的社会服务（王思斌，2014）。

（2）“社工补位”方案的提出

社会工作功能失调会带来一系列的问题，对此，我们提出解决社会工作功能失调的方案为“社工补位功能”。案主功能缺失，首先要有相关服务主体承担相应的服务功能，在服务主体履行好自身的职责后，案主的功能仍然存在不足的地方，才由社会工作进行介入。社会工作补位的前提是各服务主体各归其位、各司其职。

社会工作补位功能具有四个层面的内容。一是社工直接提供服务。服务对象由于经济困难、身体残疾或家庭等原因，无法满足自身的基本需求，而社会系统中又没有可以满足他们需求的服务主体，这时需要社工提供直接服务。给留守儿童提供课业辅导，给残疾人送餐，提醒独居长者服药等都是社工提供的直接服务。社工提供的这些无偿服务可谓解了他们的燃眉之急，而且，这些看似普通的课业辅导、兴趣活动都只是一个“幌子”，在这个“幌子”下面，社工还会有针对性地添加一些自信心提升、人际交往技巧提升、亲子关系融合等的内容进去；或者在送餐、提醒长者服药时提供居家安全、保健知识的普及或者提供关怀服务等，以求满足服务对象浅层次及深层次的需求。二是社工通过助人自助的方式提供服务。社工秉持着助人自助的理念，发掘服务对象的优势与潜能，协助其面对并解决困难，并积累成功经验，增强其自身能力，恢复其丧失或不足的功能，最终使服务对象能独立解决问题。三是社工链接资源，为服务对象解决问题和应对困境提供必要的资本和平台。服务对象无法通过自身渠道获取所需的资源或机会，甚至不清楚自身条件有什么资源政策与其匹配，这时需要社工进行资源链接，满足服务对象的需求。四是社工开展社会倡导。当服务对象的困境在现有政策体制环境下无法解决时，需要社工对现有政策进行影响或者倡导，以解决服务对象的困境，增进服务对象的福利。

2. 加强角色学习

角色学习是指社会成员掌握社会理想角色的行为准则、技能，提高角色认知水平，缩短与理想角色差距的过程。前文提到了社工角色扮演能力低以及社工使命感缺失导致社工角色困境，下面分别从社工角色扮演能力以及社工价值理念两个方面对社工角色学习提出对策建议。

（1）社工角色扮演能力的学习

以B区青年地带项目为例，青年地带社工主要存在着与非自愿案主建立专业关系的能力不足，资源链接能力有限以及服务经验不足的能力缺陷。因应这些能力缺陷，可以采取两方面的措施。一是制定个案服务指引。对项目内的个案进行分类，不单是按服务合同约定的类型来分，而是分得更细致，例如校园欺凌个案、隐蔽青少年个案、网瘾青少年个案等；然后对每一类个案当中的建立专业关系技巧、服务技巧、可进入下一阶段服务的节点、可动用的资源、常用的社工理论、介入该类个案的注意事项等情况进行总结归纳，形成个案服务指引。该服务指引能给社工与非自愿案主建立关系时提供明确的指引，也能增强社工面对非自愿案主的自信心。另外，对于服务经验不足的新进社工，个案服务指引也能使得他们更快成长、少走弯路。二是建立资源库。社工资源链接能力低主要是因为不知道有什么资源可以用，建立资源库可以大大减少社工资源链接方面的困境。首先是资源库的种类划分。资源库可以按资源种类划分，例如物资方面的、人力资源方面的、资金方面的，也可以按资助对象人群划分，也可以按资助方的种类划分。其次是资源的获得方式。资源可以从机构总部或机构内不同项目已有的资源进行共享，可以从项目所在地的团委、居委等合作单位中已有的资源进行共享，也可以因应自身服务的需求，从社区中发掘并利用。最后是资源库的维系。资源不是一成不变的，资源拥有方可能会流失，资源的种类、数量、品质等也会发生变化。社工要定期与资源拥有方进行联系，加强角色沟通，留住资源拥有方的心，并对资源库及时进行更新。

（2）社工价值理念的学习

社工在工作中面临角色冲突或产生职业倦怠、茫然、浮躁的心态，都是社工价值理念缺失的表现。价值理念不像服务技巧，实实在在，可以通过理论学习和反复实践而掌握。对于价值理念，必须从内心去理解它、认同它，并接受它为指导自己航向的最终掌舵者。

所谓纸上得来终觉浅，绝知此事要躬行。社工价值理念从教科书上读到了，它就只是一个概念。要把这个概念运用到实际工作中，并以之指导自己的实践，把实践结果再跟书上的比对，不断调整自己对价值理念的理解，再以重新认知的社工价值理念指导实践，这样才能慢慢将社工价值理念真正融入自己的价值理念体系中，成为一个真正的以社工价值理念武装自己的社工人。社工价值理念可以从朋辈或前辈的分享中而获得，也可以通过自省获得。当然，自省显得尤为重要。在当前的社工工作环境中，还存在着很多的障碍和限制，社工像个陀螺，被服务相关方鞭策着不停地转，转着转着就忘了自己为什么而转，也不知道什么时候停，要转去哪里。这个时候，社工要给自己设一个警钟，及时警醒自己反思，社工的工作使命是什么，服务宗旨是什么，秉持着什么价值理念，以及时把自己导回到正路上来。

3. 加强角色沟通

学界对于“角色沟通”没有一个明确的定义，于珍（2005）则认为，人们在各种社会组织中处于不同的位置，扮演不同的角色，所以看问题的方式和角度也不一样，这就造成了沟通中的角色障碍。由此可以看出，人们看问题的方式和角度不一样，如果没有充分的角色沟通就容易产生角色障碍。从前文他人角色期待过高、期待不合理以及期待不一致对社工造成的角色困境可知，加强角色沟通对于社工服务的有效开展尤为关键。本书以个案 C001 为例，深入分析社工与各服务相关方进行角色沟通的情况（参见表 10）。

C001 个案为家暴个案，案主在外来工子弟小学就读二年级，在就读期间案主父亲以各种理由多次殴打案主，学校及派出所多次对案主父亲进行批评教育均不奏效。由于该个案涉及检察院、派出所、妇联、团委、学校等部门，且属于危机个案，因此，社工迅速搭建了支持帮扶该个案的平台，建立了案主帮护群，把司法部门、妇联、团委、学校、公益机构、律师事务所等对案主能提供帮助的人共 17 人都组建起来，并建立了危机介入小组，及时沟通个案进展，并提供各方的专业意见。在社工介入下，案主父亲已经能反思到自己的教育方式存在问题，并愿意做出改变。并且学校报警后至今，案主基本没再遭受家暴。

表 10　社工与服务相关方角色沟通情况表

服务相关方	角色期待	角色沟通过程	角色沟通效果
检察院	剥夺父亲监护权对案主来说未必是好事，希望青年地带社工直接对案主及其父亲进行辅导。	社工当面澄清，短时间内获得案主父亲信任不容易，建议先以志愿者身份上门提供课业辅导，与案主父母建立好信任关系再做辅导工作。	双方同意按社工意见开展个案工作。
案主父亲	希望社工能让案主转变学习态度，提高学习成绩。	以真诚、尊重、接纳的态度获得案主父亲信任，并让其意识到自身具有不理性的教育方式，棍棒教育不能让孩子优秀。	案主父亲反思到自己的教育方式存在问题，并愿意做出改变。
学校	杜绝案主家庭暴力事件的发生，以免给学校带来不必要的麻烦或影响学校声誉，必要时宁愿开除案主。	社工向校方汇报该个案已经收到明显成效，对案主做出开除处分，对案主成长不利。	校方暂时收回退学通知。

续表

服务相关方	角色期待	角色沟通过程	角色沟通效果
社工行业协会	要对家暴事件进行及时的介入，不能让青少年的人身安全受到侵害。	向对方解释社工已开展的工作，以及社工评估到案主目前的人身安全是有保障的。及时汇报个案的进度与服务成效。	对方坚持认为社工没有危机意识，没有做到充分履职。

从上表可以看出，加强角色沟通要做到以下几点。第一，积极争取对方认同。得到对方的认同是进行角色沟通的前提，案例中的案主父亲，学校及派出所多次对其进行批评教育均不奏效，正是因为他们未能得到案主父亲的认同，他坚信自己的教育方式是正确的。在社工以真诚、尊重、接纳的态度获得案主父亲信任后再尝试进行角色沟通，这才让其慢慢意识到自身具有不理性的亲子教育方式。第二，坦白告知自身难处。在社工沦为政府雇员的趋势下，社工要正视自己的角色定位，以平等姿态大胆地表明自身的难处，以获得对方的谅解，采取适切的社工行动。第三，甄别出关键的沟通对象。案例中，社工一开始跟校方沟通、汇报个案进展主要都是跟案主的班主任，因为她跟案主接触比较多，对案主在校情况比较了解。而当社工获悉校长决定要对案主采取开除处分，社工才猛然醒悟，校长才是最有权力决定一个学生去留的，社工应该沟通汇报个案进展的对象除了班主任，还有校长。第四，及时沟通。案例中社工对于一些较为严重的危机个案没有及时向机构或行业协会汇报，让行业协会发现问题了再来事后解释，让其感觉社工没有充分履职，机构的管理、监控制度也不到位。

二、社会方面的社工角色调适

1. 司法制度的完善

根据结构功能主义，结构跟功能应该是均衡协调发展的，制度结构发展的滞后最终会影响功能的发挥。青年地带服务系统中，司法制度发展的滞后给社工工作的开展带来了难以跨越的障碍，给社工功能的发挥带来了消极影响，司法制度亟待完善。针对涉案青少年释放后的介入、涉案青少年资料档案的共享以及涉案青少年羁押在看守所期间的介入均缺乏制度保障的困境，本书通过B区法院个案引入青年地带的案例，探索完善司法制度的对策建议。

根据现有的法律制度，对于涉案未成年人权益的保护，目前围绕法院审判的各个阶段，介入的主体主要是有法律援助机构于庭审前、庭审中法律的咨询帮扶，司法救助部门于庭审后未成年人出现经济困难提供的资金救助，以及合适成年人在庭审中作为法定代理人维护未成年人的权益。(参见表11)

表11　对于未成年人帮扶主体于法院审判各阶段介入情况表

介入主体 介入阶段	法律援助	司法救助	合适成年人
庭审前	√		
庭审中	√		√
庭审后		√	

对于未成年人心理特点和健康成长的需要，仅仅靠法律援助、司法救助以及合适成年人制度并不足以满足其需要，因此，政府引入青年地带社会工作介入涉及未成年人案件，以提供系统性的、持续性的、满足未成年人生理、心理、社会等需要的专业服务。个案C002是第一个将青年地带项目引入区法院的个案。法院关于个案C002的试点情况的推文中的部分内容：

“在此案中，区法院将青年地带项目引入个案，由有未成年人保护经验和具备心理咨询师资格的两名社工在庭前、庭中对被害人、被告人及其他家庭成员进行心理疏导，舒缓不良情绪以消除隔阂和冲突。同时社工还全程旁听庭审，通过熟悉案情，为庭后针对性地修复家庭成员之间亲情关系设定方案，最大程度降低对未成年被害人及其家庭的伤害。引入青年地带项目，是B区法院率先在全市基层法院中所做的大胆尝试，目的是借助青年地带社工队伍的力量，给予未成年人更多的人文关怀，帮助未成年被害人抚慰心灵，重拾生活信心，也是法院案后主动延伸的体现。”

对个案C002工作模式进行总结提炼，区法院和团区委共同签订了关于区法院个案引入青年地带试行办法，办法中明确了青年地带社工介入的案件的适用范围包括被害人是未成年人的刑事案件，未成年人人身权益遭受损害的民事案件等。青年地带社工介入的服务内容包括三个方面：于“庭前、庭中对涉案未成年人进行情绪疏导，消除隔阂和冲突，促成刑事和解和民事调解”“旁听庭审，熟悉案情，针对性地制定帮扶方案”“案后应跟踪帮扶涉案未成年人身心康复，根据个案对监护人进行亲职教育，修复亲子关系，人际关系等社会关系”。这为青年地带社工介入法院未成年人个案提供了制度保障。该案件作为区法院首次引入“青年地带项目”于珠江频道的全国十佳法制栏目《法案追踪》栏目进行报道，这让社会对社工在司法系统中发挥的作用有了更多了解。

基于法院个案引入青年地带工作办法的出台，以及当前司法制度的滞后性，我们认为可以把法院引入青年地带个案的工作模式推广到整个司法体系，进而让社工从公安审讯、检察院检察、法院审判、监狱/社区服刑以及关押于看守所的空窗期等各个阶段均进行介入，以保证服务的延续性与有效性。同时，与公安机关、检察机关、人民法院以及刑罚机关形成一个紧密合作的系统，建立联动机制，保证信息的共享与流通，更好地为预防青少年违法犯罪的宗旨服务。

2. 智慧青少年服务的打造

近年来，智慧养老、智慧医疗等新型服务形式越来越多，为相关从业者以及服务受众带来了很多便利。基于本书提到的社会流动与社会变迁对社会工作带来的负面影响与挑战，我们提出打造智慧青少年服务的解决方案。

（1）智慧青少年服务平台弥补了社会流动造成的信息缺失或信息不对称的缺陷。服务对象的流动会造成个案被转介方信息不对称，不能及时获取到服务对象全面的信息；而社工的流动，尤其是更换了项目承接机构之后，因为各种人为或客观因素影响会造成大量的信息缺失，这会给重新接手的社工带来很多不便，不能把往后的服务与之前的服务衔接上，导致服务断层。而打造了智慧青少年服务平台，青少年社工能随时从系统平台上查阅到权限内的所需信息，尽可能地使青少年服务信息对称化。并且系统平台上登记的信息不能随意删除或修改，这样也避免了更换项目承接机构后，项目内的大量服务信息遗失的问题。

（2）智慧青少年服务平台缓解了社会变迁造成的工作量剧增的问题。社会变迁会导致服务对象、相关的政策制度、中心工作等变化速度加快，这无形中也增大了社工的工作量。更新换代的工作多了，沟通的频次多了，那如何提升工作效率？通过智慧青少年服务平台可以轻松录入服务信息，并且可以实现无纸化办公，办公效率更高。同时，可以实时了解到最新的服务资讯，行业协会作为第三方评估机构，可以通过智慧青少年服务平台，随时监控项目内的服务情况，及时给予指导意见，这样可以减少项目为了应付半年一次的评估而做的大量准备工作，也避免了行业协会指导意见的滞后性。

（3）智慧青少年服务平台关注青少年个人资料的安全性。智慧青少年服务平台内的资料实行不同系统、不同级别的人仅能查看到相应级别权限内的资料。司法系统内的资料，社工仅能查阅已与司法系统签订了转介协议的涉案青少年个人资料，其他的涉案青少年资料则没有权限查看。而项目内的资料，则根据档案管理制度，一线社工可以查看当年内自己跟进的个案，其他同工的个案或一年以前的个案则需要项目主管，甚至机构分管领导授权或征得他们同意才能查看。资料的修改权限管理参考资料的查阅权限管理，不过会更加严格。这样会最大限度保护青少年个人资料的安全性，避免青少年个人资料的泄露。

第五节 结论

本书首先通过对政府、事业单位/社会团体、服务对象、机构、督导、社工自身六个服务相关方的社工角色期待与社工角色扮演进行比较，总结归纳出青年地带社工存在着服务相关方对社工角色期待不一致，社工倾向于扮演低投入、高产出的角色，浅层的咨询者角色易达成、深层的辅导者角色难达成的现象。其次对角色期待与角色扮演的角色偏差与一致性进行分析，得出了“万能社工”“架空社工”“缺陷社工”“去专业化”四大社工角色困境。再次，从个体层面、他人角色期待以及社会层面对社工角色困境进行原因分析，并得出社工角色困境的个体原因包括社工角色不清、社工角色扮演能力不足、社工使命感缺失；他人角色期待方面的原因包括期待过高、期待不合理以及期待不一致；社会原因包括司法制度的滞后性、社会流动对社会工作的负面影响、社会变迁对社会工作的挑战。最后，因应社工角色困境的原因分析，我们从个体层面和社会层面提出了社工角色调适的方案对策，个体层面的角色调适方案包括社工补位角色的提出，加强角色学习，加强角色沟通。社会层面的角色调适方案包括司法制度的完善以及智慧青少年服务的打造。

本书通过表征当前社工角色期待和角色扮演的情况，最终得出社工在服务系统中发挥着补位功能。补位功能即案主功能缺失，首先要由相关服务主体承担相应的服务功能，在服务主体履行好自身的职责后，案主的功能仍然存在不足的地方，才由社会工作进行介入。社会工作补位的前提是各服务主体各归其位、各司其职。另外，社会工作补位功能具有四个层面的内容。一是社工直接提供服务；二是社工通过助人自助的方式提供服务；三是社工链接资源，为服务对象解决问题和应对困境提供必要的资本和平台；四是社工开展社会倡导。

参考文献

[1] 陈成文，孙嘉悦．论社会工作的功能：一个结构功能主义的分析视角[J]．湖南师范大学社会科学学报，2011.

[2] 陈琳，邢洁，毛绪朋．医养结合中社会工作者的角色困境及其成因分

析［J］．社会工作与管理，2019.

［3］陈涛．农村社会工作及其主体角色定位［J］．湖南农业大学学报（社会科学版），2014.

［4］勾学玲．政府购买社会工作服务的角色定位［J］．中国党政干部论坛，2017.

［5］侯金超．基于社会角色理论的大学生村干部流失现象研究［J］．河南工业大学学报：社会科学版，2015.

［6］黄国辉．角色失调与调适：社会角色理论视阈下的高校教学管理人员［J］．山西高等学校社会科学学报，2013.

［7］李静，时孝春．医务社会工作本土化发展中的角色期待与角色实践困境探析［J］．江苏卫生事业管理，2018.

［8］李真，李涛，刘倩，等．社会工作服务农民工的功能与角色［J］．广东工业大学学报：社会科学版，2013.

［9］李志强．转型期农村社会组织开放系统研究新解释——以“结构—功能”理论为框架［J］．西南大学学报：社会科学版，2014.

［10］李志强，王庆华．“结构—功能”互适性理论：转型农村创新社会管理研究新解释框架——基于农村社会组织的维度［J］．南京农业大学学报：社会科学版，2014.

［11］刘润忠．试析结构功能主义及其社会理论［J］．天津社会科学，2005.

［12］闵兢，徐永祥．青年社工的流失与留驻：从“角色规制”到“身份认同”［J］．青年探索，2018.

［13］穆楣．社会工作的功能和价值体系［J］．中国妇运，2010.

［14］彭惠青，仝斌．社会工作在基层治理专业化中的角色与功能［J］．中国行政管理，2018.

［15］王舒．编辑的角色认同与文化自觉［J］．浙江学刊，2008.

［16］王思斌．社会服务的结构与社会工作的责任［J］．东岳论丛，2014.

［17］王思斌．转型期我国社会工作专业的地位［J］．北京大学学报：哲学社会科学版，1997.

［18］王思斌．中国社会工作的嵌入性发展［J］．社会科学战线，2011.

［19］王思斌．回归对社会工作职能的恰适定位［J］．中国社会工作，2013.

［20］王笑，卢娜娜．角色管理：社工项目工作中的角色——基于合肥市某

社区居家养老项目的调查［J］. 牡丹江大学学报，2015.

［21］王雨磊，陈柏成. 专业辅助：社会工作在司法社会治理中的定位［J］. 中国行政管理，2019.

［22］吴咏梅. 社会工作服务新农村建设的角色、机制与模式［J］. 理论界，2013.

［23］汤佳. 在老年社会工作中的社工角色困境及对策研究［J］. 中外企业家，2018.

［24］徐子彬，梁昆. 被抑制的角色：岗位社工行政化研究——以A市为例［J］. 社会工作与管理，2017.

［25］薛静茹，任一鸣. 从角色定位角度探讨精神复康领域的合作模式：从医务社会工作视角［J］. 新课程研究（中旬刊），2013（第6期）.

［26］于玲，王天姿，李静静，等. 社工在多学科团队中的角色与定位［J］. 医院管理论坛，2017.

［27］于珍. 沟通中的角色问题——自我角色的转换［J］. 山西广播电视大学学报，2005.

［28］章诚. 论社会角色理论视域中的大学生全面发展［J］. 江苏教育学院学报：社会科学版，2011.

［29］赵显富，姚韦伟. 慈善事业和社会工作：在社会建设大局中找准自身定位并发挥积极作用［J］. 中国民政，2019（第24期）.

［30］周怡. 社会结构：由"形构"到"解构"——结构功能主义、结构主义和后结构主义理论之走向［J］. 社会学研究，2000.

［31］丁水木等. 社会角色论［M］. 上海社会科学院出版社，1992.

［32］范伟达等. 多元化的社会学理论［M］. 辽宁人民出版社，1989.

［33］顾东辉. 社会工作概论［M］. 复旦大学出版社，2008.

［34］屈锡华. 管理社会学［M］. 电子科技大学出版社，2008.

［35］万仁德. 社会工作导论［M］. 华中科技大学出版社，2006.

［36］吴增基等. 现代社会学［M］. 上海人民出版社，2014.

［37］奚从清. 角色论：个人与社会的互动［M］. 浙江大学出版社，2010.

［38］肖旭编著. 社会心理学［M］. 电子科技大学出版社，2013.

［39］殷晓清等. 当代社会工作［M］. 中国时代经济出版社，2003.

［40］张乐天. 社会工作概论［M］. 华东理工大学出版社，2005.

［41］赵芳. 小组社会工作［M］. 华东理工大学出版社，2015.

［42］陈前. 社会工作者角色扮演中的失调研究［D］. 华东理工大

学，2019.

［43］盖显颖．对社会工作服务中社会工作者角色的研究［D］．南京大学，2017.

［44］郭建婷．项目社工角色定位的困境分析与对策研究［D］．兰州大学，2014.

［45］胡真一．“出院计划”跨领域团队中社工角色弱化的困境研究［D］．吉林大学，2018.

［46］李明珠．社会工作者的角色定位与职能发挥［D］．山东大学，2011.

［47］张凌云．社区治理中社会工作者的角色［D］．山东大学，2017.

引导语：

伴随着我国社会工作的迅速发展，作为吸纳社会工作人才主要载体和开展社会工作专业服务重要阵地的社会工作服务机构也随之兴起，专业社会工作的发展依赖于社会工作服务的有效践行，而社会工作服务的有效开展又以社会工作服务机构为依托，因此，我们要大力推进国内社会工作机构的发展。而任何一个行业的发展都无法脱离其赖以生存的区域，社会工作作为一个新生行业更是如此，不同区域有不同的经济社会发展状况、不同的人文资源，这些都对一个行业的发展起着非常重要的作用。本章我们将从场域理论视角出发，共同探究在相对欠发达的潮汕地区社会工作机构的发展状况。

第二章

社会工作机构发展：场域理论视角下的区域社会工作发展研究

社会工作的终极目标是追求社会的公平正义，让每个人都享有国家提供的福利服务，而不仅限于城市里的市民。那么为何社会工作机构的发展也有着与商业机构同样的趋利性？欠发达地区的社会工作机构难以发展是否意味着社会工作的“公平正义”的价值追求在经济不够发达的时候失灵？如果说经济不够发达导致社会工作专业人才、资源无法流入欠发达地区是一种客观现实，那么欠发达地区是否可以根据自身所拥有的内在资源发展社会工作机构？而社会工作机构又该如何在欠发达地区得以顺利发展呢？这一问题值得深思。

潮汕地区目前有31家社会工作机构，按照机构成立背景的不同大致可以分为以下三个类型：由政府相关部门下属单位直接成立的政府背景型社会工作机构、由潮汕传统民间慈善机构成立的民间背景型社会工作机构以及由潮汕地区爱心企业组织成立的企业背景型社会工作机构。我们由此受到启发，将从潮汕地区31个社会工作机构中抽取三个类型的典型机构作为研究对象，试图探索出适合潮汕地区社会工作机构发展的策略和途径，从而为粤东西北等欠发达地区社会工作机构发展提供一定的借鉴意义。本书运用场域理论，对潮汕地区社会工作机构发展中遇到的瓶颈，结合潮汕地区特有的资源优势，就如何实现突破进行探讨，从而总结出潮汕地区社会工作机构的发展策略，为广东省欠发达地区社会工作机构的发展提供参考。

第一节　区域与场域：社会工作发展研究的视角与范式

一、社会工作机构发展策略

（1）从社会工作机构性质分类角度上看：学者对国内社会工作机构的性质分类大同小异，基本一致。其中李太斌将社会工作机构分为自发的民办非企业单位性质的社会工作机构、政府职能部门下属的社会工作机构以及由政府组建的民办非企业性质的社会工作机构三种类型（李太斌，2006）。

（2）从政府购买社会工作机构服务方式角度上看：学者们普遍达成共识，研究结论趋同研究较为成熟。陈少强、宋斌文将我国政府购买社会工作服务的模式划分为政府依赖型社会工作机构的形式性购买即民办公助模式、具有相对独立性社会工作机构的指定性购买即公办民营模式以及具有相对独立性社会工作机构的竞争性购买即公助民营模式等三种模式（陈少强等，2008）。

（3）从社会工作机构发展困境及策略角度看：大多数学者在对社会工作机构发展困境做出详细描述和原因分析的基础上，提出了帮助社会工作机构走出发展困境的对策建议。如刘战旗发现地方政府对社会工作抱有过高的期望值，但实际中，社会工作机构则面临着自身能力不足和外部环境挤压的现实困难，学界在中国大陆社会工作机构发展中发挥了重要的枢纽作用，因此他提出内地迫切需要建立政府、学界、机构的良性协作机制，并大力发展社会变革取向的而不是社会维稳取向的宏观社会工作模式（刘战旗，2014）。易松国的研究以深圳为例，认为民办社会工作机构普遍存在同质性强、社会信任低、管理和服务能力弱、对政府依赖性强以及生存和发展能力差等问题，提出社会工作机构需要加强诚信建设，加强管理、提高效率、开源节流、拓宽服务以及加强机构之间的交流合作等（易松国，2013）。

综上所述，在社会工作机构发展策略的研究中，有些学者根据社会工作机构性质来定位社会工作机构的发展策略，有些学者从政府购买社会工作服务的角度来定位社会工作机构的发展策略，也有学者着重从社会工作机构发展困境的角度提出对策与建议。总而言之，目前研究的特点在于研究角度较为广泛，而且更多是针对外部原因去寻找社会工作机构的发展策略，对于如何合理有效整合地区内的资源促进社会工作机构发展的研究则相对较少，本研究力求探索潮汕地区传统特有的内生资源与新生事物社会工作机构的有效融合，从而总结出相应的一些社会工作机构发展策略，为类似潮汕地区等欠发达地区的社会工作机构发展研究做出一点努力。

二、区域社会工作发展

为了支持和规范社会工作事业的发展，广州市制定了《广州市财政支持社会工作发展实施办法（试行）》《广州市社会工作专业岗位设置及社会工作专业人员薪酬待遇实施办法（试行）》等法规，为本地社会工作的发展建立了基本运行框架并提供管理依据。被评为全国社会工作人才队伍建设试点城市后，深圳市于2007年出台了全国第一个围绕建立健全社会工作人才培养、评价、使用、激励的政策措施和制度保障的综合性地方文件——“1 +7”文件。其思路是，由民间力量主办社工机构，政府通过向这些社工机构购买服务的方式培育和支持社工组织的发展，初步形成了“政府购买服务，社会组织运作”的发展模式，政府充分尊重民间社会组织的自主性，不干涉其人、财、物管理，社工的招聘由社工组织来完成。

2010 年中共东莞市委东莞市人民政府颁发《中共东莞市委东莞市人民政府关于加快社会工作发展的意见》，把加快社会工作发展提升到建设文明东莞、和谐东莞的战略任务地位，提出了东莞社会工作发展的指导思想、总体目标、阶段任务和基本原则，对社会工作专业岗位的设置、以公共财政支持为主的经费保障体系的完善、公益性社会组织和志愿者的管理完善、试点工作的推进、良好环境的营造等方面做出了具体的部署。

2011 年 11 月，中央组织部、中央政法委、民政部等 18 个部门和组织联合发布《关于加强社会工作专业人才队伍建设的意见》指出，到 2020 年，建立较为完善的社会工作专业人才队伍建设运行机制和工作格局。《意见》明确了今后一个时期我国社会工作事业的发展方向，我国的社会工作发展必将迎来一个崭新的春天。在这个社会工作事业发展的重要转折点，我们要及时对已有的社会工作服务经验进行总结，同时，针对发展中遇到的困境提出相应的对策建议。作为全国社会工作事业先行试点的广东省来说，每个地方都有自己的发展路径，广州、深圳等较发达的珠三角地区和经济欠发达的粤东西北地区的社会工作发展路径大相径庭，而相对于珠三角地区来说，粤东西北地区的社会工作发展亟待研究，这对于今后理清社会工作事业发展思路，抓住这个重要的发展契机具有重要意义。

学者认为通过与深圳、上海两地社会工作发展模式的比较，分别从草根社会组织、高校、政府等三方面在当地社会工作事业发展当中的作用进行研究分析和概括，总结出广州社工事业草根 NGO 崛起、高校参与、政府支持的多元格局发展特点（卓彩琴，2008）。范雅娜主要以深圳市南山区为例研究政府购买社工服务，介绍政府购买社工服务的产生、做法以及存在的问题，并在此基础上提出相应建议，以完善政府购买社工服务，为政府购买社工服务在其他城市的开展提供借鉴（范雅娜，2009）。王慧从制度建设的角度对东莞社会工作发展状况做出了较深入的分析和思考，指出当前东莞社会工作发展制度建设的不足之处，分别从“社会工作者教育培训制度”“社会工作者评价制度”和“社会工作者使用制度”这三项基本制度进行深入分析并给出了一些解决对策（王慧，2015）。

综上文献所述，目前对中国社会工作发展的研究，大多数或集中在各种理论的学习和建设，如中国社会工作嵌入式发展、中国社会工作与社会福利政策等方面；或着眼于全国层面或者只针对某一小的区域或者领域，如对深圳市、上海市、广州市等社会工作事业发展比较好的市级区域的研究；或对政府与社工机构的关系、某地社工机构的发展历程等进行较小的研究；另外，就是针对珠三角地区的社会工作者们在实际工作中总结的一些案例经验和看法等社会工作的某一方面来研究。

作为社会工作发展的先行国家，英美社会工作机构呈现多样形态发展模式，且具有高度专业化特征。当前美国四大社会工作机构分别是全美社会工作者协会、美国社会工作教育委员会、美国临床社会工作联合会以及美国社会工作与研究协会。美国社会工作机构的内部管理模式呈现出与企业管理趋同的新趋势。在机构中，董事会主管决策，执行主任主管执行，层级化清晰，设置岗位明确，制度建设完备，工作人员都具有较高的职业技能等。美国社会工作机构呈现出分层化特征，从社会工作机构的地位、资金来源、服务对象的收入情况以及机构为服务对象提供的服务等方面社会工作机构可以区分为高、中、低三种档次（余建华，2011）。

国外关于中国社会工作机构的研究相对较少，主要的研究关注社会工作。1990 年以来中国社会工作的新生引起了诸多学者的兴趣，他们对中国的社会工作会出现怎样的意识形态，知识，教育模式以及实务技能进行了一系列的讨论。Leung ahd Nann 为中国社会工作的历史和文化背景提供了一个分析框架，清楚地描绘出 1922 年以来意识形态转变，政治经济基础以及社会工作发展的脉络。（Leung，1995） Xiong，Yuegen，and Sibin Wang 分析了政府政策与社会工作的关系，近些年政府支持社会工作以促进经济增长与维持社会稳定，未来的支持会包括学科建设、职业化进程以及社会工作机构的发展等，此外，还讨论了本土化社会工作模式与西方社会工作模式的冲突。（Yuegen et al.，2007） 他们还强调政府在社会工作发展中的特殊角色和影响对于社会工作发展路径的作用。

三、场域理论视角下的区域社会工作发展研究

本书使用的理论主要是布迪厄的场域理论。场域理论自 20 世纪五六十年代提出以来，受到学界的推崇和广泛认可。马维娜从学校场域视角出发，描述学校场域所呈现的关系网络、意义空间、中介形塑以及资本的争夺、关系的潜沉等诸多特征，将更淋漓尽致地呈现“此时此地”处境不利的弱势群体被遗忘、被贬损、被误读和被过度解释的过程和历程，从而触发对教育实践的反思，关

注弱势群体的生存状态和人文关怀（马维娜，2003）。孙文中以场域理论为分析视阈，以文化惯习与社会场域形塑相融合的研究路径来深化对中国农村老年贫困现象的认识，将农村老年贫困的形塑建构融合于农村老年生活的实践中，提出要通过破除农村老年贫困的养老习惯，建构改善农村老年贫困的生活场域，强化突破农村老年贫困的社会实践等途径来解决农村老年贫困问题（孙文中，2011）。洪佩根据社会实践理论，行动者会根据其在场域中所处的位置依靠自身的惯习而做出相应的策略选择，对我国社会工作者的专业实践场域与专业惯习进行了分析，并进一步探讨了社会工作者不同的专业实践策略（洪佩等，2015）。

从上述我们可以看出，目前我国学术界运用场域理论开展社会工作方面的研究相对较少，专门针对社会工作机构的研究更是寥寥无几，大部分都是针对某个领域或者是行为主体而提出的，对于某个地区这种宏观范围内的研究基本处于空白状态，亟待填充。本书通过对潮汕地区场域内部社会工作机构发展的梳理，就场域构型和场域环境两大部分在三种不同类型社会工作机构中所发挥的作用，深度剖析潮汕地区新生事物社会工作机构与潮汕特有的内生资源的结合下如何发展的过程，最后在理论的基础上为潮汕地区社会工作机构的发展提出具有建设性的策略建议。

1. 场域与场域幻象。在场域理论中，布迪厄将“场域”看成是一个社会关系网络，一个人们围绕着某一个参与对象而形成的社会圈。他认为，“根据场域概念进行思考就是从关系的角度进行思考，一个场域可以被定义为在各种位置之间存在的客观关系的一个网络或者构型。正是在这些位置的存在和它们强加于占据特定位置的行动者或机构之上的决定性因素之中，这些位置在不同类型的权力（或资本）中得到了客观的界定。”但是，每个场域都是在特定的社会结构中存在的，制约着网络中关系人的心理和行为等。“在高度分化的社会里，社会世界是由大量具有相对自主性的社会小世界构成的，这些社会小世界就是具有自身逻辑和必然性的客观关系的空间，而这些小世界自身特有的逻辑和必然性也不可化约成支配其他场域运作的那些逻辑和必然性。”（李康译，法 皮埃尔·布迪厄，1998）在社会世界中，我们在有关切身利害的问题上进行一定的投资，拥有一定的期待，这就是场域幻象。场域幻象的出现使得人们对于自身需求的满足期待有了不一样的定义。人们彼此间的“勾结关系”是其在场域幻象里面竞争的基础，在进入场域的过程中，只要人们拥有了某种确定的禀赋构型，他们在被遴选出来的同时就被赋予了合法性，我们需要去识别这些能够发挥作用的禀赋，这些有效的特性，就是特有的资本形式。资本所有者能够在所考察的场域中对他人施加权力，运用影响从而视为实实在在的力量。而力量关系的状况决定场域的结构，一个人拥有资本的数量和结构决定了他在场域中采取的策略性取向。每个人的位置不同，采取的策略性取向也不尽相同。场域是由一些具有共同价值观、思想、制度、组织、规则的人员组合而成的多元复合体，反过来对场域中的个体有着形塑作用。

2. 场域界限。布迪厄认为，“场域的界限是一个场域自身内部的关键问题”。如果希望场域的效果得以发挥，那么与场域相关联的对象都应该成为影响的因素，不能仅凭所研究对象的内在性质予以解释。“场域的界限位于场域效果停止作用的地方”。（李康译，法 皮埃尔·布迪厄，1998）因此，李全生认为，场域间的边界是动态的，只能通过经验研究来确定。我们需要对场域效果所影响到的所有对象进行分析研究，他们具体是如何构成的，效用限度在哪里，他们之间的权力关系是怎样的，努力运用各种手段估量这种效果开始下降的关键点，从而确定场域的界限（李全生，2002）。

3. 场域的对应关系及其自主性。布迪厄认为，“位置的空间仍然倾向于对立场的空间起到支配的作用”（李康译，法 皮埃尔·布迪厄，1998）。各个位置的场域与各个立场的场域密不可分，因此，客观位置的空间和主观立场的空间都应该进行分析。场域是参与场域活动的社会行动者的实践同周围的社会经济条件之间的联结。一个场域越具有自主性，场域越能加强自身的逻辑结构，在政治场域、经济场域、文化场域等与社会空间的结构在组成和运作过程方面都存在全面的对应关系，但又各具特色。

4. 场域与惯习。在场域里活动的行动者是有知觉、有意识、有精神属性的人，因此，每个场域都有属于自己的“性情倾向系统”——惯习。每个人以某种方式进行感知和行动，并在生存的客观条件和社会经历中以无意识的方式内在化形成某种性情倾向，具有稳定性。任何一种形式的惯习都是一种历史的再现，在社会历史的某一特殊时期发挥着一定的功能。一种习惯的获得是人们长期占据社会世界中某一位置的结果，它随着人们在这一社会世界中所占据的位置不同及这些位置所具有的性质不同而发生变化。因此，对置身于一定场域中的行动者产生影响的外在决定因素，从来也不直接作用在他们身上，而是只有先通过场域的特有形式和力量的特定中介环节，预先经历了一次重新形塑的过程，才能对他们产生影响（李康译，法 皮埃尔·布迪厄，1998）。因此，宫留记认为，惯习是具有能动性和创造性的（宫留记，2007）。

综上所述，我们认为场域是一个特定的动态的社会空间和能量场，在这一空间和能量场里，拥有着占据不同位置的个体行动者。这里的个体行动者指的是社会工作机构及其创建者、负责人、社工以及作为服务对象的潮汕地区民众。一方面，身处其中的个体行动者受其特定空间的影响，通过自身拥有的权力（或资本）的运用，采取策略扩张在场域中的界限和活动空间，进而增强自身在这个场中的自主性，控制场上的特殊利润。另一方面，个体行动者不同的性情倾向也影响着位置占据者对于策略的选择，进而影响到这一特定空间的变化。本书引入场域理论作为研究潮汕地区社工机构发展策略的分析路径，意在通过分析潮汕场域中社会工作构型及环境，以及各种特有的资本的运作，从而探索出潮汕地区社工机构发展的不同策略。

第二节　场域分化：潮汕地区社会工作机构发展及其类型化

近年来，在潮汕地区各级政府相关部门的强力推动下，社会工作机构的发展取得显著效果。从2013年4月23日，潮汕地区首家专业社会工作服务机构——汕头市金凤花社会工作服务中心经汕头市民政局批准登记成立以来，短短数年间，潮汕地区社会工作机构的数量急剧增加。截至2016年10月，潮汕地区社会工作机构数量已有31家，其中汕头市20家，揭阳市6家，潮州市5家。在广泛调研潮汕地区社会工作机构情况的基础上，本书尝试从潮汕地区社会工作机构的基本情况以及发展模式上对潮汕地区社会工作的发展情况做一个简要的介绍。

就目前社工机构分类的文献来看，大部分学者对我国社工机构的类型大致都持相同的观点，认为主要可以分为“官办、民办以及政府倡导、民间运作”三种类型。李太斌认为从组织属性来看，社会工作机构主要分为三类：由民间力量组织的非政府组织来从事具体的公共事务服务、由政府职能部门承担公共社会事务的操作职责、由政府组建的具有非政府性质的社会工作机构来提供具体的公共事务服务（李太斌，2006）。闻英从社会工作机构的组建和发育的角度划分，认为我国社会工作机构可以分为政府推动组建的非政府性质的社会工作机构、官办体制内的社会工作机构以及民间组建的社会工作机构三类（闻英，2009）。朱健刚则以机构有无独立性、参与感强弱等将我国社工机构划分为既无独立性也无参与感的“空降型”社工机构、缺少独立性但有一定参与感的“新瓶装旧酒型”社工机构、具有独立性但参与性较弱的“专业主义型”社工机构以及具备独立性和参与感的“草根自发型”社工机构等四大类（朱健刚等，2014）。还有的学者认为公办、私办、公私合办是对社工机构类型最直接的分类。

本研究我们借鉴学者的类型划分方式并根据潮汕地区社工机构的实际情况，以社会工作机构性质及其与政府关系为依据（资金来源、理事会成员背景、负责人的产生方式），将潮汕地区社会工作机构划分为三种类型，分别是政府背景型、民间背景型和企业背景型。需要指出的是，本书对三种类型社会工作机构性质的划分，同时也是对于社会工作机构发展策略的界定，因此，三种机构性质也就对应着三种发展策略。以下就这三种类型的社会工作机构做一个简要的介绍。

一、政府背景型的社工机构发展

政府背景型社会工作机构是由政府组织运作的社会工作机构，这类社工机构在政府的框架内发展，其发展的资源来源于政府。政府主导型社会工作机构隶属于政府部门，服务项目以社会福利领域服务类项目为主，其运作及项目经费由政府全额拨款，使用编制内已考取社会工作资格证书的人员开展相关社会工作服务。在潮汕地区，政府背景型社会工作机构主要有 M 市嘉乐社会工作服务中心（化名）等。

M 市嘉乐社会工作服务中心成立于 2013 年 12 月 10 日，是由 M 市福利院（含 M 市儿童福利院）开办的一家民办社会工作机构，驻点位于市福利院内，现有专业服务人员 5 名，其中中级社工师 2 人，助理社工师 3 人。机构目前已建立较为完善的各项规章制度，包括员工聘用与教育培训制度、劳动合同管理制度、工作时间与休息休假制度、福利待遇与社会保险制度、员工绩效考核与奖惩制度、档案管理制度、财务管理制度、工作安全保密制度、消防安全管理制度、实习生管理制度等十四个制度。机构发展理念为统筹两院的社工服务工作，管理在岗社工的专业服务，立足福利院（含儿童福利院）服务对象（老人儿童）的需求，策划社工项目，并且积极向外申请资金支持。同时充分利用两院社工人才优势和资源，将社工服务辐射周边社区。机构成立后，福利院将对内社工服务的职能转移到中心，中心对外承接政府及有关部门委托的社工服务项目，开展社会工作相关的宣传、咨询、研究、培训、志愿者的发展登记管理，协助地方政府开展扶贫济困、救灾等公益慈善活动。

机构自 2013 年 12 月成立以来，由于是由市福利院举办的，刚开始机构缺乏运营资金，机构场地、设施、资金以及人员薪资的前期 2 年投入都是福利院负责。主要承接福利院志愿者管理、外来活动策划、省社工人才实训基地具体管理、对持证社工的管理培训，以及其他一些临时公共服务。

机构自2014年年底以来自主积极申报多项社会工作项目。由M市儿童院购买项目“彩绘未来”和儿童院的“孤残儿童家庭寄养服务项目”分别获得了广东省福彩公益金与M市福彩公益金的资助。机构认真研读项目申报条件与要求，做好服务需求的初步调研，结合相关政策法规以及多方情况，根据初步调研结果策划项目。项目申报成功后，社工中心对项目中服务需求进一步调研与论证，协调统筹项目参与人员，做好项目具体开展实施的计划安排，项目内容执行“跟着计划走”，结合实际情况，链接及整合相关资源，具体问题具体分析，灵活调整计划内容。而在执行项目过程中，及时将完成的子项目通过文书记录、照片等方式进行存档并评估子项目开展的效果，与服务对象及时沟通参与情况。

由于拨付资金以及聘用专业人员等原因，“彩绘未来”项目于2015年5月正式启动，截至2015年11月，已开展了“交个朋友吧”人际交往小组与“快乐旅程”活动，还链接了心理研究院，为子项目“阳光空间”整合心理帮扶资源，此外，还与M市汇成户外拓展机构合作开展“挑战自我，感恩团队”拓展活动。

2015年8月，机构申报的拟为M市儿童福利院开展孤残儿童家庭寄养服务项目还成功获得了市民政局福彩公益金资助，目前已在现有寄养家庭中进行了三次需求调研，并制作了家庭寄养手册用于社区宣传，招募更多的寄养家庭。

机构成立还承担着为福利院与儿童院招募义工并以福利院为组织单位进行网上登记的业务。自2015年年初以来，社工中心根据两院各部门需求，共招募了17名义工，主要分布在老人社工股、儿童社工股、儿童康复股以及康复医疗股。此外，还招募了团体义工——M大学附二爱心义工队的部分成员，根据专业特长，每个周末在儿童福利院进行志愿服务。机构在管理志愿者方面，依照义工管理制度，有计划地招募志愿者。例如每年的寒暑假，根据需求与符合条件的，对儿童康复股特教班志愿服务有意向的义工数量较多，机构协同儿童康复股，有计划地安排义工轮流在特教班服务，既保证了义工的服务质量与时数，也保障了特教班的教学秩序。而在儿童社工股管理区域，机构也通过部门协作，在一定时段保证了孩子的喂食服务，避免了“一窝蜂”。在志愿服务管理上，机构也对志愿者进行了两院志愿服务须知以及实务培训，与此同时也保证了每个义工有对接的工作人员以及对其服务时数的见证。

除在福利院开展社工服务，社工中心社工还积极走入周边社区，将社工服务辐射进社区。根据B街道单亲家庭的需求，社工策划了“共享一片蓝天，关爱单亲家庭”项目，项目得到李嘉诚基金会的资助。项目于2016年1月开展，通过探访、外出活动和兴趣小组，初步建立了社工与服务对象的关系、和服务对象之间的联结。项目于2016年6月结束，为延续对单亲家庭的服务，为单亲家庭做更多深入的服务，中心申请了2016年市福彩的资金支持。目前机构可运营的资金已超过100万。

“事业单位举办社工机构，场地、设施、资金以及人员的前期2年投入都是福利院负责的，使其能够平稳发展。原先我是担任法人，陈副院长担任主任，另外福利院两名助理社工师的编内人员作为常驻人员在机构，现在2年多后机构相对顺利很多，现在管理层里福利院的工作人员已经全部撤离，成立了理事会，机构的正常运营都交由现在的5名专职人员。”（姚院长）

二、民间背景型的社工机构发展

民间背景型社会工作机构是由民间慈善组织或者志愿者组织创办，主要从事社会工作服务，这类社会工作机构不在政府的框架之中，更多的是出于完善自身组织已有的社会职能的目的，但也可能承接一些政府购买服务来开展社会工作服务。在潮汕地区，这类社会工作机构主要有M市乐诚社会工作综合援助中心、至远社会工作服务中心等。

以M市乐诚社会工作综合援助中心为例，该中心于2015年正式注册成立。中心一直坚持“以人为本，助人自助”宗旨，遵循社会工作专业伦理规范，综合运用社会工作专业知识、技能和方法，链接各方社会资源，发展社区互助功能，促进推动平等、互助、公义、民主参与的社区建立。致力于为有需要的个人、家庭及社会群体提供高质量的社工服务，并协助乐诚慈善会及各附属机构推动专业社会工作的发展，目前，中心有5名工作人员，所有人员的工资全来自乐诚慈善会的工作补贴。

M市乐诚社会工作综合援助中心前身是乐诚慈善会与M市工学院、M市职业学院等学子组织成立的“乐诚义工社”，2010年又成立了M市乐诚社会工作综合援助站，是M市乐诚慈善会为适应社会、社区、特殊人群服务需求而成立的专业社会工作服务机构，同时，也是乐诚慈善会的分支机构之一，主要是协助慈善会内部开展义工服务，自成立以来，一直以助残帮扶就业为己任。2015年，乐诚社会工作综合援助站正式独立注册为M市乐诚社会工作综合援助中心。

2014年11月成功申请市福彩公益金资助社会工作专业服务项目“残障人士就业援助”，该项目由市福彩公益金资助经费5万元，从2015年年初开展为期一年的试点服务。以残障人士为服务对象，通过专业社工介入，结合残障人士的实际情况和需求，让残障人士实现独立创业和就业，拓宽新的就业渠道，为残障人士提供一站式就业援助。一年来开展了义卖、残疾人运动会、关爱残障儿童庆六一等各项活动，启动开展了“互联网 +”残疾人创业项目，进行了“电商工坊课程”线上线下培训，培训内容包括计算机网络操作与使用、网页设计与制作、图片处理、网络社交、网络购物基础应用等；链接广东善缘公益金、汕头市商业协会、蓝色河畔、潮汕行业精英俱乐部等社群众多爱心人士发起为乐诚残疾人庇护中心孤寡残疾人募捐日用品。该项目已顺利通过末期评估，成功为200多位残障人士提供了各种形式的就业。2015年持续为残障人士开展就业援助培训，以电商、微商和线上线下的新模式培训，扶持更多有能力、有志向的残障人士就业、创业。

2015年9月中心的“以爱助残”残疾家庭社区融入计划项目获得市福彩公益金资助5万元、自筹资金5万元。为社区内登记在册的约30名服务对象及其家庭进行直接或间接的就业援助和扶持，通过技能就业培训，协助和鼓励有就业能力和创业能力的残障人士融入社区，自立自强，从而解决家庭负担，对极个别贫困残障家庭及其成员给予适当的物资慰问，至少实现10名残障人士能够就业或自主创业，20名生活得到基本改善。

2015年中心“关爱长者幸福社区”项目成功获得市社工委“社工进社区”项目资助，该项目旨在发展“邻里帮扶和社区日间照顾”新型养老模式，为社区半失能老人搭建社会支持网络，形成良好的社区养老氛围，提高居民对社区的归属感。

2016年中心“社区综合服务”项目成功获得市福彩公益金7万元的资助，该项目以帮扶市区孤寡老人、残障人士和困难家庭为服务对象，通过在社区内举办社区活动和小组讨论会，改善社区邻里关系，组织商家资源开展义卖、拍卖活动，整合志愿服务资源，促使帮扶对象改善生活困境，协助链接电商和就业创业机会。

三、企业背景型的社工机构发展

企业背景型社会工作机构是由爱心企业创办，其发展过程中得到政府的支持，接受政府的委托从而开展社会工作服务。在潮汕地区，这类的社会工作机构分布较多且涉及多个领域，包括青少年、长者、优抚对象等，如N市爱民社会工作服务中心、N市德仁社会工作服务中心等。

N市爱民社会工作服务发展中心登记成立于2014年12月，是一家经民政局批准注册的专业化社会工作服务机构，目前有5名专职工作人员，2名兼职工作人员，上百名志愿者。机构以“以人为本，用心服务”为宗旨，中心自成立以来，以“遵守宪法、法律、法规和国家政策，遵守社会道德风尚，致力于用专业、至诚和全情助人、助弱保康、助人助己、兴学育才、关爱睦邻、构造社会和谐”为宗旨，引入“助人自助”的服务理念，通过运用专业的社工手法用心践行服务，努力发展成为一家乐善好施的综合性、专业性的社工服务机构，主要是提供相关社会工作的咨询、培训、服务；进行相关社会调查、宣传和交流；承接政府部门委托的各类社工服务项目。

中心自成立以来，在2015年12月24日被N市列入政府职能转移及政府购买服务资质目录单位，本着服务社会，发挥专业社会工作优势，积极承接政府购买服务项目。

目前承接开展的项目有：

承接完成B区西湖街道关爱独居老人服务的省级项目（2015年省级福利彩票公益金欠发达地区社工试点示范项目）；关爱独居老人服务主要以个案模式开展服务，通过社工联合志愿者探访调查、活动观察或者义工反馈等方式，发掘残疾、低保、支持网络缺失的独居老人群体并为他们建立个案记录，根据案主的需要，由社工进行情绪疏导以及相关资源的链接和服务，另外为主动求助的老人进行评估后提供相关的跟进服务，目前共为3位独居老人建立个案记录，并搭建了社工—义工联动模式，每周为社区独居老人提供服务，让独居长者在义工的支援下加强与社区的联系，降低对独居生活的恐惧，晚年生活更加自在心安。

参与N市第四届、第五届“岭南社工宣传周”启动仪式并开展系列宣传活动。

承接完成N市儿童福利院“关爱孤残儿童社工服务”项目，项目服务期为2015年6月—2016年5月；以所有儿童福利院孤残儿童为调查对象，采取文献调查、个别访谈，辅以小组活动观察三种方式进行。每次访谈对象时间控制在30—40分钟之间，主要对其身体状况、生活状态与有关的服务需求等情况了解记录，并通过护理人员日常护理照料的介绍了解，对个人出现情况资料进行进一步完善修正。截至5月28日，共为53名儿童建立初步个人档案记录。而小组活动采取“环境式”学习模式，通过儿童组员之间的互相帮助以及小组培训等方式使组员培养起合作意识，并在与社工志愿者互动的过程中了解福利院以外的社会环境，为以后更大程度融入社会做一定的准备。同时，社工也通过活动观察了解儿童个人的行为表现，对个人档案行为信息资料进行更详尽的记录补充，为下一步个别化服务奠定基础。截至6月1日，烘焙小组活动已开展12次，每次参与活动儿童大致在6—12人，通过每一次活动的参与，部分儿童能逐步从活动中改善提升自己的认知行为能力，改良对自我缺陷的不理性认知，树立合理的自我观念。

承接完成由团省委、省文明办、省民政厅、省残联、省志愿者联合会等单位联合开展的2015年“益苗计划”——助残项目，主要针对残疾人士需求开展就业技能培训小组工作。

承接开展共青团广东省委员会与广东省社会工作师联合会联合主办的2015年第二期“活力在社团”青少年禁毒微行动项目——“奔跑吧，禁毒小先锋”。项目活动主要以发放禁毒知识、毒品种类讲解彩页、签署防毒禁毒承诺方式为主，活动共组织志愿者约268人，设立3条宣传线路，出动宣传车1辆，分别以徒步、跑步和骑自行车三种不同方式向群众宣传禁毒相关知识。同时，在西湖门口设立站点举办签署禁毒承诺活动，并向群众派发宣传单，提供咨询服务。据统计，该活动吸引了800多名群众参与，赠送发放禁毒宣传资料650多份，解答群众咨询50余人次，参与活动群众纷纷表示，这次活动贴近实际，贴近生活，以健康锻炼方式参与，从中也能学到不少禁毒、毒品种类相关常识，受益匪浅。

承接开展西新街道“居家养老服务”前期需求调研服务项目。项目围绕西新街道“居家养老”前期老年需求调研服务主题，全面地了解西新街道辖区内长者的基本生活状态与有关服务的需求情况，对所调查到的数据进行研究分析，形成分析报告，进而提出下一步服务目标，设计建议提供最优质的长者居家养老服务重点。共抽样250户西新街道60岁以上长者（特殊长者实现全覆盖），对其基本信息、生活状况、身体状况、支援网络、服务需求等信息资料进行前期调查。

中心致力于自主开发社工义工联动能力建设、社会服务方面的公益活动等项目。

同时，中心先后积极组织了一系列活动：2015年5月至今，中心与汕头绿点环保有限公司、潮州市宝乐文化传播有限公司、潮州市邮政局等联合多次举办旧衣环保回收活动；中心先后多次策划邀请广州、深圳等地专业社工对爱民志愿者队伍开展了长者入户探访服务技巧的培训活动。中心组织爱民社工和志愿者积极参与2015年度广东省养老机构养老护理员培训，参与培训8人全部获得国家职业养老护理员资格。中心与N市师范学院政法学院社会工作、N市师范学院教育科学学院心理学签署社会工作公益服务及校外教学实践合作协议，共同建立校外社会公益服务人才实践基地。中心联合N市师范学院阳光爱心协会举办爱民“爱心1+1”公益交流赛活动，活动通过9支公益服务队伍开展公益项目，志在提高大学生的公益意识，培养社会责任感，倡导大学生积极投身社会公益。

第三节　场域构型：潮汕地区社工机构营造及其策略分析

我们调研了潮汕地区三大类型社工机构的运作情况，以下部分将从场域理论视角出发，分析政府背景型的M市嘉乐社会工作服务中心、民间背景型的M市乐诚社工综援中心以及企业背景型的N市爱民社会工作服务中心的场域构型、场域的环境两个方面情况，并从中总结三个类型所对应的不同的发展策略。

一、场域幻象：社工机构的规划与目标

布迪厄认为，在社会世界中，我们在有关切身利害的问题上进行一定的投资，拥有一定的期待，这就是场域幻象（李康译，法 皮埃尔·布迪厄，1998）。宫留记认为，布迪厄把场域比作游戏，对于场域来说，每一个场域都是对行动者预设和产生了一种特定的幻象，他们都深信场域的价值。行动者之所以进入特定的场域，是因为相信那里有他们追求的利益（宫留记，2009）。本书中我们将行动者对于投资创建社会工作机构的初衷，对其发展蓝图的规划与期待视作场域幻象的具体内容。潮汕地区社会工作场域的形成过程中，行动者们对于社会工作机构的创建和发展也有着很多的期待，而这些期待也使得不同类型社工机构的规划与目标存在着差别。

表1　不同类型社工机构的规划与期待

不同类型的社工机构	代表性社工机构	场域幻象（对机构的规划期待）
政府背景型	M市嘉乐社会工作服务中心	政府领导对福利院工作的肯定与期待；福利院内部丰富的社工人才资源以及广阔的场地资源为机构的成立提供契机。
民间背景型	M市乐诚综援中心	顺应时代要求，配合政府大力发展社工的政策；延续乐诚善堂理念，协助乐诚慈善会及其各附属机构开展相应服务。
企业背景型	N市爱民社会工作服务发展中心	在政府有服务项目而无专业机构承接的情况下，出于对社会工作行业前景的美好期待，在政府领导及企业家的共同努力下促成。

1. 政府背景型的福利社会工作服务中心，政府领导对市福利院工作的肯定

和期待、福利院内部丰富的社工人才数量以及社工活动场所、服务对象等为机构的成立提供了契机。

M市福利院成立于1979年，1996年加挂M市儿童福利院。服务对象主要是安置中心城区孤儿、弃婴（童）和三无老人，同时开展社会老人托养业务。福利院于2008年开展社会工作，2009年被M市民政局定为首批社会工作人才队伍建设试点单位。试点工作开展以来，已有20名员工通过社工职业考试，其中社工师9名，助理社工师11名。全院配套了8个社工活动场所。运用社工理念和专业知识开展了个案、小组、转介、资源链接等专业工作和活动。建立社会工作者管理规定和义工管理暂行规定等10多个管理大制度。通过突出实务探索和开展，在全院服务工作中引入社会工作理念，转化服务方式，提升整体服务能力和水平。

为贯彻落实《民政部关于促进民办社会工作机构发展的通知》《关于加强社会工作人才队伍建设的实施意见》和《M市民政事业发展“十二五”规划》，以及民政部、省民政厅、M市政府共建汕头经济特区民政工作改革创新综合观察点协议的精神，为建设一支结构合理、素质优良的社会工作人才队伍，同时发挥福利院试点工作经验和社工队伍的优势作用，于2013年12月成立了M市嘉乐社会工作服务中心，旨在对内提升社工专业服务水平，对外拓展服务空间。

“2007年、2008年省民政厅在汕头选试点单位，福利院是试点单位之一，2009年开始试点，到2011年一共两年后省民政厅来检查，试点后得出了几条经验，经验之一是院内的干部职工带头考取社工师证，当时考取了10多名社工师，其中有一半是中级职称，当时全市通过的只有88名，占了1/6左右，厅长看到这情况也十分欣喜。这么多社工的职能是服务院内的，88人里面很多也是机关单位的，其实专业社工也没多少人。厅长希望能够好好发挥院内这十几名社工的作用，而市儿童福利院是服务孤婴童，市福利院就是服务老人，本身也积累了一些经验，可以找个平台，将院内的职能和社工人才的服务辐射到社区，并指导我们成立一家社工中心，因此2013年12月我们就成立了这个民非机构，由福利院找了两万元捐款以及院内取得社工师资格证的人员一起注册。院内派驻了两名助理社工师到社工中心，就原先的福利院的一些服务转给社工机构以项目的方式进行运作。”（姚院长）

潮汕地区社会工作的发展较为缓慢，社会工作专业人才较少，而福利院本身是民政厅选取的试点单位，院内考取社工师职业资格证书的人数也很多，有着自身发展社会工作的优势所在，因此，在上级领导对于社会工作场域发展和福利院对于自身职能进一步完善的共同期待下，社工机构的成立也就应运而生。

2. 民间背景型的M市乐诚社会工作综援中心的成立，则是基于乐诚慈善会为了顺应时代需求，配合政府部门及社工协会发展社工，推动社会服务专业化，同时延续乐诚善堂理念，协助乐诚慈善会及其各附属机构推动专业社会工作发展。

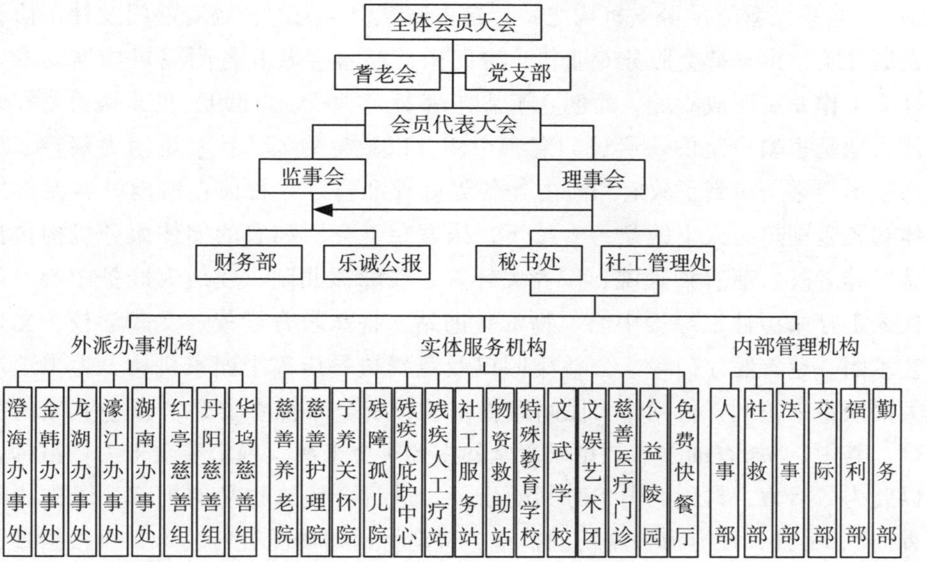

图1　乐诚慈善会（原称“存心善堂”）管理系统架构图

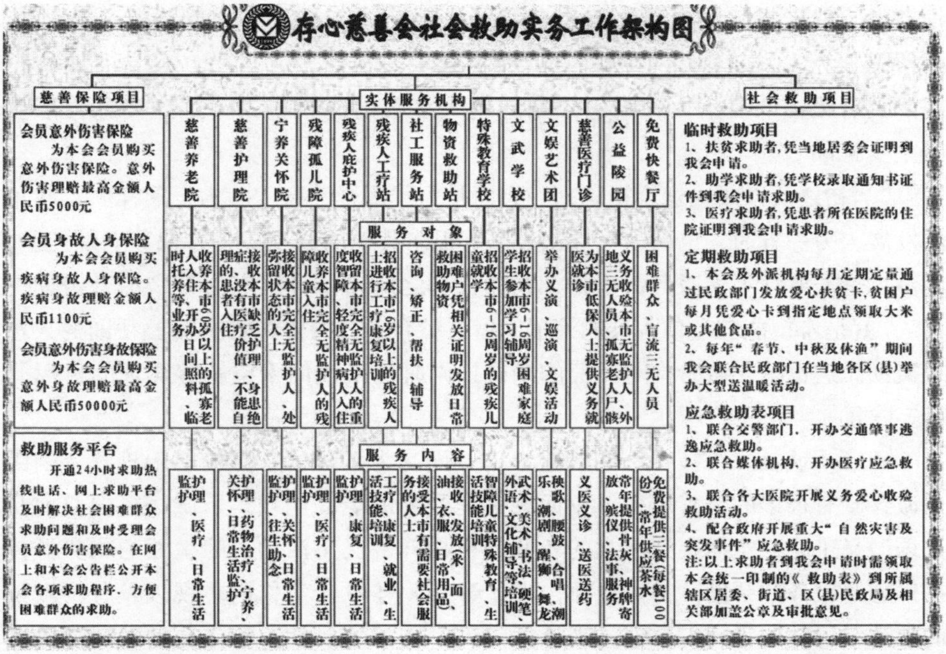

图2　乐诚慈善会（原称“存心善堂”）社会救助实务工作架构图

如图1及图2所示，M市乐诚社会工作综合援助中心（原称“社工服务站”）是乐诚善堂的分支机构之一，是乐诚慈善会为配合政府部门及社工协会发展社工，推动社会服务专业化，协助乐诚慈善会及其各附属机构推动专业社会工作发展而成立的。而创立于清光绪25年（公元1899）的乐诚善堂在潮汕大地是家喻户晓的一所民间慈善组织，以救生恤死、扶贫济困为宗旨，大力弘扬善举，得到了政府和海内外各界好评和肯定。目前在海内外各慈善团体和各爱国热心人士的鼎力支持下，乐诚慈善会所拥有的实体服务机构包括慈善养老院、慈善护理院、宁养关怀院、残障孤儿院、残疾人庇护中心、残疾人工疗站、社工综援中心、物资救助站、特殊教育学校、文武学校、文娱艺术团、慈善医疗门诊、公益陵园以及免费快餐店等十四家机构，为当地广大民众带来福利。善堂作为民间慈善机构，资金来源主要是群众企业家的捐赠。其中，“添香油”式捐赠是善堂的主要资金来源。善堂奉敬宋大峰祖师并以此为号召力，村民们出于对其的崇拜，进行金钱或物品的捐赠，俗称“添香油”，另外，还有海外华侨的捐赠。善堂将捐赠情况进行公示，再根据日常的慈善活动需要和求助者的请求发放善款和物资。潮汕的善堂文化用它自身的独特方式在捐赠者和受助者之间建起了独特桥梁。是农村慈善事业的主要推动者，能汇集民间力量，遍行善举，在捐赠者和受助者之间搭起一座独特的桥梁，为农村慈善事业做出了巨大贡献。在潮汕人心目中，善堂的地位很高，具有很强的公信力，吸引了当地绝大多数的慈善捐助，是潮汕慈善事业的主要推动者。

“当初之所以成立这个机构，一方面是为了配合政府（大力发展社工）政策的发展，另一方面，也因为善堂这边也有很多其他的分支机构，像养老院这些，本身也是需要社工去服务的人群，我们机构之所以将自己定位为‘综合援助中心’，就是希望能够效仿香港的综援制度，整合各方的资源对有需要帮助的人进行援助。这也是乐诚善堂对我们的期待，同时也是我们希望能够实现的目标。”（陈主任）

M市乐诚社工综援中心的成立，一方面是为了延续善堂的慈善理念，因为乐诚善堂有很多的慈善机构，里面大都是受助的老弱病残，乐诚综援中心前身是乐诚义工队，定期会到善堂的各分支机构开展义工活动，为里面的弱势群体提供志愿服务和帮助。另一方面，随着M市对于社会工作的重视以及各项政策的推动，善堂的管理人员也越来越意识到社工的重要性，希望受助的弱势群体能够得到更加专业贴心的服务，因此怀揣着善堂对于自身服务完善的理念以及政府对于社工行业发展的期待，乐诚综援中心应运而生。

3. 企业背景型的N市爱民社会工作发展中心，则是在面临政府有项目但无机构承接的情况下，出于对社会工作前景的美好期待，由当地民政系统工作人员和企业家的共同努力促成的。

社会工作在珠三角地区发展较为迅猛，但在经济较为落后的潮汕地区起步较晚，2014年开始潮州地区才有所起色，一些政府购买的社会工作服务项目陆续出现，但是却出现了有项目而无服务机构承接的情况。为了使潮汕地区的社会工作事业得以顺利发展，因此，在当地民政系统工作人员和企业家的共同努力下促成了N市爱民社会工作服务中心的成立，这是潮州市第一家市级社会工作机构。

"当时大家都不知道社会工作究竟应该怎么去开展，希望能够聘请到专业人员，但是社会工作这一行业本身就是新兴行业，再加上潮州地区的薪酬水平很低，要寻找到专业人员又肯来潮州的确是非常困难，但是既然有项目，我们也就慢慢摸索着去努力。而且珠三角地区的社会工作发展得非常不错，我们也希望能为本地的一些有需要的民众提供一些服务，回馈社会的同时也能够扩大一下企业的社会责任感。"（蔡主任）

在潮汕社会工作场域中，在政府政策的支持和引导下，企业希望通过提供专业社工服务以提高自身的社会责任感，同时，也进一步为潮州地区社工行业的发展奠定了基础。

二、场域的资本和禀赋：社工机构发展可利用资源状况分析

布迪厄认为，在进入场域的过程中，只要人们拥有某种确定的禀赋构型，他们被遴选出来的同时，就被赋予了合法性，我们应该去识别这些能够发挥作用的禀赋，这些有效的特性就是特有的资本形式（李康译，法 皮埃尔·布迪厄，1998）。本书中我们认为人们的禀赋很大程度上是由其在场域中能够利用的资本多少来决定其发挥的空间大小。在潮汕地区的场域中，不同类型的社工机构拥有着各自可以运用的资本，而这些资本的利用状况也决定了不同类型的社工机构在场域中的位置。

表 2 潮汕地区不同类型社工机构的资本禀赋优势状况

不同类型的社工机构	代表性社工机构	各自资本禀赋优势
政府背景型	嘉乐社会工作服务中心	以福利院为依托，拥有稳定的机构运营经济资本、服务对象、人员、场地及项目来源；公信力较强，社会资本较多。
民间背景型	M 市乐诚社工综援中心	以乐诚善堂为依托，浓郁的宗教传统文化和慈善文化资本，以及满怀社工理念与情怀的行动者禀赋。
企业背景型	爱民社会工作服务发展中心	依靠企业自身前期积累的人脉、合作伙伴等社会资本，并积极寻求与高校等专业机构的合作。

1. 政府背景型的福利社工机构拥有着独特的资本优势使其占据社工场域的最佳位置。在整个社会工作场域中，M 市嘉乐社会工作服务中心拥有着自身独一无二的资本优势。

该机构是由 M 市福利院和儿童福利院共同成立的，前期的运营资金都是福利院和儿童福利院提供的，具有较为稳定的经济资本，为社工机构的发展奠定了较好的基础。同时，福利社工机构相当于是两院的一个下属机构，而福利院属于政府事业单位，在当地群众中拥有较大的公信力，很多社会资源都会投向福利院，服务对象更加容易接纳社工的服务，方便社工工作的开展；志愿者也更加愿意投身其中，协助机构造福服务对象。

机构的志愿资源主要由个人和团体两种形式构成，其中团体志愿者主要包括高校社团和企业职工协会等。志愿资源在机构的运作中起着显著的作用，在志愿服务的过程中，志愿者充分参与到机构的各项活动中，包括机构行政工作、专业服务、主题节日等，这些都成为机构各项服务正常开展不可或缺的重要人力资源，具有持久性和稳定性。同时，志愿资源本身的丰富性，例如其专业、技能、特长等的多样性也推动了机构服务的创新性与多元性。从访谈对象中了解到，社工中心成立还承担着为福利院与儿童院招募义工并以福利院为组织单位进行网上登记的业务。M 市附二爱心义工队的部分成员，根据专业特长，每个周末在儿童院进行志愿服务。社工中心在管理志愿者方面，依照义工管理制度，有计划地招募志愿者。也对志愿者进行了两院志愿服务须知以及实务培训，与此同时也保证了每个义工有对接的工作人员以及对其服务时数的见证。这样一来，福利机构也就具有较为强大的社会资本和象征资本，在开展服务时，能够运用更加强大的社会关系网络，链接更多的社会资源投入到服务中。

“福利机构就像是福利院自己的小孩，哪有父母不为自己的小孩着想的。”(姚院长)

这足以体现福利社工机构自身的禀赋和优势所在。在社会工作场域中，机构本身所拥有的资本的多寡影响着该机构在场域中所占据的位置。正如姚院长所说，福利社工机构是福利院一手创建的，作为服务购买方的福利院和儿童福利院，在面临选择的时候，理所当然会将资源倾向于嘉乐社会工作服务中心。原因有二，一是福利院和儿童福利院是福利社工机构的创建者，对于福利院和儿童福利院的需求以及福利社工机构本身能够提供的服务能力和范围都很清晰，更能够实现需求与服务的对接，更好地为服务对象提供优质服务；二是福利社工机构本身的办公地点就在福利院内部，很多服务对象的问题和需求都能够及时进行回应沟通。

2. 民间主导型的乐诚社工综援中心则有潮汕地区浓郁的宗教传统文化资本及一心向善的禀赋为其奠定良好的基础。在潮汕社会工作场域中，乐诚社工综援中心虽没有较为强大的经济资本，所有的开支都是靠善堂的补贴为主，但是，其拥有丰富的文化资本和社会资本。

宗教对文化的影响是深刻的，劝人为善是宗教的基本特征，是其基本教义，佛教、道教、基督教等宗教在潮汕都盛行，但最有影响的当数佛教。“潮人文化传统之源头，儒佛交辉，尤为不争之事实。”潮汕慈善文化是糅合释、儒、道的哲学思想所形成的特色文化，其形成与发展，与宗教信仰有着密切关系。自唐朝开创开元寺以来，佛教在潮汕地区十分兴盛，佛家渗透到社会各阶层，为善福报的观念已为人们所普遍接受。时至今日，仍有不少潮汕人按照佛家戒律过着节俭的生活，有了钱就做善事，因为很多潮汕人慈善事业有着行善积德的宗教诉求。浓厚的妈祖信仰，培育了潮汕人同舟共济、救死扶伤、见义勇为、助人为乐、忘我无私、仁爱和好、团结互助、忠于祖国的精神，从而有力地推动了潮汕慈善文化的形成。

潮汕善堂的一大特色是糅合“儒、释、道”三教于一体，宗教成为善堂弘扬慈善精神的桥梁，在潮汕民众心里，善堂不仅是祈祷神明保佑、求得心灵安宁的平台，更是他们将对神明崇拜和孤魂祭祀转化为“行善事、广博爱”的地方。

“你也知道我们这边的人都很虔诚有心，每逢初一十五都要‘拜老爷’（祭祀神明），乐诚善堂到现在也有百年历史了，几乎人人都知道，我们机构开展工

作和申请项目都是以乐诚善堂的名义，也得到很多居民的肯定。”（陈主任）

乐诚综援中心作为乐诚善堂的分支机构之一，获得了当地受到浓郁宗教文化熏陶的人们对其的信任度，依靠其丰富的群众基础使得在社会工作场域的文化资本不断增强的同时，社会资本也得以不断地累积。同时，乐诚社工综援中心天生的禀赋也为其增光添彩，中心内部现有 5 名工作人员，都是非常具有社工理念和情怀的。

“中心内部的 5 名员工虽然都不是社会工作专业出身，但都是从义工做起，抱着一腔热忱之心来投身到这个行业中的，包括我自己是计算机专业，毕业之后一直在乐诚善堂做义工，协助管理之类，后来业务熟悉，也考了社工职称证，在善堂相关领导的鼓励下才来担任本中心的主任，主管中心的任务。”（陈主任）

从乐诚善堂到乐诚社工综援中心，服务为民、热心公益的这种作为每个社工都需要具备的优秀禀赋使得乐诚社工综援中心在社会工作场域里面拥有更多的主动权和积极性。

3. 企业主导型的爱民社工发展中心则依靠企业自身的社会资本以及政府项目的支持来运营。在社会工作场域中，爱民社会工作发展中心本身是企业背景，相对于政府背景的机构先天的优势并不明显，但企业前期对于中心发展的高度期待和关注，使中心的运营资金有一定的保障，在此基础上，保证了机构的日常运作。同时，企业本身所拥有的丰富的社会资本也能够给予机构支持。企业能够最大限度地发挥自己的资源联动作用，集结来自原先合作单位，包括公司、学校等的资源，共同为机构的发展注入新的能量。

“我们本身是企业背景，机构运作上也会效仿企业管理的做法，仅仅依靠政府的一些项目根本不足以维持机构的正常运营，企业有本身的灵活性和自主性，我们会尝试着与一些公司和高校联系，希望能够得到他们更好的协助，服务于我们的项目。”（蔡主任）

在社会工作场域中，社工机构要生存和发展，稳定的经济资本支持是非常重要的资源，仅仅只是依靠项目运营对于机构的生存和发展是很大的挑战，这时候，企业本身所拥有的丰富的社会资本能够给予新生的机构很大的支持，使其得以平稳过渡。

三、场域惯习：社工机构行动者的影响

布迪厄认为，惯习是历史的产物，是一个开放的性情倾向系统，不断地随经验而变，从而在这些经验的影响下不断强化或调整自己的结构（李康译，法皮埃尔·布迪厄，1998）。我们认为在场域中的个体受到惯习的影响，会调整自

己的行动从而使得采取的策略发生一定的调整，进而影响场域。潮汕地区的社会工作场域受到作为服务提供方的机构人员以及作为服务受益方的潮汕民众的惯习的影响。

表3　场域中各行动者的惯习情况

行动者类型	代表机构	行动者的惯习
政府背景型	嘉乐社会工作服务中心	行动者对机构的发展给予高度的期待，但同时也沿袭了在体制内较为保守的惯习，注重科层制管理，在制度健全的情况下稳健地逐步开展工作。
民间背景型	乐诚社工综援中心	行动者多从义工转型而来，延续着乐诚善堂救生恤死、扶贫济困的纯粹助人理念，具有助人为乐、无私奉献的惯习。
企业背景型	爱民社会工作服务中心	行动者倾向于效仿企业灵活多样的管理惯习，同时，由于行动者自身的学习背景不同，在工作中自身习得的专业惯习也促进服务的多样化开展。
潮汕地区的民众		潮汕地区地处“省尾国角”，较为封闭的环境中，民风比较传统质朴，强烈的家庭宗族意识形成的熟人社会模式使得民众形成对家族的依赖惯习，影响着社工机构服务的开展。

1. M市福利院是M市社会工作试点单位之一，同时也是省社工人才实训基地，可以说是肩负着潮汕社会工作场域中促进当地社会工作发展的重要职责。而作为市福利院的院长，同时也是福利社工机构的法人姚院长对于机构也是寄予了很大的期望，并将很多福利院原有的资源投入到机构的培养上，各级政府单位和领导也是相当支持机构的发展。这也为福利社工机构在社会工作场域中占据重要的位置打下了较为坚实的基础。

“我们院本身就是市社会工作试点单位，也是省社工人才实训基地，有人才、有场地、有服务对象，但是我们虽然说平时都在做，有经验，也考了职称证，但毕竟没有接受过社会工作专业的教育，不是科班出身。而且机构的规章制度方面还没有健全完善，所以，我们机构创立的最初就只是在福利院内部自己摸索着开展工作。”（姚院长）

我们可以看出，政府背景型的社工机构行动者沿袭了在体制内保守的惯习，认为应该在制度健全的前提下推进服务的开展才是更加稳妥的方式，因此在初期，行动者都是抱着“试一试”的保守心态，工作的开展也是在较为封闭的空间内进行。

2. 乐诚社工综援中心的工作人员本身就是从义工转型做社工，具有乐于助人、无私奉献的惯习。

“目前中心 5 名工作人员的工资都是暂由善堂这边发，我们都不算工资，叫作补贴吧，一个月也就 1000 多块钱，我们的社保都是自己出钱买的，虽然钱不多，但是自己还是觉得做社工比较充实，而且有很多类型的培训，可以增长自己的见识和能力。”（陈主任）

可以看出，机构的工作人员都很认同自己的工作，不计较工资的多寡而更加在乎是否能够帮助到需要帮助的人，这种惯习影响着自身，也影响着整个机构对于服务的理念态度和影响力。

作为成立社工综援中心的成立者乐诚善堂，是潮汕地区最著名的民间慈善组织，本身就秉持着救生恤死、扶贫济困的纯粹助人宗旨，用自身独特方式搭建捐赠者与受助者的桥梁，具有很强的公信力，吸引了当地绝大多数的慈善捐助，是潮汕慈善事业的主要推动者。对于乐诚社工综援中心的成立也寄予厚望，希望能够延续乐诚善堂的理念，为弱势群体提供专业服务。但是，在乐诚社工综援中心承接一些政府项目之后，善堂也会担心过多的政府介入会对其产生不必要的麻烦和不好的影响，因为有所疑虑，对于机构的支持也不像刚开始投入那么大，甚至出现逐渐收窄的趋势。

弱势群体服务对象普遍更倾向于获取来自善堂的帮助，在潮汕地区，除了政府以外，各地的善堂承担起扶危济困的职能，并在人民群众中拥有较高的认可度和公信力。因此，每当他们遇到困难时，会更倾向于求助善堂的帮助，这些惯习融汇在弱势群体的思想里，同时也使得他们更加易于接受来自乐诚社工综援中心的帮助，这也使得乐诚社工综援中心在社会工作场域中的认可度逐步提升，位置逐渐稳固。

3. 爱民社会工作服务中心是企业主导型社工机构，本身的管理理念会效仿企业管理，处事方式也较为灵活多样，同时对于可利用资源的运用和整合能力较强。

“我们希望动用一切我们可以动用的资源，一起来做好这件事情。”（蔡主任）

由于爱民机构的工作人员专业背景多元化，有心理学、学前教育和社会工作等多样专业，工作人员倾向于运用自己习得的专业惯习来思考和开展服务，这样也给服务多样化创造了空间。

“我们现有的项目都是针对指定困难群体开展的，我们这儿的人你也知道，好面子，跟你不熟，不会轻易告诉你家里的真实情况。其他居民平时接触得比较少，他们（服务对象）不知道不信任也是情理之中，但是这样不行啊，所以，我们平时也会不定期地开展一些公益活动，对我们机构进行宣传，希望能够让他们知道和了解我们到底在做什么。”（蔡主任）

作为服务对象的潮汕地区的民众普遍宗族意识和家庭观念很强，认为“家丑不可外扬”，“胶己人（自家人）才是最可靠的”。这些意识也就造就了民众在遇到困难，有自身服务需求的时候更趋向于依靠家族内部成员的互相帮忙以期渡过难关，很少会向社会寻求支持。而由于中国存在长期形成的庞大的单位组织动员系统及源于教育的先入为主的观念，民众对政府的信任远高于其他社会组织，而潮汕地区本身就是封闭传统的地区，再加上社会工作行业是新兴事物，民众对其的认知程度较低，而相对于政府背景型和民间背景型两类社会工作机构类型而言，爱民这一企业背景型社会工作机构的民众公信度较低，很多人都弄不清楚这些机构到底是做什么的，很多人也就只是简单地理解为义工。

四、场域的生成策略：社工机构发展的策略定位分析

宫留记认为，策略是从实际斗争的需要出发，并根据行动者对于整个场域各种力的相互关系的状况和行动者对力量关系及其可能的改变方向的实施而制定出来（宫留记，2009）。本书中的生成策略即指潮汕地区不同机构在对场域中各种情况有充分了解并结合自身情况而确定的对于机构发展的定位。

表4　不同类型社工机构的策略定位分析

不同类型的社工机构	代表性社工机构	策略定位分析
政府背景型	嘉乐社会工作服务中心	整合资源，集中力量培养专业精英人才和特色项目。
民间背景型	乐诚社工综援中心	借助善堂的资源和平台，并借鉴其先进的管理经验发光发热。
企业背景型	爱民社会工作发展中心	加强“社企合作”，发挥企业的优势促进机构的发展；发掘非正式资源，多方面促进机构的服务进程。

1. 政府背景型的M市嘉乐社会工作服务中心重在资源整合，集中力量培养专业精英人才和特色项目。前期依靠福利院与儿童福利院的力量，积累了自己

强大的经济资本、象征资本和社会资本，使自己从依靠福利院提供人员、场地和运营资金，到之后拥有一定的社会影响力，在社会工作场域中拥有了自己的位置，获得多个服务购买方的认可而成功申请到李嘉诚基金会“单亲家庭”项目以及市福彩基金“家庭寄养”项目等多个项目，创造了现在机构可运营资金超100万的可喜成绩，这些都离不开机构负责人对于策略的把握和实施。

“刚开始机构的员工都是院内的编制持证人员，虽然平时的工作经验非常丰富，可是对于专业的社会工作应该如何开展不太熟悉，要想做好，就要拥有核心的竞争力，而当前最需要的就是专业的人才。可是潮汕地区社会工作的专业人才非常稀缺，因此我们就高薪聘请了在广东工业大学经过本科四年专业科班教育，拥有2年专业工作经验的专业社工来开展服务。我们的重点就是要精，专业的队伍，专业的项目。到现在，我们已经有5名专职人员，全是有职称的，其中有3名是高校本科专业毕业的，专业队伍在潮汕地区的社工机构来讲是比较庞大的。”（陈副院长）

专业性是社工机构存在的价值和意义，也是其安身立命之根本，而人才的专业性则是服务专业性的前提保证。虽然人员的专业性并不能与专业能力和专业技术相等同，但从人力资源的角度考虑，员工素质和认同是考核社工机构的重要标准之一。在福利社工机构，机构的负责人对于专业性的认同和重视为其机构的发展奠定了较好的基础，社工场域内，注重对专业人才的培养是为机构的可持续健康发展提供源源不断的动力的策略之首。

“市福利院是社工实训基地，而且民政的服务对象大多数也是社工的服务对象，社工在这里服务对象也很容易找到，福利院人员对于政策、服务对象等都非常了解，很多之前的服务经验可以传授。福利院有一些热心人士的捐赠、庞大的义工资源等这些都是可以跟社工中心一起分享的。对福利院来说，可以完善自身的职能，让服务可以更加系统专业，这是拓展福利院品牌和打造良好形象的一个渠道，包括之后资源和人员的反哺。职能延伸，目前福利院只是服务大院的人，以后在养老方面、社区儿童帮扶方面，我们也可以将一些人力放在这个平台上服务社会，早期是福利院扶持中心，希望以后中心成熟发展稳定之后能够在人力和资源等方面进行反哺。”（姚院长）

在机构的负责人看来，前期利用福利院的资源优势对于嗷嗷待哺的社工机构给予支持使其能够迅速成长起来，站稳脚跟。之后，再利用社工机构所积累的专业社工人才资源以及其在社会中获得的其他资源反过来对福利院的现有工作提供支持，这样的双向互补策略，在增强自身实力的同时也不断强化福利社工机构自身在社会工作场域中的位置，从而实现双赢，保持场域中的领先位置。

2. 民间背景型的乐诚社工综援中心则希望借助善堂的资源和平台，并借鉴其先进的管理经验发光发热。在社会工作场域中，如何运用自己所拥有的资本与人们已存在的惯习相结合成为能够在场域斗争中抢占先机，占据有利位置的关键所在。因此，首先乐诚社工综援中心要清楚自己能够运用的资本到底有哪些，继而再与已有的惯习相结合探索出可行的策略。由于乐诚社工综援中心是依附在乐诚善堂而生存的，本身就有着协助乐诚善堂服务的使命，因此，可以借助善堂原本拥有的资本和这一平台扩大自己的影响力。

首先，学习善堂的先进管理经验，做到财务透明公开，建立自己的公信度。在公益慈善界，经历了“郭美美事件”以及“罗一笑事件”之后，社会大众越来越关注自己善款的去向，是否真正用到了需要帮助的人身上，因此，作为非营利组织定期进行财务公开，做到透明无死角是消除群众疑虑，获得大众信服的一种方式。

在M市社会工作者协会关于市福彩公益金资助的“残障人士就业援助项目”末期评估的评估报告中说道：“希望机构完善财务管理，现场看见费用支出的单据是发票的复印件，没有财务账册及报表。从专项财务报告来看：项目资金的使用、预算与实际有较大差距。当在项目运行过程中出现必须对项目预算进行重大调整时，建议能与购买方商量，书面争取到同意后，再进行调整。”

这就说明机构对于财务管理存在一定的缺陷。乐诚善堂之所以能够经历100多年的风风雨雨仍经久不衰，是因为其真正做到财务透明，让民众信服，同时，不断引进外地的先进管理经验，将来自热心群众企业家的金钱或物品上的捐赠定期进行公示，再根据日常的慈善活动需要和求助者的请求发放善款和物资，每一笔支出都公开透明。因此，乐诚社工综援中心既然于2015年正式独立，也应该多借鉴乐诚善堂原有的先进管理经验，加强对于项目资金的运用情况的定时公布和调整。

其次，转变固有服务理念，增强服务的专业性和服务能力，找准自身定位。乐诚社工综援中心前期从事的都是一些善堂内的扶贫助困的志愿性服务，很多都比较繁杂，缺乏计划性、专业性和持久性。

“我们的工作量很大，在我们机构做一年的事情可以在其他机构做三年，包括我们很多时候都是要半夜出门去天桥底下关心流浪汉，可是我们很多时候加班都是没有补休的。”对于专业性的要求：“我们这边会觉得做了多少，帮助了多少人才是最重要的，写文书之类的就是不做正事，因为我们这里专业人才较少，很少会有人写较为规范的专业文书，所以每次有高校老师过来评估项目的时候我们都会比较头疼，因为他们会比较关注文书体现出来的专业性。”“我们就是夹在善堂和政府中间的‘夹心饼’。因为现在我们承接了政府的项目，所以善堂方面也比较有意见，觉得善堂本身不应该有太多政府的东西掺杂进来。也是希望以后有一些契机能够扭转这个局面。”（陈主任）

因此，在机构发展过程中要找好自己的定位，明确自己的目标和服务宗旨，增强自己的服务能力。

最后，合理运用和整合善堂资源，结合人们的惯习开展相应服务。乐诚社工综援中心原先是义工出身的人较多，因此，有一定的群众基础，而善堂本身服务的人大多数就是弱势群体，因此，拥有着大量的服务对象。乐诚社工综援中心可以从中将资源进行整合，运用人们对于善堂和中心服务的认可度和信任度在潮汕各个民俗文化活动中对中心的服务加以宣传，拓展机构的知晓度和公信力。

3. 作为企业背景型的社会工作机构，要在潮汕地区的社会工作场域内占据一席之地，就要牢牢把握和发挥自己的优势，进一步加强“社企合作”，利用自身的资本和禀赋更好地保持自己的位置。首先，争资跑项保证维持机构运营的资金来源。在缺乏制度性资金供给的情况下，无论市场、社会和政府哪种渠道，只要能获得资金就是最重要和最现实的，“找钱”而非“服务”成为企业主导型社工机构运作的主要内容之一，民办社工机构是在政府购买下迅速成长起来的（许小玲，2016）。因此，设法从相关政府部门获得购买项目就成为“开源”中的重要策略。

“现在潮州地区来说，整体的环境和氛围都不够，项目也不多，对于我们这种民办机构来说，没有项目就意味着机构没有收入，机构没有运营的资金自然也就雇不起专业的人才，没有足够的专业人员也就不能策划出很好的项目，没有好的项目，自然也就吸引不到更多的资助方资助我们的项目，这样一来就是一个死循环，所以我们想要用我们自己的方式拓宽我们的资金来源。”（蔡主任）

把私人关系当作资源使用。从实践看，机构的资源总量很大程度上与机构负责人“争”与“跑”的能力有关。在政府购买尚未规范化和制度化的条件下，政府对社工机构购买服务很多时候带有偶然性，能否获得政府资金，更多依赖的是机构的运作能力以及机构负责人与政府官员的私人关系，并非完全在于服务质量。

“（项目获得方式）多是以委托形式进行的，在本地做服务的机构不多，不熟的机构他们也不放心。开始没有统一，都是委托，今年开始才有招标，其实招投标也不完全透明，通过之前的接触还是能打听到信息的。”（蔡主任）

可以看出，在机构发展不成熟的情况下，招投标制度只是一个摆设，真正的程序公平难以做到。机构负责人认为，就算通过招投标也很难达到择优筛选的效果。因为在实际操作中，作为购买方的政府与作为承接方的社工机构大都更关注彼此的熟悉与信任关系而将竞标视为“走过场”，缺乏独立第三方的监督机制。

其次，整合自身的社会资本，发挥企业的优势促进机构的发展。一方面，探索“社企合作”模式，促进企业履行社会责任的同时，依托机构在不同社会部门的影响力和知名度，通过直接公开募捐和合作开展培训积极争取企业自主，倡导鼓励企业通过社会公益捐助、进行双方的参观交流；另一方面服务社会，提升企业社会形象，推进社会服务事业发展的同时，拓展机构的资源渠道。另外，机构要充分利用媒体的资源，通过网络、报纸、电视、广播等传播媒介增加机构的曝光率，不断在社会公众面前强化机构良好正面的形象，为机构获得广泛的社会公信力与社会认知度奠定厚实的基础，继而为机构的资源争取打开通道。

“我们最近正在尝试和一些餐饮企业开展合作，通过每天到店消费的顾客数量来决定给予机构项目资金的多少，这些资金我们会用于开展一些公益活动，服务群众的同时，我们也会相应地对出资的企业进行一定的宣传，希望这种方式能够争取到他们的资金支持，从而开展我们自己想做的一些服务项目。”（蔡主任）

再次，发掘非正式资源，多方面促进机构的服务进程。由于缺乏普遍较为完善的政府购买服务机制，绝大多数企业背景的社工机构无法持续获得政府财政支持，加上社会意识和税收优惠限制，社会工作机构融资渠道单一，社会筹资困难。因此，机构要充分发掘除了正式渠道之外的方式，比如通过领导者的非正式组织资源、一些支持社会事业的各界人士、高校老师、政府官员、媒体、企业等进行充分挖掘。

“只依靠政府的钱机构肯定是发展不好的，因为政府的钱也不是那么容易给的，所以还是要依靠自己的资源去募集资金，同时，我们也积极与韩山师范学院进行合作，签订协议，他们那边的社工专业的学生回来我们机构开展定点实习活动，同时，学院的义工队也会定期协助我们开展一些服务，我们还与自媒体‘潮州玩家’进行合作，定期推送我们的一些服务活动内容，使更多的人关注和参与到我们的活动中来，扩大我们的机构品牌影响力。”（蔡主任）

最后，注重培养机构内部团队的专业能力，为机构的发展奠定坚实的基础。企业主导型社会工作机构在社会工作场域中更加需要增强自身的专业能力建设。因为专业能力是支持社工机构不断前进的力量之源，只有增强自身的专业能力，才能增强获得服务项目的概率，从而获得服务经费。

爱民社会工作服务中心从2014年开始一直坚持做到服务深耕，随着社会工作服务的不断深化，居民对于社工的要求也不断提高，社工专业服务能力也需要不断强化，中心将重点在专业服务质量、服务水平上加大投入力度，具体通过以下两个方面：一是内部提升，中心通过定期组织资深社工或者专业技能教师对新进社工进行业务能力及理论知识培训，以提升社工的实务能力，同时强化和广东省社工师联合会、韩师师范等高校之间的合作关系，邀请其专家学者定期来中心交流，指导社工的成长。二是外部成长，组织一线社工赴香港、深圳、广州等社会工作发展先进地区轮训，通过外部交流，让社工吸取先进地区工作经验，学习工作理念及服务模式，并推动服务应用于本地，同时让社工积极自我增能，鼓励社工进行自我提升，攻读高学位，学习新技能，以促进自我成长。

第四节　场域环境：潮汕地区社工机构持续性发展的策略分析

通过场域中个体行动者的努力，完成了场域的构型，场域的持续与变化则继续取决于场域的环境影响。潮汕地区场域内社工机构要实现可持续发展，需要对场域环境的各部分要素进行分析，从而确定方向，进而采取相应策略。

一、项目制：社工机构场域界限及其拓展策略

布迪厄认为，每一个场域都构成一个潜在开放的游戏空间，其疆界是一些动态的界限，场域界限是一个场域自身内部的关键问题，场域中的参与者都竭尽所能来使自身与他们最势均力敌的对手区分开，以减少竞争，并建立自己对场域的某个特定局部的垄断（李康译，法 皮埃尔·布迪厄，1998）。

在嘉乐社工机构早期成立的时候，承接的项目和服务都来源于福利院和儿童福利院，由省福彩基金和福利院共同出资，用于服务福利院的青少年。

“刚开始人员场地都是原先院内配备的，所以也就没有产生什么项目资金的往来，运行到2014年大概一年多以后，就以中心的名义开始对外申请项目，对象就是福利院的青少年，向省福彩资金申报了一个项目，由他们负责10万，然后福利院再出资10万为福利院的青少年做服务。”（姚院长）

可以看出，早期社工机构本身在社会工作场域中可活动的疆界仅限于福利院内部，而后来，随着机构的专业人员不断增加，自身的专业性不断增强，向

李嘉诚基金会与市福彩基金申请到项目之后，其服务的范围也从福利院扩展到周围的社区，服务的对象也从单一的福利院青少年到社区多元化人群，福利社工机构的服务疆界不断扩大，其服务的界限也不断得以扩张。

乐诚社工综援中心在潮汕社会工作场域中原先的服务范围仅限于慈善会内部，主要从事的是组织义工队伍对慈善会各分支机构的受助对象进行服务，服务范围较为狭窄，后来由于机构逐渐成熟，在政策的带动下也开始承接一些政府的项目，目标人群更有针对性，服务范围得以拓宽。同时，借助乐诚善堂在潮汕地区原有的慈善影响力，在整个潮汕社会工作场域中占据着越来越重要的位置，不断突破在场域中已有的界限，向外延伸。

在潮汕社会工作场域中，企业主导型社会工作机构的数量远远高于其他两种类型的社工机构数量，在社会工作场域中占据着非常重要的位置。但是，相较于其他两种类型的机构，企业主导型社会工作机构存在更多的不确定因素，例如，资金来源不稳定，服务范围和人群不确定等等。爱民社会工作服务中心刚开始是承接市福利院的项目，到后来承接西湖街道关爱独居老人项目，再到和一些公益企业合作开展公益活动，不断扩大自己在社会工作场域中的服务边界范围，从而强化了自身在场域中的位置。

从上述三种类型社工机构对于场域内机构界限拓展的方式来看，都是以项目制为基础，先依靠政府的项目站稳脚跟，再在此基础上谋求自身机构的权力范围的进一步拓展。

二、从主体依赖到项目依赖：社工机构场域自主性及其变化逻辑

政府背景型的嘉乐社会工作服务中心在场域中的自主性逐步增强。福利社工机构场地、设施、资金以及人员的前期 2 年投入都是福利院负责的，将院内的部分工作委托给社工机构做，项目是由福利院向社工中心购买服务，一共 17.21 万元，没有具体的指标设定，一般是将任务派发给社工。这个时候福利社工机构一般都要承担福利院原有的一些行政性工作，跟着福利院的指示进行，自主性不强；经过两年多的平稳过渡后，机构管理层里福利院的工作人员逐渐全部撤离，成立了理事会，机构的正常运营都交由现在的 5 名专职人员。理事会现在已经三年，要换届了，机构也会脱离福利院独立出来，机构拥有独立出来的能力后，少了行政性工作的干扰，对于决策的自主性则会不断增强。

民间背景型的乐诚社工综援中心在场域中的自主性由强转弱。乐诚社工综援中心，原本只是简单地协助善堂内部服务，优化善堂的职能。相对来说对于服务的自主性较强，能够自主灵活地安排自己的一些工作内容，而且不需要进

行太多的文书记录工作。承接了政府的项目后反而束缚变多，因为政府的项目一般都会有相应的服务人群和指标完成设定，而且善堂本身作为民间的慈善组织不想太多政府的东西掺杂进来破坏原有的一些秩序。所以陈主任用“夹心饼”三个字来形容机构现实的两难处境，既要满足政府对于项目执行的要求，同时也要在不影响善堂的正常运行的基础上去工作。由此可以看出，随着乐诚综援中心从善堂中逐步独立出来承接政府项目，其自主性在不断受到来自善堂以及政府双方的要求下正逐渐减弱。

企业背景型社会工作机构在社会工作场域中的自主性始终较弱。爱民社会工作发展中心现运营项目都是政府购买和基金会资助的。政府采购公共服务，希望社工机构能够“为我所用”，在资源控制和分配中，政府的权力及影响占据着绝对的优势和地位，在机构只有依托现有的行政管理体制和业务主管单位的资源网络优势才能获得项目时，双方之间的委托代理关系就进一步变成了依附关系。权力是形塑社工机构发展生存空间的重要力量，处于权力的弱势方的社工机构，在场域中的自主性也就处于弱势的一方。

三、政府主导：社工机构场域对应关系及其影响

在潮汕社会工作场域中，服务的购买方和服务的提供方是对应关系，购买方拥有绝对的权力选择服务的提供方，也就是社工机构。对于服务的提供方，也就是社工机构来说，项目是社工机构获得资金来源的方式，同时，也是机构得以生存运营下去的关键所在，因此，如何更好地维护与服务购买方的关系从而获得服务项目成为社工机构的重中之重，而福利社工机构依仗着本身的背景优势，在博弈中显然稍胜一筹。

“现在M市的项目很多都是在申请福利基金，福利基金由市民政局管理，福利院又是民政局的下属单位，社工中心又是福利院自己筹办的机构，在拿项目上面还是有一定的优势所在。包括福利院要向外购买的一些服务项目也可以优先给到社工中心。”（姚院长）

乐诚社工综援中心以前都是从事一些慈善会内部的志愿服务活动，所有的收入和开支都是由慈善会以补贴的形式发放的，相对来说资金有限，能够开展的服务也较为繁杂琐碎，缺乏系统和专业性。承接政府购买项目后，服务的购买方变成了政府部门，场域中的权力关系发生了变化，一些政府的政策也对机构承接项目带来了一定的挑战。“‘双百’计划对于我们这些民办机构的打击很大，这些政策资金往街道那边，就变得我们这边很被动，生存存在很大的困难。所以还是要靠自己增强实力。”（陈主任）

从只需要在慈善会中做好自己的本分工作，到要独立起来，在社会工作场域中与其他机构争夺项目从而巩固自己在场域中的位置，需要自身重新进行形塑过程。

目前，爱民所进行的项目大多数还是属于政府购买服务为主，社会工作场域中，政府还是拥有着绝对的主导权，占据绝对权力。当正式的资源固定之后，恒爱社会工作机构从非正式资源入手，积极寻求与高校和其他具有社会责任感的企业的深化合作，得到了除了政府部门以外其他组织的支持。

四、权力下放：社工机构内部场域权力关系的变化过程

嘉乐社工机构本质上是民办非企业单位，但由于是福利院创建的，成立背景比较特殊，因而前期始终摆脱不了事业单位的影子，在社工机构的工作中，福利院的权力还是占据很大一部分，拥有极大的话语权，包括服务的内容也大多是以福利院的行政性工作为主，这对于机构工作的推动以及自身机构的发展产生了束缚的条框。后期通过一定的改革策略，一方面，根据自身是民办非企业的性质，修改并完善了本中心的各项规章制度。当中包括员工聘用与教育培训制度、劳动合同管理制度、工作时间与休息休假制度、福利待遇与社会保险制度、员工绩效考核与奖惩制度、档案管理制度、财务管理制度、工作安全保密制度、消防安全管理制度、实习生管理制度等十四个制度。通过修改原有制度，将原有制度“取其精华，去其糟粕”，并根据实际进行增项。通过修改原有制度，这在一定程度上也完善了工作机制，另一方面让各项工作例如员工招聘、财务管理等“有章可循，依章办事”。同时也加强了领导机制，健全了支持机构发展的长效机制。另外，理事会换届，将原先福利院内的员工从社工机构中抽离，将机构的正常运营还权于机构现任聘用的5名专业工作人员。这样一来，权力实现了转移也就意味着福利社工机构的内部环境逐渐由行政化向专业化转移。

乐诚社工综援中心延续了原先作为“乐诚义工队”的职能，工作人员大多是原先由义工做起而后转过来从事正职的，相对来说专业性不是很强，在乐诚善堂的领导下协助其开展服务。总体而言，乐诚社工综援中心处于被支配的位置，而乐诚善堂是权力支配者，除了协助服务善堂各分支机构的弱势群体对象以外，很多突发性的公益救援工作也是由乐诚社工综援中心承担的，例如：关爱露宿天桥下的流浪者以及地震的物资援助等。而在社会工作场域中，乐诚社工综援中心由于依靠善堂本身的强大群众基础，在与其他机构的位置占据争夺中还是比较有优势的，乐诚善堂本身拥有很多服务对象和资源，包括海外侨胞、热心群众企业家捐赠的经济资本、具有特色潮汕民俗文化的文化资本和拥有公信力的社会资本。如果乐诚社工综援中心能够将其进行更好的资源整合，则能够使自己在社会工作场域中继续保持和占据有利的位置。2015 年乐诚社工综援中心的正式独立注册，意味着乐诚善堂对其的权力影响正在逐渐减弱，因此，该机构需要通过不断增强自身能力逐步获得服务对象的认可，从而掌握自身的权力。

在爱民社会工作服务中心，内部的工作人员彼此之间关系比较和谐平等，没有太多的层级观念，权力也下放到各个员工的手里，充分调动和发挥每个员工的积极性。

“我们机构虽然专业科班出身的工作人员不多，但是也是比较有实践经验和相关专业背景的，我觉得这样更能够将服务做好，因为社会工作本身也需要其他很多不同专业的知识储备，所以我们在工作过程中都鼓励大家积极发挥自己的聪明才智和专业技能，一起努力将服务做好。”（蔡主任）

将权力下放到每个员工手里，使其发挥自身的优势共同为机构的发展做出努力，从而促进行业的发展。

第五节　结论与反思

一、潮汕地区不同类型社会工作机构发展策略的共同点分析

首先，社工机构都非常注重对机构专业能力建设。不同类型的社工机构对于提升机构的专业能力上面都有着自己的强烈诉求。在潮汕社会工作场域内，现有项目及其资金来源主要来自两个方面：一是政府购买服务项目，二是基金会资助项目。机构专业能力的提升有利于机构获得更多的项目资助机会，从而使其得以长期生存和发展下去。因此，各个机构积极参与到省社工师联合会组织的各类督导和专业技能培训中。

对于政府主导型社会工作机构而言，机构拥有较为稳定的项目资助和庞大的运营资金，机构专业能力的进一步提升一方面可以巩固机构在社会工作场域中的位置，加强机构在社会工作场域中的公信力和提升服务的效能，另一方面在机构运营资金有限而专业人才配备较为充足的情况下，加强对在职的社工专业培训，提升其专业知识和技能，从而提高服务的专业能力和水平，打造精英专业团队，有利于机构获得资助方的认可，从而提升获取更多项目的机会，深

化原有服务以及扩大服务的边界。

对于民间主导型社会工作机构而言，由于机构的工作人员大部分是以持证社工和义工为主，受过专业科班教育的比例较低，一般都是靠着“助人为乐”和过往实践经验的惯习观念开展服务，专业技能和特色不足。注重机构专业能力的建设，可以引导机构更加明晰自身的定位，运用专业思维开展系统性服务，逐步提升机构的专业性。

对于企业主导型社会工作机构而言，项目是其唯一维持生存的来源，机构的工作人员大部分都是心理学、社会学、学前教育等相关专业背景，对于社工应具备的专业素质和技能本身有所了解但不够深入，因此，提高自身的专业能力建设则有利于提高机构工作人员的专业水平，工作人员的专业水平提升才能有好的项目，好的项目才能获得资助方的青睐从而获得其资金上的支持，在促进机构生存和发展上起着尤为重要的作用。

其次，社工机构均非常重视营造适合社会工作行业发展的社会环境。在我们的访谈中，多个机构的负责人都多次强调了社会氛围这一情况，觉得整个社会氛围不浓烈，很多人都不知道社工究竟是干什么的。目前社会工作行业在潮汕地区也只是处于起步的阶段，加上专业发展不成熟，很多情况下社会工作者所开展的服务在社会大众看来就是技术含量低、仅凭一副热心肠就能完成的事情，是每个人都可以去做的。社工助人自助的活动，更多地被认为是志愿活动而非职业行为，无须任何专业技巧，社会氛围对社工的认可度和支持普遍较低。这样的社会环境对于社会工作这一新兴行业的发展显然是不利的。因此，各种类型的社工机构都希望能够改善现有的社会环境，在开展服务中也对社会工作进行知识普及和宣传倡导，积极向公众澄清，但效果还不是很显著。

最后，学会运用自身的优势进行策略发展，明确自身可运用的资本并积极结合自身优势增强自己的实力。从上述我们可以得知，潮汕地区不同类型的社会工作机构都有其特有的资本，在社会工作场域中，如何在不破坏游戏规则的基础上，通过利用自身占有的资本有策略地互相竞争而获得相对有利的位置是各个社工机构都必须思考和面临的问题。在访谈过程中，三种类型的社工机构负责人都很明确自身的优势在哪里，并且希望能够最大限度地发挥这些优势而使机构在整个社会工作场域中取得一定的地位和优势。

二、潮汕地区不同类型社会工作机构发展策略的不同点分析

潮汕地区社会工作场域中不同类型的社会工作机构占据着不同的资本，并根据它们拥有的资本采取不同的竞争策略从而在社会工作场域中占据一定的位

置，以促进机构自身的发展。

首先，不同类型的社工机构可运用的资本种类不同。

表5 不同类型社工机构资本种类及其对发展的影响

社工机构的类型	资本种类及其对发展的影响
政府背景型	拥有丰富的经济资本，发展过程中更注重建构内部规章制度及专业人才培养
民间背景型	拥有强大的文化资本，发展中更注重用乐善好施的文化传统传递机构的理念和信仰，从而获取公众的认可
企业背景型	拥有较多的社会资本，发展中善于整合企业、学校等多种社会资源

正如表5所示，政府背景型社会工作机构在社会工作场域中拥有着极其丰富的经济资本，无须为自身的生存问题而困扰，市福利院的资金、人员、场地等一系列经济资本的支持使机构得以平稳地成长，不必为机构是否有足够的运营资金而苦恼，而且福利院的项目能够长期稳定地运营，也给予了机构稳定的资金来源。同时，由于有市福利院这一强大的后盾，更容易得到认同，也在群众中有一定的威望，社会资本和文化资本等较足，对外开展新的项目和服务也比较顺利，在这一基础上，如何加强自身的专业能力建设自然而然成为机构工作策略考虑的重中之重。由于其服务对象以市福利院和儿童福利院的儿童和长者为主且相对稳定，因此更适合做深层次的专业化系统性服务。在此基础上，机构延续了原有的政府机关管理的一些做法，该机构更加注重建构内部规章制度以及机构工作人员专业性的提升，认为只有增强机构的内部能力建设，才能够更好地为服务对象提供服务。

民间背景型社会工作机构在社会工作场域中拥有着较为强大的文化资本。乐诚社会工作综合援助中心是乐诚慈善会的分支机构之一，而乐诚慈善会即乐诚善堂，是潮汕地区最大的民间慈善组织。在潮汕文化中，乐善好施既是一种文化传统，也是一种做人的价值。善堂在潮汕地区具有较大的规模和影响力，是因为善堂是为感念大峰祖师的善举而建，遵循祖师圣训“立善堂，行善事，利人必利己，救人必自救，积善之家，天必赏之，济贫扶危，造福民众”。对于潮汕人民来说，善堂这一宗旨和信仰是其特有的民俗，是潮汕人民的特有社会文化。因此，每一年乐诚善堂都会接受来自海内外潮人尤其是潮汕当地的民众的捐赠，并将获得的捐赠送到需要帮助的人手中。乐诚社工综援中心由于前身是乐诚义工队，很多本身业务上的往来都是原先作为义工队的职能，拥有较强的认可度。

企业背景型社会工作机构在社会工作场域中拥有强大的社会资本。这一类型的社会工作机构善于链接和整合所有可以为之所用的社会资本，包括与具有社会责任的爱心企业建立合作协议、与高校专业人才资源进行互补以及依靠新媒体传播自身机构的服务理念和服务内容等多样化优质的社会资源的整合。这一类型的机构缺乏较为强大的运营资金投入，除了平时获得政府项目的资金支持以外，其余的都要靠与其他社会资源的充分合作来更好地发展壮大机构。

其次，不同类型的社工机构中行动者的惯习倾向不同。

表6　不同类型社工机构的惯习及其对发展的影响

社工机构的类型	拥有的惯习及其对发展的影响
政府背景型	发展中按部就班，严谨保守，习惯自上而下进行决策，注重对专业的追求。
民间背景型	发展中践行扶危济困的使命，更多的是提供一些即时满足性服务而非长期系统性服务。
企业背景型	沿袭企业灵活管理的制度，推崇“多劳多得”的理念，发展中强调资源整合，善于调动工作人员的积极性和创造性。

正如表6所示，政府背景型社会工作机构由于机构的创始人本身就是政府机关内部的工作人员，长期的按部就班的工作方式已经形成固有的较为保守、追求稳定的惯习，因此，在政府背景型的机构中，往往机构自身内部的各种规章制度都非常的明确，人员架构和服务程序较之其他两类机构都显得成熟很多，而且层级化分工较为明显，机构工作人员的官僚化意识较强，一般关于服务的开展都是以从上往下的方式进行，一线员工很多时候都是执行者而非决策者，其意愿的诉求表达的渠道较少。嘉乐社会工作服务中心里面的工作人员都是具有实务经验的科班出身的专业社会工作人才。其在长期经过学校培养和督导培训下认同并履行社会工作“助人自助”的价值理念，具有较强的社会工作专业素养。

民间背景型社会工作机构在潮汕地区本身就是慈善会的一个分支机构，本身就承载着扶危济困的使命，在开展服务的过程中自然而然就会倾向于实质性的捐款捐物类的临时性服务。这一类型机构的工作人员本身很多都是由义工转型而来的，善于也热心于帮助困难群众，但是在服务的过程中更注重于为服务对象提供即时满足性服务而非长期系统性服务。

企业背景型社会工作机构善于调动和掌握多样化的资源，与多领域展开合作。这类机构沿袭了企业灵活管理的制度，工作人员相对平等。同时，由于机构生存方面的需要，机构会尽可能将所有的资源投入到相应的位置以获得更有利于机构的环境。在这类的机构中普遍推崇“多劳多得”的理念，善于调动工作人员的积极性及创造性，希望能够充分发挥每个个体的智慧而获得项目，在确保能够获得相关资助的基础上也很重视机构专业能力的培养，会鼓励员工参与到各种培训中。

最后，不同类型的社工机构在社会工作场域中所占有的位置不同。

表7　不同类型社工机构所占据位置及其对发展的影响

社工机构的类型	占据的位置及其对发展的影响
政府背景型	在场域中占据最有利的位置，呈现良好循环的发展态势。
民间背景型	占据一席之地，发展中受到来自善堂内部及政府的双重监督，缺乏自主性和独立性，亟须规范自身服务，体现自身优势。
企业背景型	在场域中数量比例最高，缺乏争取项目的核心竞争力，争资跑项维持运营。

正如表7所示，政府背景型社会工作机构在潮汕社会工作场域中占据极大的优势，相比其他两类的社工机构，此类机构更加容易资助项目，同时，也由于其具有较为强大的专业团队，往往能为服务对象提供专业而效果显著的服务，这样也进一步增加其获得项目资助，扩大服务范围和领域的机会，成就一个较为良好循环的机构发展态势，进而不断地巩固本身在社会工作场域中的位置，使其在争取项目的过程中能够抢得先机，拔得头筹，占据最有利的位置。

民间背景型社会工作机构借助潮汕善堂这一潮汕地区传统的民间慈善组织的力量，在潮汕社会工作场域中得到民众和服务对象的认可度较高，但由于本身身为善堂的分支机构之一，对于机构所开展的服务要受到来自善堂内部及政府部门的双重监督和指导，缺少相对的自主性和独立性，因此，此类机构应该在找准自身定位的基础上更好地借助善堂的资源来发挥自身的优势，使服务更加系统化、规范化、专业化，才能在潮汕地区的社会工作场域中保持自身的优势，占据一席之地。

企业背景型社会工作机构在潮汕社会工作场域中是最为普遍也是所占数量比例最高的一种社工机构类型，但是由于这类机构本身的运营资金绝大部分都是靠项目资金来维持的，因此，如果得不到持续的项目资助，很多机构就会面临无法持续运营而停工的状态。更多时候这类机构的创始人都忙于争资跑项以维持机构的持续运营，机构内部的工作人员中受过社会工作专业科班教育的人数也是极少。因此，在潮汕地区这一类型的社工机构虽然占三大类型社工机构之首，但是在社会工作场域中缺乏争取项目的核心竞争力，所占据的位置偏弱。

三、对潮汕地区社会工作机构发展策略的反思

潮汕地区社会工作机构的多元化发展策略具有鲜明的特点，不同类型的社会工作机构呈现出不同的发展形态，从而产生了不同的结果。

表 8　不同类型社工机构的策略反思

社工机构类型	机构的策略反思
政府背景型	进一步深化机构内部工作人员的专业素养，打造精英专业人才队伍，促进社工人才专业惯习的形成； 管理模式由原先刻板固定化向管理灵活化转变，给予工作人员更多自由发挥的空间。
民间背景型	明确自身定位的同时，充分整合好政府和善堂两者的资源为己所用； 建立和完善机构内部各项规章制度，提升机构自身的专业能力。
企业背景型	降低对政府的依赖，进一步增强自身能力和组织建设，整合各种可运用的资源开拓自己的服务版图； 提高对机构工作人员的专业素质培养程度，增强机构的专业竞争力。

对于政府背景型的 M 市嘉乐社会工作服务中心的发展策略反思：首先，对于嘉乐社会工作服务中心而言，由于是 M 市福利院创建的，机构前期的开支都是由福利院进行支援，政府对于机构发展给予了高度的重视，这意味着机构能够得到政府财政的资源，人力资源和组织优势明显。此外，不足之处在于行政色彩较浓，服务口径较窄，希望能够在其理事会换届之后，进一步增强专业人员和专业能力的培养。

对于民间背景型的 M 市乐诚社会工作综合援助中心的发展策略反思：首先，机构依靠乐诚善堂这一强大的民间慈善组织，不断学习其较为先进的管理经验有助于机构更好地独立；机构自身拥有的资源较为缺乏，尤其是在资金方面，目前机构的资金渠道以善堂的补贴为主，兼顾一些政府购买项目的经费，机构运作的资金围绕着项目转，以项目为转移，缺乏足够的专门用于发展机构的资金，如果机构没有项目，机构的可持续发展就会存在严重问题；机构目前只有

一名持证社工，更多情况下是依靠义工来开展服务，所以专业性较低。如何实现既兼顾善堂理念又得到政府支持并保持其平等伙伴关系，是其必须明确定位的关键。

对于企业背景型的N市爱民社会工作服务中心的发展策略反思：社会及公众对此类社会工作机构的认同度不高，存在一些思想上的偏见，社会工作作为一门职业，仍然缺乏足够的职业发展空间、社会认可度和职业荣誉感。由于社工职业在薪酬方面偏低导致一部分社工人才流失，机构人员流动性强，留不住人才，这也成为制约机构未来发展的瓶颈。

综上所述，通过对以上机构的优势和问题分析，可以发现嘉乐社会工作服务中心得益于政府的支持获得强大资本，得到了平稳过渡，获得了稳定的发展，其最大的特点是拥有较为强大的经济资本和社会资本，人力资源和组织优势明显；缺点是行政色彩较浓，科层制明显，灵活性不足。乐诚社会工作综合援助中心虽然有乐诚慈善会稳定的经济补贴的支持，通过慈善会这个平台获得民众的了解和肯定，为服务的开展打下较好的基础；但是机构的自身定位不够清晰，角色多样，服务专业性较低，工作人员的专业素养有待提高。爱民社会工作服务中心管理灵活，能够整合企业、自媒体和高校等多方面资源，掌握较多的社会资本；但缺点在于机构的运营资金不稳定，绝大多数来自项目购买资金，较低的社会认同感、职业发展空间和薪酬待遇、不稳定的就业因素使得专业人员流失率较高，不利于机构的可持续发展。

参考文献

[1] 余建华．社会工作服务：美国经验及其对中国的启示［J］．社会工作（学术版），2011（06）：17－19.

[2] 卓彩琴．从“广州模式”看广州社工发展雏形［J］．中国社会导刊，2008（16）：16.

[3] 范雅娜．政府购买社工服务探索研究——以深圳市南山区为例［D］．长春：吉林大学，2009.

[4] 陈少强，宋斌文．政府购买社会工作服务初步研究［J］．财政研究，2008（06）：51－54.

[5] 刘战旗．内地民办社会工作机构的发展处境与经验启示——以A社会工作机构的发展为例［J］．社会工作，2014（03）：110－119.

[6] 易松国．民办社会工作机构的问题与发展路向——以深圳为例［J］．社会工作，2013（05）：21－25.

[7] 马维娜．学校场域：一个关注弱势群体的新视角［J］．南京师大学报（社会科学版），2003（02）：64－70.

[8] 孙文中．场域视阈下农村老年贫困问题分析——基于闽西地区 SM 村的个案调查［J］．华中农业大学学报（社会科学版），2011（05）：67－73.

[9] 洪佩，费梅苹．“场域－惯习”视角下我国社会工作者的实践策略分析［J］．华东理工大学学报（社会科学版），2015（06）：21－30.

[10] 皮埃尔·布迪厄．实践与反思：反思社会学导引［M］．李康，译．北京：中央编译出版社，1998.

[11] 宫留记．场域、惯习和资本：布迪厄与马克思在实践观上的不同视域［J］．河南大学学报（社会科学版），2007（03）：76－80.

[12] 宫留记．布迪厄的社会实践理论［M］．开封：河南大学出版社，2009.

[13] 李全生．布迪厄场域理论简析［J］．烟台大学学报（哲学社会科学版），2002（02）：146－150.

[14] 李太斌．上海社会工作机构的实践与探索分析［J］．中国青年政治学院学报，2006（01）：129－134.

[15] 闻英．官办社会工作机构的状况及发展策略［J］．郑州轻工业学院学报（社会科学版），2009（05）：59－62.

[16] 朱健刚，陈安娜．社工机构的 NGO 化：专业化的另一种思路［J］．华东理工大学学报（社会科学版），2014（01）：28－37.

[17] 许小玲．生存压力与行动理性：民办社会工作机构策略行为研究［J］．中州学刊，2016（03）：61－66.

[18] 王岳川．布迪厄的文化理论透视［J］．教学与研究，1998（02）：39－44.

[19] 张国举．“场域－惯习”论：创新机制研究的新工具［J］．中共中央党校学报，2005（03）：32－35.

[20] 周霞．传统与现代农村社区信任结构解读——基于布迪厄场域理论视角［J］．经济与社会发展，2010（03）：107－109.

[21] 杨正军．潮汕民间善堂组织的历史嬗变［J］．汕头大学学报（人文社会科学版），2015（03）：19－25.

[22] 孙中锋，王邦虎．欠发达地区社会工作人才建设路径探析——以安徽省为例［J］．华东理工大学学报（社会科学版），2010（04）：15－19.

[23] 张国举．“场域——惯习”论：创新机制研究的新工具［J］．中共

中央党校学报，2005（03）：32－35.

［24］夫马进．中国善会善堂史——从“善举”到“慈善事业”的发展［J］．中国社会历史评论，2006（01）：1－5.

［25］LEUNG C. Authority and Benevolence：Social Welfare in China［M］. Hong Kong：Chinese University of Hong Kong Press，1995.

［26］YUEGEN X，SIBIN W. Development of Social Work Education in China in the Context of New Policy Initiatives：Issues and Challenges［J］. Social Work Education，2007，26（06）：560－572.

引导语：

通过对社会工作的组织架构的探究，我们可以较为清晰地认识到社会工作机构在每个场域下都有其特有的发展策略和路径，这也使得我们认清了社会工作机构的发展脉络，为每个区域特有发展环境下社工机构的定位和运营提供了思路。但是我们在阅读相关文献时发现关于社会机构的研究文章中，或多或少地会提到社会工作平台，那么社会机构与社会工作平台是不是可以混为一谈？在关于社会工作机构研究文章层出不穷的同时，我们发现关于社会工作平台的研究却寥寥无几，更有甚者将社会工作机构与社会工作平台混为一谈，渐渐意识到社会工作平台是社会工作服务产生的硬件设施，更是社会工作机构的基地，有必要对社会工作平台进行专项研究，我们在确定研究主题时，我们认为单纯地进行平台研究不具有足够的实用意义，因而参照经济学领域及公共管理领域关于平台研究的思维，主攻平台自身与社会工作服务的连带效用问题。

第三章

社会工作平台建设：双边平台理论视角下的社工平台发展研究

社会工作平台是社会工作服务的重要载体，在推动社会工作实践发展中起着重要的作用。以南海区社会工作发展为例，多样化的社会工作平台伴随社会工作发展而生，同时又是社会工作发展的重要推动力，推动力的大小、好坏与社会工作平台自身特质又有着密切联系。基于上述发现，我们开始思考，“政府搭台、社会唱戏”口号的提出，使社会工作平台建设迅速并呈现多元化形态，但社会工作平台与社会工作服务间究竟存在怎样的关系？社会工作平台的供给和搭建策略又该如何进行？这是我们忽视已久的问题。

第一节　双边平台理论：社会工作平台研究范式构建

一、基本概念界定

（一）公共服务平台

现有学者对公共服务平台的定义侧重于服务性和资讯性特征，如慕朝师（2008）认为公共服务平台是政府向社会提供的一种服务产品，功能主要是为公共服务提供载体。张太华（2011）从平台信息技术和信息服务研究成果角度出发，认为公共平台可以理解为“公共信息平台”“基础设施”和“渠道”。刘家明（2017）认为现有研究成果虽从不同视角和维度理解公共服务平台，但都关注到了公共服务平台的共享性、系统性、支撑性和载体性特征。

（二）社会工作平台

由于社会工作平台尚未得到学界的足够关注，因而鲜有学者对其概念进行研究，且已有界定不够详细精确。湛中乐、蒋季雅（2010）是国内较早对社会工作平台进行分类解释的学者，他们从政府职能转型角度提出社会工作平台可以分为微观社会工作平台和宏观社会工作平台，微观社会工作平台构造体现了社会工作内部组织程序、技术支持与物资调配等设置要求，宏观社会工作平台构造则体现的是社会工作运行实体之间的权利、义务设定与职能配置，而社会工作平台构造变化的实质则是社会工作价值观与政府互动、内在张力的结果体现。

（三）本书研究对象界定

结合现有学者论述，我们将本书研究的社会工作平台界定如下：社会工作平台是指具有社会工作性质的社会组织开展社会工作的场所。其中，社会工作性质的社会组织是指从事专业社会工作服务的社会工作机构和从事社会工作服务的其他社会组织；社会工作是指区别于政府社会服务的专业社会工作服务，如个案服务、小组服务、社会工作人才培训、培育孵化等具有社会工作性质的服务；场所是指具有长期使用性质的办公场地和服务场地。特别说明的是，未开展社会工作服务的社会工作机构注册地不在本书的研究范围。

社会工作平台按照其发挥功能不同，可以分为三类，第一类是社会工作服务场地，主要为开展专业社会工作服务提供活动空间，发挥专业服务功能，如家庭综合服务中心，社区综合服务中心、社会工作站；第二类是社会工作服务与各方开展交流合作的平台，主要为社会工作服务相关方开展交流合作提供场地，发挥纽带连接功能，如南海区的创益中心等平台；第三类是兼具以上两种平台功能的场地，既有场地专业服务的功能又有纽带连接的作用，比如南海区创益园。

二、公共服务平台研究述评

公共服务平台概念被提出以来，国内外学者在公共服务平台的定义、分类、平台建设和平台战略上均进行了深入研究，并取得丰硕成果：

（一）公共服务平台的分类

国外对平台分类研究，以哈佛大学平台研究专家 Carliss Y. Baldwin、C. Jason Woodard（2008）所提出的产品平台、技术平台、双边平台三种分类为主要代表。国内刘家明（2017）认为国内公共服务平台同样可以参照上述标准分为三种基本类型，第一类是生产平台，主要依靠一项基础或核心应用来组织自主生产产品；第二类是技术平台，基于技术支撑体系作为其他企业产品服务的技术框架、技术规则和技术标准；第三类是双边平台，依靠外部组织来生产产品且用户群体间存在网络效应。

（二）公共服务平台建设

国外 Thurman L. Whitson、Davis Lynn（2001）从公共服务平台的功能、用途

方面，指出政府公共服务平台服务的功能效用、广泛性、实时性、易获取性是其建设要考虑的主要因素。国内学者主要从公共平台建设的必要性、平台运行机理、平台设计优化路径方面进行研究，如刘蕾认为公共服务平台建设有利于政府管理、企业发展及社会创新（刘蕾，2006）。孟欣（2006）从运行、管理、维护三方面构建公共服务平台最优模式，该模式下设1个总协调办公室、3个数据运营维护室和10个公共服务子平台。杨宇（2011）则认为公共服务平台建设要以数据为基础，将终端软件分成多个模块以迎合不同需求。

（三）公共服务平台战略

公共服务平台战略研究源于企业平台战略，企业平台战略经历了从产品平台战略到技术平台战略再到双边平台战略的发展历程（刘家明，2016）。Hagiu（2007）将双边（多边）平台定义为能够使两类或多类归属于其中的，不同用户通过直接互动创造价值的组织，他还认为双边平台模式相比经销商模式本质区别在于后者通过采用纯买断合约方式占有卖方的产品。在公共服务平台战略方面，刘家明（2016）提出多边（双边）平台意味着治理权力的主动开放与互动，双边平台战略思想有利于政府职能和治理模式转型，还有助于形成公共品多元协作供给、公共服务协同创新的格局。

（四）现状评价

对公共服务平台战略研究，一要追溯到企业平台战略研究，二要关注时下火热的双边平台研究。当前，平台组织遍布各行业，平台经济学已成为经济学中的一个重要分支。而在公共管理领域，公共服务平台研究却呈现类型庞杂、话语泛滥、研究滞后的现象（刘家明，2017）。我们还发现对公共服务平台的现有研究尚未形成体系，且实证研究十分匮乏，而社会工作平台作为公共服务平台中的双边服务平台，是政府与社会组织联络的桥梁，也是链接服务购买方和服务供给方的重要的平台，因此，对其研究，将有助于认识双边公共平台独特的内涵，总结发展双边公共服务平台的建设管理模式。

三、社会工作平台研究述评

（一）社会工作平台发展历程

我们搜集到一些各地区社会工作平台发展的文献资料，由于资料复杂多样无法一一罗列，但通过整理分析发现：每个地区社会工作平台发展基本是在借鉴“北上广”发展经验的基础上形成，基于此，我们以上海、广州、深圳为例，对社会工作平台发展历程做简要梳理：

首先，上海社会工作发展源于医务社会工作专项服务。2000 年 10 家医疗机构在浦东新区率先建立社会工作服务站，2004 年上海儿童医学中心设立医院社会工作部，2009 年原上海市卫生局协同各部门全面调研总结医务社会工作发展经验，2012 年在 44 家医疗机构建立社会工作试点平台。随后 2013 年试点单位扩大到 17 个区县 103 家医疗机构，上海市卫计委明确要求各医疗机构建立医务社会工作活动工作场所，医务社会工作平台建设进入快速发展车道。

其次，深圳社会工作平台发展主要围绕社区服务中心铺开。2011 年 8 月深圳建成首批 6 家社区服务中心，2011 年 6 月《深圳市社区服务中心设置运营标准（试行）》规定社区服务中心软硬件要求、服务内容及标准，2011 年年底，全市完成 91 家社区服务中心招投标工作并投入运营，坪山新区率先实现社区服务中心全覆盖，2012 年年底全市 214 家社区服务中心投入使用，2013 年年底社区服务中心达到 400 余家，光明新区、龙岗区等区也实现全覆盖（罗雪兵，2014）。现今，社区服务中心（党群服务中心）仍是深圳社会工作平台核心。

最后，广州市社会工作平台发展则围绕家庭综合服务中心展开，2007《“十一五”社区服务体系发展规划》提及“全国每个街道基本拥有一个综合性的社区服务中心”，广州市海珠区率先试点建设社区综合服务中心，2008 年广州市政府开启政府购买社会工作服务探索，在 33 个社区进行试点。2011 年 8 月广州市委、市政府提出建立“一队三中心”，社区综合服务中心由此改为家庭综合服务中心，政府开始与社会工作机构签订服务购买合同，为居民提供社会工作服务，同年街道试点家庭综合服务中心。2012 年，广州市政府要求一街道一家庭综合服务中心，海珠区在 18 个街道建立 22 个家庭综合服务中心辐射 257 个社区（叶丽平，2015）。2012 年年底家庭综合服务中心达到 150 家，在广州市街道实现全覆盖。

对“上广深”三地社会工作平台发展历程梳理，再次印证社会工作平台在社会工作发展中的重要地位和作用。虽然目前资料梳理还较为简单笼统，既没有关于社会工作平台类型、面积、规模和区域差异等方面的发展分析，也没有将社会工作平台发展与社会工作发展区别开，但却为我们后续研究提供了方向性启示。

（二）社会工作平台建构

平台建构是社会工作平台研究中的高频词汇，现有研究主要集中在四个方面：第一，社会工作平台构建的必要性，魏哲铭（2017）从精准扶贫角度，认为鼓励社会组织参与精准扶贫、互联网技术可及性、社会工作的价值理念和专业技巧为社会工作平台建构提供了必要性和可行性条件。第二，平台建构原则，应该从信息的完整性、信息技术手段的利用度以及分析处理能力角度去思考和构建学校社会工作信息平台（周晓等，2015）。第三，平台建构路径，湛中乐、蒋季雅（2010）认为中国社会工作平台的构建主要通过改造政府成为社会工作平台和改革政府提供政社合作平台两大方式实现。而陈荣武（2003）则认为社会工作平台的构建，必须建立有效的育人新机制和各主体角色的合适定位。第四，社会工作平台建构意义，陈伟杰（2015）认为达成本土性、专业性两类社会工作之间的合作可实质性化解一些专业服务问题。

虽然学者对社会工作平台建构给予了一定关注，但也存在不足：如现有研究缺乏具体操作方法和技术，使社会工作平台建设的建议仅停留于思想、原则层面缺乏实践意义；其次，现有研究缺乏对社会工作平台建构的系统性论述和思考，使已有研究成果未形成理论体系。

（三）社会工作平台功能布局研究

国内对社会工作平台功能布局的研究，主要有崔夏琼（2011）以社会工作平台个案室的布置为研究对象，从功能室的颜色、装修布置、装饰讲究和具体选址等方面提出建议和策略。还有学者以珠海市社会工作服务中心为对象分析“一家三区三室”功能区的设置问题，探究社会工作平台内部功能室布局（李素莹，2014）。学者郭宏洲（2014）基于对社区综合服务中心的分析，认为在社会工作平台发展后期，硬件资源利用、不同功能室设置以及人力资源分配是重点要考虑的问题。同时，我们还注意到心理学领域关于心理辅导室建设的研究，主要集中在心理辅导室的功能定位、硬件建设、软件建设和制度建设四个方面。其中在心理辅导室的地址选择上，多数学者认为要尽可能地体现人性化设计和人文关怀。

以上关于社会工作平台功能布局的研究，虽然对社会工作平台内部功能构造及建设布局给予了关注，但整体来看，这些研究所关注的领域和对象过于微观，且直接服务实践性强，缺乏理论深度，无法为社会工作平台发展提供理论指导。

（四）社会工作平台具体类型

我们在梳理社会工作平台研究的文献时发现，现有研究主要对三种具体类型的社会工作平台进行了较为深入的探讨：

首先，在社区服务站方面，陈静（2015）认为社区社会工作站对居民自治和社区建设有重要的推动作用。熊贵彬（2014）从服务站结构管理角度出发，发现服务站办公场所大都房间小、光线弱、环境较差，影响工作人员积极性和服务活动质量。因此，社会工作站要加强制度保障机制、支持机制、主体机制、

教育机制等四大功能条件的完备（杨通，2011）

其次，在家庭综合服务中心方面。广州市民政局2010年出台的《关于加快街道家庭综合服务中心建设的实施办法》明确指出，"家庭综合服务中心"是指街道设置的一个服务平台。但更多的学者则是将其作为项目或组织来研究，如用社会工作三大专业方法阐述社会工作平台的作用和功能定位（朱静君，2012），还有采用案例分析法，揭示家庭综合服务中心作为社区服务平台目标定位偏差的问题（林诚彦等，2012），借用地理学和社会学空间的要素，着重探讨家庭综合服务中心服务的空间分布和可达性状况（万向东，2015）。

最后，在社区服务中心方面。关于社区服务中心问题的研究主要集中在服务情况、经验梳理与区域差异分析方面，如郑鹏（2009）对其功能定位、管理制度及运行机制进行实证研究。章勇（2007）对上海社区服务中心的功能进行分析。高琛婕（2012）对深圳社区服务中心的运行模式进行分析。洪银珍（2014）认为社区综合服务中心作为整体性服务平台，在执行上是一个循序渐进的过程。

社区服务站、家庭综合服务中心和社区服务中心最早指的都是一种社会工作平台。但现有研究多偏离社会工作平台这一研究主题，而转向平台之上的社会工作机构、社会工作项目和社会工作服务模式，使得社会工作平台专项研究较少。

四、双边平台理论视角下的非社会工作平台研究述评

自 Rochet、Tirole（2006）发表双边平台理论论文后，双边平台理论的相关文章不断涌现，其关注的方面涉及价格工具、平台竞争、决策时序、平台设计等，涉及的行业更是广泛。如叶经心（2009）运用双边平台理论，在系统综述这一理论的基础上，从平台定价、平台所有制、市场结构和多重注册等方面探索了医药招标采购平台社会福利最大化的优越机制。吴昌南（2014）认为目前双边平台的文献对平台产品或服务残值问题没有关注，而过多地关注平台双边最优价格结构及平台竞争问题，于是他沿用平台理论的定价机制，以城市晚报作为研究对象，在突出晚报存在残值特征基础上对晚报平台的资源配置效率进行了研究。刘家明（2017）则以双边平台为重点对公共平台进行了分类研究，按照公共平台的功能领域、政府参与模式、业务类型、开放程度、所有权等标准将公共平台进行了多重分类。

从现有研究看，关于社会工作平台发展经验研究的材料较少，适用于社会工作平台研究的理论也比较缺乏。首先，整体来看，关于社会工作平台研究的

文献较少，学界和实务界对社会工作平台的发展也缺乏足够关注，社会工作平台的作用、意义以及建设和发展问题常常被忽略。其次，已有研究未对社会工作平台做系统深入分析，一方面，既没有对社会工作平台进行精确而清晰的界定，也没有关于平台与社会工作服务间关系的研究；另一方面，现有研究在理论和实务上发展不平衡，有的过于关注实践而缺乏理论贡献，有的则过于追求理论考究，而偏离平台这一研究对象。最后，社会工作平台研究视角比较缺乏，虽然双边平台理论与社会工作平台研究具有较高的契合度，但多应用于企业经济平台，专门针对社会工作平台的研究更是寥寥无几。

五、双边平台理论引入与分析框架建构

双边平台理论是经济学领域逐渐兴起的理论，已有三十多年积累，被广泛应用于信用卡、互联网、软件、通讯房屋中介等经济学平台研究中。社会工作平台作为双边平台的一种（刘家明，2017），与双边平台理论具有较高的契合度，且已有学者将双边平台理论引入公共服务领域对公共平台进行了分类问题研究（刘家明，2017），故将双边平台理论引入社会工作平台研究中具有可行性地。但是，由于双边平台理论所研究的经济学平台与社会工作平台存在目标导向上的差异，因此对双边平台理论进行修正并重建其分析框架就显得十分必要。

（一）经济学导向下的双边平台理论

1. 起源与发展

双边平台理论起源于2014年诺贝尔经济学奖得主Tiorle提出的双边市场概念。Armstrong认为双边市场包括一个平台厂商和两边终端市场，且两边终端市场间有很强的交叉网络外部性特征，即一边消费者的效用会随着另一边消费者数量的增加而增加，这一特征成了学术界界定双边市场的关键词。后来，随着双边平台和双边市场对组织的开放合作战略强调，不少学者开始将双边平台与双边市场慢慢等同。Rochet、Tirole（2006）对双边平台则给予更明确而严格的定义，认为双边平台是指一种改变向各方的收费而直接影响其参与程度的平台。国内学者叶经心（2009）较早地关注到了双边平台理论，他认为双边平台主要有两个特征，一是同时服务于两方或多方群体；二是它存在间接网络外部性，间接网络外部性是指平台所服务的至少一方群体会因另一群体加入平台而得到正向或负向效用。这种具有间接网络外部性且服务于多方群体的平台就是双边平台。

2. 应用范围的拓展

信用卡服务市场是最典型的双边平台。消费者决定是否使用前，会考虑有多少商家接受该卡支付，同样，商家决定是否接受该信用卡支付时，也会考虑有多少消费者在使用此卡，这就是一个双边平台的外部效用。2000 年左右，美国、欧洲和澳大利亚发生一系列针对国际信用卡网络的反倾销诉讼，引起了学术界的关注，也使得双边平台理论开始用于信用卡行业研究，后来逐渐发现信用卡行业的网络外部性特征同样也存在于黄页、阅读软件、网络搜索引擎、游戏软件、购物广场、婚姻或职业介绍所等其他市场，自此双边平台理论的应用范围不断扩大，刘家明（2016，2017）在研究企业双边平台战略的基础上，提出了公共平台中双边平台的战略问题，系统论述了双边平台理论引入公共领域的意义和价值，并将双边平台理论引入公共平台进行分类研究。

3. 双边平台理论主要内容

双边平台定价：从双边平台的严格定义可以看出，定价问题无疑是该领域最核心的研究方向。正如 Rochet 和 Tirole（2008）所说的，平台通过“讨好”两边而总体盈利，假使一个具有定价权的垄断性平台对两边都收取较高费用，则两边用户对平台服务的需求都会降低，且平台一边用户预计另一边用户数量减少，需求将进一步降低，恶性循环的最终结果可能是没有。

双边平台的竞争：从国内叶经心（2009）的研究中，我们意识到：双边平台的竞争指的是两个或多个平台间的外部竞争，而非平台参与者之间的内部竞争。如购物广场作为双边平台需要同时吸引商店和消费者，而商店之间也在竞争。在传统市场中，消费者通常会被企业提供的低价格和高效用吸引，但在双边市场中，平台竞争对价格水平和价格结构的影响就不那么明显，学者为此引入了各种各样的假设条件和影响因素，将双边平台的竞争问题进一步细化为平台参与者的多重注册、平台的排他、平台的价格承诺、平台的产品差异化和消费者对产品多样性的偏好等。

双边平台战略：平台战略兴起于 20 世纪 90 年代前后，当时的平台战略指的是组织内部产品开发的模块化战略，随着双边理论的诞生，应用于组织间竞争与合作的平台战略具有广阔的价值空间。因此，这里综述的平台战略实际上是指双边（多边）平台战略，是双边平台理论在战略管理中的应用，近年来平台战略研究在世界范围内兴起，以平台“战略”“战争”“征战”“竞争”等命名的著作涌现，甚至重名。

双边平台社会福利问题：王晓晨（2006）使用通用理论模型，证明在其他条件相同的情况下，政府来建设平台是保证实现福利最大化的唯一方式。但是，如果每增加一个用户，不管是哪一方的用户，平台运营所增加的变动成本与平台上已有的用户数量都成一定比例——可以理解为一种规模效应。那么由第三方企业来建设电子平台也一样可以使价格达到最大化福利水平（叶经心，2009）。然而，若由市场中两方中的任意一方整体来拥有电子中介的所有权，平台的定价都很难达到总福利最大化的水平。

（二）双边平台理论分析框架建构

1. 理论引入与建构说明

经过归纳比较，我们发现社会工作平台与双边平台的定义十分契合，现已有学者将双边平台理论用于公共平台研究，且已有学者将社会工作平台纳入双边平台的范畴（刘家明，2017），因而将双边平台理论应用于社会工作平台研究具有可行性。但由于该理论现存的主要研究对象——经济学意义上的双边平台，在平台的目标导向、平台属性、发展定位以及运作模式上，与社会工作平台存在较大差异，因此对双边平台理论修正和重建分析框架显得十分必要。

近年来，企业双边平台经济学与战略学研究盛行的同时，国外也出现了借鉴企业双边平台理论与实践来研究公共平台的动向，例如 Marijn Janssen（2013）提出的基于双边平台的平台型治理模式。在国内，陶希东（2014）意识到平台经济的出现呼唤平台型政府治理模式，同时，刘家明（2016）也积极响应双边平台在公共治理领域的借鉴性研究，先是系统论述了双边平台理论引入公共领域的意义和价值，随后正式将双边平台理论引入公共平台的分类研究。因而，将双边平台理论应用于社会工作平台研究具有两方面的可行性：一是从双边平台的定义来看，社会工作平台服务于多方群体，且群体间的互动存在正负向网络外部性，与双边平台概念十分契合。二是已有研究将双边平台理论应用于公共平台，且将社会工作平台纳入双边平台范畴（刘家明，2017），因此以双边平台理论来分析社会工作平台都具有一定的可行性。

对双边平台理论进行概念修正和分析框架重建不仅可以扩大双边平台理论的应用范围，促进理论的不断发展完善，还可以为社会工作平台研究引入一个新的理论视角和分析框架。在双边平台理论的建构上，我们首先将双边平台理论的定价、竞争、战略和社会福利四个核心概念的内涵进行外延，然后结合公共平台和社会工作平台的特性重构出平台供给、平台竞争和平台效用三个分析概念，此构建不具有较强的理论依据，主要因研究需要而进行，是一次全新而有意义的尝试。

2. 分析框架建构

基于上述双边平台理论在社会工作平台应用上的可行性和局限性，我们通过广泛查阅关于公共平台和社会工作平台的文章，在把握该领域研究对象本质特性的基础上，结合研究需求，将双边平台理论的主要分析概念修正如下：

平台供给：指平台对需求方的满足情况，包括供给类型、供给变化和供给差异。本书中的平台供给主要包含平台类型，不同类型平台的供给变化情况，以及不同区域平台供给的差异。在公共服务领域，由于平台的公共性大于盈利性，因而研究平台的供给，可以避免破坏其公共性、公益性的性质。同时，我们还认为研究平台供给现状应是研究平台的起点和基础，是做平台研究的第一步，可以为平台的后续研究提供强有力的数据支撑。

平台战略：指平台围绕公共服务所进行的平台建设管理策略。本书的平台战略主要体现在平台的建设策略、运营策略、管理策略和保障策略。经济学领域的平台战略，多以利益最大化为核心，围绕平台的建设、定价、竞争管理等策略进行研究。而我们认为在考虑对社会工作平台进行建设、管理策略的同时，还应引入平台运营、保障策略，因为社会工作平台的运营和政府的购买服务保障是社会工作平台的生存性问题。

平台效用：指平台对于公共服务的贡献和价值。这一概念由双边平台理论中的社会福利问题与平台的效用问题融合而成。对于经济学平台而言，经济效益和产品供给是衡量平台效用的一个重要标准，而社会工作平台作为一种提供专业公共服务的平台，服务的产出应是衡量平台的第一标准，因此，本书中的平台效用主要体现为平台与服务间的功效关系以及平台对服务发展产生的影响力。

第二节 平台供给：南海区社会工作平台发展情况分析

对社会工作平台供给情况进行分析是社会工作平台研究的关键和基础。本部分我们主要从供给类型、供给变化和供给差异三个方面对社会工作平台的供给情况进行分析，主要目的在于了解社会工作平台的供应现状，为社会工作平台效用问题与战略研究提供数据支撑。

一、平台供给类型：南海区社会工作平台类型分析

社会工作平台是社会工作服务中不可或缺的要素和基础，对服务的开展和未来发展起着不可忽视的作用。我们在社会工作平台研究中发现，社会工作平台在不同的人文地理环境下发挥着不同的作用。为进一步探讨该问题，精准把

握社会工作平台与服务间关系，对社会工作平台进行类型分析显得十分必要。同时，分类研究还有助于更加系统清晰地认识社会工作平台，为各地区有侧重地推进平台建设提供重要的参考价值。

从现有社会工作平台的分类研究来看，除了湛中乐、蒋季雅两位学者较早将社会工作平台分为微观社会工作平台和宏观社会工作平台外（湛中乐、蒋季雅，2010），其他学者则因研究领域和对象的不同而无意地将社会工作平台呈现出不同的类型，比如陈静（2015）、熊贵彬（2014）、李瑞桐（2016）等将社区服务站作为自己的研究对象。朱静君（2012）、林诚彦、张妙娟（2012）、万向东（2015）则主要研究家庭综合服务中心。郑鹏（2009）等一些其他学者则主要关注社区综合服务中心。基于现有社会工作平台分类研究较少，且缺乏系统分析，我们将参照社会组织机构的常用分类方法（规模，性质，服务），结合南海区社会工作平台实际情况，将社会工作平台按照四种标准进行划分，并结合发展情况简要分析。

（一）从平台规模划分

我们在“南海区社会工作经验研究”项目调研中发现，南海区社会工作平台不仅数量众多，且各个平台规模存在较大差异，规模小的占地面积可达到1000多平方米，而规模较小的仅有20多平方米。我们通过对占地面积数据四分位数分类发现：处于第10%的样本值为20 m^2，处于第20%的样本值为100 m^2，处于第40%的样本值为200 m^2，处于第60%的样本值为400 m^2，处于第80%的样本值为700 m^2。经过计算，社会工作平台面积平均值为524 m^2，中位数为300 m^2，众数为100 m^2。

基于上述数据，我们依据四分位数分类表，将社会工作平台按照面积分为微型、小型、中型、大型、特大型五类，对应平台面积范围见表2。结果显示，南海区12.7%的社会工作平台属于微型平台，面积在0—50 m^2之间；15.2%的社会工作平台属于小型平台，面积在50 m^2—100 m^2之间；34.3%的社会工作平台属于中型平台，面积在100 m^2—400 m^2之间；18.1%的社会工作平台属于大型平台，面积在400 m^2—700 m^2之间；19.6%的社会工作平台属于特大型平台，面积在700 m^2以上。

表 1　社会工作平台占地面积四分位数分类表

四分位数	样本值
20%	100 m^2
40%	200 m^2
60%	400 m^2
80%	700 m^2

表 2　不同类型社会工作平台的面积范围（N = 204）

阵地类型	面积范围	百分比	百分比
微型	0—50 m^2	26	12.7%
小型	50 m^2—100 m^2	31	15.2%
中型	100 m^2—400 m^2	70	34.3%
大型	400 m^2—700 m^2	37	18.1%
特大型	700 m^2以上	40	19.6%

总体而言，南海区社会工作平台以大中型平台为主，中大型平台的存在也为社会工作提供了强大的基础保障和巨大的发展空间。另外，在社会工作平台行政级别的归属与规模关系上，虽然由于数据登记上的困难导致我们无量化数据，但从实地访谈和考察中却发现，南海区区级及以上的社会工作平台以特大型和大型为主，镇街级以大型和中型为主，村居基层级则以中小型为主。平台规模与级别归属分明有序，为后续的体系化管理提供了必要条件。

（二）从运营主体划分

我们通过对实地调研和访谈中取得的材料进行整理发现，南海区社会工作平台的运营主体呈现多样化，按照运营主体的不同大致可以呈现五类：机关事业单位运营类、村居两委运营类、社会工作机构运营类、民办非企业单位运营类（除社会工作机构）和企业或个人运营类。其中，南海区由社会工作机构运营的社会工作平台有 112 个，占比 57.7%；由民办非企业单位运营的社会工作平台占比 16%；运营主体为村居两委和企业或个人的社会工作平台分别占 12.9% 和 12.4%；直接由机关事业单位运营的仅占 1%。

表3 不同运营主体社会工作平台情况（N＝194）

运营主体	频率	百分比
机关事业单位	2	1%
村居两委	25	12.9%
社会工作机构	112	57.7%
民办非企业单位（除社会工作机构）	31	16%
个人和企业	24	12.4%
总计	194	100%

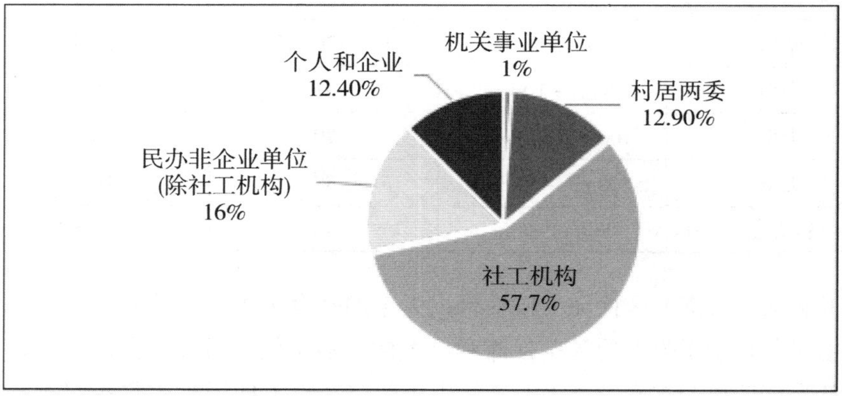

图1 运营主体划分社会工作平台占比情况

图表揭示南海区社会工作平台运营的多元化运营特征，同时，专业性社会工作机构运营又占据主导地位。专业性社会工作机构运营占主导可体现社会工作发展的专业化，有效保证社会工作服务的专业性，同时其他多元主体的运营补充则有助于社会工作的本土化探索。因此，南海区社会工作平台在运营类型上既实现了主体的多元化又保证了发展的专业化。

（三）从服务功能定位划分

社会工作平台类型多样化还体现在社会工作平台的不同功能定位上，我们实地考察中发现，南海区社会工作平台可以发挥专项型、枢纽型和综合型的功能。其中专项型平台是指有明确的服务对象、服务内容较为统一标准的社会工作平台，如九江爱心工场由南海区博雅社会工作服务中心运营，主要是面向精神病康复者和智力残疾人士开设的职业康复和职业训练。枢纽型平台主要是做行业的规划和部署，负责制定纲领性文件和专业上的规范和指导，并发挥行业引领和示范作用，它以政策的观测和行业规范引领为主旨，以社会组织或者社会工作者为服务对象，如大沥镇创益中心，为公益服务类社会组织及其工作人员提供培训和咨询。而综合型平台则没有明确具体的服务对象，而是将服务对象简单地定位为社区居民或社区群众。它主要是为社区居民提供一个专业服务和娱乐场所，为居民提供一个综合性的社会工作服务，如家庭服务、志愿服务、社区活动服务等。

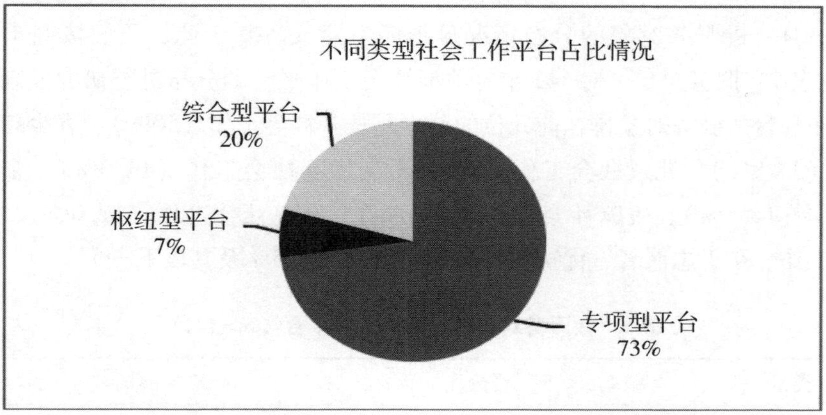

图 2　不同功能定位的社会工作平台占比情况

表 4　不同功能定位的社会工作平台情况（N = 205）

平台类型	频率	百分比
专项型平台	142	69.3%
枢纽型平台	13	6.4%
综合型平台	40	24.3%

对上述三种类型社会工作平台计数统计显示（详见表 4）：南海区专项型社会工作平台占 69.3%，综合型社会工作平台占 24.4%，枢纽型社会工作平台仅占 6.4%。由此可知，当前南海区社会工作平台的功能定位仍以专项服务和综合服务为主，专项型和综合服务型社会工作平台两类占比 93.6%，是社会工作平台的主导类型，而以社会组织或社会工作者为服务对象的枢纽型平台还有待发展。专项和综合服务社会工作平台类型占比高，一方面显示了社会工作服务的专业性，可快速推动社会工作的发展，另一方面，枢纽型社会工作平台的出现，

使社会工作有了一个健全的发展体系。枢纽型的社会工作平台主要连接政府与社会组织使社会组织与社会组织间以及社会组织与民众之间有了沟通桥梁，既可以代替政府发挥社会工作统筹规划的作用，也为各类社会组织交流、沟通和展示提供了场所，为民众了解社会工作和参与社会服务活动提供了较好的机会。

（四）从服务对象划分

严格来讲，将服务对象作为社会工作平台的分类标准不恰当，但服务对象作为社会工作研究中的一个重要概念，以其为依据对社会工作平台进行尝试性分类，对分析服务对象的分布情况显得颇有意义。基于此，我们按照十二类（详见表5）服务对象，对142个专项型社会工作平台的分布进行研究发现，社会工作平台的服务对象排在前几位的分别是长者社会工作（50%）、青少年社会工作（33.8%）、儿童社会工作（20.4%）、妇女社会工作（19.0%）、企业社会工作（14.1%）、残障社会工作（12.0%）、家庭社会工作（12.0%），矫正社会工作、义工志愿者、优抚安置和社会救助均在5%及其以下。

表5　按服务对象划分社会工作平台（N=142）

类别	频率	百分比	对象关键词
儿童社会工作	29	20.4%	儿童及其家长
妇女社会工作	27	19.0%	妇女、社区育龄妇女
残障社会工作	17	12.0%	弱势、残障、爱心工场、精神病、特殊人群、残疾、康复、智障
长者社会工作	72	50.7%	长者、老年人、养老、老人
企业社会工作	20	14.1%	工人、职工、企业、外来工
矫正社会工作	3	2.1%	社区戒毒人员
义工志愿者	6	4.2%	志愿者、义工
优抚安置	2	1.4%	退伍军人
社会救助	8	5.6%	困难、低收入、低保、特困、困境
家庭社会工作	17	12.0%	家庭、亲子、单亲
青少年社会工作	48	33.8%	青少年、青年、青少儿、青中年
其他	8	5.6%	党员、积极分子、团员

可以看出，长者社会工作平台占比高，反映了当前人口老龄化的加速以及养老服务的严峻形势。同时，青少年、儿童和妇女类社会工作平台占比较高，

反映了该群体接受服务意愿的强烈性，而矫正社会工作平台、义工志愿者平台、优抚安置和社会救助平台的占比低，一方面反映该领域社会工作专业化水平偏低，服务效果欠佳，另一方面也与该群体接受服务的意愿不高相关。

二、平台供给变化：南海区社会工作平台发展特征及类型变化

对社会工作平台供给变化进行研究，绘制平台供给变化曲线，不仅可以客观展现社会工作平台发展情况，总结变化发展特征，还可以预测社会工作平台未来发展趋势。同时，对不同类型社会工作平台的变化情况的分析，也为有侧重地建设多类型社会工作平台提供数据支持。

1. 平台建设：速度和规模阶段性变化特征明显

我们通过对平台项目数、新建平台面积和平台数量的变化分析得出，南海区社会工作平台在过去十年（2008—2017 年）经历了起步建设期、快速成长期和稳定发展期三个阶段。

从图 3 可以看到：2008—2011 年，社会工作平台建设处于起步阶段。2008 年项目数为 4 个，新建面积为 1350 m^2，新建平台 2 个；2011 年，项目数增加到 26 个，新建平台面积增加到 6610 m^2，总建成面积 16968 m^2，总建成平台达到 13 个。这一阶段，社会工作平台得到小幅度发展，但总体发展水平较低。2012—2015 年，社会工作平台处于快速成长阶段。项目数、新建平台数和新建平台面积三项指标均得到大幅提升，年均新增项目数达到 46 个，年均新建平台数量 35 个，年均新建平台面积达到 17491 m^2。2016—2017 年，社会工作平台建设进入稳定期，2017 年，新增项目数降至 18 个，新建面积降至 8183 m^2，新建平台降至 17 个，但仍保持在较高且稳定的发展水平。

表 6　南海区社会工作平台发展情况

	起步阶段				快速成长阶段				稳定阶段	
	2008 年	2009 年	2010 年	2011 年	2012 年	2013 年	2014 年	2015 年	2016 年	2017 年
新增项目数（个）	4	13	3	26	27	50	56	51	51	18
新建成面积（m^2）	1350	1050	7958	6610	15149	18472	18220	18123	10319	8183
新建平台数（个）	2	2	2	7	24	33	37	46	31	17

注：项目数有效 N = 199，新建成面积有效 N = 200。

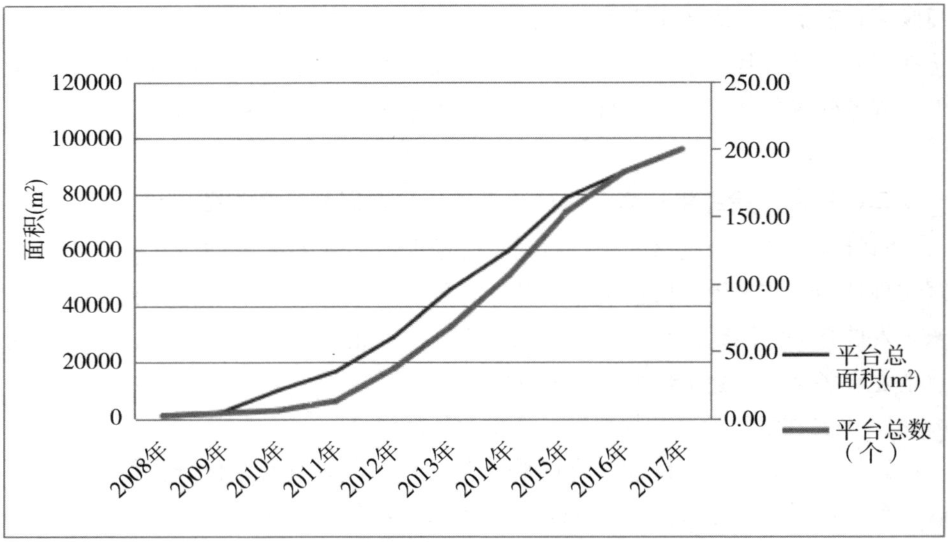

图 3　南海区年度社会工作平台规模与趋势图

正如前文分析所言，南海区社会工作平台在建设发展上经历了探索、确立、快速发展三个阶段，目前正处于并将较长期处于调整巩固期。究其发展的阶段性原因，一方面，是受南海区政府政策周期的影响，随社会工作政策变化而变化，图 3 显示发展规模在个别年份出现的轻微波动，正是反映南海区在社会工作发展中所进行的政策调整和遭遇的发展困境。另一方面，与南海区对社会工作发展的探索有关，南海区于 2009 年正式引进社会工作，当时社会工作发展底子薄，经验不足，因而平台建设缓慢，中期随着发展经验的积累、服务规划日趋成熟以及设立专门统筹的机构，社会工作加速发展的同时，平台建设速度也加快，到了后期，全国社工发展政策进入调整期，南海区社会工作平台的建设也进入放缓期。

2. 平台类型：其他平台辅助专项型平台稳步发展

我们按照专项型、枢纽型和综合型三大平台类型，进行历年统计分析后发现（详见图 4），南海区社会工作平台呈现专项型发展和综合型发展两条主线。专项型平台整体占比 70% 以上，增速快，具有良好的市场前景；综合型平台占比约 25%，发展趋于停滞，出现瓶颈期；枢纽型平台处于初创阶段，占比 5% 以下。

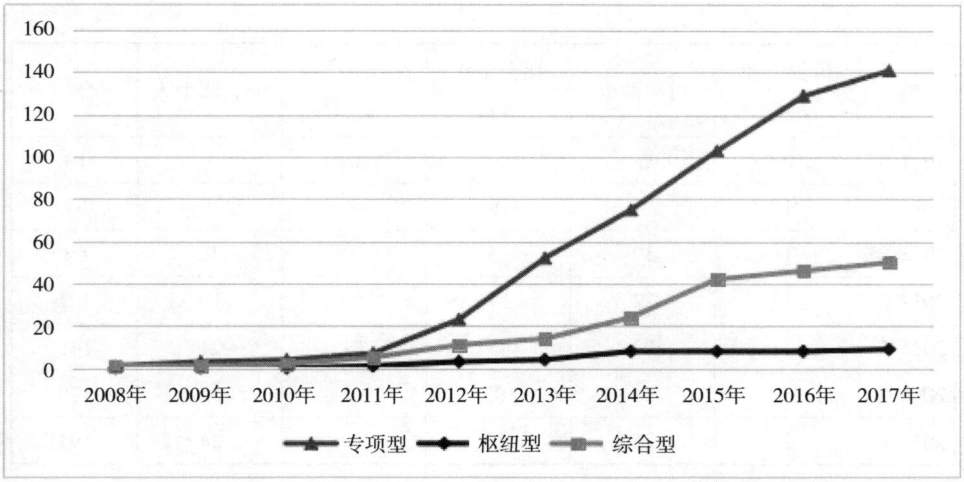

图 4　2008—2017 年不同功能社会工作平台发展趋势

专项型社会工作平台之所以发展迅速，一方面是因其更贴近服务对象需求，专业性社工人才资源集中，因而服务更易显成效。另一方面则是政府在进行社工服务项目规划时，更青睐于专项服务项目和社工平台。综合型社会工作平台虽凸显成效较难，但也得到较大发展，究其原因，是近年来社会治理和社区建设的兴起，使得综合型社工平台在社区治理和社区营造中所发挥的作用得到认可。而枢纽型社会工作平台主要社会工作机构和社会工作者，既没有专项型社工平台的优点，也得不到社区治理的认可，使其发展主要依赖政府政策支撑。

3. 平台运营：专业社工机构运营平台发展更为迅速

通过对南海区社会工作平台 2008—2017 年运营主体变化的统计分析显示（详见表 7 和图 5），由社工机构运营的社工平台起步早，增速快，从 2011 年的 5 个增长到 2017 年的 112 个，增长了 21 倍。由村居两委、民办非企业社会组织（除社会工作机构）和企业或个人运营的社会工作平台缓慢增长，差异较小。

表 7　2008—2017 年南海区社会工作平台各运营主体变化（单位：个）

年份	机关事业单位	村居两委	社会工作机构	民办非企业社会组织	企业或个人	合计
2008 年	0	1	1	0	0	2
2009 年	0	1	1	0	2	4
2010 年	0	2	2	0	2	6

续表

年份	机关事业单位	村居两委	社会工作机构	民办非企业社会组织	企业或个人	合计
2011 年	0	5	5	0	3	13
2012 年	1	7	19	3	7	37
2013 年	1	12	35	9	9	66
2014 年	1	22	54	11	19	107
2015 年	1	23	83	13	21	141
2016 年	2	24	103	19	22	170
2017 年	2	25	112	31	24	194

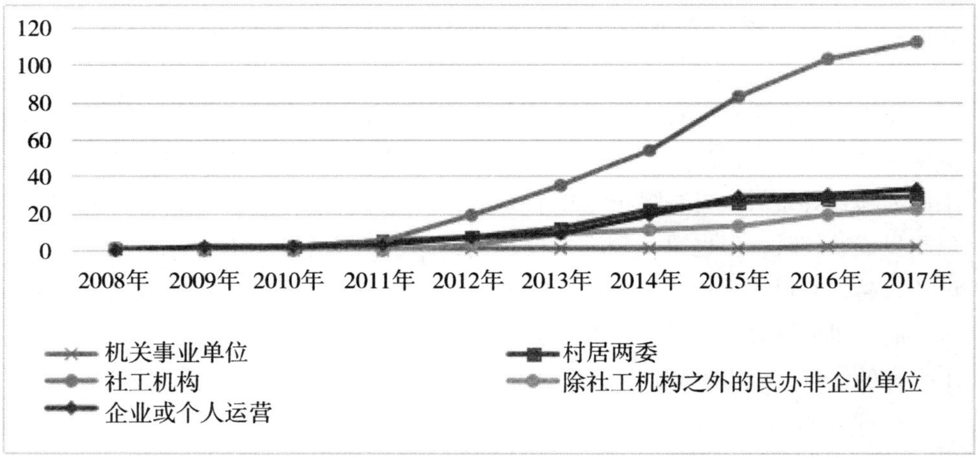

图 5　2008—2017 年南海区社会工作平台各运营主体变化

上述发展情况与当前国内社工发展现状有关。首先，机关事业单位运营社会工作平台较少则主要由社会福利政策影响。其次，中国社工专业化程度的不断提升以及社工知名度的不断提升，使得社工机构运营平台快速发展，也激发了村居两委、民办非企业社会组织（除社会工作机构）和企业或个人运营等单位个人运营社工平台开展社工服务的局面。

4. 平台人才队伍：人才队伍结构趋于优化

通过对 2008—2017 年南海区社工平台的工作人员和社会工作者人数进行统计，结果显示（详见图 6），2008—2011 年，平台的工作人员得到小幅增长，而社会工作者人数增长处于停滞状态，社会工作者人数占比最低发生在 2010 年，仅为6%。2012—2014 年，工作人员和社会工作者人数大幅度增长，但工作人员增速快于社会工作者增速，2014 年社会工作者人数占平台总人数 39.18%。2014—2017 年，两者趋于同步增长，增幅保持一致。

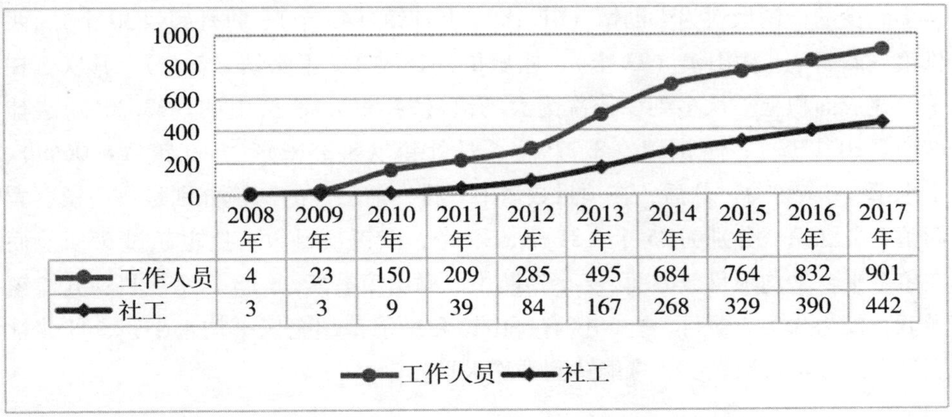

图6　2008—2017 年平台工作人员和社会工作者人数变化（N＝198）

表8 显示 2017 年南海区社会工作平台数 305 个、工作人员数 910 人、社会工作者人数为 445 人，社会工作者人数占工作人员总数 48.90%，社会工作和非社会工作者人数比例接近 1∶1，平均每个平台拥有 2.98 个工作人员，拥有 1.46 个社会工作者，人才队伍结构得到优化，总体而言能够满足“一平台一社工”的要求。

表8　2017 年南海区工作人员、社会工作和平台数（N＝205）

工作人员（人）	社会工作者人数（人）	平台数（个）
910	445	305
社会工作者人数/工作人员	工作人员/平台数	社会工作者人数/平台数
48.90%	2.98	1.46

三、平台供给差异：南海区各镇街社会工作平台发展差异分析

通过社工平台供给类型和变化的分析，可清晰看到社工平台的纵向发展特征，那么社工平台在横向发展上又呈现出何种特征，南海区拥有 1 街 7 镇，对各街镇社工平台的横向分析则显得很有必要。

1. 区域平台发展不平衡

我们从平台数量、平台建成面积、项目数量、单个平台平均项目数四个方面对南海区七个街镇社工平台进行数据统计后情况如下：首先，在平台数量上。从多到少的街镇依次为大沥镇（61 个）、九江镇（43 个）、丹灶镇（30 个）、西樵镇（27 个）、狮山镇（23 个）、桂城街（16 个）、里水镇（5 个）。其次，在平台建成面积上。从多到少依次为大沥镇（24.69%）、狮山镇（23.30%）、桂城街（20.17%）、西樵镇（8.77%）、丹灶镇（8.33%）、九江镇（8.06%）、里水镇（6.69%）。然后，在项目数量上。排在前三位的街镇分别是狮山镇、大沥镇、九江镇，分别为 85 个、81 个、39 个，三镇项目数占比也超过 65%。而在单个平台平均项目数方面，7 个街镇中，狮山镇最高，约 3.7 个项目；九江镇最低，仅为 0.9 个项目。全区仅有狮山镇和里水镇超全区平均水平，大部分社工平台承接项目数较少，未能达到平均水平。

表 9　截至 2017 年南海区各街镇社会工作平台建设情况（N = 205）

	大沥镇	丹灶镇	九江镇	狮山镇	桂城街	里水镇	西樵镇	总计
平台数（个）	61	30	43	23	16	5	27	205
平台面积（m^2）	26028.4	8780	8499	24562	21264	7050	9250	105433.4
项目数（个）	81	33	39	85	16	14	37	305
项目/平台	1.3	1.1	0.9	3.7	1.0	2.8	1.4	1.5

各镇街平台在上述方面存在的不平衡情况与各地区的经济发展水平相关。中东部地区（桂城街、大沥镇、狮山镇）经济较发达，基础配套设施较为完善，社会服务的购买力度大，使得社工发展和平台建设较为迅速。而财政实力较弱和基础设施较为落后的西部街则难以在社工和平台发展上超越其他地区。

2. 区域平台建设趋于有序化

对各街镇 2008—2017 年社会工作平台数进行统计分析，结果显示（详见图 7），2011 年前各街镇社会工作平台普遍较少，差异也较小；2011—2015 年部分街镇从无到有，从有到多，经历了无序增长的过程；2015 年后，各街镇平台增长趋于稳定，发展曲线相对平行，呈梯形分布。

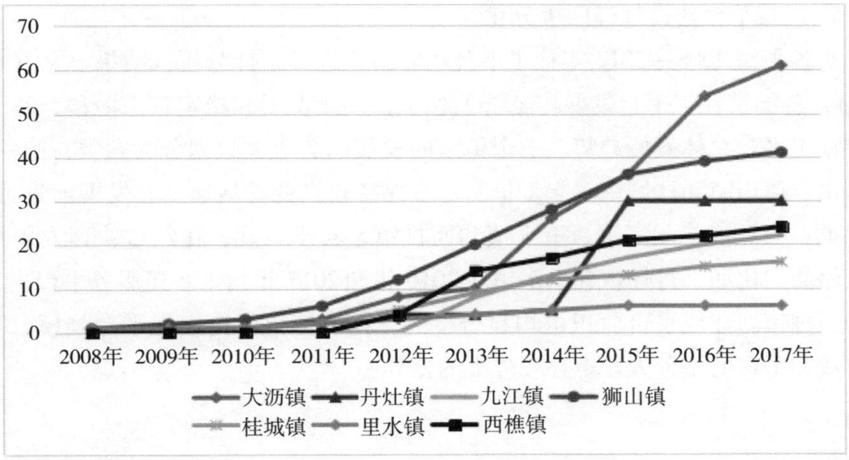

图 7　南海区各街镇 2008—2017 年社会工作平台个数

3. 区域平台进驻社工人数增速不一致

对各街镇 2008—2017 年社会工作平台的社会工作者人数进行统计分析显示（详见图 8），2008—2017 年南海区社会工作者人数从无到有，从有到高速增长，建立了一支 455 人的社工队伍。其中，大沥镇发展迅速，截至 2017 年社会工作者人数占南海区总社会工作者人数 38.5%；狮山镇社会工作者人数自 2014 年起以年均 10.7% 的增速发展起来，2017 年拥有社工 73 人，社会工作者人数从第七位上升到第三位（第二名为桂城镇，拥有社工 47 人）。其他街镇则缓慢增长，变动较小。

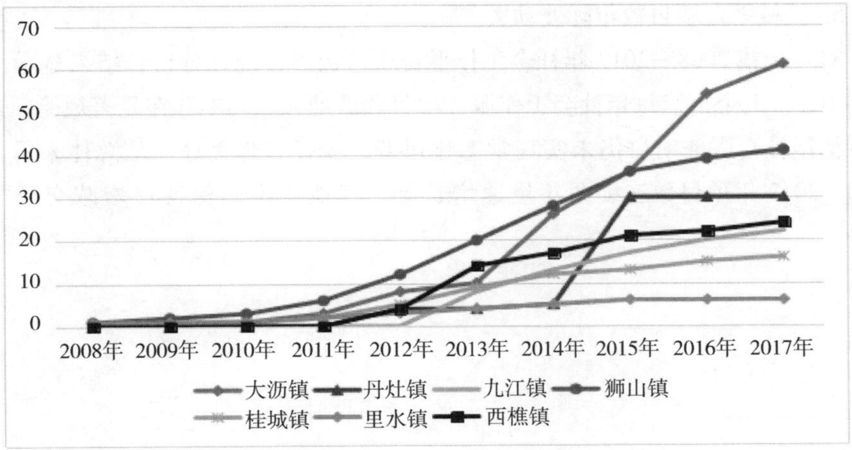

图 8　南海区各街镇 2008—2017 年社会工作平台社会工作者人数

4. 区域平台建设规模两极分化

对各街镇2008—2017年社工平台建成面积进行统计分析，结果显示（详见图9），各街镇社工平台发展均经历了起步、快速发展和稳定三个阶段，符合南海区社工平台总体发展趋势。七个街镇的发展趋势可大致划分为两类：第一类：大沥镇、狮山镇和桂城镇，起步早，一直保持较高的发展速度，发展前景可观。第二类：丹灶镇、九江镇、里水镇和西樵镇，起步较晚，在经过快速发展期后陷入停滞。比如，丹灶镇和里水镇在2016年和2017年均未新建服务平台，九江镇和西樵镇新建成平台面积也均显著下降。这也使得各街镇在平台规模、平台项目数和平台的服务人才上存在较大的差异。

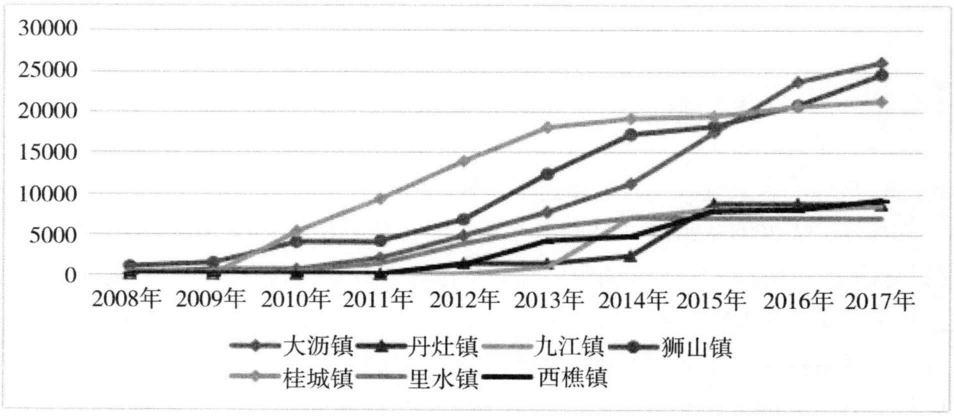

图9　2008—2017年南海区各街镇社会工作平台建成面积

5. 区域平台项目数年际波动大

对各街镇2008—2017年社会工作平台项目数进行统计分析，结果显示（详见图10），七个街镇每年社会工作服务项目数波动大，均不存在显著规律，这说明各街镇社会服务项目仍未实现常态化运营，委托管理无序。从总体来看，除2010—2012年项目数连续两年迅速增长外，其他年份均保持“增减交替”的趋势。

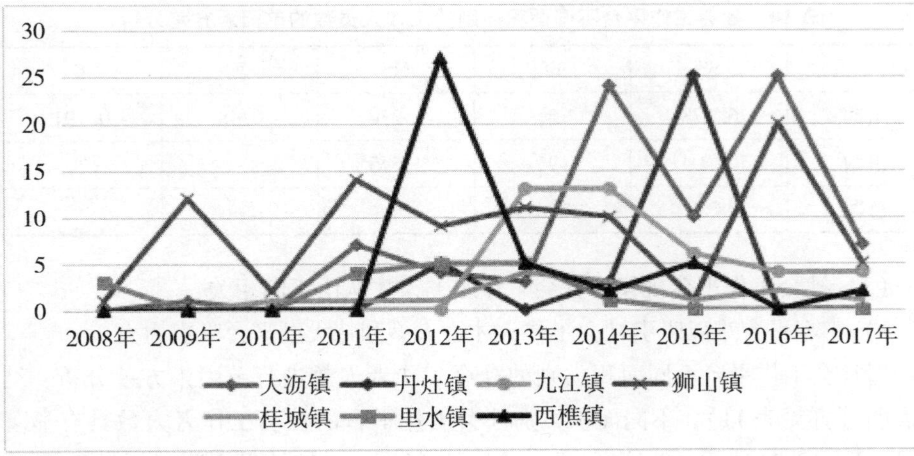

图 10　南海区各街镇 2008—2017 年社会工作平台项目数

第三节　平台效用：南海区社会工作平台与服务关系及服务策略分析

服务是社会工作平台的宗旨和根本，因而在探究社会工作平台供给情况之后，揭示南海区社会工作平台所发挥的功能效用就显得很有必要。基于此，我们主要从社工平台与社工服务关系、社工平台对社工服务所发挥的作用机制以及从社工平台到社工服务的生成路径三个方面对社会工作平台的效用问题进行探究。

一、社会工作平台与社会工作服务关系分析

在社会工作平台与社会工作服务关系上，我们基于现有的政府政策文件及实践活动动向，从平台的规模、运营、人才队伍建设三个方面来进行探讨。

1. 规模与服务：社会工作平台规模与社会工作服务相关关系

(1) 社会工作平台规模与服务项目数无显著差异

对社会工作平台不同面积类别的项目数进行单因素方差分析，结果表明(详见表 10)：不同面积类别的社会工作平台，其工作人员数不具有显著差异，$F = 0.48$，$P = 0.791$，未通过显著性检验。

表 10 社会工作平台不同面积类别的工作人员数的单因素方差分析

	SS	df	MS	F	P
组间	6.178	5	1.236	0.48	0.791
组内	502.041	195	2.575		
总数	508.219	200			

(2) 社会工作平台规模与社会工作服务人才队伍正向相关

1) 小型平台难以吸引社会工作人才，大型和特大型平台吸引力大

对社会工作平台不同面积类别的社会工作者人数进行单因素方差分析，结果表明（详见表 11），不同面积类别社会工作平台的社会工作者人数具有显著差异，F = 12.414，P = 0.000。进一步运用 LSD 法比较结果表明（详见表 13）：微型社会工作平台对社会工作者人数的影响程度，要显著地低于大型和特大型社会工作平台，P < 0.01；小型社会工作平台对社会工作者人数的影响程度，要显著地低于大型（P < 0.05）和特大型社会工作平台（P < 0.01）；中型社会工作平台对社会工作者人数的影响程度，要显著地低于特大型社会工作平台（P < 0.01）；大型社会工作平台对社会工作者人数的影响程度，要显著地低于特大型社会工作平台（P < 0.01）。

表 11 社会工作平台不同面积类别的社会工作者人数的单因素方差分析

	SS	df	MS	F	P
组间	373.233	5	74.647	12.414	0
组内	1172.568	195	6.013		
总数	1545.801	200			

表 12 不同面积类别的社会工作平台的社会工作者人数 LSD 检验

	MD	SE	P
微型—小型	-0.423	0.669	0.528
微型—中型	-0.982	0.574	0.089
微型—大型	-1.806**	0.635	0.005
微型—特大型	-4.045**	0.625	0.000
小型—中型	-0.558	0.544	0.306
小型—大型	-1.383*	0.608	0.024

续表

	MD	SE	P
小型—特大型	-3.622^{**}	0.598	0.000
中型—大型	-0.825	0.501	0.101
中型—特大型	-3.063^{**}	0.489	0.000
大型—特大型	-2.239^{**}	0.559	0.000

注：*代表在5%水平下显著，**代表在1%水平下显著。

换言之，平台面积越大，社工人数越多。而微型与小型、中型社会工作平台之间在社会工作者人数上没有显著差异，小型和中型、中型和大型社会工作平台之间也没有显著差异。因而社工平台大小对社工人才的吸引有较大影响，一定程度上为吸引社工人才而建立大型、特大型社工平台是一种有效策略，但为避免出现无序建设发展局面，建立大型、特大型社工平台还应该从服务范围、服务需求和服务质量等多方面去统筹考虑。

2）特大型平台工作人员较多，其他类型平台工作人员数无显著差异

对社工平台不同面积类别的工作人员数进行单因素方差分析，结果表明（详见表13）：不同面积类别的社工平台，其工作人员数存在显著差异，$F=3.785$，$P=0.003$。进一步运用LSD法比较不同面积类别对工作人员数的影响，结果显示（详见表14）：微型社会工作平台对工作人员数的影响程度，要显著地低于特大型社会工作平台，$P<0.05$；小型社会工作平台对工作人员数的影响程度，要显著地低于特大型社会工作平台（$P<0.01$）；中型、大型社会工作平台对工作人员数的影响程度，要显著地低于特大型社会工作平台（$P<0.01$）；大型社会工作平台对工作人员数的影响程度，要显著地低于特大型社会工作平台（$P<0.01$）。而微型与小型、中型、大型社工平台之间没有显著差异，小型和中型、大型社工平台间没有显著差异，中型和大型社工平台之间没有显著差异。

表13　社会工作平台不同面积类别的工作人员数的单因素方差分析

	SS	df	MS	F	P
组间	1109.832	5	221.966	3.785	0.003
组内	11434.407	195	58.638		
总数	12544.238	200			

表 14 不同面积类别的社会工作平台的工作人员数 LSD 检验

	MD	SE	P
微型—小型	2.264	2.068	0.275
微型—中型	2.079	1.769	0.241
微型—大型	0.858	1.960	0.662
微型—特大型	-4.090*	1.929	0.035
小型—中型	-0.185	1.702	0.913
小型—大型	-1.406	1.899	0.460
小型—特大型	-6.354**	1.868	0.001
中型—大型	-1.221	1.568	0.437
中型—特大型	-6.169**	1.530	0.000
大型—特大型	-4.948**	1.747	0.005

注：*代表在5%水平下显著，**代表在1%水平下显著。

特大型社工平台不仅具有更多的社工人才，工作人员数也会多于其他平台。就南海区来看，特大型的社工平台多由3个以上具有社工性质的社会组织入驻，这也决定了特大型社工平台相比其他类型的社工平台需要有更多的人员去处理非专业服务事务。同时，特大型社会工作平台所具备更多工作人员也决定了它在服务能力和服务范围上会优于其他社工平台。

3）平台规模与社会工作者人数、工作人员数具有正向相关关系

将社工平台面积与社工人数、工作人员数、项目数三个指标进行相关性检验，调查结果显示（详见表15），平台面积和社工人数具有显著的正向关系，相关系数R为0.500。也就是说，平台面积越大，社工人数越多。同样，平台面积和工作人员数也呈显著正向关系，相关系数R为0.555，即平台面积越大，工作人员数越多。平台面积和项目数未能通过显著性检验，没有充分证据表明两者具备相关性，相关程度和因果关系有待进一步检验。

表 15 平台面积与社会工作者人数、工作人员数、项目数相关性检验

	社会工作者人数	工作人员数	项目数
平台面积	0.500**	0.555**	0.096
	(0.000)	(0.000)	(0.174)

注：**表示在1%水平下显著。

（3）社会工作平台规模对社会工作平台的运营主体有不同吸引力

将服务运营主体和平台面积进行交叉分析，由检验结果可知（详见表16和表17），Pearson卡方值为46.602，表明运营主体和平台面积具有高度的相关关系。P值为$0.001 < 0.01$，落入否定域内，即不同平台面积的运营主体具有显著差异。

表16　各类服务运营主体平台数量（单位：个）

	平台数量					
	微型	小型	中型	大型	特大型	总计
机关事业单位	1	1	0	0	0	2
村居两委	5	4	10	2	4	25
社会工作机构	7	10	37	28	30	112
民办非企业单位	10	5	9	1	4	31
企业或个人运营	1	6	11	3	2	24
总计	2	24	26	67	34	194

表17　服务运营主体与平台面积相关关系卡方检验

	值	df	渐进Sig.（双侧）
Pearson卡方	46.602a	20	0.001
似然比	45.731	20	0.001
线性和线性组合	2.624	1	0.105

进一步以运营主体为分类指标，对各运营主体的平台面积的平均数、中位数和众数进行统计描述。调查结果显示（详见表18），由村居两委运营的社工平台中，中小型平台占76%，面积均值为388 m^2，中位数为150 m^2，表明村居两委更倾向于在中小型平台上从事社会工作服务；由社会工作机构运营的社会工作平台中，中型以上平台（包括中型）占84.8%，面积均值为698 m^2，中位数为448 m^2，表明社工机构更青睐于中型及以上平台；由民办非企业非社工机构单位运营的社工平台中，中小型平台80%，均值为307 m^2，中位数为100 m^2，表明民办非企业非社工机构单位更注重在中小型平台上的发展；企业或个人运营的社工平台较为均衡，面积均值为289 m^2，中位数为200 m^2，众数为100 m^2和200 m^2，表明企业更侧重在中型社工平台上发展。

表 18 各运营主体社会工作平台面积分布（单位：m^2）

	均值	中位数	众数
机关事业单位	70	70	40、100
村居两委	388	150	150
社会工作机构	698	488	300
民办非企业单位	307	100	3
企业或个人	289	200	100、200

总体而言，社工机构更青睐于中大型社工平台的运营，而其他运营主体则更倾向于中小型社工平台运营。从各运营主体服务情况方面来看，运营方社工人才多少、服务能力的大小可能是影响平台大小选择的主要因素。一般来说，社工机构相比于其他运营主体具备更多社工人才，服务能力和服务范围也更大，因而更倾向于在中大型社工平台运营。

2. 运营与服务：社会工作平台运营主体与社会工作服务相关关系

（1）社会工作平台运营主体影响服务项目数量

通过对社工平台运营主体与项目数单因素方差分析，结果表明（详见表19），不同运营主体项目数在10%的水平下具有显著差异，存在较大误差的可能性。为进一步探究不同运营主体的项目数是否具有显著差异，本研究运用LSD法进行检验。检验结果表明（详见表21），除社会工作之外的民办非企业单位比社会工作机构、村居两委组织更显著影响项目数，其他运营主体之间没有显著差异。

表 19 运营主体与项目数的单因素方差分析

	SS	df	MS	F	P
组间	21. 161	4	5. 29	2. 069	0. 087
组内	483. 319	189	2. 557		
总数	504. 479	193			

表 20 运营主体与项目数的 LSD 检验

	MD	SE	P
机关—村居	－0. 24	1. 175	0. 838
机关—社会工作	－0. 357	1. 141	0. 755

续表

	MD	SE	P
机关—民办	-1.226	1.167	0.295
机关—企业/个人	-0.625	1.177	0.596
村居—社会工作	-0.117	0.354	0.741
村居—民办	-0.986*	0.43	0.023
村居—企业/个人	-0.385	0.457	0.401
社会工作—民办	-0.869*	0.325	0.008
社会工作—企业/个人	-0.268	0.36	0.457
民办—企业/个人	0.601	0.435	0.169

注：*表示在5%水平下显著。

(2) 社会工作平台运营主体的差异影响社会工作服务人才的供给

对社工平台运营主体和社工人数进行单因素方差分析，结果显示（详见表21），不同运营主体的功能定位具有显著差异，$F = 13.646$，$P = 0.000 < 0.01$。进一步进行LSD检验，结果显示（详见表22），社工机构比机关事业单位、村居两委组织、民办非企业单位、企业或个人拥有更多社会工作者。而其他单位之间不存在显著差异。

表21　运营主体与社会工作者人数的单因素方差分析

	SS	df	MS	F	P
组间	325.571	4	81.393	13.646	0.000
组内	1127.336	189	5.965		
总数	1452.907	193			

表22　运营主体与社会工作者人数的LSD检验

	MD	SE	P
机关—村居	0.820	1.795	0.648
机关—社会工作	-1.813	1.742	0.300
机关—民办	0.500	1.782	0.779
机关—企业/个人	1.167	1.797	0.517

续表

	MD	SE	P
村居—民办	-0.320	-0.657	0.627
村居—企业/个人	0.347	0.698	0.620
村居—社会工作	-2.633	0.540	0.000
社会工作—民办	2.313	0.496	0.000
社会工作—企业/个人	2.979	0.549	0.000
民办—企业/个人	0.667	0.664	0.317

以上研究表明，由社工机构运营社工平台，对社工人才供给更加有效，因而，对一些社工刚起步的地区来讲，大力支持社工机构运营社工平台，可加快推动社工人才供给。而对一些发展较为成熟，侧重本土化探索的地区来讲，社工平台的多元主体运营更利于培养本土社工人才，形成本土特色的社工服务。

（3）社会工作平台运营主体的差异影响社会工作服务的功能定位

对南海区社工平台运营主体与功能定位进行相关分析，卡方检验结果显示（详见表24），不同运营主体与服务功能定位具有显著差异。以功能定位为依据，可以看到三种情况：一是运营主体为机关事业单位、企业或个人的社会工作平台，更加注重于专项型服务；二是运营主体为民办非企业单位和村居两委组织的社工平台则在专项型服务和综合型服务两方面并重；三是社工机构运营的社会工作平台则以专项型为主导，以开发战略型功能为辅，南海区8家战略型社工平台均为社工机构运营。

表23　社会工作平台运营主体与功能定位交叉表（单位：个）

	机关事业单位	村居两委	社会工作机构	民办非企业单位	企业或个人	合计
专项型	2	16	85	15	20	138
战略型	0	0	8	0	0	8
综合型	0	9	19	16	4	48
合计	2	25	112	31	24	194

表 24　社会工作平台运营主体与功能相关关系卡方检验

	值	df	渐进 Sig.（双侧）
Pearson 卡方	23.577a	8	0.003
似然比	25.327	8	0.001
线性和线性组合	0.093	1	0.761

从服务开展的缘由与服务组织区位因素上看，机关事业单位、企业或个人更贴近社区居民，开展的服务也源于某一具体问题，因而这些运营主体在服务定位上更倾向于专项型服务。而社工机构作为一个专业服务机构，在专注自身专业服务的同时，也更加注重社工专业发展和整个行业的进步，因而在战略型社工平台运营上占据重要地位。

3. 人才与服务：社会工作人才建设与社会工作服务相关关系

（1）社会工作者人数与项目数显著正相关

将社工平台的社工人数与项目数进行相关性检验，结果显示（详见表 25），社会工作者人数和项目数具有显著的正向关系，相关系数 R 为 0.160。将社会工作者人数和项目数进行散点图分析，结果显示两者不具有高度的线性关系。进一步进行线性分析，从公式（1）中发现社会工作者人数和项目数也仅具有低度相关关系，相关系数 R 仅为 0.16。

表 25　社会工作者人数与项目数的相关关系

	项目数
社会工作者人数	0.160*
	(0.023)

注：* 表示在 5% 水平下显著。

$$项目数 = 0.16 \times 社会工作者人数 + 1.31 \quad (1)$$

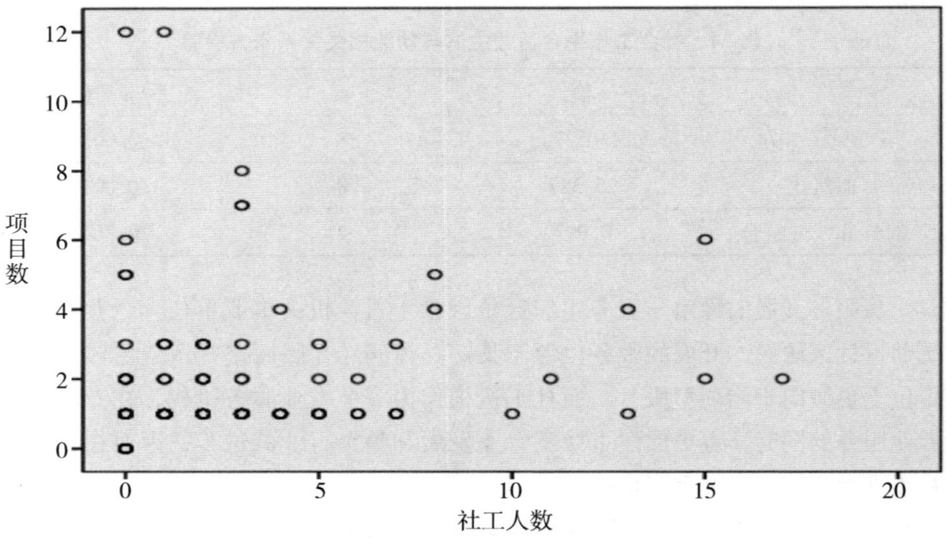

图 11　社会工作者人数与项目数散点图

表 26　社会工作者人数与项目数线性回归分析

	S. B.	S. E.	t	Sig.
（常量）	1. 31	0. 143	9. 145	0. 000
社会工作者人数	0. 16	0. 04	2. 285	0. 023

（2）社会工作者人数与社会工作服务定位呈现轻度相关关系

将社会工作者人数与功能定位进行相关性检验，调查结果显示（详见表27），社会工作者人数与功能定位决定系数 R 为 -0. 047，但未能通过显著性检验，不具有统计学上的意义。就社工人才与服务之间关系来看，人才数量显著影响社工服务项目的数量，而对社工服务的功能定位无显著关系。因而在社工服务项目申报中，重视社工服务人才储备的机构更容易获得中标。

表 27　社会工作者人数与功能定位的相关关系

	功能定位
社会工作者人数	-0. 047
	（0. 514）

二、社会工作平台对社会工作服务效用的作用机制

社会工作平台作为社工服务的重要载体，在引领和带动社工发展中发挥着不可估量的作用，我们通过对南海区社工平台的主要负责人及部分服务对象访谈发现，社工平台在社工服务的开拓期、发展期、深化期和产出期有重要的催化、规范、引导和整合作用。其中社工平台对服务的催化、引导和整合作用是南海区社工平台引领社工发展的特色。

1. 平台奠定行业基石，催生服务规划

在社工发展的实践中，社工平台的建设是引进社工服务的第一步，也是开拓社工服务的基础条件。平台一旦进入建设阶段是否会对社工服务开拓起促进作用，比如社工平台的建设是否会推动其他工作提前进入筹备规划阶段？是否会对前期服务引进方案起到查漏补缺、调整完善作用？

2012 年的时候，我们开始尝试引进社工，后来不是很顺利。因为缺乏社工，缺乏不同领域的有一定知识的社工，刚开始，确实不知道社工来到医院里如何去切入，医院的工作人员也不知道怎么去配合。所以感觉社工的人员比较年轻，来自外地，那个时候我们开始思考，直到我们这里成立创益中心，到后面我们接手这个工作。我们就觉得需要有本地的社工，相对来说是能够比较安静地坐下来，不是整天想着跳槽。要把根扎在这里，是需要本土的社工。这是第一个，第二个是社工需要不断地学习和提升，因为不知道如何去开展，他们涉及的领域是很广的，从一开始做一些活动，导致民众有一些认识的误区，以为他们是义工。你现在在大街上找到一个说清楚义工和社工区别的估计不超过百分之五十。（C01）

在我们创益中心上班布局。布局的点大概有十个社区，这是镇购买的项目放到社区里的。然后邻里家的除了镇购买的，还有为基金划出的一块小蛋糕叫作种子资金，因为我们成立了社区的邻里家，就要激活它。我们不是以社工项目这么严格去要求他们，但是要他们设置邻里家的团队，来做项目来竞投资金。1 万 ~3 万不等，围绕社区的需求研发你们的项目，运营项目。（C02）

通过访谈，我们发现从宏观角度讲，社工平台建设可以有效推进服务引进工作进程，对前期社工服务计划方案也起到查漏、调整作用。第一，平台搭建社工开展服务所必备的硬件，也是筹备社工服务引进计划的第一步。第二，社工平台一旦搭建，实体工作平台建立可有效促进主导方对社工服务引进计划进行更细致化思考，不仅可以促进早期计划完善改进，也会使后续工作更加顺畅有序。第三，社工平台的建立意味着社工服务正式进入了建设期，在一定程度

上会加速社工服务引进议程，保障计划有效落地。在微观层面，社工平台一旦建立，人才队伍建设、服务资金保障以及服务内容的规划落地被提上议程，又附带刺激小型社工服务团队和社工服务机构的建立。

2. 平台引领行业规范，推动专业发展

虽然社工平台与社工行业发展本身没有必然联系，但社工发展可以通过平台对服务承载起到引领行业规范、推进专业发展的作用。具体来讲，如社工行业协会或者行业发展组织利用枢纽型社工平台和自成体系的社工平台来统筹发挥行业规范和引领专业化作用。

南海区创益园成效：第一是推动了政策的研究和倡导，我们连续两年承接了区社工委的社案大赛，推动政策的研究和倡导。第二是促进社会组织能力建设。我们在培训会重点抓社工机构负责人的专业能力提升。我们连续两年做了南海区社工机构的培训班，也就是柠檬计划。通过这个培训，提升机构管理人员的领导力和管理能力，希望通过这个平台凝聚一些有志于在南海区的服务种子，就南海的一些问题去探讨。最后一个工作层面是完善了南海区社会服务体系。我们建立了社工机构和社会组织沟通，通过社洽会正式对话，联动不同职能部门和南海区组织对社会服务发展问题进行深入讨论。我们也搭建了一个政府和机构的沟通平台，还有一些非正式的沟通平台，我们会就服务中的一些问题不定期约访一些部门。（C03）

我们创益园一方面受南海区社工委委托，负责规划制定社工行业诸如行业规范性的制度文件，另一方面，通过组织制定南海区社工评估活动和办法，促进整个区社工行业的发展。最后，我们还会通过积极指导各街镇创益中心对社工在行业规范服务评估与服务规划上进行指导。（C03）

从以上访谈资料可以看出，社工平台在发展中所形成的体系，既可以为社工统筹协调与多元化发展服务提供完善的机制，同时也可以为引领社工行业规范和推动社工专业发展提供有效支撑工具。就南海区而言，“1+8+N”的社工平台体系为南海区创益园引领行业规范和推动专业发展提供了坚实的管理体制。一方面，南海区创益园对每个社会组织负责人进行管理能力和专业服务能力培训，建立起社工行业服务统一规范。另一方面，南海区创益园通过对7个街镇创益中心进行服务评估、服务研发和服务交流培训指导，确立起社工服务统一标准，有效提升社工服务专业化水平。因此，枢纽型社工平台可成为引领社工行业发展和提升专业化服务水平的工具，未来，这种类型的社工平台对行业规范和专业化发展是不可或缺的。

3. 平台推进人才建设，解决发展难题

当前，在社工人才队伍流失严重的现状下，社工平台可通过培育本土社工人才来缓解这一难题。以社工平台培育本土社工人才，一方面可以缓解社工人才流失严重的压力，充实和填补社工服务人才的空缺，另一方面还可以促进本土社工人才转型，在优化社工人才队伍基础上，提高本土社工人才的服务能力，推动本土社工发展。

2014 年有了创益中心，然后根据数据显示，2015 年丹灶考取了社工师的有 17 人，考取了助理社工师的有 44 人，然后到了 2016 年，考取了助理社工师的有 81 人。(C02)

问：邻里家（社工平台）的专职人员是怎么培养的？

答：每个社区的两委干部是分管这一条线的，他有一个助手，以前就是活动中心的管理员，他就把他转换成社工者，我们也把他们纳入了本土社工人才的培养对象，从单纯的行政变成社区策划的人员。(C02)

问：就是这些文化站的管理人员吗？

答：云溪社区和丹灶社区是专职的，农村社区的就会综合运用这个人，就是文化专干。这一批人除了两委会的干部之外，还有助手，他们每个月都会来我们创益中心培训。我们有一个社会组织的培育项目，除了培育我们社工机构的本土社工外，他们社区的干部都会来这里培训。(C02)

我们在访谈中发现，南海区多样化社工平台对社工人才引进具有较大吸引力。具体体现在以下几个方面：第一，社工平台类型的多样化为社工的职业发展提供较大可选空间，无论是基层微型社工平台、枢纽型社工平台还是综合型社工平台，都给社工提供很多选择，他们可以结合自身实际，选择合适的社工平台开展社工服务。第二，社工平台所形成的体系化机制，也为社工专业能力提升提供保证。枢纽型和综合型社工平台在社会组织培育、行业规范引导和专业化发展方面给予更多专业辅导和服务关怀，如南海区各镇街创益中心不仅为本土社工提供机构运作管理能力培训，还通过诸多专题式辅导提升他们的专业服务水平。第三，社工平台运营多元化打破了原有社工机构对平台的垄断性，促进社工机构间交流和联动，为社工服务团队间的服务交流和专业共享提供了便利。

4. 平台整合专业服务，提升服务效益

我们在丹灶做服务，一定要说我是创益中心的社工，不能说是鹏星的社工，镇以外可以，活动的时候就统一穿创益中心的工衣。其实一定要在落地时候，跟社区或者承接的医院或者学校有充分的沟通。每次搞大型活动的时候，我们社工委和创益中心必须参加。由我们来引领，而不是由他们自主地去搞这个活动。为什么我们创益中心放 3 个主任，就是这个道理，就是要有力地去领导他们。(C02)

社区层面，领导大力支持，对互助社运作提出了宝贵的意见，社区工作人员不遗余力地配合工作开展。经过这几年服务的开展，领导把我们服务列到我们工作的发展重点，对资源进行整合，如将村社的一栋大楼作为我们的办公场所，随着工作的开展，村民和市民幸福感也提升。(C04)

问：你们如何处理政府和社工机构的关系？

答：从我们机构层面来讲，其实我们在运营创益中心时很多时候会比较弱化机构的身份，更多是以创益中心的身份与居民交流。社工机构会比较有意识地处理这个问题，不会一直强调社工机构的作用，在做宣传时会有宣传的规范，比如主办单位是政府，协办单位是机构，这些是有规范的。(C11)

对上述材料分析可以发现：社工平台对社工服务的开展、服务品牌的宣传、服务的整合以及服务效果的提升都具有重要作用。首先，在社工平台推进社工机构合作方面，社工平台打破机构垄断性，出现多个社工机构进驻同一社工平台的局面，为社工机构提供统一平台标识①，使社工在开展服务时可以开展合作服务，也更容易得到服务对象的信任。其次，在服务品牌宣传上，社工服务以平台为统一标识，社工平台自身又形成体系，极大地增强了社工品牌效应，可以有效发挥服务品牌交融整合作用。然后，多个社工机构进驻同一社工平台，使得机构更具备开展联合服务的条件和能力，这在当前是十分难得的，同时，大型社工平台也有助于社工服务的优化整合，在提高社工服务覆盖面的同时，又可以为机构提供一个既专业又综合的社工服务场地。最后，社工平台对服务的整合不仅拉近不同服务团体间交流的距离避免恶性竞争，还能推动大型社工联动服务，拉动社会多元主体参与社工事务。

三、社会工作平台到社会工作服务的生成路径

社工是以服务为中心最终为了服务而服务，因而关注社工平台的同时也要关注从社工平台到社工服务的生成路径，基于此我们下文将尝试探讨社工平台到社工服务的生成路径，为社工发展提供实践经验和理论指导。

---

① 平台标识：这是南海区社会工作服务的一个特色，南海区所开展的社会工作服务活动宣传册上，均有服务主办方的落款，且该落款统一为某一社会工作平台而非某一社会工作机构。

1. 平台培育社会组织，社会组织提供社工服务

社工平台培育社工机构，社工机构提供社工服务是社工平台生成社工服务的一条特殊路径，现有研究虽然关注较少，但在南海区社工服务实践中却处处可见。

问：创益中心如何通过平台把触角伸向整个社区？

答：创益中心由政府整体统筹，是整个镇的服务平台，而我们创益中心运营方就是主要做几个针对的点。第一，我们主要做服务的研发，会给如何培育社会组织提供建议，但不直接培育社会组织。第二，整合社会资源的力量，把社会服务引入覆盖的地方，带动本土社会组织发展。第三，通过孵化中心对本土社会组织进行初创的工作。(C09)

答：我们通过培育社会组织，推动三社联动，我们32个村居，每个社区有一个互助社实现全覆盖。西樵镇培育了5个本土社工机构，还有32个社区互助社，我们慈善社工有133个，比上年增长35%，驻村居社工37人，村居的社工有32个，比同年增长15%。我们在32个村居打造七一空间，以购买社会服务的形式，派优秀管理人才到西樵社区协助运行，凝聚我们的社会力量，引导我们服务的发展，规范服务标准，整合社会资源；对于做真做实基层服务，我们推进“西樵品质优才展示”计划，以专题课程培养一批有机构管理能力、项目品牌打造能力的骨干，去年已开始，并取得了一些成效；加强对民间组织的培育发展和管理监督，通过扶持+引导+规范的机制，大力培育有发展服务力、公益力、互助力的社会组织，从而起到规范社会行为、增强社会活力等积极作用。(C07)

南海区不仅有专门为居民提供服务的社工平台，还有为社会组织以及社工提供服务的社工平台。这类平台通过培训指导社会团体组织组建社工服务组织，并鼓励这些社工服务组织入驻社工平台来提供社工服务。社工平台通过孵化培育社会组织提供社工服务的策略，一方面，可以将社工专业化与本土化结合起来，有效提升社工本土化服务特色。另一方面，也有利于吸引经济欠发达地区本土社工人才，解决社工人才流失严重的问题，提高社工服务覆盖面。

2. 政府依靠平台规划项目，平台依靠项目研发服务

政府避开社工机构，通过枢纽型社工平台对社工服务项目统筹规划，以项目的招投标和审核评估方法，鼓励其他社工平台进行项目研发与生产，是社工平台生成服务又一重要路径。

在我们镇街推动项目运作过程中，我们主要发挥角色和作用：统筹规划，我们社工委统筹整个镇街社会组织项目的规划布局，由部门提需求，社会组织

申报，我们主管部门社工委以及第三方负责监管评估，创益中心负责推广；如果有的部门想做，但资金方面有困难，我们可以通过慈善基金的平台，提供多方面的支持，也希望通过项目试点的形式推动项目开展。在过程中，我们希望部门能参与其中，多提意见，并相互联动。（C06）

在社工发展较为成熟的地区，可能不需要政府的过多干预就能够自主顺畅运行，但在一个社工服务发展不够成熟的地区，政府应有的规划干预对社工发展就显得尤为必要。一个发展成熟的社工平台不仅可以作为政府进行社工服务规划的工具，也可以成为社工服务项目研发管理的重要基地。政府依靠社工平台进行社工服务规划，然后利用该平台对规划项目进行研发和推广，不仅可以实现地区社工服务的有效规划，避免无序发展的局面，还可以为服务规划项目的调整提供便利。

3. 平台进驻社会工作机构，社会工作机构供给服务

社工平台进驻专业社工机构，由社工机构提供社工服务是当前服务生成的一条常见途径。这种路径虽普遍，但是在实际操作上却存在较大差异。

以萝村的莲心社区为例吧，这个社区搞了一个长者饭堂，社区提供场地，政府和社区出资请了社会工作机构去管理和提供服务。社会工作连接了社区的慈善会，为60岁长者提供午餐和晚餐，也可以提供上门送餐。同时，也发动了社区内的志愿者去做送餐服务。所以这方面我们是做得比较扎实的，项目都是落地社区的。（C09）

我们除了支撑整个项目的运作之外，我们还会依托项目的平台，撬动其他的创益资金。今年，我们尝试通过创投，到学校把自己机构的模式做出来。（C10）

就南海区而言，社工平台吸引专业性社工机构入驻来直接提供社工服务有两种不同的方式，一种是基层社工平台由单一固定的社工服务机构入驻提供针对性服务，还有一种则是中大型的社工平台同时进驻多个社工服务机构开展补充性联合服务，这两种方式可以加强社工机构间的交流并有效推动联合性社工服务的产生。

第四节　平台战略：南海区社会工作平台发展策略

从南海区社工平台发展情况和平台效用来看，在未来的一段时间内，重视社工平台发展加快平台建设是未来社工发展的重要内容，但社工平台该如何发

展？可以采用怎样的策略和方法？下文我们将通过分析南海区在社工平台发展中的建设策略、运营策略、管理和保障策略，为社工平台发展提供一些具有可行性和富有创新性的方法策略，以期为中国社工平台的发展提供借鉴和参考经验。

一、建设策略：以社会工作服务为重心，分阶段有序推进

南海区社工起步于2003年①，由民间自发探索形成因而较少被关注，2009年“关爱桂城”社会管理创新建设项目启动，关爱桂城创益中心成立，社工平台建设才逐渐被关注并进入快速发展阶段。我们通过对南海区社工平台发展材料的梳理，发现社工平台是南海区政府推动社工发展的一个重要抓手，且社工平台建设紧紧围绕社工服务的推进展开，呈现分阶段有序推进的策略特征。

目前国内学者主要以三种方式来划分中国社工发展阶段，第一种以香港学者为代表，将专业化程度作为划定标准（罗观翠，2014）；第二种以王思斌为代表，以本土化程度划分社工发展阶段（王思斌，2001）；最后一种以文军为代表，从不同模式的融合过程来划分（文军，2010）。以上三种划分标准都具有一定的科学性和可行性，但南海区社工发展主要靠平台，因而从平台驱动力层面对社工发展进行阶段划分显得很有必要。从社工平台推动社工发展角度来看，南海区社工发展主要经历了以下四个发展阶段：

1. 初创期——社会工作引入与义工发展（2003—2008年）

南海区社工发展起源于2003年，标志事件是西樵镇率先尝试引进社工，经过一段时期探索后形成了社工推动义工的发展模式，虽然最终出现了服务中断的局面，但该模式却成为“社工+义工”两工联动模式的原型。南海区社会矛盾和社会问题凸显而社会服务发展滞后是西樵镇引进社工的主要原因，而社工发展缺乏发展经验和政府支持则是导致社工引进工作中断的主要原因。虽然西樵镇首次引进社工的尝试没有成功，但所形成的义工特色和邻里帮扶传统却被保留了下来，“社工+义工”的两工联动模式也被完整复制并推广到全区后期的社工发展中。

该阶段的社工发展具有耦合性、开创性和低水平化的特征。耦合性是指南海区社工的产生具有必然性和偶然性，它既是经济社会发展的必然产物，也是社会矛盾突出、义工领域活跃所诱发的偶然事件。开创性是指它作为佛山市引

① 转引自陈永杰，卢施羽，刘维．广东南海社会工作发展报告（2017）［M］．北京：社会科学文献出版社，2017：8.

进社工的第一次尝试，走出了佛山社工发展的第一步，对佛山社工的发展起到开创、引领和示范的作用，为佛山市社工探索走好了第一步，也为政府职能转型和新型的社会治理提供了思路和经验。当时中国内地社工发展还处于起步阶段，既没有统一的发展模式也没有成熟的发展经验，因而，这一阶段的引进工作还是一种低水平、不专业、缺乏方向指引的尝试。这是南海区引进社工的第一次尝试。

2. 开拓期——多样化社会工作平台浮现（2009—2011 年）

多样化基层社工平台和综合性创益中心平台的出现是南海区社工发展步入开拓期的重要标志。该时期诸如邻里中心、街坊会、社工服务中心和社工站等多样化基层平台大量涌现，基层社区服务工作呈现繁荣发展景象，同时各街镇在社工平台类型上也大胆创新，其中桂城街道成立的关爱桂城创益中心最为特别，它的出现也预示着南海区社工平台推动社工发展的开始。

该时期社工发展具有草根性、多元化和探索性特征。草根性是指对社工发展的探索主要在基层，以社区社会组织为代表在宽松的政策环境下从事基层社区社工实践创新。多元化和探索性是指社工发展主要依靠外来社工机构带动，外来社工机构的多元化增进了机构间的交流机会，也使得基层社工发展具有了探索性多元化特征。关爱桂城创益中心的成立不仅为市民活动和社会组织培育提供了综合性平台，也为社工带来新的发展机遇，并逐渐成为社会建设的总部和社会管理创新的示范性基地。该公益综合体平台肩负着社会组织培育、社区服务、社工发展以及社会治理创新的功能，这些功能在社工后期的发展中发挥了巨大的效用，也逐渐成为南海区的社工平台建设的品牌。

3. 推进期——平台推广与模式提炼（2012—2014 年）

创益中心模式得到推广形成“1 + 8 + N”创益体系①是南海区社工发展进入推进期的标志。随这一阶段，南海区在社工发展探索上迈出了重要一步：首先，通过在各镇街设立社工委员会，建立了南海区社工发展组织领导机制。其次，通过下发《关于在全区推广创益中心建设模式的工作方案》（南办发〔2013〕21 号），推动创益中心“4G”模式和“1 + 8 + N”的创益平台体系形成。最后，南海区政府又下发了《南海区社会建设创新奖励专项资金管理办法（试行）》

① “1 + 8 + N”是南海区的创益园体系，“1”指南海区创益园，主要发挥社工总部统筹功能，包括社会创益展示与传播，社会创益培训与交流，社会创益发展与建设，社会创益研究与探索。“8”指 8 个镇街的创益中心，是镇街创益中心各镇街社工的总部，主要指导各镇街社工发展。“N”指遍布南海城乡的社工平台（服务载体），负责各社区社工服务的具体输送。

（南府〔2013〕112号）和《南海区社会政策观测体系建设方案（试行）》（南办发〔2013〕28号），为社工发展提供强有力的资金支持和保障体制。

社工平台的建设性推广、体系化发展和整体化探索是该阶段社工发展的主要特征。南海区社工经过3年探索，终于形成较为完善的发展框架和体系，社工也从此步入快速发展的阶段。该阶段的特征具体表现在：其一，南海区成立社工委积极推动社工发展，将创益中心平台建设模式作为南海区社工发展典型进行推广。其二，表现在南海区社工发展呈现“4G”发展模式和“1+8+N”创益平台体系，并被政府发掘和推广。其三，在推动“1+8+N”创益平台体系中，南海区呈现区、镇（街）、社区三级整体推进的发展格局。这一阶段南海区社工在着力推进“1+8+N”创益平台体系的基础上，摸索出一种基金、基地、机构和机制协同推进的“4G”社工发展模式。这一模式以平台基地为核心，以资金保障为前提，以机制创新为重点，以机构发展为辅助，推动社工步入深化发展的道路。

4. 深化期——平台完善与服务调整巩固（2015年至今）

南海区创益中心实体化运营、区级财政专项资金统筹管理和社会建设顾问团成立是社工发展进入第四阶段的标志。第一，在基地建设方面，社工平台体系进入实体化运营和调整阶段，主要举措为成立区、街（镇）社会服务联合会来引领社工行业发展和专业建设；第二，2017年7月19日南海区社工委出台《推动镇街创益中心实体化运营的指导意见（试行）》，统一规范各街镇创益中心基本职能，并将创益中心工作重心下放至社区；第三，在资金建设方面，《南海区社会建设创新奖励专项资金使用管理细则》（南社〔2015〕9号）的出台，为南海区社工发展提供资金保障；第四，在机构发展和机制创新上，南海区依托社会观测体系，推动社区专案和党群直联机制进入实质发展阶段。

该阶段，南海区社工发展呈现出不断成熟、逐渐完善和趋向稳定的特征。主要体现在：“1+8+N”创益平台体系不断得到巩固，基地、基金、机构、机制等内容不断充实完善，社工平台建设趋向稳定，社工平台内部体制建设和实体化运营成为平台发展主题。总之，南海区社工发展呈现整体有层次推进、局部调整中求稳的发展趋势。随着南海区社工发展进入第四阶段，南海区社工发展特色模式初步形成，该模式的一个显著特征为社工发展靠平台推动，社工服务依托平台发展。这既是南海区基层创新的结果，也是政府职能转型与社会服务锐意进取的展现。

二、运营策略：引进多元运营主体，发展多元主体联合运营

政府搭建社工平台交由社工机构独立运营，是我国当前社工平台运营的主要模式。该模式由于减弱社工机构在平台间的流动性因而极易造成机构对平台的垄断，从而阻碍社工机构间的交流合作，甚至会导致社工机构的平台化和社工平台的机构化。而南海区在运营策略上所采取的举措有效地避免了此种情况发生。一是成立大型街镇社工平台供多个社工机构入驻，二是引进专业运营团队负责平台的专业化管理，来促进不同社工机构间交流合作。三是推进运营主体多元化，不同街镇不同平台可结合实际情况选择社工机构或行业协会等非社工机构进行组织运营。

为确保能以专业化水平运行和推进工作，创益园采取了官方＋第三方共同运营的方式，以采购服务的形式委托南海社联负责创益园的运营，上一个服务周期为2014年9月到2016年8月，最新的服务周期也正开始运行。（C11）

各个镇街的运营模式不一样，有自己的社工委员会运营的，也有邀请第三方来运营的，如丹灶镇请了东莞红星，里水是北斗星，大沥是启智，桂城是启创，都有自己的机构运营。在运营机构层面，社工委有些问题会放在自己部门解决，启创虽然作为一个运营的创益中心，重点是社会服务的供给和社会组织的培育，本身创益中心的另外两个功能，如政策观测和服务的研发是放在社工委内部进行操作，所以镇街的情况是各有不同的。（C03）

由单一主体独立运营社工平台，使得社工机构长期占据固定的社工平台，不仅容易滋生机构服务人员的惰性心理，使社工机构缺乏危机意识和服务提升意识，还会减少机构间的合作交流，不利于服务范围的拓展和服务质量的提升。其次，社工机构作为以专业服务见长的社会组织，在平台运营能力和效果上难以追赶专业运营机构，且在运营管理与服务产出之间易存在精力投入失衡的风险，这种失衡无论对平台发展还是服务产出都是恶劣的。而社工平台实行运营主体多元化和运营方式多样化，既可有效避免千篇一律式运营出现，保障不同平台因地制宜式发展，还可促进平台服务产出的多样化，丰富社工服务内容和方式。我们认为当前国内社工平台的运营，应该适当借鉴南海区发展经验，尝试性引进多元运营主体，发展多元主体联合运营模式。

三、管理策略：合理定位不同平台功能，实施体系化管理运作

社工平台类型多样化不仅可以有效增进不同平台间交流学习，还可以为社

工服务内容的丰富化提供重要支撑。那么不同类型社工平台对社工服务的推动是否也发挥着不同功能呢？我们带着疑问，通过对南海区社工平台负责人的访谈发现：合理定位不同社工平台功能，实施社工平台体系化管理是南海区社工平台良性发展的又一策略。

南海社联是由南海区社工委孵化成立的枢纽型行业协会，与南海区创益园的职能方向一致。“1 + 8 + N”是南海创益园的体系，“1”指南海创益园，“8”指 8 个镇街的创益中心，“N”是遍布南海城乡的社工平台（服务载体）。1 个创益园主要发挥社工的总部统筹功能，其具体功能包括社会创益的展示与传播，社会创益的培训与交流，社会创益发展与建设，社会创益的研究与探索。而 8 个镇街的创益中心平台，是指各个镇街的社工总部，是指导各镇街社工发展的枢纽，N 个服务平台则负责具体各社区社工服务的具体输送。（C011）

区层面的社会创益园作为一个总部，也要承载一些功能，我们培育社联成为一个枢纽型平台，作为社会组织和政府对话的桥梁，社会组织可以通过社联发声；另外希望社联可以在社会服务领域，协同相关部门共同研发社会服务的项目。（C05）

社工委成立“1 + 8 + N”平台体系，对各街镇创益中心的定位就是对整个区、镇街的创益总部，要承载四个职能，社会组织的孵化作用、社会服务的供给、社会观测的功能、社会服务的研发。（C05）

其实在功能定位上，创益园和创益中心大体上是一样的，但在实际操作过程中，区创益园更能贴合本身的设想，到了各个镇街，每个镇街的情况和承接机构不同，因此到了镇街创益中心层面，有的创益中心会做全四个功能，但有些出于实际情况的考虑，未必都能做全。（C03）

南海区社工平台在管理上实施“1 + 8 + N”三级运作管理体系，分别对 1 个创益园总部、8 个创意中心枢纽和 N 个社工服务载体功能进行差异化定位，并形成了三级分层管理的体系。这样不仅有助于明确不同层次平台的功能职责，防止平台出现功能混乱、职责交叉重复，还助于促进平台自身运作能力不断提升，为社工服务发展搭建起良好的运作框架和发展空间。平台要健康发展，首先要关注平台自身生态系统，做优劣势分析给予合适定位，根据每个社工平台自身情况有侧重地扬长补短，并确定合适的发展方向和重点功能。总之，社工平台管理不仅要对功能分层合理定位，还要注重加强不同层次平台间的联络整合，实现平台体系化管理运作。

四、保障策略：创新平台资金管理体制，保障平台发展的资源

资金问题作为社工发展中的一环，同样发挥重要的作用，尤其是资金投放方式的创新和资金分类机制对于保证社工专业化程度和社工平台质量具有重要的价值。南海区在平台发展的保障方面，对资金管理体制的创新是保障社工平台良性发展的又一重要策略。

因为预算是这样的，要有项目，一个是创益中心日常的运营，一个是用来购买服务，那都是恒常的。我们镇有一个有为基金的项目，这些基金是要和我们村居沟通，开发一些项目，申请到这些资金。另外也有一些部门的项目，当然有些部门会和我们一起去争取，比如你想跟我们合作，我提供资源，你想跟我们社工机构购买一些什么服务，比如综治维稳跟我们合作，想开展一些服务。其实说到底还是要结合整个镇的中心工作来开展，当然中心不是具体的某一项工作，有时候重点就是一个方向，比如我们要打造党建方面的服务，这是一个具体的大方向，不是具体的。有为基金是政府设立的一个财政的专项，这个财政专项要购买一些什么，我们去做研发。它当然有一些是延续性的项目，有些是新开发的项目。（C01）

资金的保障方面，整体层面，南海区从最初年度投资预算 100 万变化到如今每年 1400 万。从街道投资层面，以广州街道的北京街投资为例，街道的支持不断增加，每一届的街道办主任对关爱基金都给予大力的支持。从基地运营的基金层面，社工的薪酬不断提高，基地的投入也不断增加，使得七大基地的建设在每个领域上都有了一定的探索——桂圆社区。（C08）

南海区社工平台的资金管理有如下特征：第一，在资金投放上，南海区政府对社工发展资金实施区镇两级财政资金投放，区级主要用于社工服务规划建设，而镇级社工资金主要用于具体服务项目。第二，在资金分类上，南海区有专项资金和常规资金两大类别，专项资金主要用于社工平台运营发展，其中区级资金主要投入南海区创益园的建设，镇街级主要用于投入各街镇创益中心的建设发展。常规资金主要是指用于社工具体服务的项目资金。这样的资金体系不仅为社工规划发展提供保障，也为基层社工服务活动奠定物质基础，同时将社工服务资金与社工平台发展资金区分开来，有效保障了社工平台发展质量。

从南海区社工平台发展策略来看，平台的体系化运作、多样的运作方式、完善的运作机制保障措施，是平台建设和发展必不可少的要素，其中平台的体系化运作是平台建设的基础，多样的运作方式和保障机制则是平台不断持续发展的关键因素，在中国社工平台未来的建设中，平台建设以服务为核心有序推

进、平台体系化运作、平台多样化运营和平台保障机制的创新是必然要考虑的策略。

第五节　结论与建议

我们通过研究得出以下结论：第一，社会工作平台在供给类型上呈现多样化并具有一定的层次性；在供给变化上，社会工作平台的建设受社会政策的影响经历了探索、确立、快速发展的阶段，目前处于调整巩固期，欠发达街镇的社会工作平台在平台建设规模、人才发展和服务项目数量上均处于劣势。第二，社会工作平台与社会工作服务关系方面，社会工作平台的规模与社会工作服务人才的供给具有显著的相关关系，不同运营主体与社会工作平台规模也存在显著相关关系，同时社会工作平台的运营主体与社会工作服务的项目数，人才队伍数量和服务的功能定位有着较强的相关关系。第三，社会工作平台在社会工作服务发展中，有开拓服务引领行业规范、带动专业发展、解决服务人才供给困难的问题和整合服务、提升服务质量的四大作用。第四，社会工作平台可以通过培育社会组织、规划服务项目和进驻社会工作机构三种路径提供社会工作服务，打破了原有平台进驻机构提供社会工作服务的单一路径。

因此，无论在实务领域还是理论研究方面，社会工作平台都应该得到必要的关注。根据以上研究结论，我们认为未来社会工作平台的发展应该侧重以下四个方面：

首先，社会工作平台的建设应该具有多种类型，既要有专门直接为居民提供服务社会工作的平台，也要有专门为社会工作者和社会组织提供服务的社会工作平台；既要有大型中型供多个社会工作机构入驻的社会工作平台，也要有小型微型贴近居民生活的社会工作平台。同时社会工作平台各个类型的发展比例也应该适中，有层次有计划地发展，比如枢纽型的社会工作平台虽然很重要但是不宜过多，否则就会违背社会工作服务性的宗旨，大中型社会工作平台也不宜盲目发展，最根本的是要立足于实际需求和社会工作服务的发展要求。

其次，社会工作平台的运营主体要实现多元化，多元的运营主体不仅有助于解决社会工作服务中面临的人才流失等发展问题，还有助于社会工作服务的多样化，既能够提升社会工作服务的专业性，又能够通过支持本土社会组织参与社会工作服务，发展社会工作服务的本土特色。但是也应该保持专业性社会工作机构运营社会工作平台的比重，以保证社会工作服务的专业性和社会工作服务的发展空间。

再次，社会工作平台应该进行体系化管理，加强社会工作平台对于社会工作发展的统筹规划作用。当前一些地区社会工作发展的无序化和服务项目的条块化，正是社会工作服务统筹力度不够导致的，其中统筹不足的主要障碍就是统筹手段和工具缺乏，而社会工作平台的体系化运作，可以为社会工作服务统筹提供便利的条件，不仅可以把社会工作平台作为统筹社会工作服务的工具，还可以将平台体系作为提升社会组织服务质量的有效机制框架，利用体系来贯彻推进相关社会工作服务的规划。

最后，社会工作平台既要打破单一社会工作机构垄断平台的局面，又要保障社会工作机构的生存性问题。打破社工机构垄断平台的局面主要是基于目前社工机构之间交流不足的问题，我们认为应该推进平台入驻的机构多样性，一方面可以推进多个机构进驻同一平台，将社会工作平台做成大型平台，另一方面，可以增加不同平台上机构间的流动性，这样既可以避免机构陷入垄断僵化，增强机构的危机意识，又可以加强机构之间的交流联动，促进社会工作实务的不断发展。

参考文献

[1] 陈荣武．构建学校个案社会工作德育的新平台［J］．思想·理论·教育，2003（3）．

[2] 湛中乐．论社会工作平台构造中的政府职能转变［A］．中国法学会行政法学研究会．中国法学会行政法学研究会2010年会论文集［C］．中国法学会行政法学研究会，2010：14.

[3] 陈永杰，卢施羽，刘维．广东南海社会工作发展报告（2017）［M］．北京：社会科学文献出版社，2017.

[4] 陈静．社会工作站在社区建设中的功能研究［D］．内蒙古师范大学，2015.

[5] 陈伟杰．地方社会工作合作平台推进下的失独问题化解——基于个体困境、社会问题和公共秩序的三重视角［J］．华东理工大学学报（社会科学版），2015（3）．

[6] 陈佳瑜．双边市场视角下移动即时通信行业互联互通问题研究［D］．中国政法大学，2010.

[7] 崔夏琼．社工个案室的布置［J］．社会工作，2011（6）．

[8] 郭浩，万向东．公共服务的空间分布与可达性问题初探——以林和街

家庭综合服务中心为例［J］．社会工作与管理，2015（2）．

［9］高琛婕．关于深圳社区服务中心模式的思考——以南头城社区服务中心为例［D］．郑州：郑州大学，2012.

［10］郭宏洲．社区综合服务中心的功能定位［J］．中国社会工作，2014（19）．

［11］洪银珍．舟山社区综合服务中心的运行模式创新研究——以定海昌国街道为例［J］．农村经济与科技，2014（9）．

［12］罗观翠，王壬，黄丹，王颖．广东蓝皮书：广东社会工作发展报告（2014）［M］．北京：社会科学文献出版社，2014.

［13］刘春香．宁波公共服务平台发展战略研究［J］．宁波经济（三江论坛），2012（11）．

［14］刘家明．双边平台战略研究的进展与趋势［J］．企业经济，2016（2）．

［15］刘家明．双边平台战略研究综述［J］．江苏商论，2016（1）．

［16］刘家明．多边公共平台内涵与外延的探讨［J］．科学经济社会，2017（4）．

［17］刘家明．以双边平台为重点的公共平台分类研究［J］．广东行政学院学报，2017（2）．

［18］刘蕾．科技公共服务平台的推广策略［J］．科技情报开发与经济，2006（9）．

［19］罗雪兵．深圳市社区服务中心运营研究［D］．苏州大学，2014.

［20］李瑞桐．以社区医疗为依托的多功能综合老年服务站研究［D］．辽宁大学，2016.

［21］李素莹．珠海市社会工作服务中心成立 打造民办社工机构成长平台［J］．中国社会工作，2014（4）．

［22］慕朝师．论公共服务平台建立的必要性——以广西生产力促进中心综合性公共服务与管理平台建设为例［J］．学术论坛，2008（8）．

［23］孟欣．陕西省科技成果转化公共服务平台建设框架思路［J］．科技与经济，2006（2）．

［24］欧黎明，朱秦．社会协同治理：信任关系与平台建设［J］．中国行政管理，2009（5）．

［25］石艳，田张霞．作为社会空间的学校——基于西方空间社会学研究的新进展［J］．外国教育研究，2008（7）．

［26］叶经心．双边平台理论视角下网上医药招标采购平台的机制研究

[D]. 清华大学, 2009.

[27] 吴昌南. 城市晚报: 定价、虚假发行量与规制政策——基于双边平台理论的视角 [J]. 中国工业经济, 2014 (2).

[28] 王思斌. 试论我国社会工作的本土化 [J]. 浙江学刊, 2001 (2).

[29] 王江, 赵继龙, 张蕾. "三位一体"的新型农村社区原型空间建构模式研究 [J]. 城市发展研究, 2013 (12).

[30] 王青松. 社会治理创新中的网络微平台应用研究 [J]. 宁德师范学院学报 (哲学社会科学版), 2014 (3).

[31] 王威. 统筹建设农村综合服务平台 增强农村社会治理能力 [J]. 社会治理, 2015 (1).

[32] 王博, 梁媛, 李生. 论微博社区社会多主体治理平台之构建 [J]. 学术交流, 2014 (9).

[33] 文军. 论社会工作模式的形成及其基本类型 [J]. 社会科学研究, 2010 (3).

[34] 徐艳. 广州市家庭综合服务中心发展问题研究 [D]. 华南理工大学, 2013.

[35] 魏哲铭, 艾强, 薛菲, 张圆. "互联网+"背景下精准扶贫社会工作平台的构建 [J]. 生产力研究, 2017 (7).

[36] 向德平, 姚霞. 社会工作介入我国反贫困实践的空间与途径 [J]. 教学与研究, 2009 (6).

[37] 熊贵彬. 专业社会工作融入党的社会工作实践探析——以北京市商务楼宇社会工作服务站实践为例 [J]. 中国青年政治学院学报, 2010 (5).

[38] 叶丽平. 广州市家庭综合服务中心服务管理系统初探——以长洲街家庭综合服务中心为例 [J]. 学理论, 2015 (12).

[39] 杨华雯. 上海社区服务中心发展与趋势分析研究 [J]. 学理论, 2012 (5).

[40] 杨通. 城市社区社会工作站的功能研究 [D]. 天津理工大学, 2012.

[41] 杨宇, 段立军. 湖南省农村中小企业公共服务平台需求分析及建设框架 [J]. 企业技术开发, 2011 (11).

[42] 朱静君. 社会工作介入城市社区社会救助的路径探索——以广州市JS街家庭综合服务中心为例 [J]. 广东工业大学学报 (社会科学版), 2012 (1).

[43] 周晓, 贺大松, 温洪昌, 钟艺谋, 杨维达. 信息时代辅导员社会工作

信息管理平台构建探索［J］．技术与市场，2015（11）．

［44］张太华，张静．公共服务平台研究进展综述［J］．电子政务，2011（4）．

［45］章勇．上海社区服务中心功能探析［D］．上海交通大学，2007.

［46］BALDWIN C Y，WOODARD C J. The Architecture of Platform：A Unified View［M］. Bosten：Harvard University，2008.

［47］HAGIU A. Merchant or Two – sided Platform［J］. Review of Network Economics，2007（2）.

［48］JANSSEN M，ESTEVEZ E. Lean Government and Platform – based Governance—Doing More with Less［J］. Government Information Quarterly，2013（30）.

［49］ROCHET J，TIROLE J. Two – sided Markets：A Progress Report［J］. The Rand Journal of Economics，2006（3）.

［50］WHITSON T L，LYNN D. Best Practices in Electronic Government［J］. Government Information Quarterly，2001（18）.

引导语：

社会工作平台是作为社工服务发展的重要载体，处在一个至关重要的位置。目前社工行业离职率高、人才流失量大等问题较为凸显，社会工作平台可通过培育本土社工人才来缓解这一难题。在优化社工人才队伍基础上，提高本土社工人才的服务能力推动本土社工发展。除了建设社会工作平台，还可以了解现阶段社会工作者的职业稳定性现状和影响因素，从而寻找提升社会工作者的职业稳定性，留住社会工作者人才的途径，进而建设更加强大的人才队伍。那么本文将从社会工作者的职业现状、影响因素以及提升职业稳定性的措施等方面进行探讨。

第四章

社会工作队伍建设：内外影响力范式下社工职业稳定的定量研究

目前，广东省通过全国社会工作者职业水平考试人数达近6万人，已有社会工作服务机构1245家。珠三角地区特别是深圳、广州、东莞等多个城市已取得了可人的成绩。在这样的一个背景下，社工队伍建设、社工个人发展等方面在向更高水平发展，同时一些问题也渐渐浮上水面。这些年轻社工要面对工作上的适应、面对异地的适应，再加上身边的社工不停流转——有的转往别的行业，有的成了公务员，有的回到老家发展，导致社工行业离职率高，人才流失量大。那么，现阶段社会工作者的职业稳定性现状是怎么样的呢？它有哪些影响因素？可以通过哪些措施提升社会工作者的职业稳定性？这些问题值得去探究。本书以珠三角地区社会工作者为研究对象，运用职业发展理论与内外影响力范式，对珠三角的社会工作者进行问卷调查，收集整理、分析数据，最后结合研究结果和理论基础，引出了提升社会工作者职业稳定性的启示。

第一节　社会工作者职业稳定性、主观幸福感、职业倦怠的相关研究

一、社会工作者的职业稳定性研究

在社会工作行业，社工人才的需求量越来越大，但供应量却不足以满足需求，人才流失问题日趋严重，专业社会工作者队伍职业稳定性较差。而影响着社工个体职业发展与社会工作行业发展的关键因素是职业稳定性。经查阅文献发现，对于社工职业稳定性的研究，我国学者研究非常少，因此学术研究的系统性也不是特别强。而关于职业稳定性的研究也并不多，研究对象多为教师、医生等，与社会工作者有关的职业稳定性研究更少。根据国内外学者对社工职业稳定性的相关研究内容，主要从两大方面对相关文献进行综述，一是社工职业稳定性的测量，二是社工职业稳定性的影响因素。

我国学者一般是通过职业流动的角度对职业稳定性进行研究，所以采用职业流动频率或周期作为测量流动行为的重要指标，更多关注流动的速度与强度。学者在实证研究中会将职业稳定性概念操作化，将其变成可以作为一个被解释的变量进行测量，能反映出职业稳定性与各种因素间的关系。宋健等学者（2012）对城市青少年职业稳定性的实证研究中发现，职业变动已经成为当今青年的普遍现象，大部分青年至少有过 1 次更换工作的情况，职业变动次数的平均值为 3 次。即如果工作转换的次数越高，则说明该员工的职业稳定性就越差。黄晓玲（2015）调查社工职业稳定性时，对它的测量是参考刘欣（1995）对高校中青年教师的职业稳定性调查，所采用的是主客观结合的测量方式，测量研究对象的意愿和行为两个方面。

国外研究发现社会工作者存在职业时间短、流动率高、职业耗竭等问题，并且总结出影响社会工作者职业流动或稳定的因素主要有两个方面：个人因素（家庭支持、价值感、专业技能、实际能力等）和组织因素（工作时间、薪酬待遇、督导支持等）。在社会工作者流失的研究基础上，Phoebe 和 Beth R.（2012）深入研究了职业稳定性的影响因素，研究结果发现社会工作者的职业稳定性与一些个人因素（自我意识、职业认同感、幽默感等）有关，影响着他们是否继续留在这个行业。

国内学者对社工职业的实证研究更多关注于社会工作者的就业情况、职业倦怠等，特别是对社会工作专业的毕业生关注度比较大，主要研究了他们的就业意愿，就业困境等方面，少量研究涉及社会工作者的职业稳定性、职业流动等。其他行业的职业稳定性一般是从离职倾向、职业变动等方面研究，所以从这几个方面进行文献检索后，将社工职业稳定性的影响因素归纳为三个方面：外部因素、内部因素以及内外部因素。外部因素一般是薪酬待遇、工作环境、社会地位等；薪酬待遇低被广泛认为是社会工作人才离职率高的最主要原因（陆飞杰，2011；陈劲松等，2017）。内部因素主要有职业倦怠、工作满意度等方面；沈黎等（2011）对青少年事务社工的职业倦怠调查发现，青少年事务社工这一群体的职业倦怠较高，使社工出现了离职等职业变动行为，最后从明确角色、拓宽晋升途径等方面提出了一些建议。黄晓玲（2015）以问卷调查的研究方法对上海市社工进行职业稳定性的实证分析，用人口特征、家庭因素、工作状况、工作满意度和职业认同等因素来分析对社会工作者职业稳定性的影响，该研究以流动意愿和寻找离职机会的行为这两个变量作为调查社工职业稳定性的指标。最后一种是既关注外部因素又关注了内部因素；张利萍（2012）对 12 位离职的济南专业社会工作者进行了深度访谈，认为影响社工职业变动的原因主要包括：社会认同度低；薪酬待遇低；专业空间少，缺少成就感；发展方向不明确等等。而针对社工职业变动大、流失率高等问题，牛楠（2016）调查社工职业稳定性发现，政府、组织以及个人等方面都会对其产生影响，即说明从这几个方面可以缓解职业流动问题。

二、社会工作者主观幸福感与职业倦怠的相关研究

（一）社会工作者主观幸福感的相关研究

关于社工主观幸福感的研究，我国学者对于社会工作者的主观幸福感研究较少，只能参考国外或国内其他行业的研究，主要集中在主观幸福感的现状、不同因素对主观幸福感的影响与提出相应的对策等方面。

就目前文献分析得出，社会工作者主观幸福感主要的影响因素有：自尊、社会支持、自我建构以及职业认同等，还有一些社会人口学特征的因素：学历和户籍等。甄瑞（2014）等以社区工作者为研究对象，探究自尊、社会支持与主观幸福感之间的关系，结果发现主观支持对主观幸福感有正向预测的作用，而且自尊在主观幸福感与主观支持中起到中介作用，主观支持间接正向预测主观幸福感。唐倩倩（2011）通过问卷调查了解深莞在岗社工的主观幸福感、获取社会支持等方面的情况。结果显示他们的主观幸福感总体水平处于中等偏上，主观幸福感均值得分为82.57，其中学历、户籍对其影响力较大。深莞社工的社会支持中客观支持方面较低，这表明了社工在生活中很少获取到精神、经济上的支持。卫利珍、王静（2014）通过对广东省社会工作者工作满意度及其影响因素展开研究后发现，东莞社会工作者的工作满意度最佳，广州次之，深圳最低，职业认同是重要的影响因素之一。符碧云（2017）对社会工作者的主观幸福感现状进行了实证研究，提出了以正念训练作为积极心理干预技术，进而提高社会工作者的主观幸福感。

（二）社会工作者职业倦怠的相关研究

以往学者对社会工作者职业倦怠的研究主要集中在社会工作者职业倦怠的现状、影响因素和对策研究等方面。

国外的学者早已对职业倦怠进行研究，他们一些学者认为职业倦怠可划分为四个阶段，即狂热期、停滞期、挫折期和冷漠期四个阶段。这是职业倦怠的一个演变过程。国外学者 Farber（2000）在对美国教师的职业倦怠调查后发现，高达30%—35%的教师表现为强烈不满自己的职业现状，而5%—20%的教师已处在职业倦怠期。除了教师，医院护士的职业倦怠问题也引起了众多学者的重

视和深入研究。曾在美国、英国等五个城市的大型医院对护士进行职业倦怠研究表明，医院内的工作者职业倦怠情况比较严重，将近4个国家40%的护士不满意自己的工作状态。彭岚对上海青少年事务社会工作者职业倦怠现状的调查证实了同一岗位从事时间有两年以上的社工中有33.3%的人出现了职业倦怠的情况，其中有2.6%的从业者患有工作枯竭症。调查发现，其平均压力程度是2.8，属于较高的一个职业压力水平，这说明社工的压力较大。黄伟（2014）调查安徽合肥、芜湖的社工职业耗竭现状的结果显示，社会工作者的职业耗竭总体状况处于中等水平，均值呈现为2.48。张慧娟（2018）认为职业倦怠现状有两个方面，一是在职业倦怠下社工情绪低落，没有成就感，二是社工职业倦怠的人数占比大，直接导致社工人才流失。国内外对于职业倦怠的现象都有各自的观点，但学者研究都表明了社会工作者容易在工作中产生压力与职业倦怠，因此社工也在易倦怠的高危职业的范围内。

国外一些学者通过搜集并分析了十多年来有关社工职业倦怠的资料，最后将社会工作者的职业倦怠影响因素分为工作因素、案主（服务对象）因素、社工（个人）因素三方面，并对这三个方面进行探讨。国内学者沈黎、刘林（2011）等分析国外文献也有一样的研究结论，且发现对于社工职业倦怠的研究集中于医务社会工作领域和精神健康社会工作领域。①在工作因素上，黄云（2011）通过对社区医生的职业倦怠影响因素进行研究发现，工作负荷与情感衰竭呈正相关，即说明医生在工作时付出了大量的时间与精力，这种高负荷的、高强度的工作更容易产生职业倦怠的情况。②在案主因素上，赵南（2017）对青少年事务社工群体的研究发现，影响因素有服务对象及专业性、综合制度、社会经济与工作难度，而这些因素中服务对象及专业性因素在职业倦怠原因中占据0.34的比重，影响是比较大的。他认为一些缺少经验的青少年领域的社工比较容易受到服务对象的影响，容易受到他们的负向情绪感染，周而复始社工个人的情绪无法得到一个释怀的方式，释放工作中的负能量，就会出现严重的情绪问题，进而加剧了职业倦怠的程度。③在社工因素上，社工可能因工作量大、工作内容烦琐、缺少晋升机会等问题，职业倦怠程度在不断加重。彭岚（2007）也认为社会工作者的个人因素也会影响职业倦怠的产生，人格特质、专业水平、工作经验、对专业的认同等各种因素都会对其职业倦怠产生影响。

沈黎（2008）提出了干预的三个方面：加强宏观层面倡导、增强社工机构管理和增进社工个体赋能。兰伊春（2013）由社工职业倦怠调查结果提出了一些建议：在应对社工职业倦怠问题时，应由政府起主导作用；社工机构要重视社工职业倦怠，建立预防及干预措施；最重要的是社工及时地自我调节才能达到最终的缓解效果。总的来说，职业倦怠的干预对策主要包括政府、机构以及个人三个层面。但也有学者认为家庭关怀也是一个重要的方式。石亚、史天琪（2013）认为，如果社工能得到家庭的关怀理解，可以很大程度上缓解社工的职业倦怠问题。在中国传统文化中，家庭是个人生命里的重要部分，家庭的支持与鼓励是最大的奋斗动力，所以对于社工而言也是如此。社工应多与家人沟通交流，让他们了解自己的工作并得到他们的认可与理解。家人要为社工缓解工作压力、释放不良情绪，少一点责怪，少给一点压力。

第二节　概念界定、理论范式与研究假设

一、概念界定

1. 职业稳定性

在管理学范畴中，职业稳定性是指社会成员在特定职业以及该职业所提供的工作岗位上继续就职的意愿或倾向性。但在学术界，对于职业稳定性（occupational stability）的定义尚未有一个统一的定义。不同的学者有着不一样的观点。从文献分析可知，职业稳定性因测量指标不同其定义也有区别。第一种是以客观指标的测量：这种测量方法主要是采用工作更换次数、流动频率等相关的指标进行测量。第二种是以主观感受来测量。孙龙和风笑天（2000）认为职业稳定性是指在该职业及所在岗位继续工作的意愿，是一种主观感受。所以多从离职意愿、离职的可能性等方面进行测量。第三种是结合着两种主客观测量方法。如在20世纪末期刘欣（1995）就采用了流动意愿和流动行为两个方面对职业稳定性进行测量，并将职业稳定性分为稳定、较稳定、犹豫、离心和强离心五种类型。陈海平（2014）则是用了离职满意度、离职意愿、离职形式和离职行为四个指标对青年的职业稳定性进行研究。

本研究将职业稳定性界定为工作的流动情况。从客观这个方面来测量珠三角社工的职业稳定性情况，以社会工作者的从业时间、在行业内换工次数作为测量变量，具体的测量指标有工作周期 $= \dfrac{\text{从业时间}}{\text{行业内换工次数} + 1}$。

2. 主观幸福感

当人们的生活不再是为了衣食住行时，就会开始关注到自己的精神层面，比如生活是否幸福等问题。对于是否幸福的研究，涉及了众多学科领域，比如

社会学、心理学以及哲学等等。幸福可分为以外界标准界定的幸福、以情绪体验界定的幸福、个体自我评价的幸福（段建华，1996）。而自我评价就是个体的主观幸福感。

对于主观幸福感的研究，开始于20世纪50年代至60年代，是由生活质量研究运动和积极心理学运动所推动。而我国研究者对其研究是在80年代中期以后才开始。经文献分析可知，主观幸福感的研究可分为三个阶段：（1）20世纪80年代中期至90年代中期：国外理论和量表的引进阶段。（2）20世纪90年代中期—21世纪初期。（3）21世纪初期至今：主观幸福感研究迅速发展阶段（李志，2006）。迄今为止，主观幸福感的定义仍没有一个统一的说法，而对于主观幸福感的定义最受影响力的就是美国学者Diener。他认为主观幸福感是个体依照自己所定义的标准对其生活质量的整体性评估，是衡量个体生活质量的一个具有重要综合性质的心理指标，并可以从侧面反映出个体在社会所表现的能力及其适应状况等。

李志等（2006）在对国内主观幸福感进行研究文献述评时发现，我国研究主观幸福感的论文中包含有主观幸福感的共52篇，进一步分析其内容与参考文献得知，Diener对主观幸福感的概念界定受到了众多学者的认可并引用，比如有郑雪（2001，2003）、张进辅（2003）、孔克勤（2003）等学者，据统计，大概有39篇论文间接或直接引用Diener对主观幸福感的定义，占到了研究职业倦怠论文总数的75%。因此本研究将以Diener对主观幸福感的解释作为定义，即个体依照自己所定义的标准对其生活质量的整体性评估。

3. 职业倦怠

职业倦怠这一词的概念最早出现在1974年，它是由美国临床心理学家Freudenberger在所发表的一篇文章《人事倦怠》中最先提出的。他认为职业倦怠是从事服务行业的工作者，因在工作中处在了高强度、压力大、时间长的工作困境，超出了自身承受的范围且未能获得足够的能量与外界资源的支持，自己的生理及心理的需求被无视而导致自己出现身心疲惫等状态。经阅读大量文献，对于职业倦怠的概念可以从以下几个角度来理解与论述。

Cherniss是从组织学角度，即讨论组织和社会环境是如何发挥作用而对个体产生影响来探讨职业倦怠，并对其内涵进行了一番阐述，认为它是个体对自己从事的职业在态度和行为上产生的负性变化过程，该过程涉及三个阶段：一是应激过程；二是疲劳过程；三是防御性过程。他认为专业人员往往需要处理自己作为管理者与个人间的冲突关系，最大程度发挥自身的优势，这些问题是他们职业压力的因素之一，也是难以避免的冲突。当他们工作后发现理想与现实产生落差，专业人员更容易陷入职业倦怠的“圈套”中。

从生态学角度看，Carroll 和 White 认为职业倦怠是个体与环境两者在互动中所出现的一种功能不良的形式，它的形成并不仅仅是个人或环境的某一方面原因，而是两者叠加作用后所导致的结果。

从社会心理学角度看，Harrison 和 Myung - Yong Um 认为职业倦怠的产生与个人的胜任能力以及个体对胜任能力的感知有关。Maslach and Jackson（1981）也从社会心理学上对职业倦怠进行解释与定义，它成为目前最多学者引用，也是最具有影响力的概念。他们认为个体长时间在紧张的工作状态下与服务对象互动时所产生的压力，如果不能采取一些有效的缓解措施，那个体容易出现疲惫、低落的情绪。即职业倦怠是以人为服务对象的工作者个体表现出来的一种情感耗竭、去个体化和个人成就感降低的症状。因此其三个维度为情绪衰竭、去个体化、低个人成就感。

因此，结合各学者对职业倦怠的理解，本研究将社会工作者的职业倦怠定义为：社会工作者在提供服务时，因自身能力有限与外界资源缺乏而未能处理好来自工作与服务对象的压力，在情绪、态度、行为等方面表现出的一种身心疲惫、毫无斗志的紧张疲惫状态。

二、格林豪斯的职业生涯发展与内外影响力范式

1. 格林豪斯的职业生涯发展理论

格林豪斯认为人在不同的年龄段时其所处的职业生涯阶段也不同，每个阶段的主要任务也不一样，格林豪斯将职业生涯分为 5 个阶段，分别为职业准备阶段（0—18 岁）、进入组织阶段（18—25 岁）、职业生涯初期（25—40 岁）、职业生涯中期（40—55 岁）和职业生涯后期（55 岁直至退休）。下表为职业的各个阶段及所对应的主要任务（表 1）。而本研究以社会工作者为调查对象，其年龄主要分布在 24—40 岁区间，都处于职业生涯初期，其主要职业需求为学习职业技术，提高工作能力。

表 1　格林豪斯的职业生涯发展理论

阶段	年龄范围	主要任务
职业准备阶段	0—18 岁	发展职业想象力，对职业进行评估和选择，接受必须的职业教育

续表

阶段	年龄范围	主要任务
进入组织阶段	18—25 岁	在一个理想的组织中获得一份工作，在获取足量信息的基础上，尽量选择一种合适的、较为满意的职业
职业生涯初期	25—40 岁	学习职业技术，提高工作能力；了解和学习组织纪律和规范，逐步适应职业工作，适应和融入组织；为未来的职业成功做好准备，是该期的主要任务
职业生涯中期	40—55 岁	需要对早期职业生涯重新评估，强化或改变自己的职业理想；选定职业，努力工作，有所成就
职业生涯后期	55 岁直至退休	继续保持已有的职业成就，维护尊严，准备引退，是这一阶段的主要任务

2. 内外影响力范式

内在影响力范式的假设是，人自身及其环境中的各种力量促成了他用某种方式行事，这些力量的相互作用产生了其特定的行为。内部影响力是指个人内在的动机下产生的行为，外部影响力是指所有对个人行为施加了影响的外在因素，包括自然和社会的因素（下图 1 为其范式图示）。这个范式融合了系统理论与生态理论的元素，是社会工作实务应用理论。本研究将在内外影响力范式理论的指导下，分析“内部”和“外部”的影响力有可能对社会工作者的职业稳定性产生影响的因素，并将分析出的影响因素作为自变量做出研究假设，指导下文对社会工作者职业稳定性影响因素的推论性统计。

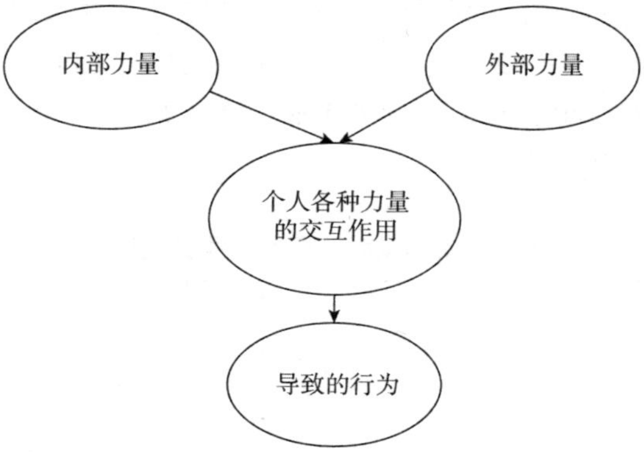

图 1　范式图示

三、研究假设

结合理论与文献资料提出以下几个假设，其中假设2、3将以社会工作者主观幸福感及其维度（即生活满意度、积极情感、消极情感）以及职业倦怠总分及其维度（情绪衰竭、去个体化、低个人成就感）作为自变量，以职业稳定性为因变量，以社会工作者的其他内外部影响力为控制变量：

假设1：社会工作者的职业稳定性受性别、年龄、专业背景、学历、工作年限（从业时间）、月收入、职位、家庭支持等因素影响

假设2：主观幸福感对社会工作者的职业稳定性显著相关

假设3：职业倦怠对社会工作者的职业稳定性显著相关

假设4：社会工作者的职业稳定性受外部影响力最大

基于内外影响力范式，本研究构建了职业稳定性的框架分析图，详见图2。

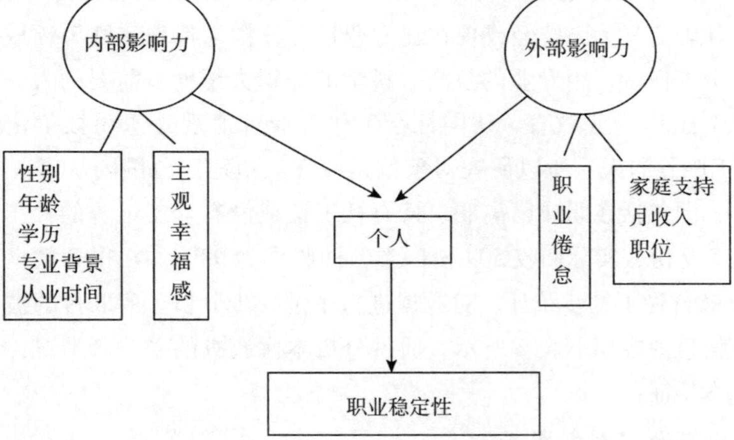

图2　内外影响力范式对职业稳定性影响因素的框架分析图

第三节 实证分析

一、受访者情况及基本特征

本研究调查范围较大，涉及珠三角地区的十多个城市，因此我们先从珠三角各个城市所认识的社工开始，通过滚雪球的方式联系到他们的同事和已经离职的同事，再请他们提供另外一些属于所研究目标总体的调查对象，根据所形成的线索选择此后的调查对象。并通过各大社工 QQ 群和微信群获取更多潜在的被研究对象的基本信息。问卷内容包括个人基本信息、工作情况（职业稳定性）、主观幸福感、职业倦怠四个方面。

本研究的珠三角地区主要是广州、深圳、东莞、佛山、珠海等多个城市。将社会工作者定义为，曾经或现在在专业社工机构为特殊家庭等领域提供专业服务的社会工作者，用专业的技巧、科学的知识去帮助有需要的人，即他们是接受过社会工作专业教育、认同社会工作专业价值观并遵循社工伦理，从事（过）社工服务的人。所以研究对象就是在珠三角地区范围内从事（过）社工服务的人，即包括在职或已离职、持有社工证或没有社工证等的社工。最终成功收集到 519 份，实际回收 509 份问卷，回收率为 98%。在得到数据之后使用 SPSS26.0 软件做了初步统计，对数据进行了进一步分析。所取得的被调查对象基本情况信息内容如下表 2 所示。通过分析本次调查的受访者情况，总结出以下几个基本特征：

（一）男女比例失衡

在本次职业稳定性调查中，社会工作者性别分布情况为，男性社会工作者 108 人，占调查总人数的 22.2%；女性社会工作者 401 人，占调查总人数的 78.8%，是男性社会工作者的两倍之多。从数据可以反映出社工行业的男女比例失衡现象凸显，与其他研究者的调查结果吻合（帅小龙，2013；黄晓玲，2014）。

（二）年龄结构年轻化

在年龄分布情况上，24 岁以下的社工有 122 人，占 24%；24—40 岁有 385 人，占 75.6%；40 岁以上有 2 人，占 0.4%，社工年龄主要集中在 24—40 岁之间，由此可知社工行业属于朝气蓬勃、充满生机的行业，史洪波（2013）、王萌

(2015) 调查结果也发现了社工行业年轻化的这一特征。

（三）经济发达城市居多

社工所在的城市中，在广州工作有 109 人，占 21.4%；深圳有 52 人，占 10.2%；东莞有 264 人，占 51.9%；佛山有 57 人，占 11.2%；珠海有 19 人，占 3.7%；其他珠三角地区有 8 人，占 1.6%。总体上，工作在经济发达的城市占了大部分。

（四）学历普遍较高

关于社会工作者学历分布情况，高中、职高、技校、中专及以下有 5 人，占 1%；大学专科有 81 人，占 15.9%；大学本科有 387 人，占 76%；硕士研究生及以上有 36 人，占 7.1%。本科及以上的社工占大部分，社会工作者整体文化程度比较高（史洪波，2013，王萌，2015）。

（五）职位水平不高

关于社会工作者的职位情况，一线社工有 313 人，占 61.5%；行政社工有 25 人，占 4.9%；项目或部门主管有 68 人，占 13.4%；（实习）督导有 14 个，占 2.8%；机构主管有 15 人，占 2.9%；其他职位有 34 人，占 14.5%。总体上一线社工人数最多。

（六）收入水平偏低

月收入 2001—3500 元的有 109 人，占 21.4%；3501—5000 元有 294 人，占 57.8%；5001—6500 元有 69 人，占 13.6%；6501 元及以上有 37 人，占 7.3%。而国内很多学者的调查发现，薪酬待遇低是导致社工行业人才流失的主要原因（陆飞杰，2016；左梦珍，2019）。

（七）专业背景人数居多

在专业背景分布中，社会工作本专业的有 378 人，占 74.2%；社会学专业背景的有 6 人，仅占 1.1%；心理学与法学专业的各有 20 人，各占了 3.9%；其他专业的有 85 人，占 16.7%。帅小龙（2013）、史洪波（2013）等研究结果也表明社会工作者的受教育程度普遍较高，以本科学历水平居多。

表 2　基本情况（N = 509）

个人信息	变量名称	人数	占百分比（%）
性别	男	108	21.2
	女	401	78.8

续表

个人信息	变量名称	人数	占百分比（%）
年龄	24 岁以下	122	24
	24—40 岁	385	75.6
	40 岁以上	2	0.4
工作所在城市	广州	109	21.4
	深圳	52	10.2
	东莞	264	51.9
	佛山	57	11.2
	珠海	19	3.7
	其他珠三角地区	8	1.6
学历	高中、职高、技校、中专及以下	5	1
	大学专科	81	15.9
	大学本科	387	76
	硕士研究生及以上	36	7.1
职位	一线社工	313	61.5
	行政社工	25	4.9
	项目或部门主管	68	13.4
	（实习）督导	14	2.8
	机构主管	15	2.9
	其他	74	14.5
月收入	2001—3500 元	109	21.4
	3501—5000 元	294	57.8
	5001—6500 元	69	13.6
	6501 元及以上	37	7.3
专业背景	社会工作	378	74.3
	社会学	6	1.1
	心理学	20	3.9
	法学	20	3.9
	其他	85	16.7

二、量表的信度分析

为了保证研究的有效性，本研究对职业倦怠量表和主观幸福感量表进行了信度检验，使用SPSS26.0进行内部一致性分析，结果显示，职业倦怠的科隆巴赫系数为0.898，主观幸福感量表的科隆巴赫系数为0.887，表明职业倦怠量表和主观幸福感量表具有较好的测量信度。

表3　职业倦怠量表信度分析

Cronbach's Alpha	基于标准化项的 Cronbachs Alpha	项数
0.898	0.897	22

表4　主观幸福感信度分析

Cronbach's Alpha	基于标准化项的 Cronbachs Alpha	项数
0.887	0.888	19

三、社会工作者职业稳定性现状

本研究中，我们使用工作周期来衡量社会工作者职业稳定性，其公式为工作周期 $= \frac{\text{从业时间}}{\text{行业内换工次数} + 1}$。对社会工作者工作周期进行描述性分析，结果显示工作周期中最大工作周期为60，刚刚入职的新员工最小为0，均值为11.163。从计算工作周期的公式上看，从业时间与工作周期成正比，与行业内换工次数成反比；从业时间越长，工作周期越大，职业稳定性越高；行业内换工次数越少，工作周期越大，职业稳定性越高。数据显示，目前工作周期为11.163，即社会工作者的职业稳定性不高。

表5　社会工作者职业稳定性现状分析

	N	范围	最小值	最大值	均值	标准差
工作周期	509	60.00	0.00	60.00	11.163	11.001

四、社会工作者的职业倦怠现状

社会工作者职业倦怠总分及其在职业倦怠维度上的情况，结果显示社会工作者职业倦怠总分均值为2.80分，小于理论中值3分，说明总体来说社会工作者的职业倦怠并不严重。在职业倦怠的情绪衰竭上得分为3.10，高于理论中值，说明社会工作者工作情感要求以及个人情绪资源消耗程度较高；在低个人成就感上得分最低说明社会工作者体验到的工作价值和自我胜任力较高。

表6 社会工作者职业倦怠总分及其在职业倦怠维度上的情况

	N	最小值	最大值	均值	标准差
职业倦怠总分	509	1.05	5.00	2.80	0.58
情绪衰竭	509	1.00	5.00	3.10	0.74
低个人成就感	509	1.00	5.00	2.41	0.70
去个体化	509	1.00	5.00	2.90	0.81

五、社会工作者主观幸福感现状

社会工作者主观幸福感现状分析显示，生活满意度和积极情感在中等水平以上（生活满意度得分35分，积极情感得分42分），消极情感处在中等偏下水平（得分56分，得分越高消极情感越少）。主观幸福感总分为133分。说明总体上社会工作者的主观幸福感的状况属于中等水平。

表7 社会工作者主观幸福感现状分析

	N	最小值	最大值	均值	标准差
生活满意度	509	5.00	35.00	19.0177	5.36958
积极情感	509	6.00	42.00	23.3026	7.31537
消极情感	509	8.00	56.00	41.4538	8.15477
主观幸福感	509	33.00	133.00	83.7741	15.24027

六、社会工作者职业稳定性影响因素分析

（一）不同性别的社会工作者职业稳定性的差异分析

不同性别的社会工作者职业稳定性差异分析结果显示，工作周期不存在显著的性别差异，说明社会工作者职业稳定性工作周期不受性别因素影响。

表 8 不同性别的社会工作者职业稳定性差异分析

	男		女		t	p
	M	SD	M	SD		
工作周期	10.41	9.28	11.36	11.42	-0.899	0.370

（二）不同年龄段的社会工作者在职业稳定性的差异分析

不同年龄段的社会工作者在职业稳定性的方差分析，结果显示，职业稳定性在教育学历上存在显著差异。24—40 岁的社会工作者要比 24 岁以下的影响显著，40 岁以上的社会工作者显著高于前面两个年龄段的社会工作者。年龄大的社会工作者，职业稳定性最高。

表 9 不同年龄段的社会工作者在职业稳定性的方差分析

	24 岁以下		24—40 岁		40 岁以上		F	p
	M	SD	M	SD	M	SD		
工作周期	3.82	3.93	13.41	11.46	26.00	14.14	43.191	<0.001

（三）不同教育学历的社会工作者在职业稳定性上的差异分析

不同教育学历的社会工作者在职业稳定性的方差分析，结果显示，职业稳定性在教育学历上不存在显著差异。说明社会工作者职业稳定性不受教育学历的影响。

表 10 不同教育学历的社会工作者在职业稳定性的方差分析

	大专及以下		本科		研究生及以上		F	p
	M	SD	M	SD	M	SD		
工作周期	9.06	0.91	11.67	0.57	10.76	2.28	2.012	0.135

（四）不同专业背景的社会工作者在职业稳定性上的差异分析

不同专业背景的社会工作者职业稳定性的方差分析，结果显示，社会工作者社会工作者职业稳定性在不同专业背景中不存在显著差异，说明社会工作者职业稳定性不受专业背景影响。

表 11 不同专业背景的社会工作者职业稳定性的方差分析

	社会工作		社会学		心理学		法学		其他		F	p
	M	SD	M	SD	M	SD	M	SD	M	SD		
工作周期	10.59	0.58	14.31	2.98	14.7	2.7	10.68	2.01	12.78	1.11	1.367	0.244

（五）不同从业时间的社会工作者在职业稳定性的方差分析

不同从业时间的社会工作者职业稳定性的方差分析，结果显示，社会工作者职业稳定性在不同从业时间存在显著差异，3 年以上社会工作者的职业稳定性要显著高于 1—3 年及 1 年以下的社会工作者。

表 12 不同从业时间的社会工作者在职业稳定性的方差分析

	1 年以下		1—3 年		3 年以上		F	p
	M	SD	M	SD	M	SD		
工作周期	2.55	1.77	9.20	3.64	24.33	11.83	424.83	<0.001

（六）不同月收入的社会工作者职业稳定性差异分析

不同收入的社会工作者职业稳定性的方差分析，结果显示，社会工作者职业稳定性在月收入上存在显著的差异，6501 元以上收入的工作稳定性显著高于 5001—6500 元收入的社会工作者，显著高于 3501—5000 元收入的社会工作者，显著高于 2001—3500 元收入的社会工作者，2001—3500 元月收入的职业稳定性最低。

表 13 不同收入的社会工作者职业稳定性的方差分析

	2001—3500 元		3501—5000 元		5001—6500 元		6501 元以上				F	p
	M	SD	M	SD	M	SD	M	SD				
工作周期	4.33	0.53	10.79	0.54	17.33	1.43	22.75	2.90	43.918	<0.001		

（七）家人是否支持从事社会工作对职业稳定性的差异分析

家人是否支持从事社会工作对职业稳定性的方差分析，结果显示，社会工作者职业稳定性在家人是否支持从事社会工作上存在显著的差异。家人支持从事社会工作的职业稳定性要显著高于家人不支持社会工作的职业稳定性，显著高于家人对从事社会工作持中立态度的，家人对从事社会工作中立态度的职业稳定性和家人不支持社会工作的职业稳定性没有显著差异，说明社会工作者职业稳定性受到家人对其支持的影响。

表 14 家人是否支持从事社会工作对职业稳定性的方差分析

	支持		中立		不支持		F	p
	M	SD	M	SD	M	SD		
工作周期	14.78	1.08	9.86	0.53	6.79	0.95	14.165	<0.001

（八）不同职业岗位的社会工作者职业稳定性的方差分析

不同职业岗位的社会工作者职业稳定性的方差分析，结果显示，社会工作者职业稳定性在不同职业岗位上存在显著差异，项目或部门主管、督导和机构主管的职业稳定性要显著高于一线社工和行政社工，督导和机构主管的职业稳定性显著高于项目或部门主管的职业稳定性。一线社工的职业稳定性最低，督导的职业稳定性最高。

表 15 不同职业岗位的社会工作者职业稳定性的方差分析

	一线社工		行政社工		项目或部门主管		督导		机构主管		其他		F	p
	M	SD	M	SD	M	SD	M	SD	M	SD	M	SD		
工作周期	9.15	0.48	10.72	1.91	18.04	1.44	29.15	4.32	27.01	3.02	6.89	1.22	30.030	<0.001

七、社会工作者主观幸福感、职业倦怠和职业稳定性的相关分析

社会工作者主观幸福感、职业倦怠和职业稳定性的相关分析，结果显示，职业稳定性和低个人成就感呈显著负相关，与职业倦怠总分呈显著负相关，与情绪衰竭、去个性化维度、生活满意度维度、积极情绪维度、消极情绪维度以及总的主观幸福感没有显著的关系。

表16 社会工作者主观幸福感、职业倦怠和职业稳定性的相关分析

	情绪衰竭	低个人成就感	去个性化	职业倦怠总分	生活满意度	积极情感	消极情感	主观幸福感
情绪衰竭	1							
低个人成就感	0.290**	1						
去个体化	0.639**	0.254**	1					
职业倦怠总分	0.841**	0.678**	0.795**	1				
生活满意度	-0.273**	-0.369**	-0.193**	-0.366**	1			
积极情感	-0.336**	-0.419**	-0.289**	-0.455**	0.546**	1		
消极情感	-0.387**	-0.261**	-0.384**	-0.444**	0.130**	0.244**	1	
主观幸福感	-0.464**	-0.471**	-0.412**	-0.585**	0.684**	0.803**	0.698**	1
工作周期	-0.064	-0.189**	-0.071	-0.142**	0.039	0.021	0.068	0.06

八、社会工作者主观幸福感、职业倦怠对职业稳定性的多元回归分析

本书为更深入地研究社会工作者主观幸福感、职业倦怠和职业倦怠之间的关系，以社会工作者主观幸福感及其维度（即生活满意度、积极情感、消极情感）以及职业倦怠总分及其维度（情绪衰竭、去个体化、低个人成就感）作为自变量，以职业稳定性为因变量，以月收入，不同的职业岗位和家人是否支持从事社工行业为控制变量进行多元回归分析。结果见表17，其中，调整后的 R^2 分别是0.325和0.343，模型2中 R^2 变化量是0.322，主观幸福感、职业倦怠和三个变量（月收入，不同的职业岗位和家人是否支持从事社工行业）一共可以解释职业稳定性34.3%的变化，低个人成就感能单独解释职业倦怠总分32.2%的变化。结果显示，在对控制变量进行控制以后，低个人成就感能够显著地预测工作周期。回归模型显示，自变量对因变量解释了32.2%的变异量。

表17 社会工作者主观幸福感、职业倦怠对职业稳定性的回归分析

	模型一				模型二				
预测变量	B	Beta	t	p	预测变量	B	Beta	t	p
(Constant)	3.71		3.597	0.000	(Constant)	14.089		2.871	0.004
月收入1	5.297	0.238	4.871	0.000	月收入1	4.645	0.209	4.228	0.000
月收入2	8.46	0.264	5.453	0.000	月收入2	7.878	0.245	5.036	0.000

续表

	模型一				模型二				
预测变量	B	Beta	t	p	预测变量	B	Beta	t	p
月收入 3	11.908	0.281	6.07	0.000	月收入 3	12.029	0.284	6.104	0.000
支持	3.317	0.139	3.649	0.000	支持	3.491	0.147	3.765	0.000
不支持	-2.903	-0.067	-1.782	0.075	不支持	-2.641	-0.061	-1.621	0.106
职业岗位 1	2.308	0.045	1.212	0.226	职业岗位 1	2.338	0.046	1.231	0.219
职业岗位 2	5.827	0.18	4.283	0.000	职业岗位 2	5.415	0.168	3.984	0.000
职业岗位 3	15.154	0.226	5.769	0.000	职业岗位 3	15.907	0.237	6.028	0.000
职业岗位 4	11.857	0.182	4.462	0.000	职业岗位 4	10.834	0.167	4.062	0.000
职业岗位 5	-0.69	-0.022	-0.549	0.583	职业岗位 5	-0.739	-0.024	-0.59	0.556
					情感衰竭	0.721	0.048	0.953	0.341
					低个人成就感	-2.256	-0.144	-3.336	0.001
					去个性化	-0.598	-0.044	-0.895	0.371
					生活满意度	-0.126	-0.062	-1.353	0.177
					积极情感	-0.076	-0.05	-1.073	0.284
					消极情感	-0.02	-0.015	-0.358	0.720
R^2	0.325				R^2	0.343			
$\triangle R^2$	0.312				$\triangle R^2$	0.322			
F	24.017				F	16.087			
P	<0.001				P	<0.001			
$\triangle F$	2.262								
P	0.037								

九、个人内部影响力对职业稳定性的多元回归分析

以个人内部影响力因素（主观幸福感）为自变量，以性别、年龄、学历、专业背景、从业时间为内部影响力控制变量，以职业稳定性为因变量，进行多元回归分析，结果见表 18，其中，调整后的 R^2 分别是 0.784 和 0.785，模型 2 中 R^2 变化量是 0.782，主观幸福感、其他内部影响力因素一共可以解释职业稳定性 78.5% 的变化。而在模型 1 中，性别（B = 1.384，P < 0.014）和从业时间（B = 0.343，P < 0.001）对职业稳定性具有显著的预测作用，这些变量解释了因变量 78.2% 的变异量。在模型 2 中，控制其他的内部影响力变量之后，主观幸

福感各维度并不能显著预测职业稳定性，自变量对因变量的解释量并没有达到显著性水平。

表 18　个人内部影响力对职业稳定性的回归分析

	模型一				模型二				
预测变量	B	Beta	t	p	预测变量	B	Beta	t	p
(Constant)	3.557		1.364	0.173	(Constant)	2.461		0.865	0.387
性别	1.384	0.051	2.47	0.014	性别	1.381	0.051	2.449	0.015
年龄	-0.122	-0.042	-1.462	0.144	年龄	-0.116	-0.04	-1.392	0.164
学历	-0.823	-0.038	-1.768	0.078	学历	-0.767	-0.035	-1.642	0.101
专业背景	0.178	0.025	1.145	0.253	专业背景	0.163	0.023	1.042	0.298
从业时间	0.343	0.914	32.563	<0.001	从业时间	0.343	0.913	32.461	<0.001
					生活满意度	-0.003	-0.002	-0.062	0.951
					积极情感	-0.038	-0.026	-1	0.318
					消极情感	0.043	0.032	1.5	0.134
R^2	0.784				R^2	0.785			
$\triangle R^2$	0.782				$\triangle R^2$	0.782			
F	364.805				F	228.401			
P	<0.001				P	<0.001			
$\triangle$F	1.013								
P	0.387								

十、个人外部影响力对职业稳定性的多元回归分析

以个人外部影响力因素为自变量（职业倦怠），以家庭支持、月收入、职位为外部影响力控制变量，以职业稳定性为因变量，进行多元回归分析，结果见表 19，其中，调整后的 R^2 分别是 0.262 和 0.271，模型 2 中 R^2 变化量是 0.263，职业倦怠与其他外部影响因素一共可以解释 27.1% 的职业稳定性的变化。而模型 1 中家庭是否支持从事社工（B = -3.813，P < 0.001）、月收入（B = 5.761，P < 0.001）能够显著地预测职业稳定性；在模型 2 中，对控制变量进行控制之后，低个人成就（B = -1.547，P = 0.015）能够显著地预测职业稳定性，变量对因变量的解释量为 26.3%，尽管低个人成就感能够显著地预测职业稳定性，但是其解释量并不高，贡献量的改变并没有达到显著性水平。

表 19 个人外部影响力对职业稳定性的回归分析

	模型一				模型二				
预测变量	B	Beta	t	p	预测变量	B	Beta	t	p
(Constant)	5.301		2.953	0.003	(Constant)	7.779		2.935	0.003
家庭是否支持从事社工	-3.813	-0.196	-5.11	<0.001	家庭是否支持从事社工	-3.633	-0.187	-4.767	<0.001
月收入	5.761	0.451	11.619	<0.001	月收入	5.606	0.439	11.223	<0.001
所在的职位	0.242	0.041	1.047	0.296	所在的职位	0.246	0.041	1.062	0.289
					情感衰竭	0.814	0.055	1.08	0.281
					低个人成就感	-1.547	-0.099	-2.44	0.015
					去个性化	-0.44	-0.032	-0.648	0.517
R^2	0.262				R^2	0.271			
$\triangle R^2$	0.257				$\triangle R^2$	0.263			
F	59.647				F	31.176			
P	<0.001				P	<0.001			
$\triangle F$	2.258								
P	0.081								

第四节 研究结果、总结与启示

一、研究结果

经过实证研究，本研究证实了以下假设：

假设1：社会工作者受年龄、从业时间、家庭支持、职位及月收入等因素影响。

假设3：职业稳定性和低个人成就感呈显著负相关，与职业倦怠总分呈显著负相关。

假设4：社会工作者的职业稳定性受外部影响最大。

假设2："主观幸福感对社会工作者的职业稳定性显著相关"没有被验证，

假设不成立。

二、总结

1. 社会工作者主观幸福感现状较为良好，职业倦怠、职业稳定性现状均为一般

从已有的数据结果显示，社会工作者主观幸福感现状较为良好，对自我的生活、情绪等方面得分都较为理想。社会工作者职业倦怠总分均值为2.80分，小于理论中值3分，说明总体来说社会工作者的职业倦怠并不严重。但职业倦怠均值接近理论值，这必须引起重视，以防社会工作者职业倦怠现状进一步发展。对社会工作者的职业稳定性进行分析时发现，其职业稳定性现状一般。

2. 外部影响力对职业稳定性的影响最大

经调查数据和内部影响力范式分析可知，对于社会工作者的职业稳定性而言，外部影响力对其影响最大，即所有对个人行为施加了影响的外在因素，包括自然和社会的因素等很大程度上影响了社会工作者的职业稳定性。

社会工作者的职业稳定性在不同因素下的影响分析发现，内部影响力中只有从业时间的变量上对其有显著影响，其他因素变量均无明显差异。而在外部影响力中，家庭支持、职位、月收入及职业倦怠均对职业稳定性有着明显的影响差异，这表明要想提高社会工作者的职业稳定性需要从外部影响力方面进行考虑，比如提高社会工作者的工资待遇等一些支持。

本研究中性别、学历、专业背景、主观幸福感等因素对社工的职业稳定性没有显著的影响，其原因可能是本研究的调查对象都是珠三角范围内的社工行业，这样的群体之间的同质性比较高，而这些因素对职业稳定性所能造成的差异性较小，因此没能体现出显著影响。

三、对实践的启示

基于格林豪斯的职业生涯发展理论和内外影响力范式，并根据本书的研究发现，要提高社会工作者的职业稳定性，就要提升社会工作者内外部影响力（特别是外部），因此下面主要从提升外部影响力入手：

1. 不断完善薪酬待遇体系

在调查中有数据显示，接近一半（49%）的社会工作者有计划转行，其中转行理由是因为薪酬待遇低占到92%、社会认知度低也占到了45.7%。还有另一组调查离职社工（103名）的数据明显也可以知道，有56.3%是因为工资待

遇问题毅然选择了离开社工行业。对于社会工作行业来说，建立一个合理的薪酬体系是至关重要的事情。因为从薪酬待遇上可以很直观地看出机构的现状、个人能力以及社会认同度。而对于个人来说，薪酬的高低影响到了社会工作者的工作积极性，加薪具有极好的激励作用。从目前珠三角地区社会工作的发展现状来看，流失率高，薪酬待遇低，这些问题严重阻碍了社会工作行业的发展。因各城市的经济发展水平存在差距，地区发展不平衡，所以薪酬问题在某些非一线城市尤为凸显。而社会工作者不满意自己的薪酬待遇，很容易导致他们有消极情绪以及离职率的增加。因此政府层面需要提高社会工作者的收入水平，并且形成一致的薪酬标准。可以根据岗位的特殊性与个人特点，区分薪酬待遇水平。总之，要保证至少同工同酬，这样就不会有较大的落差，幸福感也会增强，对自身和行业发展都抱有热情和希望。

2. 建立激励机制，营造有特色的机构文化

激励的内涵是能够触发机体内在动力，促使个体发挥其主观能动性和创造性，更好地实现项目目标的行动过程。社工职业倦怠现象也可能来自制度激励的缺失。有时，一点小小的激励就能激活社工的积极心态，这是他们从积极或消极的方向减少消极情绪的有效途径。有两种常见的激励方法。一是外部激励，如加薪、表扬、表彰等。二是内部激励，如工作成功的成就感、领导的表扬和同事的认可。合理结合内外部激励，挖掘员工个人潜能，激发正能量。

在社会责任的光环下，我们应该为社会提供高质量的专业服务，体现不同的组织文化特征。社会工作机构要特别重视文化建设，每个机构群体都要有自己独特的文化特色。这种文化能够反映制度发展的重点，突出制度的核心部分，增强制度的影响力和社会的吸引力。在日常工作中，社会工作机构的管理者要进行详细的角色示范，自觉引导员工形成自己的组织文化。包括宣传口号的积极性、工作手册的吸引力、价值观的正能量宣传等，还要广泛开展文化宣传活动，实现这一目标，包括社区文化宣传、自媒体宣传、公益活动等。

3. 加强对社会工作者的家庭互动，增加家庭对社会工作者的支持

社会工作者作为提供服务的一方，很少关注到自己的需求是否被满足。因此有机构出面，建议多一些举办社会工作者与其家属的团体活动，一来可以让其家属了解其工作环境等情况，二来促进其与家属的沟通与交流。比如策划一些主题式活动、年会聚餐以及小组等，或者有一些开放式活动，可以让社会工作者家属更直观地了解其工作，了解这份职业的价值与意义，提升其对该职业的认同度与认知度。对于社会工作者而言，最大、最有力的支持莫过于其家属的无条件支持。如果能得到家属的支持，不仅能提高社会工作者的职业稳定性，

也能减轻来自家庭方面的压力，可以全身心投入工作。

4. 重视社会工作者的个人学习与成长，重视行业内的交流

根据格林豪斯的职业生涯“五阶段理论”可知，本次调查者的年龄集中在24—40岁左右，正处在自己的职业生涯初期。在这个阶段的人，其主要的任务就是需要不断学习职业技能，提高自己的工作能力，主要需求就是自身能够得到成长与发展。这个阶段对每个人来说都尤为重要，一旦人的需求没有得到满足，其职业发展必然受到限制。而对于社会工作者而言，这个阶段不仅需要为社会工作者提供培训学习，也要满足社会工作者职业生涯初期学习职业技术的需求。否则社会工作者的职业发展会停滞不前，进而整个社会工作行业的职业稳定性必然处于极其不稳定的状态。

近几年，社会工作行业发展迅速，而社会工作者的各个领域也都在不断优化与创新。对于每个行业而言，行业内每个人的发展与成长都离不开所在行业的发展，因此行业内需要交换信息、交换经验，一人胜利并不代表整个团队的胜利。因此社会工作行业亦是如此，重视与行业内的交流与分享。建议每隔一段时间，参观学习一些优质的项目点，学习吸收这些项目的优点，并将其融入自己的工作中，提升自身能力并收获自豪感与价值感。鼓励社会工作者将工作上的专业思考与经验发表到行业内知名的公众平台，并根据影响力给予激励资金，一来提升社会工作者的文书能力，二来促进行业内的信息交流，三来激励社会工作者努力工作。

参考文献

[1] 白新睿．大学生社工队伍建设的对策研究——从大学生社工现状与需求调查谈起［J］．职教论坛，2010（25）．

[2] 陈海平．当前青年就业群体的职业稳定性问题研究——以高校毕业生就业群体为例［J］．中国劳动，2014（06）：4－7.

[3] 陈劲松，陈洪江，南燕．北京市社会工作专业人才现状调查及其对策研究［J］．社会建设，2017，4（02）：36－44.

[4] 陈帅帆．江西省上栗县乡镇卫生院医生的职业稳定性研究［D］．华东政法大学，2018.

[5] 付瑶．深圳市中小学体育教师职业倦怠与主观幸福感的关系研究［D］．广西师范大学，2018.

[6] 耿玉平．幼儿教师主观幸福感与职业倦怠的关系研究［D］．内蒙古师范大学，2013.

[7] 韩飞．社会工作者职业倦怠的研究——以深圳、东莞为例［D］．中南民族大学，2013.

[8] 洪泸敏，王静，刘俊昌．新常态下珠三角企业购买社工服务的实践探索——以CX企业为例［J］．广东青年职业学院学报，2018，(2)：75-80.

[9] 洪少华，陈雪萍，张英，傅圆圆．浙江省养老机构护士的职业现状及职业稳定性研究［J］．健康研究，2019，39（01）：17-20.

[10] 黄伟．社会工作者职业耗竭现状及其影响因素研究——基于安徽合肥、芜湖100名专职社工的调查［J］．宁波广播电视大学学报，2014，12(03)：75-79.

[11] 黄文斌．上海市浦东新区社会工作者职业倦怠研究［D］．华东理工大学，2011.

[12] 黄云．社区医生职业倦怠及其影响因素研究［D］．南京医科大学，2011.

[13] 李欢．实务社会工作者职业倦怠研究［D］．华中师范大学，2011.

[14] 李静静．社会工作者职业倦怠评量、因素鉴别与干预策略研究［D］．华中师范大学，2014.

[15] 李茂强，薛清榕．职业倦怠对社会工作的影响［J］．学理论，2013(12)：95-97.

[16] 李明军．中小学教师工作家庭冲突、职业倦怠与生活满意度的关系［J］．中国健康教育，2015，31（09）：830-832+845.

[17] 李晓凤，张强，马瑞民．吸毒人员的现状及禁毒社会工作介入探究——以珠江三角洲地区为例［J］．社会工作，2014（6）：108-115.

[18] 李学会．社会工作者的职业流动：研究现状与扩展方向［J］．社会工作与管理，2016，16（02）：70-77.

[19] 李艳丽．公立医院医生工作满意度与稳定性量表的编制［D］．潍坊医学院，2007.

[20] 李永鑫，白杨，李慧民．工作倦怠的测量与诊断［J］．河南职工医学院学报，2004（04）：349-351.

[21] 李悠．农村幼儿教师职业倦怠的特点及其与主观幸福感的关系［D］．山东师范大学，2012.

[22] 李志，谢朝晖．国内主观幸福感研究文献述评［J］．重庆大学学报(社会科学版)，2006（4）.

[23] 林佩云，曾雅丽，余明．关于珠三角地区社会工作发展的思考［J］．

中国校外教育，2010（08）：9－10.

[24] 林赞歌，连榕，邓远平，林荣茂. 制造业员工社会支持、职业倦怠与生活满意度的关系 [J]. 心理与行为研究，2017，15（01）：108－112.

[25] 刘江伟. 对工作倦怠理论的研究综述 [J]. 东方企业文化，2010（5）.

[26] 刘文嘉. 深圳一线社工职业倦怠表现及解决途径探索 [D]. 南京大学，2015.

[27] 刘欣. 高校中青年教师的职业稳定性研究 [J]. 社会学研究，1995（6）：67－75.

[28] 陆飞杰. 上海社会工作者的离职原因探析——基于50位社工的访谈 [J]. 社会工作（学术版），2011（11）：82－84＋60.

[29] 陆飞杰. 社会工作者职业倦怠状况的调查与分析——以上海为例 [J]. 社会工作与管理，2016，16（2）：40－47.

[30] 莫建臻，卓彩琴，黄凯利，向安强. 再论珠三角"代耕农"问题的社会工作干预 [J]. 广东农业科学，2012，39（2）：172－175.

[31] 彭岚. 青少年事务社会工作者职业倦怠现状与对策的研究 [J]. 上海青年管理干部学院学报，2007（4）：16－19.

[32] 彭盛福. 内地社工人才流失问题的原因与对策 [J]. 中国社会工作，2018（31）：62.

[33] 邱旖旎. 深圳市社会工作人才流失问题探究 [D]. 郑州大学，2016.

[34] 任云霞. 社会工作者的职业倦怠状况的调查——以深圳社工为例 [J]. 北京科技大学学报（社会科学版），2013，29（2）：40－45.

[35] 沈黎，刘林，刘斌志. 社会工作者的职业倦怠与组织承诺状况研究——以上海青少年事务社会工作者为例 [J]. 青年探索，2011（3）：48－53.

[36] 石孝华. 社会工作专业人才流失现象研究 [J]. 改革与开放，2011（1）.

[37] 石亚，史天琪. 社会支持视角下社会工作者职业倦怠研究 [J]. 社科纵横（新理论版），2013，28（1）：150－152.

[38] 史洪波. 社会工作者的职业流动研究 [D]. 华中农业大学，2013.

[39] 帅小龙. 民办社工机构社工人才流失问题研究 [D]. 四川省社会科学院，2013.

[40] 宋健，白之羽. 城市青年的职业稳定性及其影响因素——基于职业生

涯发展阶段理论的实证研究［J］．人口研究，2012，36（6）：46－56.

［41］苏丽西，何静，陈英，刘桂瑛，欧阳明月．综合医院护士心理健康与职业倦怠、离职倾向研究［J］．广西医学，2015，37（1）：130－131.

［42］孙龙，风笑天．青年白领的职业稳定性及其影响因素——对武汉H证券公司620名青年的调查研究［J］．青年研究，2000（7）：10－16.

［43］孙铁．西安市一线社会工作者职业倦怠研究［D］．西北大学，2015.

［44］唐梦琦，邹文爽，曲海英．护理人员职业倦怠特点及其与主观幸福感的关系［J］．中国健康心理学杂志，2016，24（1）：40－44.

［45］唐倩倩．上岗社工主观幸福感的实证研究［D］．中南大学，2011.

［46］王小春，甘怡群．国外关于工作倦怠研究的现状述评［J］．心理科学进展，2003，11（5）：567－572.

［47］王晓春，甘怡群．国外关于工作倦怠研究的现状述评［J］．心理科学进展，2003（5）：567－572.

［48］卫利珍，王静．广东省社会工作者工作满意度及影响因素研究［J］．社会工作与管理，2014，14（3）：41－46.

［49］徐勤超．珠江三角洲社会工作发展模式探讨［D］．华中师范大学，2012.

［50］徐思源．成都市一线社工职业倦怠调查研究［D］．西华大学，2017.

［51］颜彦洋．社会工作者的职业倦怠研究综述［J］．经济与社会发展，2012，10（12）：112－114.

［52］叶炜杰，王毓君，茆广绪，冯玉娟，谢红卫．衡阳市社区医务人员组织承诺、职业倦怠与离职意愿关系的研究［J］．实用预防医学，2017，24（10）：1274－1276＋1281.

［53］尹观海，欧阳承德，陈新，方燕红，陈佳．留守儿童的主观幸福感及其影响因素研究［J］．江西广播电视大学学报，2018，20（4）：56－61.

［54］于学文，杨欣．农民工职业稳定性影响因素分析——基于沈阳市的抽样调查［J］．农业经济，2017（12）：120－121.

［55］张大维，郑永君，李静静．社会环境、社会支持与社会工作者的职业耗竭——基于广深莞汉100名专职社工的调查［J］．中州学刊，2014（02）：79－84.

［56］张慧娟．社会工作者职业倦怠的原因及应对措施［J］．管理观察，2018（16）：101－103.

［57］张吉．高校教育管理者主观幸福感与职业倦怠的相关因素［J］．吉

林省教育学院学报（下旬），2015，31（5）：10－11.

［58］张利萍．专业社会工作者的职业变动研究［D］．山东大学，2012.

［59］张鑫．幼儿教师职业倦怠、职业认同和生活满意度的相关研究［D］．河北师范大学，2013.

［60］张志刚，孙娜，韩元平，孟娟娟，赵丹，韩梅．咸阳地区医务人员职业倦怠与职业稳定性现状［J］．职业与健康，2018，34（14）：1891－1895.

［61］赵崇莲，苏铭鑫．职业倦怠研究综述［J］．宁波大学学报（教育科学版），2009，31（4）：65－69.

［62］赵南．青少年事务社会工作者职业倦怠影响因素及对策研究［D］．中国青年政治学院，2017.

［63］朱君．初中教师主观幸福感与职业倦怠的关系研究［D］．苏州大学，2017.

［64］竺幸波．离去与回归：推拉理论视角下的社工职业流动［D］．华东理工大学，2015.

［65］左梦珍．社会工作者职业流动特点及过程研究［D］．山东大学，2019.

［66］SANCHEZ－MORENO E，GALLARDO－PERALTA L P，RODA A B L，et al. Burnout，Informal Social Support and Psychological Distress among Social Workers［J］. British Journal of Social Work，2015，45（8）：2368－2386.

［67］FARBER B A. Treatment Strategies for Different Types of Teacher Burnout［J］. Journal of Clinical Psychology，2000，56（5）：675－689.

［68］FELDMAN C B，BRONDOLO E，DAYAN D B. Sources of Social Support and Burnout，Job Satisfaction and Productivity［J］. lournalF Dayan，of Occupational Health Psychology，2002（7）：2.

［69］GLEASON－WYNN D. Improving Job Satisfaction Retention among Nursing Home Social Workers［J］. Brown University long－term care quality letter，1995，7（3）.

［70］HERRICK J，TAKAGI C Y，COLEMAN R，et al. Social Workers Who Left the Profession：An Exploratory Study［J］. Journal of Sociology & Social Welfare，1983（1）.

［71］IARSKAIA－SMIRNOVA E，ROMANOV P. "A Salary is not Important Here"：The Professionalization of Social Work in Contemporary Russia［J］. Social Policy & Administration，2002，36（2）：123－141.

[72] WERMELING L. Why Social Workers Leave the Profession: Understanding the Profession and Workforce [J]. Administration in Social Work, 2013 (4).

[73] LLOYD C, KING R. A Survey of Burnout among Australian Mental Health Occupational Therapists and Social Workers [J]. Social Psychiatry and Psychiatric Epidemiology, 2004, 39 (9): 752-757.

[74] CHILLER P, RCRISP B B. Sticking Around: Why and How Some Social Workers Stay in the Profession [J]. Practice, 2012, 24 (4): 211-224.

引导语：

社会工作者需具备专业的服务能力，才能有效地推进项目发展，解决服务对象和社区问题。因此，通过安排社会工作督导以持续提升社会工作者在个人、人际和社会层面的能力显得尤为重要，但这些能力是否得到了切实的提升，值得关注和探讨。本章以赋能理论为专业视角，分析佛山Q镇社工项目的专业支持情况，发现专业能力提升受到项目进程的影响，获得提升的层面各不一样。为确保社会工作者获得个人能力提升，社工专业支持的内容需要满足专业价值观、案例经验、专业理论、专业技能、集体行动五个方面的赋能要素。

第五章

社会工作能力建设：赋能理论视角下的社工专业支持研究

佛山市南海区社工委为落实2018年区政府工作报告中“探索建立党组织统筹的新型社会动员体系”任务，制定了南海区试点建立新型特色社会动员体系工作方案。在本社会动员体系中，社工在其中充当着枢纽性的角色，通过专业服务调动社区中的多元主体参与社区建设。本书基于该社会动员体系中，南海区Q镇社区项目社工的已有专业支持进行研究，通过探索其内容与效应，为南海区如何对社区动员项目社工提供行之有效的专业支持，提供一些可参考的建议。

在南海区的30个社会动员体系试点社区中，有6个社区是位于Q镇的，该6个社会动员试点社区项目，在本书中统称Q镇社区动员项目。本研究以Q镇社区动员项目为例，对Q镇内一共6个社区动员项目所得社工专业支持及效应进行研究，探索已有社工专业支持能否满足社工在各领域的社会服务工作需求（参见表1）。

表1　试点社区基本情况表

社区	社区类型	驻点社工人数	服务项目类型	项目阶段
甲社区	城市社区	1	志愿者服务	中期
乙社区	村改居社区	2	党群关系服务	中期
丙社区	村改居社区	2	长者服务、青少年服务	初期
丁社区	村改居社区	1	志愿者服务	末期
戊社区	农村社区	1	长者服务	中期
己社区	农村社区	1	志愿者服务、家庭服务	中期

第一节 社工专业支持形式、内容与效应：赋能理论视角下的分析框架构建

一、能力提升与项目辅助：社工专业支持的两种类型

《辞海》对专业的解释有三个：一是在教育上，指高等学校或中等专业学校根据社会专业分工的需要设立的学业类别。各专业的教学计划，体现本专业的培养目标和要求。二是产业部门中根据产品生产的不同过程而分成的各业务部分。如：专业分工；专业生产。三是专门从事某项职业的。如：养蜂专业户；专业文艺工作者。可见专业一词是有指向性和界限的，带有特定学科和行业特质。支持，“支”做“撑；支撑”讲。王通《文中子·事君》：“大厦将颠，非一木所支也。”“持”是支撑；支持。《淮南子·主术》：“十围之木，持千钧之屋。”张衡《东京赋》：“西朝颠覆而莫持。”可见支持是为发展所提供的有利帮助。由此，专业支持指客体为了促进某专门领域的个体自身发展，或促进某专门领域活动的进展，而运用对应学科知识来对个体采取的积极措施、提供的专门帮助。

研究者通过在CNKI搜索文献，通过文献综述整理，了解更多关于专业支持的内涵界定。唐科莉（2018）认为“专业支持计划”旨在提高看护人员的专业水平，进而提高看护质量，提出专业支持计划应针对有经营许可证的看护机构，通过提供双语培训、专业培训和资源库支持等，提高看护人员的专业能力。常耀中（2016）研究发现高校通过跨学科合作来为创客空间提供专业支持，给创新创业教育培训提供各类专业化指导和培训。邱光军（2018）认为小学生校园新生活的专业支持，是要建设一支高素质的班主任队伍，提高班主任研究学生的能力，增强班主任引领学生成长的能力，培养班主任开展主题活动的基本功。由此可见，专业支持是客体为了促进某专门领域的个体自身发展，而对个体提供的培训等积极措施。

靳建设（2016）认为教研的基本职能是研究、指导、服务、管理、测评，为教育改革发展提供专业支持和智力支撑。郭晋龙（2018）认为事务所应为审计人员在实践过程中安排有经验的合伙人进行现场和非现场的专业支持和指导。李志杰（2018）认为图书馆经典阅读推广专业支持系统的核心内容，是科学地解决经典阅读中普遍存在的诸如“读什么，怎么读”的困难。李拉（2013）的

研究发现普通幼儿园在学前融合教育的实践中缺乏有效的专业支持，提出以巡回指导，即定期或不定期深入学校提供指导、咨询与帮助的方式，根据不同需求灵活安排相对应的经验丰富的专业指导者，为教师提供直接的专业支持。王红霞（2018）研究认为，当资源教师未能解决学生问题时，由巡回指导教师给予指导或直接干预，辅助资源教师开展工作。从这些研究来看，专业支持是客体为促进某专门领域活动的进展，对个体提供的指导、干预等辅助内容。

综上所述，专业支持指客体为了促进某专门领域的个体自身发展，或促进某专门领域活动的进展，而运用对应学科知识来对个体采取的积极措施、提供的专门帮助。

那么，如何理解社工专业支持呢？张晓琴（2015）从社会工作专业人才培养角度，认为在高职院校社会工作人才培养中，有必要建立学生的专业支持网络。李蓉（2014）提出社会工作机构应提高机构督导工作的水平，确保督导工作既要系统化，还应该能够及时跟进，为专业社会工作者提供不可或缺的专业支持。韩潇霏（2014）提出基于对社工的专业支持，社会工作机构可以为受挫的工作者提供个案、小组服务。王宇宁（2014）认为应该为社会工作者提供专业成长与给予专业支持，具体包括行业协会建立健全评估机制与加强机构间交流协作、社工机构内部自身建设和人性化管理、深化社工机构文化与社会工作者专业价值观、提升社会工作者专业理论与实务技能。

从已有的社工专业支持研究成果，结合专业支持的概念定义，可以对社工专业支持做出如下界定：社工专业支持是外部为了促进社工自身服务能力、意识的提升，或促进社会服务项目的顺利执行，而运用对应学科、行业知识来对个体采取的积极措施、提供的专门帮助。表 2 是对社工专业支持概念界定的描述。

表 2　社工专业支持概念界定描述

概念	界定	内涵
社工专业支持	能力提升	行动目标侧重于社工个人专业能力、服务意识的提升，由此出发的从外部对社工进行的培训、研修等具有学科、行业特性的行动
	项目辅助	行动目标侧重于促进服务、项目执行的顺利开展，由此出发的从外部对社工采取的督导、指导、交流等具有学科、行业特性的行动

二、赋能理论视角下的社工专业支持内容与效应分析框架

近30年来，“赋能”（empowerment/empower）自引入中国，被翻译成增权、充权、激发权能、强化权能等。除此之外还有赋权、赋能、培力等翻译。赋能理论是由权力（power）、无权（powerlessness）和去权（disempowerment）等概念建构起来，而权能是增权的核心概念，学者们对“权能”有不同的看法。Pinderhughes（1983）认为“权能”是一种能力，可以掌控自己生活空间与发展的各种有利动力，而凡是会阻碍个人对自己生活空间行使决策或自我控制的机会就是缺乏权能。陈树强（2003）进一步认为，这种能力不仅表现为客观存在，而且表现为人的主观感受，即权力感。无权也不单是指人们缺乏能力或资源，同时亦是指人们会通过一种内化过程，形成一种无权感。Robert（2013）认为权力可能作为一个人内部的某种能力或者激励因素而被其自身体验，这包括我们运用我们能力和技巧的方式，这代表了一种个人的资源积累或者各种资源的资本。

Solomon（1976）将赋能定义为：降低或消除个体因作为被污名化的团体的成员而遭受的无权（powerlessness）状态为目的的一系列活动。赋能要找出导致此问题的直接权力阻碍（directpowerblocks）和间接权力阻碍（indirectpower-blocks），进而实现消除无权的目的。个体必须获得并使用资源以实现个人目标，而团体和社区必须实现集体目标。直接权力阻碍因素包括缺少资金和政治支持（politicalsanctions）。赋能的视角强调个人的主观能动性和潜能，强调个人有能力、有机会为自己的生活做出决定，并采取行动。同时，赋能的核心是通过提供资源以及培养知识和能力，使个人能力从被动的弱者变成主动的强者。

研究者在CNKI上搜索对社工进行赋能的相关文献，发现历年来都有学者对社工发展环境或服务中的困境，提出需要对社工进行赋能，以提升社工服务效果。

顾江霞，罗观翠（2009）将自我赋能分为三个层次，并提出在社会工作专业社会认同度低的情况下，社工实习生需要努力拓展社工发展空间，争取资源自我赋能。

潘海敏（2014）认为对社会工作者的保护机制缺失或不完善，直接或间接影响着他们社会工作者角色的扮演和各类功能作用的发挥，因而需要为社工赋能。

聂雪涛（2014）的研究认为，残疾人社会工作者面对严格的专业要求和巨大的身心压力，其自身迫切需要赋能来更好地完成工作，并提出残疾人社会工

作者的赋能需要外界赋能以及自我赋能两种方式。

2017 年，无锡市梁溪区社会工作协会针对未经过社会工作专业教育的持证社工，专门设计了“梁溪定制”工作者赋能培训计划，为梁溪区 300 名在职持证社会工作师，通过 10 多次活动为社工赋能，强化他们的专业技能和理论知识。

杨凤（2018）的研究发现，面对“专业区隔”的状况，医务社工立足于自我赋能，主动改变介入医疗系统的策略和方式，逐渐在医疗系统这一客体获得了部分认同、接纳和肯定，在专业主体上也获得了宝贵的、成功的“有一些能”的角色认知。

任海卫（2018）认为，在社会工作者带着个案的问题来寻求督导时，督导首先也需抱着同样的心态，带着赋能的动机去进行督导，相信社会工作者有能力去面对眼前的困难。

李学斌（2018）针对社会工作服务项目主管能力不足的问题，通过运用赋能视角，提出社会工作服务项目主管培养体系等提升能力的途径，为社会工作服务项目主管赋能。

蒙艺、杨轶（2019）对 16 家社会工作机构 110 名社会工作者进行研究，发现社会工作组织主管的赋能领导正向影响社会工作者的心理资本，认为社会工作组织领导肩负着帮助社会工作者构建和发展工作能力的重要任务，授权赋能的领导行为有助于完成这一重要任务。

历年来对社工赋能的研究，呈现出了从社工实习生到专业社工，再到对社工管理层进行赋能的要求这样一种逐渐深入的趋势。这说明，作为助人者的社工同样需要进行赋能，以帮助自己走出服务困境，更好地为服务对象提供专业服务，顺利执行项目。

Lee（2001）的观点认为，赋能在实践的目标就在于协助案主赋能自己从压制性的生活之中走出来，赋能的实践干预可以分为三个层面：第一层面是案主与社工建立合作关系，第二层面是教导技巧和知识，第三层面是集体行动。这是社工对服务对象的常用赋能内容，但从社工所得专业支持的具体形式和内容出发，研究者认为古铁雷斯、帕森斯和考克斯（1998）所提出的赋能过程构成要素，作为对社工赋能内容的研究，要更为合适。

古铁雷斯、帕森斯和考克斯（1998）援引许多学者的观点指出，要想达到赋能必须经过一个过程，而以下 4 项则是这个过程的重要构成要素：

第一，态度、价值和信念。促进为自己行动的自我感、自我价值的信念和控制感，这些关于自我效能的信念会影响赋能的过程。

第二，通过集体的经验加以确认。在集体经验中，自我和他人认识到共享的经验。这种认识可以促成集体的观点，进而减少自责、增加寻找个人失败以外的其他原因、产生共同的命运感和提升意识。集体经验可以鼓励个人超越个人层面，而在其他的系统之上来看待改变。

第三，批判性思考和行动的知识与技巧。通过互相分享和支持，个人可以批判性地思考问题的内在和外在方面。他们可以确认宏观层面上的结构及其影响，探索如何获得他们的价值、信念和态度，以及他们的这些价值、信念和态度如何影响的问题。日益增加的权力包括学习批判性的思考、学习如何获得信息和采取行动、实际采取行动和评估结果。

第四，行动。通过反思性的行动（实践），个人可以发展行动策略，并培育影响内在和外在结构所必需的资源、知识和技巧。在心理上，他们学习承担其行动的责任。在行为上，他们变得愿意并能够和其他人一道行动，以实现共同目标和社会改变，以及影响这些行动和向这些行动学习。

古铁雷斯、帕森斯和考克斯（1998）认为，虽然这4个构成要素是赋能所必须的，但它们之间并没有直线性的联系，作为工作的一个起点，它们任何一个都不比其他的更重要。

研究者综合以上的观点，认为通过专业支持对社工的赋能主要集中在以下五个方面：一是价值信念，二是集体经验，三是批判性思考的知识，四是行动的技巧，五是行动。以此作为赋能理论视角下，社工专业支持内容的分析维度。

Lee（2001）提出，赋能可以在三个层次进行，一是个人层次，个人感觉到自己有能力去影响或解决问题；二是人际层次，个人与他人合作促成问题解决的经验；三是政治层次，也称社会层次，能够促成政策或政治层面的改变。这三个层次对应到对社工的赋能中，即社工在接受专业支持后，在个人层次，社工个人感觉到自己有能力去影响服务对象，解决服务对象的问题；在人际层次，社工可以与同工、志愿者、服务对象一起合作，去解决服务中遇到的困难；在社会层次，社工可以推动社区甚至社会的改变，做出对社会福利的政策倡导。本研究以该三个层次，作为对社工专业支持效应的分析维度。

综上所述，赋能视角下对社工专业支持的分析研究，研究者构建出了赋能型社工专业支持的分析框架，详见表3。

表3　赋能型社工专业支持分析框架

主要维度	子维度	内涵
社工专业支持内容	价值信念	指导社工专业行为和认知活动的专业价值观，肯定社会正义、服务、个人价值与尊严、人类关系重要性、社会团结的看法
	集体经验	通过收获与目前所遇困境类似的集体案例经验，减少社工的无助感，产生共同命运感，提升改变的意愿
	批判性思考的知识	通过学习解决问题所需的理论知识，社工能够批判性地思考问题的内在和外在成因，并探索解决方法
	行动的技巧	通过学习解决问题所需的技能，社工探索已有价值观对环境的影响，学习如何获得信息和采取行动解决问题
	采取行动	通过反思性的实践，社工培育解决问题所需的资源、知识与技能，与他人一同行动以实现共同目标
社工专业支持效应	个人层次	社工个人感觉到自己有能力去影响服务对象，解决服务对象的问题
	人际层次	社工可以与同工、志愿者、服务对象一起合作，去解决服务中遇到的困难
	社会层次	社工可以推动社区甚至社会的改变，做出对社会福利的政策倡导

第二节　专业支持形式：Q镇社区动员项目案例分析

通过对文献资料和访谈资料进行整理，研究者发现Q镇社区动员项目社工主要得到了9种形式的专业支持，按照能力提升与项目辅助两个类型进行分类，具体如下。

一、能力提升类专业支持

在能力提升中，社工们得到了南海区社会动员体系社工专题培训班、Q镇社工服务年度总结会、Q镇社工大讲堂、外地研修班、机构内部培训5种形式的社工专业支持，具体内容与获得情况如下。

（一）南海区社会动员体系社工专题培训班

Q 镇的所有社区动员项目社工，都参加了南海区社会动员体系社工专题培训班。该培训班由区社工委统筹，对驻社区社会工作者提供培训。培训旨在提升社区党组织的社区发展规划能力、社区社会组织的孵化能力、社区议事协商机制的构建与运行能力；提升驻社区社会工作者的统筹能力、政策分析理解能力、需求分析能力；提升社区社会组织骨干团队建设能力、方案设计能力、专业服务能力。

（二）Q 镇社工服务年终总结会

甲社区、丙社区的项目社工参加了 Q 镇社工服务年终总结会。2019 年 1 月 25 日下午，由镇社会工作委员会指导支持，镇社会服务联合会联合镇乡创益中心，举办了 Q 镇社工服务年终总结交流会暨社工学院 2019 启动仪式。交流会与会人员由镇社工委、镇社联、Q 镇社会服务机构社工代表组成，共 27 人出席活动。

（三）Q 镇社工大讲堂

丁社区、戊社区的项目社工曾参加过镇内的社工大课堂培训。为提升 Q 镇社工的专业素质和服务质量，营造团结共融、知识共享、和谐共进的社会服务氛围，2016—2017 年，镇创益中心联合镇社联开设“Q 镇社工大讲堂”项目，邀请高校教授、资深督导、领域主题研究者等组成讲师团助力社工能力提升。除了采用传统 PPT 讲授知识之外，还辅以现场实操体验、情景模拟、经典案例分析等多元化形式，力求用简单易懂的方式让社工最大程度地掌握专业知识和实务技巧。

（四）外地研修班

丁社区的项目社工有主动出去参加专业机构组织的外地研修班，前往广州、香港参加研修交流，以提升自己的专业服务能力。社会工作研修班内容主要包括参访当地社会服务机构和学习当地社会组织经验两个部分，研修主要目的是了解当地民众慈善意识、当地社会工作认可度，学习当地社会工作服务模式。

（五）机构内部培训

在丙社区驻点服务的社工机构，在 2018 年 7 月，针对当时新入职的社工进行了文书类的培训。培训讲师为机构内从事社会服务满五年的本土督导，培训内容为项目计划书撰写。因为是针对机构限定员工的培训，所以具体的培训时间也是在询问新入职的社工之后，选取最合适的时间自愿参加。培训课程一共三节，从项目计划书书写的前期准备、正式撰写、后期完善三个方面对社工进行培训与经验分享。

二、项目辅助类专业支持

在项目辅助中，社工们得到了社工机构督导、顾问团导师指导、南海区社工委定期走访、职业共同体经验交流4种形式的社工专业支持，具体获得情况如下。

（一）社工机构督导

社会工作督导具有行政、教育和支持三大功能。所谓行政功能，是机构行政人员通过招募、分配工作、工作监督和协调控制，促使下属认同机构并有效地完成工作任务。所谓教育功能，是督导者对被督导者完成任务时所需的知识与技能给予指导，协助被督导者实现专业上的发展；所谓支持功能，是督导者向被督导者提供心理和情感上的支持，促使被督导者感到自我的重要性与价值感，让被督导者能轻松面对工作。

（二）顾问团导师指导

2017年10月，南海区社工委出台《南海区社会建设顾问团工作细则》，组建了一支30人规模的南海区社会建设顾问团，包括高校讲师以上的青年学者、参与社会服务五年以上的一线实务工作者、街道办事员、传媒行业编辑、事务所合伙人律师等各界人士。南海区社会建设顾问团成员可自愿报名担任社会动员导师，介入社区面临的重点问题，研发解决路径，为社区提供智力支持，还可与自身研究兴趣结合，全过程参与社会动员过程，开展实证研究。

（三）南海区社工委定期走访

区社工委定期走访试点社区，对社区的动员工作做出指导，对优秀经验进行总结提炼，上报区委及上级相关部门。走访指导以会议的形式进行，会议人员由区社工委、镇社工委、社区领导、社区两委干部、社区社工五部分构成。会议内容由社区领导讲述社区情况、区社工委给予指导意见、社区与社工委协商讨论、区社工委总结会议成果四个部分组成。如果顾问团导师时间允许，也会邀请顾问团导师参与走访会议，并加入导师的意见指导部分。

（四）职业共同体经验交流

共同体是社会学中的一个概念，其含义基本上可分为两类：一类是功能主义的观点，认为共同体是由共同目标、共同利害关系的人组成的社会团体；另一类是地区性观点，认为共同体是在一个地区内共同生活的有组织的人群（李后龙，2007）。苗秀芝等（2017）认为，通过构建共同体，能摆脱员工孤军奋战的工作现状，扭转自我认同低的价值取向，改善职业归属感淡薄情感体验，放缓“一味赶时间”的工作节奏，从而达到提升职业幸福感的效果。在Q镇范围内进行社会工作服务的社工们，共同构建了Q镇的社工职业共同体。

综上，根据一手资料进行分析得出，Q镇所有社区动员项目的社工都得到了南海区社会动员专题培训班支持，另外也各自获得了其他形式的社工专业支持。所有社区动员项目的社工，都得到了能力提升类和项目辅助类专业支持。Q镇社区动员项目社工一共获得了5种形式的能力提升类专业支持，4种形式的项目辅助类专业支持（参见表4）。

表4　已有社工专业支持形式及获得情况

社工专业支持 / 项目所属社区	能力提升					项目辅助			
	南海区社会动员专题培训班	Q镇社工服务年度总结会	Q镇社工大讲堂	外地研修班	社工机构内部培训	社工机构督导	区顾问团导师指导	区社工委定期走访	职业共同体经验交流
甲社区	○	○				○			○
乙社区	○					○		○	
丙社区	○	○				○			
丁社区	○		○	○			○		○
戊社区	○		○				○	○	
己社区	○				○	○			○

注：标○指社工有获得该形式的社工专业支持，无标记指社工未获得该形式的社工专业支持。

第三节　社工专业支持内容与效应：赋能理论视角下Q镇社区动员项目案例分析

已知Q镇的社区社会动员项目社工已经得到了能力提升类与项目辅助类专业支持，研究者采取赋能理论视角，对社工专业支持的内容与效应进行分析。

一、社工专业支持内容

根据古铁雷斯、帕森斯和考克斯（1998）的研究，要想达到赋能必须经过一个过程，而构成这个过程则有四项重要要素。通过对前人的研究进行拓展，专业支持对社工的赋能内容主要集中在价值信念、集体经验、批判性思考的知识、行动的技巧、采取行动五个要素。

1. 价值信念

社会工作学者高登斯坦认为社工是“价值注满的个人”，价值伦理是社会工作存在和定义的重要基础，是社会工作技巧的支撑。社会工作专业培养的是“助人自助”的社工，特别强调社会工作价值和伦理。对社工来说，自我价值信念的主要体现，就在于社会工作专业价值观上。

（1）能力提升类专业支持

在能力提升类专业支持方面，基本以理论和技巧的培训内容为主，没有涉及社会工作专业价值观的培训。而纵观整个能力提升类专业支持，内容和时间安排是出于专家的时间方便，而不是按社工的接受度去设计的。

我对区社工委这个社区动员的课程真的有点建议，它的课程要么密得不得了，每个星期都有课，要么就三个月都不开课。实在太不科学了。有段时间课程安排实在太密了，上得很厌倦。当你有很厌烦的情绪在的时候，你就变成了纯粹去打卡而已。(C07)

以南海区的社会动员专题培训班为例，课程的时间安排为约每周一节课，课时最紧凑的一周有两节。8 月份培训课程结束之后，除去 9 月份的实地走访，该培训系列课程就告一段落，之后未有再开展。匆忙参与课程的社工被迫在短时间内接收大量的信息，难以消化的时候就会产生厌学的情绪。该系列培训班的意义本应为提升社工个人专业能力，帮助社工在社区工作中更好地动员居民参与社区建设，却反被社工感觉为打卡一般的机械性行为，缺乏意义。社工个人价值信念，并没有因参加培训而得到提升。

我对这些培训心里不是很想去，所以积极性会有影响。它是强制性的。首先我不是自愿去的，其次它的某部分培训内容对我们工作上是边缘位置，不是中心位置。(C06)

南海区的社会动员专题培训班，到后期出现了大规模的社工请假现象。为了保证培训质量，区社工委要求请假的社工必须出示机构督导同意书，证明机构自愿放弃区层面对自己员工的培训。机构一旦同意，则等于变相反对区社工委的培训决策，与社工委持对立态度。这种行政性手段使下降的出勤率有所上升，但同时也使社工对培训的理解更加消极，逐渐忽略了其多方面能力提升、高效助人的初衷。

（2）项目辅助类专业支持

在项目辅助类专业支持中，机构本土督导，以及有社会服务经验的顾问团导师，能为社工提供价值信念的支持。但是部分社工得到的是机构的外聘督导指导，或没有督导，顾问团导师也缺乏社会服务经验，因此未能从项目辅助类专业支持中得到价值信念支持。

丁社区在项目执行过程中，得到了来自顾问团导师的专业价值观支持。丁社区的导师为南海义工联理事，本身有八年的社会服务经验，在与导师的交流之中，社工确定了社会动员体系的工作目标，认同动员的价值观。

在沟通中，我们一致认为社会动员是要营造一种“人人公益，事事公益；人人可为，群策群力”这样的一个氛围。（C07）

随后丁社区主要从培育社区青少年志愿者队伍这一途径，提升居民的社区公共事务参与责任感，从而达到社会动员的目的。除了顾问团导师指导的形式以外，在项目辅助类专业支持中，甲社区、丙社区、己社区的项目社工皆有得到过来自机构督导的价值观支持。这些支持并不是直接地从口头表述出来，而是通过实际的行动，令社工有所感觉，并转化为自身行动的内在动力。

专业督导是距离一线社工最接近的人，在价值和信念上的支持分量很重。可惜，并非每一位社工都能得到来自专业督导的价值支持。研究者在访谈中了解到，能够为社工提供专业价值观支持的，只有机构的本土督导。机构外聘的外地督导并没有给社工提供专业价值观的支持。有的社工甚至没有专业督导支持。戊社区的项目社工属于Q镇“仁善社工”，是2017年由镇政府拨款给社区，社区居委直接聘请的专业社工人才，由Q镇创益中心提供督导支持。但由于2018年政府财政预算未能确定，Q镇创益中心暂停运营一年。在这一年间，Q镇“仁善社工”未有得到过任何来自专业社工督导的支持。

2. 集体经验

古铁雷斯、帕森斯和考克斯（1998）认为，通过集体的经验加以确认，是赋权过程中的一个重要要素。在集体经验中，自我和他人认识到共享的经验。在社工专业支持中，案例经验则是集体经验的一种体现。通过对案例的了解，社工可以通过减少面对单独困难的无助感，他人的经验会有助于社工增强解决问题的信心，更客观地分析面前的困境。

（1）能力提升类专业支持

不同社工在能力提升类的专业支持中，所感受到的集体案例经验支持程度也不一样，主要取决于案例是否与本土社区情形相符合。与本土情形相符合的案例，能为社工提供案例经验的支持，而不符合本土情形的案例，则未能为社工提供案例经验支持。

在能力提升类专业支持中，会大量运用到案例经验，以便社工能够更好地理解支持方所传达的理念。不管是课堂形式的授课，还是实地走访，都有选取一些做得好的例子，来让社工参考其中的可借鉴之处。

一些案例的讲述，对于一些活动形式的开展，对刚出来工作的我来说很有帮助。(C03)

有一次是那个实地的一个参观，是社工联合志愿者去整治河道。然后他们现在除了整治这条河道以外，还发展到志愿者平时巡查社区的道路、路灯这些设施。我们通过参观，取得他们的那些经验。(C02)

然而，并非每个社工都认为，在能力提升类专业支持中所得到的案例，都能够起到增强解决问题的信心、获得解决问题经验的作用。

他们举的案例是在社区氛围比较融洽的情况下，但是他的那些经验放在乙社区就不适用啊。因为乙社区还是一个比较极端的情况。(C04)

乙社区是一个干群关系紧张的社区。由于是由农村转为城镇居民社区，旧时的村中骨干不满社区居委，于是屡屡带头发动村民反对社区的公共事务。村民更信任旧村骨干，甚至出现了跟随旧村骨干围堵社区书记，迫使其卸任的事件。新社区书记上任后，向社工机构聘请了专业社工，希望能够改善社区中干群关系紧张的情况。然而，对于乙社区这种居民和居委关系紧张的社区，在已有案例中却没有提及。面对这个棘手的问题，社工并没有得到情况类似的案例经验。

(2) 项目辅助类专业支持

在项目辅助类社工专业支持中，职业共同体提供的集体案例更具参考性，但并非每个社工都有接触职业共同体的机会。因为服务人手不足，部分社工并没有同工一起开展服务，也没有时间参加镇内年度总结会，错失职业共同体的交流机会，没有得到集体经验支持。

项目辅助类专业支持的集体案例更切合社工的需求。因为是针对特定项目的指导，支持方在选取案例时也会联系到社区的实际情况，这种经验的可参考性就会更高。

就是大家交流的时候，他会告诉我们不同的地方例子如何，这样你就能从例子中吸收到更多想要的东西。比如他所说的一个例子，是对高校学生的。他是志愿队队长，然后做服务的时候会叫学生过去帮忙，这就是一个服务递属关系。但在动员的部分，如何去管理，你是不能够把自己摆在递属关系里边的，你们是平等的朋友。(C07)

顾问团导师就曾经在丁社区的志愿者服务项目中，为社工提供了自身的志愿者管理案例经验。通过向社工讲述自己如何管理高校学生志愿队伍，来启发社工对当地居民的志愿队伍进行管理，并在管理中实现动员。这样的案例非常契合当地情况，社工也认为从中获益良多。

案例的话呢，Q镇的义工联社工，或者是养老院社工等等这些同行，我们年会一起玩游戏，认识到就会加微信，这样去聊一下这些经验。(C02)

因为大家都是在做项目的，经验会比较相似，可能就是有一些尝试过不行的，然后大家都会相互改进或者给意见，怎么样才能够做到更好。(C08)

可惜，也并非每位社工都能得到来自职业共同体的经验交流。如戊社区的社工，因为是由社区居委聘请，独自在社区进行服务，没有隶属的社工机构。平日工作没有机构同工可以交流，对年会等交流机会，也常常因为人手缺乏的原因，离不开工作岗位而未能出席，因而没有得到项目辅助类专业支持的集体案例经验。

3. 批判性思考的知识

社会工作离不开理论的支持，理论的指引能让社工拥有更明确的工作目标，是社工面对工作困境的一个有力武器。古铁雷斯、帕森斯和考克斯（1998）在赋权的重要要素中也有提及，通过互相分享知识和支持，个人可以批判性地思考问题的内在和外在方面。社会工作理论则是社工在分析问题成因时的一个重要依据。

（1）能力提升类专业支持

在能力提升类专业支持中，外地研修班、南海区社会动员培训班能够为社工提供专业理论的支持，帮助社工批判性地思考问题的内在和外在成因，并探索解决方法。丁社区的社工曾跟随专业机构，到广州、香港参与社会工作研修班，通过参访当地社会服务机构和学习当地社会组织经验，她认为自己的思维得到了开拓。

比如同样灌输技巧，他们会知道如何使课堂更为生动，用大家可以接受的方式来进行。目前南海，在我感觉上，南海的做法是仅仅只需要有活动，什么都可以夹杂在一起去做，比较综合性，没有一个很明确的方向引导，但是广州和香港有外面的培训可以给一个思维的灵感。(C07)

运用的话基本上有百分之八十吧。但是因为每个项目点的实际情况不一样，理论可以用，但是还没到时候。因为每一个社区都会发展到一个阶段才会去用那个方法。(C08)

C08已经入行三年，她肯定了理论学习的意义。根据自身的工作经验，她把理论的运用判断为阶段性的，认为虽然目前学习了各种理论，但并不是全部都能够在同一时间进行运用。随着项目的不断进行，会出现不同的情形，困难的成因也是跟项目的发展周期有关，因而要有所选择地运用理论，去解决阶段性的困难。

但是未必所有社工都能够从对理论的学习中，得到反思服务中问题成因的能力。在理论的学习过程中，也有社工反映时间安排不合理会影响理论吸收。

时间太短了，把一天的课程压缩成两个小时，很难记得住。普遍来说，太短的时间说太多的内容。(C05)

他们用好多专业术语，因为我们这些又不是那个专业，所以就很难去明白他们所说的那些理论，听起来也是一头雾一样。(C01)

社会工作专业的教育，除社会工作专业之外，还会涉及社会学、心理学等专业内容，所以在入职后的学习中，即使再接触到类似的专业术语，也不会感到太过陌生。但 C01 是房地产专业毕业的，从来没有接触过社会工作专业教育的内容，面对理论时是感到难以理解的。

(2) 项目辅助类专业支持

在项目辅助类专业支持中，顾问团导师的理论，往往是结合自身经验所总结出来的，一旦与社区的情形相契合，就能迅速得到运用。丁社区的社工根据顾问团导师提供的专业理论，反思了自己管理志愿者的过程。

不要说只是因为有服务才找他，而平时是忽略他的。平时是能够跟他有更多感情的维系，生活上的关联等等。当你平时的交流做得足够，这种管理在平时的生活中渗透下去的时候，他从朋友的角色去转换成义工的角色时，就会转变成助手这样的角色；而没有服务的时候，就是一个朋友的角色——这就是一种管理的艺术。当时他跟我说这个例子的时候，是对我触动比较大。(C07)

维系与志愿者之间的感情可以使其更愿意参与服务，这样的志愿者管理理论正好是丁社区所需要的，契合了当地的志愿者服务项目。然而，这是基于支持方对社区的充分了解之上的。戊社区同样有得到顾问团导师的项目辅助，但效果却完全不一样。

他的专业范畴和我们想要做的是不一样的，所以我们没有太多地去接纳他的意见。他比较擅长做青少年动员，但是我们想把重心放在老年人方面。所以需求是不匹配的。(C05)

戊社区的顾问团导师，对社区情形是不了解的。他除了负责戊社区的指导以外，还负责了南海区另一个镇的社区指导。在指导当天，该导师是在会议快结束的时候才赶到，双方并没有特别多的交流，基本上就是导师说完意见，然后就结束指导了。此后双方都忙于工作，就没有再联系过。除了戊社区的社工以外，遇到类似问题的还有乙社区的社工。

4. 行动的技巧

古铁雷斯、帕森斯和考克斯（1998）认为行动的知识与技巧是赋权的重要要素之一，个人探索自身的价值、信念和态度如何影响环境，学习如何获得信息和采取行动也是日益增加的权力之一。柏德尔（2015）认为发展性社会工作需要掌握微观、中观和宏观的社会工作技能。微观的社会工作技能包括掌握与个人、家庭与小群体工作的技能，中观的社会工作技能包括与正式组织、群体与网络的工作技能，宏观社会工作技能，指在社区、社会和全球层面工作的技能。由此可见，社会工作技能为社工开展服务提供了行动的技巧。

（1）能力提升类专业支持

在能力提升类专业支持中，机构内部培训，以及2016—2017年的Q镇社工大讲堂，是可以为社工提供专业技能支持的。但南海区社会动员培训班并没有满足到社工的专业技能需求。除此之外，其余的能力提升类支持形式也没有满足到社工的专业技能需求。

督导给我们这边开了一场培训，就是关于计划书的书写。对我来说前期的帮助是比较大的。（C03）

C03在刚入职时得到了这次培训机会，尽管是社会工作专业毕业，他仍然认为文书类的专业培训，对他刚进入行业正式工作的帮助很大。因为社会工作专业的教育，在技能方面一般仅涉及个案工作、小组工作、社区工作三个大类，并没有特别针对项目的文书进行过教育。新手社工在接手项目的时候，仍然会在实际工作中遇到许多未曾接触过的内容，而这些技能都需要进行学习领悟。

创益中心的课程比较适合初级入门的社工，如以前做过沾边的服务，但非专业性，能提供指导意见。（C07）

Q镇创益中心在2016—2017年仍在运营的时候，有专门针对社工技能进行培训的“Q镇社工大讲堂”。对社工的社区服务需求调研、志愿者管理技巧、个案工作技巧、小组工作技巧、游戏带领及设计技巧、社会服务项目评估等技能进行培训。可惜在2018年，随着创益中心暂停运营，“Q镇社工大讲堂”也随之暂停了培训。2018年后才到Q镇进行工作的社工，就没有得到这些培训机会。

我之前在写中期评估的时候，都看不懂那些表述是什么意思，因为除了社工领域，别的地方不会这么表达的。抛开本专业的人，就是不懂这个东西要怎么理解。因为没有学过，所以突然之间接触到这个玩意就懵了。（C04）

C04是非社工专业背景的社工，同时也是2018年后才到Q镇工作的。她所属的社工机构并没有开展针对能力提升的培训，也因为入职时间靠后所以没有镇层面的基础培训支持，因而被社工专业文书技能不足的问题所困扰，并渴望得到培训解决。除此之外，区层面的能力提升类专业支持，也缺乏社工专业技能的内容。

（2）项目辅助类专业支持

在项目辅助类专业支持中，机构本土督导、熟悉社区情况的顾问团导师，是能够为社工提供行动技巧支持的。而机构外聘督导、不熟悉社区情况的顾问团导师，并没有为社工提供行动技巧支持，其余项目辅助类的支持形式也没有为社工提供行动技巧支持。

他挺有耐心地去指导我。毕竟一开始我的文书不怎么好，他也会去帮我看一下那个字眼，然后给我些建议。（C02）

通常都能够得到解决。就他会跟我说你有什么问题要问，但是我有问题也会主动去询问，就是说我这个事情怎么做才比较好一点，或者说是怎么去沟通比较好一点，就是要主动。（C03）

本土督导在项目辅助上，为社工提供了可观的技能支持。受到督导在技能方面支持的社工，他们同时也强调了主动向督导请教的重要性。但对于督导是机构外聘的社工而言，技能上的支持却仍然缺乏。

我们指标里面就没有个案这些。督导就1月份来过，快中期才来，没有跟我们讲个案要怎么开。（C01）

除去督导、社工委以外，顾问团导师也是项目辅助中能为社工提供行动技巧支持的主体。然而专家导师的技能支持区别也很大。丁社区的社工基于导师对社区情形的熟悉，以及工作经验与项目服务内容的高度契合，对导师的技能指导非常满意。导师为其指导了如何进行志愿者队伍的软性管理操作。

平时在朋友圈你会看见志愿者在发什么东西，比如学校的演讲比赛，你可以主动评论说，“哇，演讲比赛怎么不告诉我呀”，就当作是一个朋友之间的交流。这是一个日常的软性管理。（C07）

可惜戊社区的顾问团导师并没有给到社工什么用得上的行动技巧指导。因为导师本来的职业是传媒人，所以建议戊社区使用抖音软件进行社会动员。但实际上，社工并不会抖音技术，项目主要服务对象为长者，同样也不会使用抖音软件。

他推荐社区的年轻人开个枓音账号，因为他是做传媒的。但是我们并没有人会抖音。（C05）

5. 采取行动

古铁雷斯、帕森斯和考克斯（1998）提出，在赋能的过程中，通过反思性的行动，个人可以发展行动策略，并培育影响内在和外在结构所必需的资源、知识和技巧。在心理上，他们学习承担其行动的责任。在行为上，他们变得愿意并能够和其他人一道行动，以实现共同目标和社会改变，以及影响这些行动和向这些行动学习。因此，赋能理论视角下，采取行动在社工专业支持中也同样占有重要地位。

（1）能力提升类专业支持

在能力提升类专业支持中，社工们普遍都缺乏采取行动的机会。

实际上，知识在接受之后，往往未能被即刻运用到项目当中，一是因为项目的阶段性发展未到知识所涵盖的地步，二是因为培训时间较密，而行动需要一段时间，来不及在听讲之后马上采取实践。

当然不可能全部运用到，因为有很多其实讲完了，他没有一个实际的操作的话，还是很难去理解他们所说的东西。（C01）

没什么帮助，因为接受这些理论之后，也要实践才能更深刻地去操作这个理论。没什么实践机会。（C05）

不论是否本专业背景的社工，都认为在个人能力提升中所学的内容，在缺乏采取行动的情形之下，难以领悟到其中的支持效果。同时，实践的部分也往往不被包含进培训课程的设计之中，因为设计者一般认为社工的实践运用是在课程之后进行，不属于培训所保证的范畴内。同时，对社工的意见也没有后续跟进回应。

我当时有将这个意见写上去的。反馈之后没有回复，没感觉有太大改善。（C07）

而对于没有及时回应意见反馈这件事，培训课程设计方也是承认了工作的疏忽。虽然有对意见内容进行分析评估，但实际上内容毫无改善。社工们对培训课程时间安排不合理，没有时间实践体会，进行了意见反馈，但问题实际并无改善。

（2）项目辅助类专业支持

在项目辅助类专业支持中，本土督导，以及熟悉社区情形的顾问团导师能够触发社工采取行动，并从行动中获取解决问题的经验和资源。而其余项目辅助类支持形式则未有触发社工采取行动。

本土督导更倾向于采取行动，让社工在操作中领悟指导的具体内容。督导会先向社工进行展示，再要求社工采取行动，并对社工进行观察，或者要求社工做出报告。发现出现错误的时候，再予以指正。这样一种合作的形式使社工更乐意学习如何采取行动影响周围。

他是先教然后再让你自己去做，然后做完的错的他再进行指出，他的方式是这样的。（C03）

督导有时候也会与社工一起行动，并在行动中引导社工。面对行动中社工的错误或不足，也会以经验分享的形式予以指导。通过集体行动，社工掌握了具体的操作技能，也了解如何把理论应用于实际。

督导会要求我跟他一起参与镇上的活动，看一下我现场有哪些做得不对的，或者说不够规范的。他会去教我，如果我有哪些不懂的他也会去分享。（C02）

除去本土督导以外，与社工联系密切的顾问团导师，也能为社工提供有利于集体行动的指导。

当你真的需要志愿者来帮忙的时候，这支队伍就会以朋友的心态更主动地来参与。你就不会把自己的管理变得很行政化硬性化，这相当于你做了一个软性的管理。这就是为什么现在我们的社区动员能动员到这么多人，志愿者能爆满。（C07）

丁社区的社工通过接纳顾问团导师的建议，更有意识地进行了志愿者的软管理，并通过在付诸实践的过程中，与志愿者产生了深厚的联系，最终收获了一支凝聚力高的社区青少年志愿者队伍。社工接受导师指导之后，更加留心与志愿队伍成员的日常交流，以维系队员感情，在工作以外成了朋友。当有服务需要时，朋友间的支持使志愿者们更愿意参与到社区的动员工作之中。

6. 小结

根据赋能理论视角，从价值信念、集体经验、批判性思考的知识、行动的技巧、采取行动五项赋能要素，对社工专业支持现状进行分析，可以得出各社区社工所得专业支持中的赋能要素（参见表5）。

表5　社工专业支持内容分析结果

社工项目所属社区	专业支持内容中的赋能要素				
	价值信念	集体经验	批判性思考的知识	行动的技巧	采取行动
甲社区	●	○●	○	●	●
乙社区					
丙社区	●	●	○	●	●
丁社区	●	○●	○●	○●	●
戊社区			○	○	
己社区	●	○	○	○●	●

注：标○指该赋能要素从能力提升类专业支持内容中获得，标●指该赋能要素从项目辅助类专业支持内容中获得，无标记指该赋能要素未能从社工专业支持内容中获得。

二、社工专业支持效应

赋能可以在三个层次进行，社工在接受专业支持后，在个人层次，社工个人感觉到自己有能力去影响服务对象，解决服务对象的问题；在人际层次，社工可以与同工、志愿者、服务对象一起合作，去解决服务中遇到的困难；在社会层次，社工可以推动社区甚至整个社会的改变，做出对社会福利的政策倡导。本研究以该三个层次，作为对社工专业支持效应的分析维度。通过分析在接受专业支持后，社工在三个层次的赋能实现程度，了解社工的个人专业能力、意识是否有所提升，项目执行进展是否顺利，即已有专业支持有无满足社工开展服务的权能需要。

1. 个人层次

在赋能理论视角下，社工在接受专业支持后，在个人层次，社工个人应该感觉到自己有能力去影响服务对象，解决服务对象的问题。己社区的社工并非广东人，在初来社区工作时，是听不懂粤语的。社区本地的长者也听不懂普通话，一时之间未能进行有效沟通。但在向督导反映，得到来自本土督导的专业支持后，他得到了价值信念的支持，相信通过自身努力，是可以解决与服务对象的沟通问题的。

我从上半年开始偶尔出去跟长者用粤语沟通，所以这半年为止的话，与一些 90 多岁以上的长者沟通问题可能会比较大一点，七八十岁的长者用粤语我能马马虎虎地沟通了。还是需要自身去努力。(C03)

甲社区的社工非专业背景毕业，且目前仅有两个月的社会服务经验。但是她同样认为与社区的沟通不成问题，而且相处和谐。

我觉得目前来说我还是在熟悉状态中。可是跟居委和居民的沟通都还不错。(C02)

实际上 C02 与社区的沟通也少不了本土督导的专业支持。甲社区的本土督导很早就对社工行政任务过多，影响项目进度有所察觉。为了让项目能够顺利进行，督导曾亲自与社区居委沟通，表达社工应该回归社会服务本职工作的意愿。通过督导与居委的不断沟通协商，社工得以减少行政压力，把主要精力放在项目的运行上。

我是先希望社工做好他的本职工作，能够把这个项目成效做出来，然后去做行政的工作。如果有可以重合的地方，会让社工去协助；如果没有的话，会让他优先做社工的工作。(C09)

丁社区的社工非常热衷于参加能力提升的学习，她从不同的层面去看待所接受的各种专业支持，并认为这些支持都能够为她解决工作上的问题提供经验借鉴，促使她的服务意识和个人能力得到提升。

无论本土还是外地的学习都能给我一些很大的触动，无论正面的负面的、比较好的还是需要完善的经历，都会有一个触动，因为你看到的层面是不一样的。(C07)

丙社区的两位社工，一位从社工助理升到了一线社工，对新的职位要求仍在熟悉之中，部分项目内容的执行让她感到有挑战性，但她认为通过努力可以改变；另一位也指出，项目初期服务对象并没有十分配合，但可以根据服务计划逐步改变现状。

随着职位的改变，会觉得有难度了。现在要落户，直接面对面找居民参加活动。需要更加努力。(C06)

我们得慢慢地去改变他们的一些想法。其实是有一些相对应的计划和跟进已经定下来了，只是在逐步去实施。(C08)

虽然新项目启动之初，在执行的过程中难免遇到问题，但社工们并没有因此失去信心。她们坚信通过自己的努力，按照社区需求制订服务计划，逐步跟进，是可以改变服务对象的观念，让项目得到成效的。相反地，乙社区的项目已经进行到了中期，但社工们却依然怀疑自己能否有能力改变现状。

我觉得这个社工，不适合我做。我们村太难搞了，没办法搞定他们……就本来想法会比较消极，觉得说问督导了也做不到。已经不想在这行业发展了。(C01)

特别像是这种比较偏的社区，他们的购买方就会比较刁钻，就是他们经常会要求我们干一些不属于我们项目的事情，拒绝不了。(C04)

尽管在能力提升方面得到了区层面的培训，在项目辅助上也得到了外聘督导和区社工委定期走访的支持，但是实际上却没有满足社工在价值信念、集体经验、批判性思考的知识、行动的技巧上的需求。非专业背景社工不理解区培训中的专业术语，对理论的学习效果不好，而培训中的案例也没有契合到乙社区的特殊情况，培训后也没有实践体会；区走访时能够给予社区居委行政上的压力促使居委配合社工工作，但并没有紧密地跟进，实际情况与指导时的设想并不一致；外聘的督导仅在中期评估前与社工进行会谈，对两位社工的价值观、技能都没有足够的理解，仅针对项目指标内容进行了督导。社工在专业支持中并没有得到赋能，在个人层面认为自己没有办法解决与服务对象的沟通问题，也没有办法解决行政任务过重的问题。

课讲的内容和回去实践的内容不同……村里的大学生们竟然能够说出这样

的话，我真的感觉很难和这些人沟通，不知道怎么和这些人开展工作。（C05）

戊社区的社工在区社工委走访时，按照区主任要求在社区内开展大学生座谈会，动员青少年力量参与社区治理工作。社区为了奖励积极响应的大学生们，给每位与会的学生发放了奖学金。但是，未领到奖学金的大学生们则在社区微信联络群中抗议，争执过程中对社工使用了言语攻击。区社工委的培训内容、走访时的设想都与戊社区的实际情形不符合，镇层面也由于创益中心的暂停运营，而停止了对Q镇“仁善社工”的专业支持。独自在社区工作、缺乏督导和职业共同体支持的社工孤立无援，并感到无法接纳服务对象。本来主动了解冲突的内外在成因才是社工此时应该做的，但由于价值信念的动摇使社工未能与村中青少年沟通，不相信自己具有影响服务对象的能力。由此可见，社工未接受到专业支持，并没能在个人层次得到赋能。

2. 人际层次

在赋能理论视角下，社工在人际层次也应得到赋能。人际层次的赋能表现为社工可以与同工、志愿者、服务对象一起合作，去解决服务中遇到的困难。己社区的社工通过与机构本土督导的合作，解决了语言不通的问题。

工作期间，督导也会有一段时间，就全部用粤语沟通交流。也要求我用粤语跟他们沟通，然后他们进行指正。（C03）

督导鼓励社工克服不安心理，尝试使用粤语与服务对象沟通，也在平时的工作中与社工采用粤语交流训练，并取得了良好的效果。现在社工已经可以使用粤语，与七八十岁的长者交流。

我以及我的上一任同工，也有对他们进行再培育。因为毕竟我们经验有限，也是在学习，就摸石头过河。目前社区里一些比较简单的问题，他们都能够自己处理好，然后也可以协助到小区的物管啊，以及他们自己的业主委员会去搞那些晚会、活动。（C02）

甲社区在社区动员相关项目启动之前，就已经成立了楼长服务队。但当时服务队缺乏规范性管理，所能发挥的作用有限。后期在服务项目执行中，社工与同工一起探索，对楼长服务队进行了再培育，使其具备了自主活动的能力，能够主动处理社区中的一些基础问题，甚至协助社区物管、业主委员会一起进行社区活动，使楼长服务队的功能得到拓展，参与到社区的动员工作之中。

都是和同工聊天说起哪里有什么样的课程，或者有什么新鲜的实务，大家相约一起去学习。在这个过程中，我会深刻地感觉到，有些实践的东西是需要理论的支撑和眼界的拓宽，所以之后也有跟着去学习更多社会工作的专业知识。（C07）

随着所面对的基层社会建设等内容不断增加，社工个人专业能力也需要不断提升。丁社区的社工通过与职业共同体的交流，得知了外地研修班的培训机会，并且通过结伴学习，得到了思维上的启发。在研修的过程中发现，项目执行过程中遇到的问题，可以通过理论知识的学习得到解决。通过与职业共同体进行信息交换，社工获得了提升能力的途径，在共同学习之中，社工提升了解决问题的能力。

相对比以上社区，乙社区和戊社区的社工在人际层面的赋能就是另一种情形，并没有得到该层次赋能的实现。

村民的意识比较落后，太贪小便宜，而且老是说拿他们的钱去做一些无关紧要的事。比方说这个项目奖金，本来就不是他们的钱，是区派下来的钱，他们就以为是拿社区的钱拿去买这个项目。而且他们也看不到这个项目的初衷和成果。（C01）

乙社区的社工在项目开展过程中，没能得到来自服务对象的合作。在项目资金的来源上，服务对象存在着严重的误解。项目的资金扶持来自南海区社会建设创新探索奖励，但居民们却以为是居委使用了社区的公共财政购买社工项目服务。社工尝试向居民解释，居民却未能理解项目的意义。由于社工缺乏沟通的行动技巧，服务对象不配合，社区的干群关系紧张问题也一直得不到解决。

平时行政任务很重，除非村民主动过来找你咨询。而且我一个人工作，是不会独自入户的，村里边也不会有人跟你一起入户，所以难以通过入户探访去熟悉村民。熟悉的途径和时间少，因为行政任务本来就重。（C05）

戊社区的社工独自在社区中工作，没有同工的分担也没有督导的支持。尽管得到了有效的批判性知识与行动技巧支持，却没有付诸实践的机会，难以采取行动与居民建立专业关系。镇上的交流活动，也因为工作难以抽身而错失了机会，没法认识到镇内的职业共同体，而培训课程也没有提供适合经济落后的农村社区的案例参考。顾问团导师的专业领域与社区的服务领域不契合，由于工作繁忙没有熟悉社区情况，所提供的指导意见也不具参考性。社工孤立无援，人际层面没有得到能够合作的资源，所面临的困难未能解决。

3. 社会层次

赋能理论视角下，在社会层次，社工可以推动社区甚至社会的改变，进行社会福利政策倡导。乙社区、丁社区已经培育出社区的自组织，推动社区居民自主参与社区公共事务。丁社区的社区动员项目是Q镇内做得最为成熟的，曾得到镇层面的大力表扬，要求其余社会动员试点社区向丁社区学习。丁社区的社工充分运用了从专业支持中得到的集体经验、批判性思考的知识、行动的技巧、采取行动，对社区的青少年进行了动员，发展培育了社区的青少年志愿队伍。目前社区正计划下一步的动员工作，打算为社区妇女搭建平台，动员妇女参与社区治理。

我现在做社区动员，我是先动员青少年的。青少年这一部分成熟了之后，我就慢慢放手；放手之后发现，妇女这一部分是可以做的，那就再去动员妇女这一部分。（C07）

然而乙社区、戊社区的社区动员项目进展却是最为缓慢，甚至停滞不前的。

村民最关键的是怎么样的利益表达才会动员到他们，他们连利益表达都做不了的话，那我们怎么去动员他们呢？（C01）

乙社区项目的目标是建立利益表达机制和议事协商机制，但却被社区居委一票否决了。社工收集居民意见以后，居委并没有就居民提出的问题做出解答。同时，居委坚决反对居民参与议事协商，认为社区的反动势力会趁机扰乱社区行政。干群关系紧张的特殊性使居委如履薄冰，而社工也因为缺乏理论与技能的有效支持，难以与居委进一步沟通解决问题。不管是能力提升，还是项目辅助，乙社区的社工所接受到的专业支持，都没有为其提供价值信念、集体经验、批判性思考的知识、行动的技巧以及采取行动的赋能要素，导致乙社区项目社工未有实际推动社区动员工作，使社区做出改变。

其实我专门负责的项目是没有的……这个东西是镇社工委叫我们申请的，他叫我们随便写点东西上交就可以了，不会增加我们的负担。（C05）

戊社区的社工虽然有得到有效的理论与技能支持，但对于社会动员的价值观却背离了社会工作的初衷。社会动员本应为发动社区居民参与社区治理，通过动员本土力量实现社区的公共事务自助。然而，社工却把这项工作理解为一个行政任务，甚至项目也仅是名义上的项目化，并没有在现实中形成系统性的项目运作。Q 镇“仁善社工”本计划由镇创益中心的专业督导提供督导支持，但由于创益中心 2018 年的暂停运营，社工未能从督导中得到价值信念支持。此外，南海区的顾问团导师也没有对戊社区情况进行详细了解。同时，因为人手不足，社工在接受专业支持后难以采取集体行动促进赋能。社工工作难以开展，并没有落实社区动员。

4. 小结

根据赋能理论视角，从个体层次、人际层次、社会层次对社工专业支持效应进行分析，可以得出各社工专业支持效应（参见表 6）。

受项目阶段影响，正处在初期阶段的项目，社工人际层次、社会层次赋能有待实现；部分处在中期阶段的项目，社工社会层次赋能有待实现。但这部分项目的社工皆有从社工专业支持中得到全部五项赋能要素，其个人专业能力、意识都有所提升，目前项目进展顺利。

表6　社工专业支持效应分析结果

社工项目所属社工 社区专业支持效应		甲社区	乙社区	丙社区	丁社区	戊社区	己社区
赋能要素	价值信念	○		○	○		○
	集体经验	○		○	○		○
	批判性思考的知识	○		○	○	○	○
	行动的技巧	○		○	○	○	○
	采取行动	○		○	○		○
赋能层次	个人层次	已实现	未能实现	已实现	已实现	未能实现	已实现
	人际层次	已实现	未能实现	待实现	已实现	未能实现	已实现
	社会层次	已实现	未能实现	待实现	已实现	未能实现	待实现
目标实现情况	社工个人能力、意识	提升	低下	提升	提升	低下	提升
	项目执行的进展情况	顺利	受阻	顺利	顺利	受阻	顺利

注：标○指该赋能要素已从社工专业支持中获得，无标记指该赋能要素未从社工专业支持中获得。

第四节　结论

通过对Q镇社区动员项目的社工专业支持进行研究，研究者得出如下结论：社工需要得到赋能型的社工专业支持，以满足其权能需求，实现其赋能，最终实现社会服务项目的顺利开展（参见图1）。

为回答已有专业支持是否能满足社工权能需求的疑问，进而思考社工顺利执行项目究竟需要怎样的专业支持，研究者以当初致使疑问提出的南海区Q镇社区动员项目为例进行了研究，并构建了赋能型专业支持分析框架。赋能型社工专业支持分析框架借鉴了古铁雷斯、帕森斯和考克斯（1998）提出的赋能过程构成要素，及Lee（2001）的赋能层次观点，从价值信念、集体经验、批判性思考的知识、行动的技巧、采取行动五个赋能要素维度分析社工专业支持的赋能内容，从个人层次、人际层次、社会层次三个层次维度分析社工专业支持的赋能效应，以此确定已有专业支持是否满足社工权能需求，探索社工在服务项目开展过程中需要怎样的专业支持。

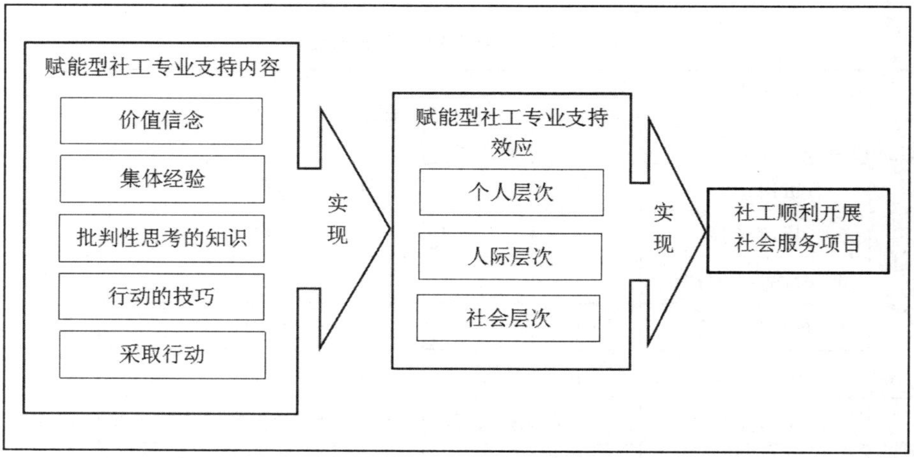

图1　赋能型社工专业支持概念图

研究者从已有专业支持研究文献进行综述整理，界定社工专业支持是外部为了促进社工自身专业能力提升，或促进社会服务项目顺利执行，而运用对应学科、行业知识来对个体采取的积极措施和帮助，把社工专业支持划分为能力提升与项目辅助两种类型。

使用赋能型专业支持的分析框架，对Q镇社区动员项目已有的社工专业支持内容进行分析，发现能力提升类专业支持中，缺乏价值信念与采取行动的赋能要素，其余三项赋能要素也并没能使全部社工都得到满足。在项目过程辅助类专业支持中，只有本土机构督导、有社会服务经验且熟悉社区的导师，能够提供价值信念、批判性思考的知识、行动的技巧和采取行动四项赋能要素，对集体经验的满足主要来自职业共同体交流。现有的Q镇社区动员项目社工专业支持中，并没有任何一种支持形式能够完全满足五项赋能要素，但是社工可以通过接受多种形式的专业支持，达到赋能要素的满足。甲、丙、丁、己社区的项目社工从已有专业支持中获得了五项赋能要素满足，乙、戊社区的项目社工未能从已有专业支持中获得五项赋能要素满足。

从赋能的个人层次、人际层次、社会层次三个层次，对Q镇社区动员项目社工专业支持效应进行分析，发现五项赋能要素皆得到满足的甲、丙、丁、己社区的项目社工，在不同层次的赋能都可以得到实现，或者即将有待实现，且个人能力、意识都有所提升，项目进展顺利。但未能从社工专业支持内容中获得五项赋能要素的乙社区和戊社区的项目社工，其三个层次的赋能都未能实现，个人能力、意识低下，项目执行受阻。

基于以上研究结果，研究者认为，社工专业支持内容可以通过满足价值信念、集体经验、批判性思考的知识、行动的技巧、采取行动五项赋能要素，实现社工在个人层次、人际层次、社会层次的赋能，最终实现服务项目顺利执行。尽管在本书案例之外，会有社工即使未得到全部赋能要素都满足的专业支持，依然能顺利执行项目，但从本书案例的分析结果可见，五项赋能要素同时具备的社工专业支持，能够为社工开展服务提供最优的支持和帮助。即社工需要得到赋能型的社工专业支持，满足其权能需求，实现社会服务项目的顺利开展。

参考文献

[1] 常耀中．高校创客空间的多专业支持与跨学科合作——以清华 X—空间为例［J］．经济研究导刊，2016（22）：143－144.

[2] 陈树强．增权：社会工作理论与实践的新视角［J］．社会学研究，2003（5）．

[3] 段晓俊．专业社会工作者职业发展困境及对策研究［D］．中国青年政治学院，2013.

[4] 葛鑫博．乌鲁木齐高校教师组织承诺调查研究［D］．新疆师范大学，2013.

[5] 顾江霞，罗观翠．试论社会工作专业机会主义发展背景下实习生的自我赋权［J］．社会工作下半月（理论），2009（06）：4－9.

[6] 郭晋龙，张力．关于审计管理建议书的研究与经验分享［J］．中国注册会计师，2018（06）：75－78.

[7] 韩潇霏．“有限能力”社会工作者研究［D］．华中师范大学，2014.

[8] 何雪松．社会工作理论［M］．上海：上海人民出版社，2007.

[9] 江苏高院研究室课题组，李后龙，徐安欣，蒋飞．形成法官职业共同体：法律适用统一的一种路径选择——关于法律适用沟通交流机制的实证研究［J］．法律适用，2007（03）：13－16.

[10] 靳建设．教研呼唤回归［N］．中国教师报，2016－12－07（011）．

[11] 李纯．师范院校支持中小学教师专业发展的检讨和改进［J］．当代教育科学，2012（03）：24－27.

[12] 李拉．巡回指导：学前融合教育的专业支持模式［J］．现代中小学

教育，2013 (03)：43 -46.

[13] 李蓉．专业社会工作者职业困境研究 [D]．山东大学，2014.

[14] 李晓珏．社会工作及社会组织管理香港高级研修班研习心得 [J]．现代农业研究，2018 (09)：67 -68 +72.

[15] 李学斌．增能视角下的 G 市社会工作服务项目主管能力提升的研究 [D]．广州大学，2018.

[16] 李志杰，熊伟．图书馆经典阅读推广专业支持系统建设 [J]．图书馆工作与研究，2018 (03)：92 -96.

[17] 蒙艺，杨轶．论赋权领导对社会工作者心理资本的影响 [J]．重庆工商大学学报（社会科学版），2019，36 (02)：64 -70.

[18] 苗秀芝，郑红翠．网络时代编辑学习共同体的构建与职业幸福感的提升 [J]．齐齐哈尔大学学报（哲学社会科学版），2017 (12)：159 -160 +169.

[19] 聂雪涛．残疾人社会工作者的赋权 [D]．首都经济贸易大学，2014.

[20] 潘海敏．为专业社会工作者增能路径的探析 [J]．东方企业文化，2014 (16)：125 +127.

[21] 戚欣．我国社会工作人才的特点及培养 [J]．社会科学战线，2007 (06)：202 -205.

[22] 邱光军．面向儿童：构建小学生学校新生活 [J]．江苏教育，2018 (39)：42 -44.

[23] 全国社会工作者职业水平考试教材编写组．社会工作综合能力（中级）[M]．北京：中国社会出版社，2015.

[24] 任海卫．督导如何通过提问给社工增能 [J]．中国社会工作，2018 (27)：55.

[25] 孙力强，李国武．社会组织从业青年的职业流动意愿及其影响因素——基于北京市的调查研究 [J]．中国青年研究，2018 (09)：78 -84 +18.

[26] 谈志林．社会治理创新的成效、挑战与推进路径 [J]．社会治理，2016 (04)：79 -84.

[27] 唐科莉．澳大利亚：提供支付得起的课外看护 [N]．中国教育报，2018 -04 -20 (005)．

[28] 唐咏．中国增权理论研究述评 [J]．社会科学家，2009 (01)：18 -20.

[29] 万敏．苏北市区中学教师组织承诺影响因素的研究 [D]．苏州大学，2008.

［30］王红霞．打造融合教育可持续发展“生态系统”［J］．现代特殊教育，2018（23）：5－7.

［31］王较过，杜鸿科，张迎春，等．《科学7—9年级》课程专业支持的实践与思考——兼谈新课程实施中的专业支持［J］．教育理论与实践，2006（2）：36－38.

［32］王唯．加强课程改革的专业支持刻不容缓——来自课改实验学校的信息反馈［J］．教育科学研究，2005（04）：26－28.

［33］王宇宁．社会支持视角下社会工作者职业困境研究［D］．沈阳师范大学，2014.

［34］夏征农，陈至立．辞海（第六版彩图本）［M］．上海：上海辞书出版社，2009：3036.

［35］谢华娜．“梁溪定制”让社工增能［J］．中国社会工作，2017（22）：2.

［36］杨凤．专业区隔下的自我增能：青年医务社工的角色认知与行动实践［D］．华东理工大学，2018.

［37］章洁．项目社工督导模式研究［D］．山东大学，2014.

［38］张健．专业社会工作者职业困境研究［D］．广西师范大学，2012.

［39］张永言，杜仲陵，向熹．简明古汉语字典［M］．成都：四川人民出版社，2001：92，1112.

［40］张晓琴．社会支持网络视域下的社会工作专业人才培养［J］．教育与职业，2015（34）：88－90.

［41］张永英．给新教师成长搭建支持平台［N］．中国教育报，2012－09－09（003）.

［42］钟莹，赖丰茹，麦富兴．专业社会工作者的职业状况及其启示［J］．江西师范大学学报（哲学社会科学版），2010，43（01）：102－106.

［43］ADAMS R. 赋权、参与和社会工作［M］．上海：华东理工大学出版社，2013：72.

［44］GUTIÉRREZ L M，PARSONS R J，COX E O. A Model for Empowerment Practice［M］//GUTIÉRREZ L M，PARSONS R J，COX E O. Empowerment in Social Work Practice：A Sourcebook. Pacific Grove，CA：Brooks Cole Publishing Company，1998.

［45］LEE J A B. The Empowerment Approach to Social Work Practice：Building the Beloved Community［M］. 2nd ed. New York：Columbia University Press，2001.

[46] PATEL L. Social Welfare & Social Development in South Africa [M] . 2nd ed. Cape Town, Oxford: Oxford University Press, 2015.

[47] PINDERHUGHES E B. Empowerment of Our Clients and for ourselves [J] . Social Casework: The Journal of Con - temporary Social Work, 1983, 64 (6) .

下篇 02

社会工作专业发展研究

引导语：

社会工作专业发展一直是备受关注的话题，社会工作专业性如何体现，它的独特性在哪里。专业技能更是作为一个专业发展独特性的要素，构成了专业发展重要的一环。社会工作专业技能是每位社会工作者不可或缺的能力，对于服务的开展和效果有着直接的影响。本章节以小组工作为例，以小组动力为研究主题，分析小组动力的生成过程。在此基础上，讨论作为小组工作者，应该如何看待小组动力和有效干预的技巧。小组动力是小组工作研究中的重要议题，对组员的行为改变和整个小组成败有着重要的影响。

第六章

掌握专业技能：社会工作小组动力干预研究

我们于2016年4月进入佛山南海区洞庭青少年专项实习，该项目以下简称D项目①。在我们进入该项目时，该项目已经进入第二个项目周期，获得了购买方持续的经费支持，项目也得到社区，学校和评估方的一致好评。项目有主管1人，督导1人，社工2名和1名实习生。我们选择该项目作为研究项目，一方面是因为该项目具有较好的代表性，体现在项目购买背景、项目服务开展的模式、提供专业化服务的方式上具有一定的普遍性；另一方面是该项目运作相对成熟，由运作经验比较成熟的社工机构承接，而且项目得到了项目购买方较好的评价。

我们开展了青少年领袖成长小组，并且该小组的组员作为主要成员完成了学校团委支持的公益项目——“沥城共融项目”。我们全程跟踪了这个过程，跟组员有长时间的接触和了解，组员都积极地参与到后期的项目中，该项目也荣获了学校和所在社区的奖项。我们在思考该小组遭遇的困境和组员的实际成长时，引发了对于小组动力的思考。那就是成长性小组动力的发展过程是怎么样的，为什么成长性小组容易遇到发展停滞，小组结构僵化，服务成效不明显的问题，这和小组动力的发展是否有关联？成长性小组动力的发展过程是否具有特殊性，是否明显区别于其他类型的小组动力的特征？归根到底，作为专业的小组工作者应该如何去引导小组动力的发展，进而摆脱成长性小组动力发展所遇到的困境呢？这都是我们希望进一步研究的问题。

---

① D项目是2015年通过政府购买形式，由广州阳光社会工作事务中心承接运营，主要服务于黄岐中学青少年及社区青少年的社工专业服务项目。该项目在社会工作专业理论指导下，遵循保护生命、差别平等、自由自主、最小伤害、隐私保密及真诚等原则，利用个案、小组和活动三种工作方法，开展“青少年人际沟通能力建设”“青少年青春期教育”“青少年社会支持网络构建”等内容，支援青少年在个人成长发展阶段所面临的困难，促进他们健康成长。

第一节 小组动力理论

一、小组的互动动力与目标动力：怎么定义小组动力？

小组动力已经有比较多的研究，随着研究者开始对于研究进行整合，小组动力逐渐发展出一套完整的理论——小组动力学理论。小组动力学认为社会生活中的每个个体都有其活动范围，我们的行为是相互依赖的，凝聚力是小组存在的基础之一。小组动力学的基本理论和研究可以归纳为几个方面：小组凝聚力，小组规范，小组沟通和互动模式，小组领导，组员地位与角色，小组动力分析模型。前五个方面被认为是小组动力因素（刘梦、张和清，2014）或者是小组动力关系的五个方面（小组动力过程因素），不同的学者对这五个方面有不同的专业界定，以下采用小组动力因素，表示的是被研究者广泛认同的小组发展中对小组动力起作用的因素。

万江红认为小组内聚力是吸引和影响组员最重要的力量，它是小组的精髓，营造着一种组员甘心归属于其中的动力和气氛。小组凝聚力的强弱直接关系到小组组员的士气，关系到小组的生存与发展，如果小组有较强的凝聚力，就会吸引组员为它努力工作（万江红，2006）。马雪杨则关注小组凝聚力的反面——分裂力，她从冲突论的角度，认为小组的冲突存在是普遍的，小组冲突的原因具有复杂性，通过对于原因的分析，可以挖掘冲突的正功能，认为小组动力正是在处理冲突的过程中得以提升（马雪杨，2014）。王杰也认为冲突是小组工作走向深化的重要契机，在肯定小组冲突正功能的基础上提出冲突处理策略，判断冲突的核心问题，并直面参与小组中的冲突解决。

Northen 认为社会互动是多种力量间动态的相互作用，在这个过程中，人际接触会导致参与者的行为和态度的修正。沟通是人们通过符号相互传递意义的过程。在沟通中需要注意的是小组的互动模式。Ronald W. Toseland 认为小组的互动模式常见的包括四种：轴心式沟通、轮流发言、热点沟通、自由流动式互动。前三种主要以小组工作者为中心，而自由流动式沟通是以小组为中心。其认为第四种会加强社会互动，提高小组的士气，增强组员对小组目标的投入和创造性的决策。Ronald 还认为影响互动模式的因素包括暗示与强化、情感联系、次小组。其认为次小组能够帮助提升小组对组员的吸引力，因为每个人都希望能够与自己亲近的人交往。范克新则认为次小组的功能是负面为主，比如对于非次小组成员的排斥，反映出小组不能满足组员需求，小组过大，未形成小组认同等问题。

1898 年，学者特里普莱特首先对小组产生的独特催化效果和动力作用开展了相关的实验研究，他因而开启了小组动力实验研究的先河。小组动力（group dynamics）的概念则是美国社会心理学家勒温在 20 世纪 30 年代从事了一系列关于小组行为的研究后，在 1944 年一篇论述社会心理学的理论与实践关系的论文中提出的。“dynamics”在希腊语中是力量的意思，勒温选择“动力”来描述小组中的各种力量、变化和影响的过程，可以形象地传递出小组中充满的各种内在互动、变化、交错的感觉。

到 20 世纪 20 年代，对于小组的实证研究逐渐兴起，比如林德曼等人研究使用小组讨论的方式解决人们遇到的社交问题。在第二次世界大战后的 10 年间，小组动力研究得到了很大的发展。1945 年由勒温、伯恩、布莱德福特等人创立的国家培训实验室，成为战后 20 年小组动力研究和训练的主要阵地。同时波士顿大学、芝加哥大学等相继设立了研究机构，大量的相关理论研究出现。

20 世纪 60 年代以后，小组动力的理论呈现百家争鸣的景象，相关的理论成果和著作如雨后春笋般出现。在研究形成风气之后，小组工作的技术也广泛地得到运用，比如在工业、教育、心理辅导、社会工作等领域，小组动力逐渐发展成为社会科学领域的一门学问。

目前对于小组动力还没有形成一致的看法，但是基本观点大致相同。美国学者瑞德认为，小组动力是用来形容小组在达成目的的过程中所产生的复杂且互动式的动力。我国台湾学者潘正德在阐述小组动力的含义时，提出小组动力包括至少四个方面，一是小组动力是指在任何时间内发生在小组中的察觉到和未察觉到的所有心理和行为的内容。二是小组动力是用来进行科学研究和管理服务的工具。三是小组动力是用来说明小组行为的一套基本知识。四是小组动力是一套正在兴起的适用性的专业技术（潘正德，2016）。我国台湾学者李郁文总结了国外国内的观点后认为，小组动力是用来描述及探讨小组中各种行为的现象，如小组形成，发展，吸引，排斥等，也是用来了解小组行为的基本知识和技巧（李郁文，2000）。刘梦、张和清认为小组动力是描述小组在实现目标的过程中参与小组生命的各种复杂力量，以及交互作用和交互方式，这个过程包括小组的形成、启动、发展、成熟等所有过程（刘梦、张和清，2014）。

综合上述学者的观点，我们认为学者刘梦、张和清的观点比较清晰地界定了小组动力的内涵，小组动力主要包括了小组在实现目标中的作用力和互动过程中形成的力量，也就是互动中产生的力量——互动动力，和实现目标的作用力——目标动力，这两者构成了小组动力的形态。

二、小组动力分析模型及其不足

小组动力分析模型是小组动力研究中重要的组成部分，小组动力归根到底是动态的要素和静态的要素一起，形成的作用于小组的力量。这些要素是如何整合起来作用于小组动力的呢？不同的学者提出了相似或者不同的小组动力分析模型。

1. 杨极东的小组动力分析模型

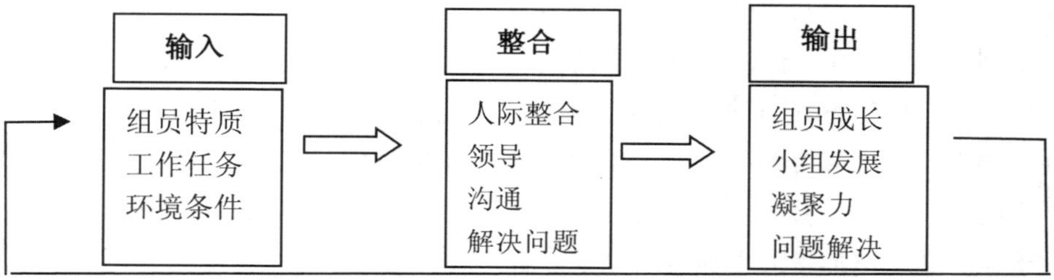

图 1　杨极东的小组动力分析模型

（资料来源：杨极东，1993）

这个模式强调小组动力中的输入因素，经过小组的人际整合、领导等环节，达到小组的整合，最后输出小组组员的成长、小组的发展问题的解决。同时小组过程也是一个循环的过程，输出的结果也会作用于输入因素，经历一个新的过程，最终实现小组的目标。

2. Elliis 和 Fisher 的小组动力分析模型

艾丽斯和费希认为小组动力的运作可以分为三大变项：输入因素、过程因素和输出因素，两位学者对于小组动力的影响因素做了更为细致的划分，并且认为领导、沟通和工作规范是作为过程性的因素而存在的，而小组的输入因素总体上可以分为小组方面和个人方面，两者的内在特质构成了小组的输入因素。小组的输出因素则是小组在发展过程中达成的成效，比如人际关系的改善，具体问题的解决，小组满意度的实现，生活技巧的获得等。因此小组动力运作过程就是三者之间的循环互动过程，并且伴随着输入因素的消失而消失。

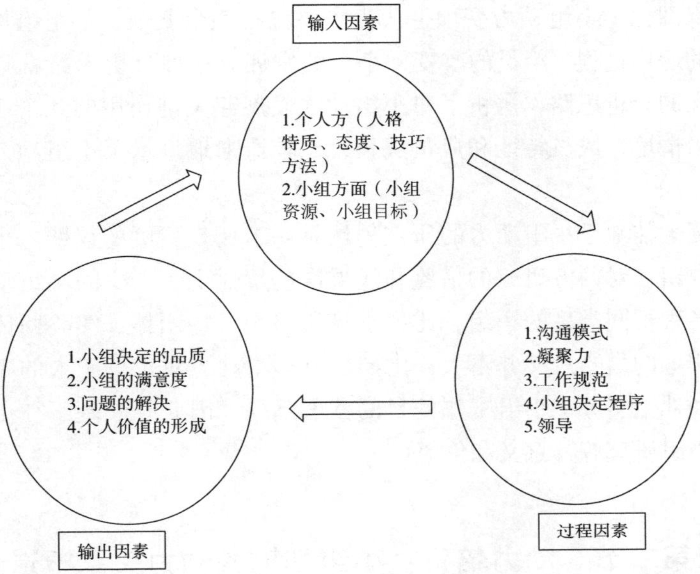

图2　Elliis 和 Fisher 的小组动力分析模型

3. 徐西森的小组动力流程模型

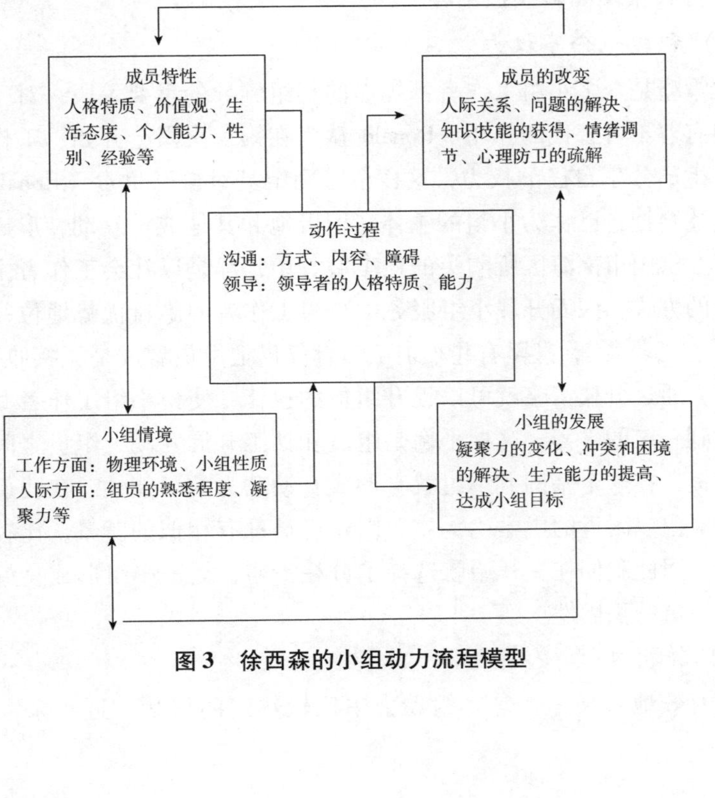

图3　徐西森的小组动力流程模型

徐西森细化了小组动力变项，认为主要包括5个变项，小组组员、小组情境、小组的运作过程、组员的改变、小组的发展。这种分析思路就打破了原有的输入输出的分析思路，辨析了对小组动力发展起关键作用的几个主体，包括小组、小组情境、成员特征和成员成长，比较清晰地显示了小组动力因素的相互关系。

在我国大陆地区小组动力的研究仍然是一个比较新鲜的议题。小组动力的研究仍然停留在对西方研究的借鉴和浅层次的探讨上。不少的小组动力的研究对象属于各种不同类型的小组，比如学校班级、工场团体、实验团体，其对于小组工作实务的借鉴意义并不大，比如研究小组动力对工场工人的工作效率的影响，这和社工实务中小组工作的目的截然不同。因此开展基于社会工作情境的成长性小组研究有其意义和价值。

第二节　动力培育：小组初期的动力关系塑造

一、分权策略和转换性领导

（一）积极地分享权力

分权策略是众多小组工作者都提倡的小组领导的重要手段，对于提升小组的凝聚力有着不可替代的作用。Ronald 认为在第一次聚会开始，工作者就需要尽量地和组员分享自己的权力，这样会鼓励组员对自己负责（Ronald，2010）。这样组员才会把自己作为小组的主体，积极地和其他成员互动，形成小组的互动动力。在佛山市南海区所购买的社工服务中，都是以社会工作者主动提供服务为主要的方式，因而开展小组服务中小组工作者的绝对优势地位往往使得组员成为一个“弱者”，甚至有些小组工作者仅仅把组员看成是“接收者”。在这种背景下，通过分权策略就可以提升组员的权能，使得小组工作者和组员的权力关系达到一定的平衡，这种平衡是组员和社工开展互动，组员之间开展良性互动的前提，在这个基础上小组就有形成互动动力的可能性。在我们所在的社区，服务对象以附近的中学生为主，因而组员都有相似的背景，比较容易相互熟悉起来。因此我们在一开始就选择了分权策略，促进小组形成良好的互动氛围，提升组员的积极性。

（二）转换性领导

如何有效地领导一直是小组动力中比较热门的议题。近年来，小组领导的“转换”理论逐渐流行，Burns 定义了“转换性领导”，其是指小组领导者具有较好的能力，根据组员的个人需求和目标来转换自己领导小组的方式，启发组员的独立性和创造性，协助组员追求自己的目标，从而提升组员的能力（陈心洁，2015）。这和 Robery 提出的决定哪种领导行为最具有辅助性效果的是环境因素和组员的个人特性是不谋而合的。在大陆地区的小组服务中，小组工作者容易低估自己的表现在推动小组动力中的作用，这在我们的实践中得到了验证。在小组工作者认为影响小组动力的核心因素的调查中（图4），认为小组工作者的表现是影响小组动力的核心因素的只占 33.96%，而认为是组员互动的情况占了 77.36%，可见小组工作者对于小组领导对小组动力的影响认识上仍然不足。

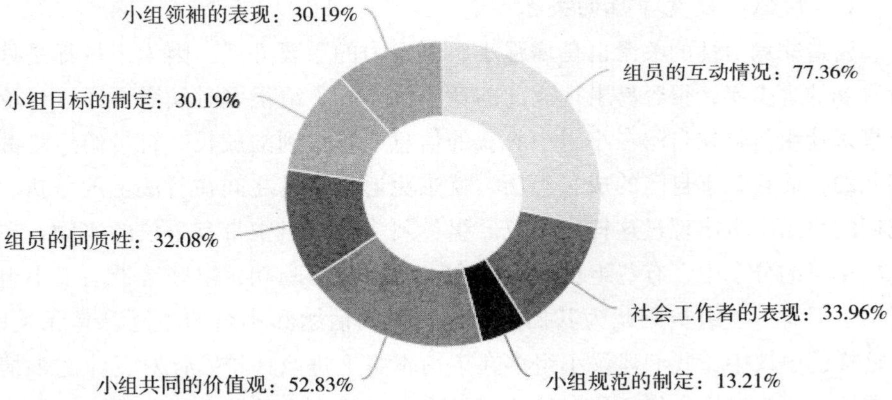

图 4　小组工作者对影响小组动力的核心因素分析

二、营造小组的凝聚力

Festinger 认为小组凝聚力是为了维持小组而发生作用的各种力量的结果。Dion 修正了这个概念，认为小组凝聚力是多面向的概念，包括了个人和小组吸引力、归属感、士气、纵向和横向凝聚力等（Ronald，2010）。他们都认为小组凝聚力能够直接促进组员之间的积极互动，促进小组动力的发展。国内的学者万江红也认为小组凝聚力直接影响到小组的士气，关系到小组的生存和发展。凝聚力作为小组动力中的关键要素，贯穿于青少年领袖成长小组的始终。

（一）高水平的开放式互动

一个由小组工作者所组织起来的小组带有更多的偶然性，和班级的同学，工作团体等有所不同。因此营造小组的凝聚力对于青少年领袖成长小组而言更加不容易，而且有重要的意义。建立高水平的开放式互动是营造小组凝聚力很重要的方式，这有利于促进凝聚力的产生。在小组聚会刚开始的时候，组员都很陌生，彼此不认识。虽然初步的介绍和破冰游戏让组员有了初步的接触，但并没有完全打消组员的顾虑和防备，依然有个别组员被边缘化，很少发言。简单的语言上的交流在小组中是不够的，如何提高互动的水平，改善互动的方式，也是需要关注的，这就涉及社工对团体游戏的准确运用。通过不断的团体任务和游戏，不断营造高水平的开放关系。

（二）组员非竞争性的关系

营造非竞争性的关系也是增强小组凝聚力的重要方式。因为组员都是处于青春期的青少年，很容易出现彼此的竞争关系。小组很多时候需要通过讨论和分享来让组员强化自己在小组中收获的信息或者得到的成长。组员的想法都是多元的，而且基于自己的成长经历，就难免遇到组员之间在看法上的争执。在我们的小组中也出现过这样的争议。组员阿华是小组中带有争议的人物，在第二次小组的分享中，有些组员认为其在小组中非常幽默，很好地带动了小组的氛围，但有一些组员则认为其插科打诨，说的话题和小组的主题都是无关的。在这样的争议中，我们建议小组多在事情本身上进行评论，针对具体的事情谈论看法，减少对个人的评价。目的就是确保组员自身的独立性，使组员都能表达自己的观点和看法，而不是在其中一种观点中站队。

三、建立明晰弹性的小组规范

小组规范是被实务工作者普遍强调的具有组织和协调组员行为，确保组员按照预定的行为去促进小组目标实现的稳定器。范克新和贾烜都说明了明确的小组规范对于小组凝聚力提升的重要意义。在我们开展青少年领袖成长小组中，小组规范的作用也凸显出来。

（一）小组规范的偏离

在开展第三次小组聚会的过程中，组员阿贤在一次小组活动中，偷偷地在抽屉下写作业，被阿华发现了。阿华就直接在小组中打断讨论说：阿贤写作业。阿豪也发现阿亮会偶尔拿出手机来玩，这在建立小组规范的时候也是被明确说明不能玩的。这种小组规范的偏离使得小组制定的规范受到了挑战。

同时在小组讨论的时候，面对有些组员沉默，参与小组比较少的现象，有些组员就接受不了。组员阿青在一次小组讨论中就抱怨阿雪在小组中不发言，个别组员跟着应和，顿时小组的气氛变得有些尴尬。我们让阿雪对于阿青的话进行回应，阿雪说，自己其实也在听大家说，有些是大家先说了，我就没有说，然后又没有想到什么其他的，所以就没发言。虽然其进行了回应，但是组员没有领情。这种情况反映的是隐性小组规范的偏离，这个隐性的小组规范就是既然参加了这个小组，那么就应该积极地参与到小组的讨论中。Ronald 就认为在工作过程中，工作者需要指出哪些是隐性规范，帮助组员反思这些规范是否有助于小组有效发挥功能（Ronald，2010）。显然这个隐性规范在组员看来，阿雪是偏离了。

（二）小组规范的改变

显然小组规范并不是一劳永逸的事情，它需要在小组发展的过程中进行维护，在不适合小组的时候作出改变。我们意识到小组规范并没有得到很好的遵守，于是我们让小组停下来讨论如何建立起明晰的小组规范。最后小组决定把大家一致通过的小组规范在每次开小组的时候悬挂，并且由一个组员朗读一遍。这个时候，组员不仅开始关注自己的行为，而且关注其他组员的行为，说明小组的一致性得到提高，小组规范真正得到大家的接纳。正如范克新所说，小组规范使得小组形成了一些适度的求同压力，这种压力会促进小组的成熟。小组规范的偏离是小组中经常出现的事情，这个时候就意味着小组规范值得组员和工作者重新思考。

四、转换小组的互动模式

前面已经介绍过小组领导者中心的形态，包括了轴心式沟通、轮流发言、热点沟通。以下是各种沟通形态的特点介绍。（表1）

表1　不同沟通形态的特点

沟通形态	沟通的特点
轴心式沟通	小组领导作为互动中心，沟通从领导传递到组员，组员回到领导
轮流发言	按照次序，固定发言时间
热点沟通	单一性，一对一式的，其他组员旁观，聚焦某个话题

以小组为中心的沟通是指所有组员都根据自己的能力，积极讨论话题做出自己的贡献。Shaw 认为小组领导者中心的沟通模式效率会高于小组中心的沟通

模式，因为有些沟通是多余的，有时候沟通的是和小组目标所不相干的内容（shaw，1964）。实际上研究者都认为小组为中心的沟通是比较有利于提高组员沟通的自由度和机会。但是我们认为小组所在的情境和小组的类型往往决定了小组适合什么样的沟通模式。

（一）错误的互动模式定位

我们一开始就希望建立起以小组为中心的互动模式，但是小组的情境让我们意识到这是一个错位的互动模式定位。青少年领袖成长小组的组员虽然都是一批非常活跃、精力旺盛的青少年，但是他们的沟通也受到自身认知水平和所处情境的影响。他们更多的是依赖小组工作者而形成的彼此的联结。在小组聚会的初期，很多组员都是对着我们表达的，比如在分享自己的公益服务活动方案的时候，我们发现阿青都是把注意力放在小组工作者的身上，而不是跟小组的组员说。让组员之间直接的互动和回应是非常有限的，根源于互动模式上还是以小组工作者为中心的沟通。

（二）回归以小组领导者为中心的沟通

后来我们在小组反思中意识到，其实小组的沟通模式取决于小组领导，我们在小组初期保持以指导式领导为主，自然也就决定了沟通模式是轴心式的沟通。可见小组初期，以小组领导者为中心的领导是需要的。在小组的初期，组员往往不知道自己需要做什么，也缺乏相应的目标，因此需要小组工作者比较详细的指导，不然小组就会陷入混乱。我们对于小组动力的评估也证明了适合当前小组阶段的是以小组领导者为中心的沟通。

小组动力评估是了解小组动力的重要手段，它通过常用的几种测量工具来测量小组的沟通互动、吸引力和社会控制。陈心洁提出利用小组动力图①描绘小组动力的发展情况。我们为了准确地评估小组动力的发展情况，也借用了这样一种工具。以下是我们根据小组前两节的小组互动，截取一个片段的观察分别绘制的小组动力图。（图5，图6）

① 按照小组成员的位置绘制圆圈，在大圈内记下组员的代名，用直线和箭头来追踪组员的互动次数，箭头越多，代表双方的互动越多，进而可以区分每个组员在小组中的角色。

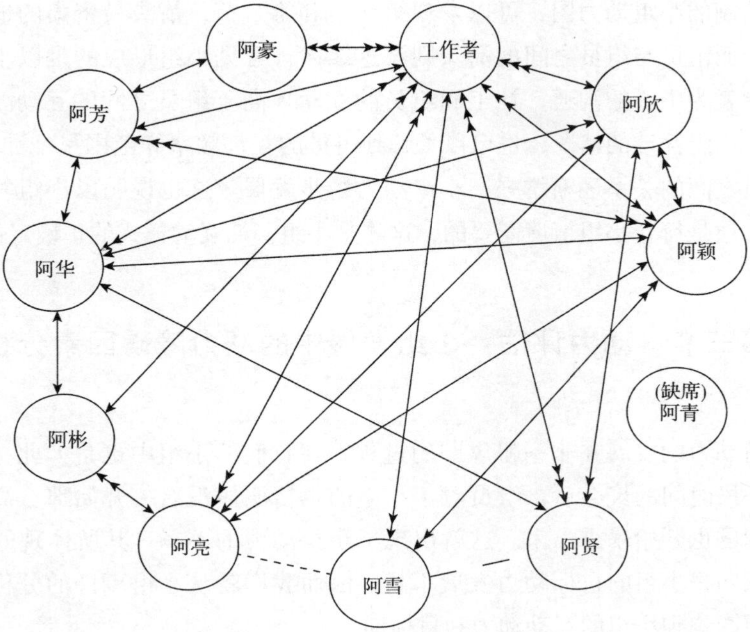

图5 小组动力图（第一节）

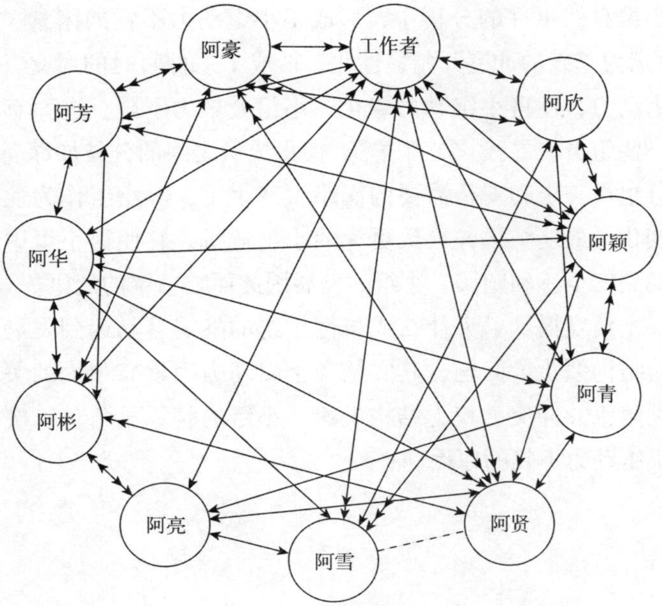

图6 小组动力图（第二节）

由绘制的小组动力图，可以发现第一节和第二节，箭头最密集的地方在于工作者，而组员与组员之间的箭头则没这么多，可见小组形成的是以小组工作者即领导者为中心的沟通，社工和组员的互动远高于组员之间的互动。根据第一、二节小组互动的情况，也可以了解到组员的互动频率和范围呈增加的趋势，表明组员之间的关系逐渐增强，小组动力稳步发展。这也说明以小组领导者为中心的沟通是符合小组情境需要的，这才是小组初期互动模式的正确定位。

第三节　动力评估：小组发展中的动力障碍因素分析

小组动力的发展并非一帆风顺的过程，在我们的小组中也是如此。在组员经历了一段时间的聚会后，组员对于小组的热情明显没有一开始那么高了，小组中的问题也开始暴露出来。这就出现了小组动力的不畅，其所体现的是互动动力的减弱，小组的目标动力发展不足。因而我们就从小组事件的分析中，了解其如何影响到小组的互动动力和目标动力。

我们从小组显现出的矛盾和冲突事件出发，以小组动力因素分析作为基础，分析哪些障碍因素影响到小组动力的发展，这些因素之间的关联性逐渐呈现出来。在对于小组自然事件的分析中，形成了小组动力不畅的因素关系图。（图7）首先是性别为基础的冲突开始显性化，形成了一种暂时的对立。这种对立直接作用于小组动力，使得小组动力弱化，小组凝聚力下降，进而有些成员开始把目标对准一些组员，寻找“替罪羊”，使得成员之间的分歧加深。在这样的基础上满足部分组员需求和安全需要的次小组产生了，次小组作为性别角色冲突和地位角色变化的最终结果，导致更深的小组危机，它使得小组中其他组员难以在小组中找到安全感和归属，小组的发展因此面临一定的危机。

这也从一个角度揭示了为什么成长性小组的发展容易遇到发展停滞、服务成效不明显、结构僵化等问题，其实是和小组动力因素有很大的关联性的。以下通过对性别角色的冲突、权力结构失衡、小组的替罪羊角色、次小组的顺序分析，阐述小组动力不畅的原因和过程。

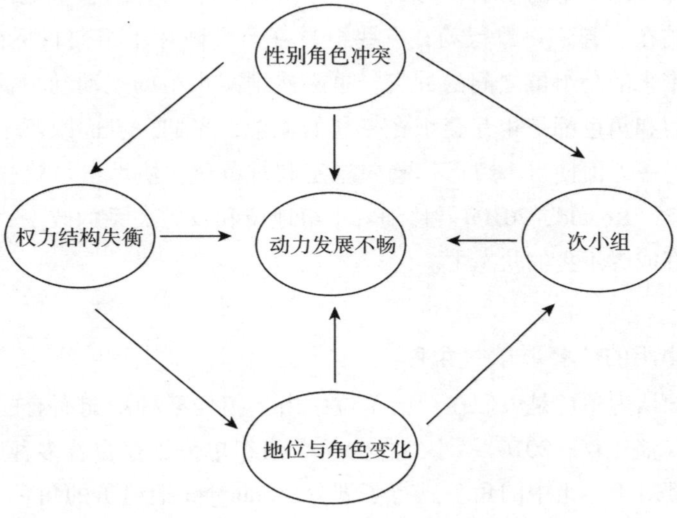

图7 动力不畅的因素关系图

一、性别角色的冲突

传统的性别角色定位往往影响到我们对于男女行为的不同评价，比如我们对于能力强的男性往往给予肯定的评价，认为是一个出色的人，而对于女性的能力强，我们会认为其是“女强人”，其背后的隐喻是女人不应该能力强。小组似乎也受到性别角色的影响，Shimannoff 对小组的领导研究发现，男性比女性活跃，同样的领导行为出现在男性身上，人们的评价会比出现在女性身上高（Shimannoff，1991）。性别角色冲突会明显地作用于异性组员之间的互动，这在小组中得到了显现。

二、权力结构的失衡

地位一般指的是对小组中组员在小组中重要性的评价，这种评价受到组员在组外的因素和在小组中的行为方式双重影响。权力和地位是密切相关的，往往在小组中有较大话语权的组员在小组中的地位也较高，地位高的组员往往会形成较大的话语权和影响力。权力结构指的是小组中权力的配置和各种不同权力之间的关系，当组员和工作者的权力都维持在彼此一个可以接受的范围时，权力结构就达成了一个平衡。但是随着小组的发展，组员的地位和权力都在不断变化，自然就会影响到小组动力的发展。这种权力结构的失衡带来的是小组目标动力和互动动力的削弱，因为一旦组员对自己所处的小组地位不满，小组就难以团结在一起，一致行动，有些组员甚至会破坏小组向目标前进的力量。这种行为带来的是组员之间的冲突，也必然削减小组的互动动力。Ronald 认为地位、权力和角色都是相互交织在一起的概念，它们一方面限制了个性、自由和独立，另一方面使得小组运作趋向稳定和规范化，协助组员建立起安全感和自在的感觉（Ronald，2010）。伴随着小组地位和权力关系的改变，小组组员也会处于良好或者不良的状态中。

三、小组的“替罪羊”角色

潘正德认为角色是人们在社会单位中由于担任某种功能而有的一组预期的行为形态（潘正德，2016）。小组作为一个组织单位，存在着多种多样的角色，很多学者都对于小组中的角色进行了划分。Shulman 把组员的角色分为替罪羊、守门人、内部领导者、越轨组员等，其认为替罪羊在小组中经常受到比较多的负面关注，受到其他组员的批评（Shulman，1999）。替罪羊角色是小组中经常容易看到的角色，当小组气氛让组员感到焦虑或者小组想逃避讨论一些问题的时候，替罪羊往往作为一个转移注意力的方式在小组中出现。这个时候，一些组员形成了负面的互动，这种互动是以损害其他组员的利益为基础的，这种互动虽然让组员有了互动，但是长期看，必然会损害小组的互动动力。

四、次小组的产生

Ronald 认为次小组的形成是因为组员之间在情感上和兴趣上有相同之处，形成了联盟（Ronald，2010）。范克新则认为在小组发展的每个阶段都有可能形成次小组，小组初期形成是为了安全和减轻焦虑的需要，而在小组中期，工作的分工则是产生次小组的主要原因，在小组结束期，分离的焦虑也会催生次小组（范克新，2001）。其认为次小组的作用包括了正功能和负功能，正功能包括促进小组凝聚力提升，为工作者提供某些对于小组的暗示，负功能包括造成小组的分化，造成组员之间的排斥，影响组员关系。

我们所在的小组也产生了次小组，我们认为这种次小组给小组带来的更多的是负功能，这体现在次小组组员形成对于小组目标动力的消解上，小组的目标在次小组中的分化中对组员的号召力和影响力减弱，因为部分组员不再参与一致的行动。这种小组目标动力的减弱，进而降低了组员对于小组的认同感，使得组员之间的互动意愿降低，小组互动动力也处于危险之中。

第四节 动力干预：基于个体成长的小组动力引导

在经历了五次的小组聚会之后，小组面临新的机遇。因为这个小组的组员之后需要在社会工作者的协助下策划一个由校团委组织的项目，这对于小组而言是一个挑战。我们试着从探讨成长性小组本身和重新检视小组目标出发，寻找社工介入小组动力的方式和使得小组得到重新整合的路径。我们着眼的是能否基于成长性小组因子，去干预小组的互动动力和激发小组的目标动力，从而达成小组动力干预的良好效果。

小组动力研究的主流看法是小组动力的发展是多个因素相互作用的结果，比如刘梦、张和清就认为小组的动力过程，是小组动力因素的互动作用以及其在小组中产生的影响效果决定的（刘梦、张和清，2014）。这是基于宏观的视角，力图解释广义的小组动力过程。但是我们认为这无法分析某一种类型的小组动力过程原因，更无法对社工介入动力提供指导。因此可以从微观的角度出发，结合我们前期进行的反思，具体探讨成长性小组的本质、小组动力因素、社工介入如何实现良好的互动。根据介入小组动力的过程，我们呈现了社工后期干预小组动力图。(图8)

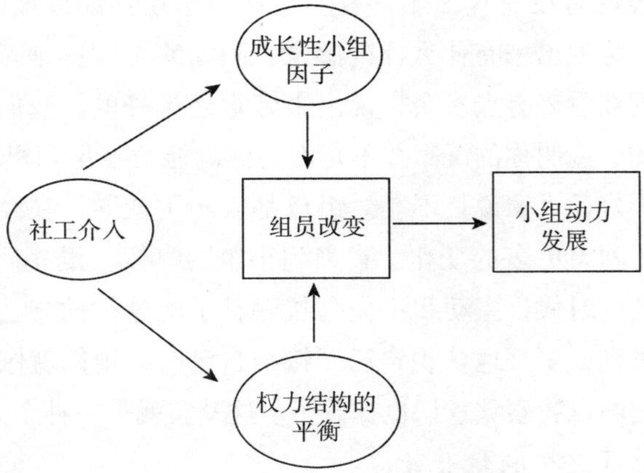

图8 小组动力干预图

我们介入小组动力的过程包括聚焦个体成长与改变、促进正面表达和沟通、提升组员对自身的满意度、转换自身的领导角色，通过这种调整，达成了小组动力的进一步发展，使得小组变得更为成熟，次小组消失，“替罪羊”角色也不再需要，小组逐渐完成了自己的发展过程。这种介入过程结合了我们对于成长性小组本身的思考和对于小组动力核心要素的思考，我们希望通过这样的方式，协助组员建立对自我、其他组员的接纳，寻找自我获得的成长，从而达到挖掘组员的潜能，指导小组动力发展，使得组员尽可能地在小组中实现自己的目标。

一、聚焦个体成长和改变

（一）小组改变的机遇

校团委书记找到我们的同事，让其协助领袖成长小组的组员撰写项目的整体计划。阿颖、阿青、阿豪、阿贤参与了此次项目的筹备会议，一起讨论如何针对小候鸟（外来务工子女）开展项目的服务。大家七嘴八舌，讨论了很多，讨论了一个多小时，但是都没有拿出具体的方案，只确定了项目的主要内容包括义教课程和城市环游计划。

随后开展的小组聚会上，继续针对项目的内容进行了讨论，并且把小组分为三四个小组进行讨论，然后让各个小组请一个组员做总结发言。阿雪随后在小组中做了发言，叙述得很具体流畅，让我们也吃了一惊。因为阿雪在小组中一直处于边缘的角色，而且之前面对一些组员的压力。我们认为这是需要在小组中进行鼓励和强化的，于是我们对小雪的表现进行了鼓励：大家有没有觉得小雪这次的表现有没有什么不一样？组员阿华说：说得很好！并给小雪鼓掌。我们问阿雪：你说出来有什么样的感觉？阿雪略带腼腆地说：挺好的，之前有点怕说错，现在看来有点多余，说出来感觉还挺好的。我们回应说：这说明你是可以说好的，说明你的沉默并不是因为你的能力不足，相反只要你勇敢去说，你可以说得很好，大家说是不是。组员都表示了认同。在经历了这次之后，我们逐渐看到了阿雪更多的变化。在来到小组的时候，跟我们用英文打招呼，在和小候鸟相处的时候，主动和小候鸟接触，了解她们的想法。在我们看来，当组员能够通过别人更好地认识自己，接纳自己时，她们就倾向于更多主动的亲近行为，她们的自我察觉意识也提升了，这其实就是一种个人的成长和改变。

（二）组员改变的扩散效应

在小组中阿芳、阿亮等都有了自己的成长，正是聚焦这种成长和改变，使得组员获得了新的自我认识。青少年处于青春期，他们最大的特点就是发展性，他们也需要通过别人的反馈来建立认同。艾瑞克森认为青少年期的任务就是进行自我统合，建立一致的自己。通过聚焦成长和改变，不少的组员有了更积极的状态，也更加积极地和组员进行互动，这表明组员的成长带来了扩散影响。这种影响使得组员再次形成一致性的目标，并且有了更加积极的互动意愿，这种积极作用对于目标动力和互动动力都是很好的激活。就连阿青和阿豪之前的矛盾也逐渐消减了，也有了互动。赵芳认为成长性小组最重要的特征就是聚焦组员的个人成长，强调通过小组过程使得组员更加敏感，增强自我察觉和自我学习的能力（赵芳，2015）。通过这样的小组过程，组员的关系再次得到强化，小组动力的稳固性得到了增强，似乎不再表现出较大的波动。

我们之前还反思，要通过一个六七次小组聚会，真正地培养起青少年领袖，显然是困难重重，而且显得有些不切实际。但是实际上没有哪个人可以一下子变成领袖，我们所做的就是要增加他们的经验，让他们发展出新的行为，这些行为对于培养一个青少年的领导力是有益的。一旦建立起这些行为，比如积极地表达和倾听，计划一段时间内的活动方案，执行一个项目计划，只要这些行为得到很好的强化和回馈，就会在组员的生活经验中扎根，成为他们和社会新的互动方式。这才是成长性小组，或者说领袖成长小组的意义所在。

（三）动力特殊性的显现

伴随着小组组员的成长，小组动力发展取得了实质性的突破，组员之间更多地坦诚自己内心的想法，组员表现出更积极分享自己的经验，特别是组员阿彬、阿雪。小组形成了更一致的目标行动力，表现出更多的合作行为，其所体现的是小组目标动力的增强，进而使得互动动力也得到了提升。在取得了这样的发展后，我们反思其实小组能够获得突破，与成长性小组因子有着重要的关联性。而小组工作者往往容易忽略对于成长性小组本质的思考，没有把关注点放在如何在小组情景中聚焦组员的成长，而把注意力放在了小组具体活动的开展上，这或许某种程度上造成了成长性小组往往难以达成其服务成效。

我们对于其他类型的小组动力研究进行了比对。在谢政廷、林妙容的《婚姻暴力儿童团体游戏治疗历程探究》的分析中，小组工作者作为权威者的角色而出现，小组的沟通是以小组工作者为中心的。小组工作者的目标在于建立普遍性的治疗情境，进而使得组员能够更加容易面对和坦露自己不好的经历，获得组员的支持。这种治疗性的情境反而成了孕育小组动力的“温床”。小组动力表现出随着小组治疗情境变化而变化的特征，总体上和小组发展相一致，随着小组的形成，动力成形，伴随小组的成熟小组动力也快速发展，最终随着小组的结束小组动力逐渐消失。在陈世荣、林晓钰的《毒瘾家庭支持小组动力历程》的支持性小组的研究中，应对面临的相似性问题和压力成了组员相互倾诉和相互支持的动力所在，它们是整个小组得以存在的前提条件，也是推动组员互动的动力所在。小组动力发展呈现出随着共同性问题和压力解决，小组动力增强的趋势，与小组的发展进程整体上吻合。马玉娜的《以信任为基础的小组动力分析——以四川汶川灾区金凤村妇女刺绣小组为例》的社会行动小组研究中，共同应对灾难性的外部环境，构建以信任为核心的社会行动小组是该小组持续发展的动力所在。外在的环境和信任的建立也使得小组动力表现出一定的超前性，即小组动力在初期就发展较快。

成长性小组则在小组动力发展上表现出特殊性，首先就是小组动力的发展不仅受到小组动力因素的驱动，而且也受到成长性小组因子的作用。当成长性因子具备的时候，小组的目标动力和互动动力都会显著增强，这体现出成长性小组动力随着成长性因子是否显现而表现出发展或者停滞的特点。其次小组动力的发展相对于小组的发展而言，显示出滞后性，小组动力发展滞后于小组的发展。最后成长性小组的动力随着组员互动的强化，不断地得到发展，这种动力具有不断累积平稳的特征，表现出目标动力和互动动力都得到增强，而不会出现其他类型小组随着重要因素而改变的特征，表现出较大的稳定性。

二、平衡小组的权力结构

（一）澄清组员期望

在组员阿青提出对组员和社工的质疑之后，我们一开始也感到有些焦虑，在想如何回应阿青提到的关于小组内容、小组秩序的问题，也反思自己领导小组的过程。我们一方面不希望是因为这是访谈而把话题遮住，在小组中避而不谈，刻意地维持小组的和谐，同时也把这种矛盾公开化，这反而加重组员对于小组的疑虑。首先我们需要保持自己的客观判断，对于小组现在的情况有一个清晰的认识，同时也需要反思组员所提到的问题是否存在，她对于小组的期望是怎么样的。

（二）划分小组的权力界限

有一个比较有争议的问题就是小组内容的讨论，我们也认为这是一个难以说清楚的问题。因为一方面小组工作者按照要求就是要策划出小组的内容，并且由项目的督导批阅。我们的小组计划书是在 5 月份就由督导阿洁进行批阅并修改的，机构也要求员工按照既定的计划来开展小组服务。因此组员就没有了参与决定小组应该开展哪些活动、哪种形式好的权力，更多的是事后补救，也就是小组工作者根据组员的意见进行计划的修改和完善。在说明了这种情况后，我们表示会在小组聚会的末尾说明小组下次聚会的内容和主要活动，组员有意见的可以及时和小组工作者沟通。

（三）回应组员质疑

针对小组工作者的质疑，我们分成了两个方面进行回应。一方面是让组员理清自己对于小组的期望，当初自己参加小组是有什么样的期望，有的组员回答是认识新的朋友，有的是对社工的活动好奇，有的是对小组好奇，也有的是缓解课业的压力。然后社工再回应组员开展这个小组的目的，是在于促进青少年的成长，特别是培养青少年的领导能力，让他们在表达和沟通、计划和执行等方面增长新的经验，更加认识和接纳自己。另一方面则说明自己非常开心大家能坦露自己内心的真实想法，每个人都是不断进步的，我们也是，需要在和大家工作的过程中不断提升自己。

通过这样的过程，我们认为就达到了两种权力关系的平衡，一是组员之间的权力关系，通过分配话语次数和确定界限来分配组员的权力，达成大家都认为的公平，从而化解了组员对于小组权力的要求。这个过程是非常艰难的，在确定下来之后，小组变得少有的安静，这种安静有点像一开始的小组聚会，直到经过新的破冰之后，小组的氛围才逐渐恢复。二是小组工作者和组员之间权力关系的“平衡”，实际上是让组员接受真实的小组和作为真实个体的小组领导者，让组员认识到小组领导者是和组员一起成长的，让组员提前了解小组会有哪些内容，并可以提出建议，而不是让小组领导者简单地使用强制权力，让组员做什么就做什么。

三、个体目标和小组目标的平衡

（一）区分多元化的目标

其实在小组聚会初期，就存在个体目标和小组目标的区别。组员总是带着这样或者那样的愿望进入小组，虽然一开始小组工作者会带领组员制定小组的目标，组员在第一次聚会的时候对于小组没有多少了解，甚至组员不知道小组会带给自己什么。但是随着小组的深入，组员开始明白和熟悉小组，也逐渐明白了自己需要什么。我们访谈阿芳，问她觉得小组在哪些方面需要改进。阿芳就说：我希望小组能够除了集体性的活动，还有更多的个人展示的机会，真的可以提升一些能力。阿芳就表达了自己对于小组目标而言个人的目标。正如刘梦、张和清所界定的小组动力，其中一个重要的动力就是实现目标的动力，这种目标动力对于小组的发展而言是直接的。因此理解小组中个体目标和小组目标之间的关系是非常重要的。

（二）小组目标和个体目标厘清

对于小组中存在的目标，我们进行了进一步的整理和归纳。对于工作者来说，小组存在工具性目标和任务目标，工具性目标是促使小组发展到相应阶段而进行设定的目标，比如组员的相互认识，处理组员发生的冲突，处理小组的离别情绪，这是根据每个阶段小组出现的特定问题而设定的目标，这些不是小组的最终目的，而是达成小组的任务目标必须要经历的过程。任务目标则是工作者为了达成服务对象的需求而设立的目标，而这个目标包括了小组的最终目标，也包括为了实现最终目标而设立的每节小组的分目标。

对于组员来说，存在着初始目标和伴生目标，初始目标是指组员加入小组的动机，组员加入小组有的时候是有着组员自己的目的的，并不一定是小组的任务目标。而伴生目标则是组员在参与小组过程中逐渐形成的目标，是伴随着小组的发展，组员对于自身有了更多的思考。

在明确了这样的目标之后，可以看到其实小组存在两个层面的目标，一个是个体化的目标，比如阿芳的目标，这些目标只针对阿芳一个人。这种目标可能会促使其更加积极地参与小组，或者其看到小组并不像她想象的发展，而对小组表示沉默，甚至退出小组。第二个层面是这样的个体目标在小组中提了出来，得到大家的一致赞同，于是这种目标就上升成为大家的共同目标。这种目标就会鼓励大家积极地参与小组活动，实现小组的目标。可见个体目标产生的动力（我们暂且把它称作“个体目标动力”）对于小组动力而言是不确定的，而大家所赞同的目标产生的动力（我们暂且把它称为“小组目标动力”）对小组动力而言是正向作用。

（三）整合个体目标和小组目标

在小组中可以发现要实现个体目标和小组目标的一致其实是一种理想状态，因为组员的需求是各不相同的，组员对于小组的期待也各不相同。很难说组员之所以留在小组是他和小组目标是一致的。维持小组的动力也可以说是组员只是为了满足其社交性需求，或者小组的凝聚力和归属感。但是无疑如果能使得大部分组员的个体目标趋向于和小组目标一致，小组的动力能够得到显著的增强。

第五节　结论与反思

本书在小组动力学理论的框架下，以我们反身性的思考为基础，把成长性小组的动力过程从动力培育、动力评估和动力干预三个方面进行探究，呈现了小组工作者如何引导小组动力的形成，又对小组动力发展遇到的问题如何进行分析，最后如何不断地尝试引导小组动力发展，从而摆脱小组的困境，形成了对成长性小组动力的整个分析过程。在引导小组动力的过程中，结合其他类型小组动力的研究的比较，我们也进一步发现了成长性小组动力的特殊性。基于这些研究，就可以回答刚开始提出的三个问题，即成长性小组动力的发展过程是怎么样的，为什么会遇到发展停滞、服务成效不明显等问题；成长性小组动力发展有何特殊性；如何引导小组动力的发展以摆脱遇到的困境。我们尝试从建构成长性小组动力分析模型、阐述成长性小组动力的特殊性和干预小组动力的策略三个方面来回应上面三个方面的问题。

一、成长性小组的动力分析模型

（一）过往小组动力分析模型的缺陷

在小组动力的研究中，小组动力分析模型的研究是关注的重点。根据对青少年领袖成长小组动力的分析过程，我们认为过往的小组动力分析模型研究存在两个方面的不足。一是基于普遍化的小组动力研究，忽略了不同类型小组的特殊动力因素。比如成长性小组有着自己的小组运作方式，也有着自己的服务手法和理念，这些因素显然会影响到小组动力的发展，普遍化的小组动力分析则会忽略了这些方面，而选择共通性的小组动力因素，进而建构小组动力分析模型。这样的分析模型显然不能准确地描述小组动力的过程。二是过往的小组动力分析模型简单地将小组动力的过程归纳为“输入—过程—输出”的思路，忽视了不同因素之间的相互作用，也没有解释清楚哪些输入因素在小组动力发展中起到了重要性的作用，哪些因素起次要的作用。另外输入因素是一个贯穿整个小组过程的要素，并不只在开始阶段。这两方面的问题都不利于清楚阐述一个具体的小组的动力发展过程。

（二）成长性小组动力分析模型的提出

在吸取了过往小组动力研究者在小组动力分析模型研究成果的基础上，我们以既有的成长性小组为观察范本，提出成长性小组动力分析模型（图9）。我们认为成长性小组动力分析模式是立足于两个前提的：在社会工作服务中小组工作者一般作为人为小组的组织者和主导者，社工在成长性小组本质的理解上设置小组服务。这两个区别使得成长性小组的动力区别于其他研究领域的小组动力，比如自然形成的小组，工作小组或者自发小组，也使得成长性小组的动力区别于其他类型的小组，比如支持性小组、治疗性小组。

成长性小组的动力分析模型包括了四个向度的相互作用，分别是成长性小组因子、社工介入策略、小组动力因素和输出结果。首先是成长性小组因子，作为预先的小组设定，直接影响到小组动力因素如何起作用，比如影响到组员如何去互动，小组工作者如何去领导小组，进而引发小组动力因素去作用于小组的动力，引发小组的输出结果。同时成长性因子也作用于社工的介入策略，这些成长性因子是社工介入小组发展的先决条件和原则。其次小组动力因素作为关键的环节，直接作用于小组动力的发展，进而影响到小组的发展和结果，也就是小组的输出结果。社工介入策略则从影响成长性因子发挥作用和影响小组动力两个方面对小组动力产生影响。社工介入策略一方面要激发成长性因子的积极作用，来促进小组动力的形成和发展，另一方面要通过介入策略作用于小组动力因素，从而使得小组动力适合于小组的发展阶段。成长性因子和社工介入策略都通过作用于小组动力因子的方式，使得成长性小组动力呈现出自己的独特性。

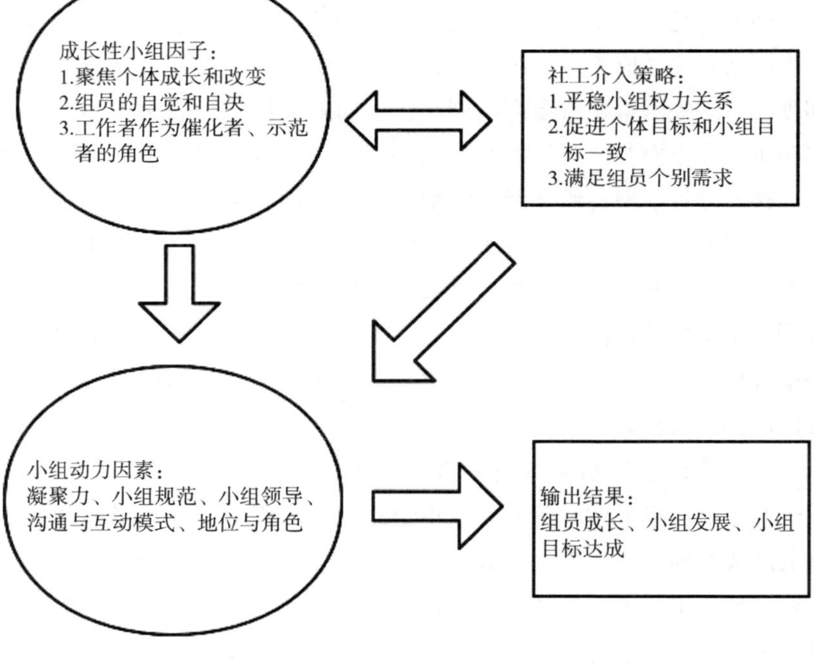

图9　成长性小组动力分析模型

二、成长性小组动力的特殊性

（一）动力来源的特殊性

成长性小组动力在来源上不仅基于小组动力因素，而且表现出自己所独有的来源，那就是成长性小组因子。成长性小组的动力变迁基于成长性小组的设定，这就如同小组预先设定的“脚本”，它确定了小组动力在组员的成长和改变中会获得一个巨大的推动力。成长性因子就是成长性小组最为重要的设定，也就是成长性小组的“脚本”。成长性因子是基于成长性小组目标而形成的有别于其他类型小组的变量，包括小组聚焦个体组员成长和改变，强调组员的自觉和自决，小组工作者需要担当催化和示范的角色。这些成长性因子构成了促进小组动力良性发展的源源不断的能量。

（二）动力形态的特殊性

我们比对了成长性小组和其他类型的小组动力发展，发现成长性小组动力在形态上也呈现出一定的差异性，体现在动力的滞后性和稳定性。成长小组动力在发展上滞后于小组的发展，当小组发展成熟的时候，小组动力才表现出较快的发展趋势。而其他类型小组的发展往往随着小组转折期的完成，小组动力就会进入比较良好的发展时期，成长性小组体现出一定的特殊性。这也在一定程度上解释了为什么成长性小组的动力发展相对缓慢，甚至一些实务工作者所说的发展停滞的现象。成长性小组有别于其他类型的小组，并不存在明显的共同性问题，因而也不会因为解决问题经验的分享而使得小组动力得到增强，更多地表现出无序性。

另外一个特征就是稳定性，小组动力不会因为外在情景或者因素的变化而产生较大的波动，相对平稳。成长性小组并不存在紧张的外部问题或者内在问题压力，比如治疗性小组的治疗性情境的塑造，一旦小组工作者没有塑造起有支持性的治疗情境，组员就会表现出较大的阻抗，使得小组动力发展停滞，甚至倒退。成长性小组的动力往往随着组员互动关系的成熟，逐渐建立起的小组目标而实现小组动力相对平稳的发展。但是这并不意味着小组不受到其他动力因素变动带来的影响，这种稳定性是相对于其他类型小组而言的。

目标动力和互动动力作为小组动力的两个动力形态，是在成长性小组的基础上表现出其特殊性的。综上而言，成长性小组动力的特殊是基于成长性小组“场域”下的目标动力和互动动力共同作用的结果。

三、干预成长性小组动力的实务建议

（一）定期评估小组动力

小组动力可以说是小组发展的一个很好的指示灯，能够说明整个小组的发展情况，也有利于预测小组目标的达成情况。但是在实务过程中，工作者对于小组动力的关注则相对不足。我们针对一线实务工作者进行的“关于小组动力的调查”（附件4），在针对小组工作者关注小组动力频率的调查中（图10），发现经常关注小组动力的小组工作者只占18.87%，定期关注的也只有24.53%，45.28%的小组工作者都是有时候关注下，占了将近一半，可见实务工作者对于小组动力的重要程度还缺乏比较明确的认识，没有定期评估小组动力的专业取向。在小组服务过程中常见的是，小组工作者忽略小组动力的评估，把关注点放在小组任务的完成，这是本末倒置了小组动力和小组任务的关系，阻碍了小组的向前发展和目标的实现。

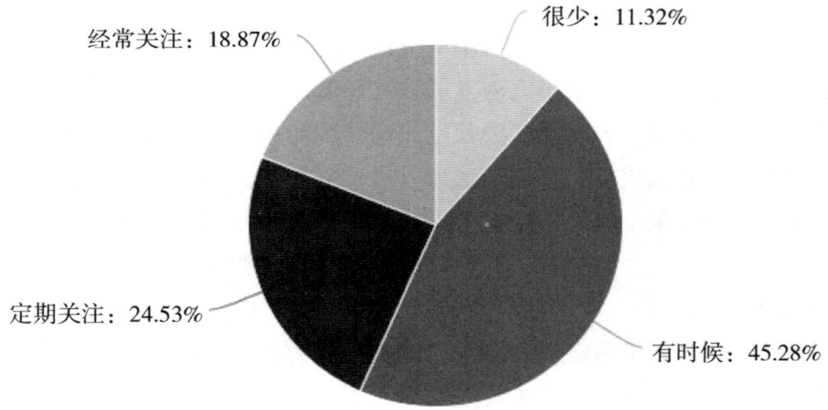

图10　小组工作者关注小组动力频率的分析

我们认为小组动力评估应该作为小组服务中定期的工作事项，工作者需要及时评估整个小组动力的发展状态，避免只是看到小组的表面现象，或者是个别组员的情况。一些小组动力的研究者基于小组动力的评估，发展了一些相应的量表，被公认比较有效度的量表有社会群体心理测定法、社会关系图、SYMLIG图、小组动力图，这些都是比较成熟的测量小组动力的工具，可以比较清晰地反映小组沟通互动情况，小组的吸引力，成员角色等。这些量表都非常有益于小组工作者直观地评估小组动力的发展情况。

（二）评估小组动力对组员和小组的影响

小组动力并非是越强越好，过强的小组动力反而会对小组发展起到负面作用，因而要评估小组动力对于组员小组的影响。小组动力过强的一个表现就是小组的凝聚力过度。陈心洁就认为，过度的凝聚力导致组员对小组产生过分的服从和依赖，产生了“小组思维”，这会使得组员失去理性的判断（陈心洁，2015）。也就是说过强的小组动力的后果就是组员失去了作为个体的独立性，形成了集体思维，虽然使得促进小组目标的动力增强了，但是作为个体的组员成长就受到损害。但是在实务过程中，小组工作者往往缺乏这样的认识，缺乏使用小组动力去服务与小组和组员的意识。在对于小组工作者对于小组动力运用的调查中，仍然有49%的小组工作者很少去使用小组动力服务于小组和组员的发展，经常运用的只有11.32%，说明小组动力评估和干预的技术仍然没有在实际的小组服务中更好地发挥作用。因此需要小组工作者注意的是从其和小组、组员的关系中去看小组动力的影响。

（三）灵活的小组领导风格

小组动力是时刻变动的过程，社工的任何一个举动都可能引起小组动力的变动。根据小组情境灵活调整小组领导风格，是引导小组动力良性发展最可靠的保证。Goldstein 在小组领导风格的研究中，认为当小组领导者进入小组时参与塑造小组的目标时，他们会把自己看问题的方式、思维和解释方式带到小组，这些推论不可抗拒地决定了小组的程度应该如何进展（Goldstein，1988）。因而小组领导风格影响着小组的进程。在我们对于小组领导的分析中可以看到，转换领导其实是比较有利于小组形成良好动力的，他对于小组而言起到的是一个“催化者”的作用，小组领导者通过及时提供给组员信息或者资源，从而使得组员获得满足。但是也需要看到每个小组工作者都有自己的性格特质，往往习惯于某一种类型的领导，比如我们在小组中很多时候是一个参与式的领导者，给小组提出问题，让小组组员进行决策。

要成为一名高效的小组领导者就需要具备灵活的小组领导风格。我们选择的方式是首先对于自己的担任领导者的优缺点进行一个评估，Ronald 就提倡进行一个小组领导者的舒适度表（the leadership comfort state ，LCS）测试，有利于领导者了解自己的领导风格。然后小组领导者可以根据自己的领导风格进一步发展，比如如果你是过程导向的领导风格，在下一次的小组中尝试更多地使用结果导向的领导风格。如果你习惯了指导式的领导风格，试着使用成就式的领导风格。进行这样领导风格的尝试，可以让小组工作者更好地灵活变化，以适应不同情境下成长性小组的动力发展要求。

（四）发挥成长性小组因子的作用

成长是成长性小组的焦点和归宿，要引导小组的动力发展，小组工作者能否在小组过程中充分利用成长性小组的因子，激发组员内心的成长性的需求是非常重要的。成长性的机会之所以存在，是因为组员所在的环境并不都是有利于组员成长的。赵芳就提出小组领导者要促进组员了解所经历的环境本质，指出环境系统中个人无法获得满足的部分，澄清组员在达成目标时，环境所能够提供的支持和需要的改变是什么（赵芳，2015）。因而小组就是小组工作者试图重现的良好小组情境，这种情境有利于组员练习新的行为经验和认知，使得组员在经历环境中不能满足的需要得到满足，没有得到的机会因此有了机会，小组工作者要把小组当成组员成长的土壤进行积极营造。通过这样的过程就给小组提供了良好的互动空间，形成良好的互动动力。

在实务过程中，小组工作者需要把成长性小组的因子作为理念，灌输到小组中。在小组一开始的聚会中，就强调小组的根本目标在于促进个体的成长和改变，每个组员对于自己的成长和改变负有责任，强调组员的自觉和自决。小组工作者也始终需要提醒自己作为小组催化者和示范者的角色，给小组提供信任和舒适的环境。其次就是小组工作者在小组中要善于发现组员的成长，让组员积极分享自己获得成长的过程，一方面是可以形成组员对于成长的共同性目标需求，也可以给其他组员创造成长的机会。最后小组工作者需要观察到不同组员的不同需求，并根据小组的自然事件积极促进组员需求的满足。在小组每节结束后要积极地反思自己在小组中的表现，是否很好地催化小组组员去积极尝试，是否作为示范者去分享自己在小组中获得的成长。在这样的反思基础上，不断地改善自己的表现，以更好地符合自身作为催化者和示范者的角色。当小组工作者具有对成长性小组因子的敏感性，就可以比较顺畅地引领组员积极的成长和改变，使得组员满意自己在小组中的表现，形成良好的互动动力和一致的目标动力，协调小组动力的发展。

参考文献

[1] 蔡静．合作学习小组的建设研究 [D]．西南大学，2011.

[2] 陈雪莹．增强小组动力的三个实务原则 [J]．中国社会工作，2015 (03)．

[3] 陈心洁．小组工作的理论与实务 [M]．中国政法大学出版社，2015.

[4] 范克新，肖萍．团体社会工作［M］．社会科学出版社，2001.

[5] 冯博雅．成长小组与同辈互助［J］．广东工业大学学报，2006（12）．

[6] 黄梅．社会工作专业新生成长性小组的实践模式分析［J］．长沙民政职业技术学院，2008（12）．

[7] 黄家溱．团体动力学在安宁养护中的应用［J］．高雄师大学报，2012（12）．

[8] 黄彦宜．照顾的难题：以一个妇女志工团体为例［J］台大社工学刊，2005（9）．

[9] 黄碧玉．从团体动力谈咨商团体历程的催化［J］．咨商与辅导，2013（8）．

[10] 姜亚萍．开放性小组动力研究［D］．华东理工大学，2015.

[11] 李郁文．团体动力学：团体动力的理论、实务和研究［M］．桂冠图书股份有限公司，2000.

[12] 李颖奕，唐晓容．小组工作本土化的困境［J］．福建论坛（人文社科版），2010（4）．

[13] 陆士桢．优势为本的理论价值在成长性小组中的运用策略初探［J］．浙江青年专修学报，2010（4）．

[14] 李松．成长小组模式在儿童亲子关系构建中的应用研究［D］．苏州大学，2015.

[15] 刘森玲．成长性小组对提升青少年人际交往能力的介入研究［D］．华中科技大学，2014.

[16] 林晓钰．毒瘾家属支持团体动力历程［J］．中华团体心理治疗，2014（12）．

[17] 刘梦，张和清．小组工作［M］．高等教育出版社，2014.

[18] 马雪杨．冲突与小组动力研究［J］．理论研讨，2014（9）．

[19] 牛星亮．小组工作实践中的空间元素［J］．学理论，2013（8）．

[20] 彭君芳，张彦敏．成长性小组对大学新生适应性的影响初探［J］．北京农学院学报，2008（6）．

[21] 潘正德．团体动力学［M］．心理出版社，2012.

[22] 邱秋员．和信治癌中心医院乳腺癌病友支持团体的经验分享［J］．台湾社会工作学刊，2004（1）．

[23] 邱照华．精神病患服药团体之历程分析［J］．精神卫生护理杂志，

1996（9）.

[24] 邱珍琬．特殊族群自我成长团体过程与结果研究［J］．中华团体心理治疗，2006（9）.

[25] 罗纳德·W. 特斯兰，罗伯特·F. 理瓦斯．小组工作导论［M］．刘梦，等译．北京：中国人民大学出版社，2010.

[26] 万江红．小组工作［M］．华中科技大学出版社，2006（1）.

[27] 孙远丽．成长小组对留守儿童过敏、冲动倾向的研究［D］．兰州大学，2014.

[28] 宋亚平．成长小组模式介入流动儿童社交能力提升的实务研究［D］．郑州大学，2017.

[29] 陶珍珍．成长小组介入留守儿童自我意识提升的研究［M］．华中科技大学，2015.

[30] 王芸．智障人士照顾者支持性小组动力研究［D］．华东理工大学，2013.

[31] 王杰．冲突管理：深化小组工作实务的策划反思［J］．社会管理，2016（8）.

[32] 王志成．小组工作本土化实践中的困境［J］．合肥学院学报，2015（9）.

[33] 徐选国．社会工作成长性小组模式建构［J］．中国社会工作，2010（7）.

[34] 徐西森．团体动力与团体辅导［M］．广东世界图书出版社，2003.

[35] 许育龄．运用回馈协助经验教师发展专业成长团体之研究［J］．教育理论与实践学刊，2010（7）.

[36] 余汉仪．精神病友家属团体与专业之权力互动［J］．台大社工学刊，2001（12）.

[37] 周志建．团体行为与团体动力之解析——以一个团体的观察为例［J］．咨商与辅导，2002（2）.

[38] 赵芳．小组社会工作：理论与技术［M］．华东理工大学出版社，2015.

[39] 张超．小组动力学在大学生成长性小组中的应用及反思［J］．中国社会工作，2008（12）.

[40] 朱静军．成长小组与提高大学生心理素质的探索［J］．广东工业大学学报，2007（12）.

［41］张诗琦．团体动力视角下的院舍老年工作小组研究［D］．华中科技大学，2016.

［42］HAN C，WEIL M. Group Therapy on the Edge：Adolescence，Creativity，and Group Work［Z］．Eastern Group Psychotherapy Society，2017.

［43］GENTRY C R. Group dynamics among physical educators and principals in blue ribbon schools［D］．Urbana – Champaign：University of llinois at Urbana – Champaign，2014.

［44］SOMERS M L. Innovations in Field Instruction in Social Group Work［J］．Journal of Education for Social Work，1966，2（1）．

引导语：

不同的社会群体有其不同的特点，我们要将自身的专业技能与实际结合，面对不同的社会群体运用不同的专业技能解决问题，灵活为主，不僵硬地硬套方法，以人为本，整合不同的社会力量，为这些群体去解决困难，使他们自身能够恢复正常的生活状态，甚至提升发展自己，实现自身的社会价值。

第七章

服务社会群体：农村老年人社工服务研究

法国老年社会学家保罗·帕伊亚（1999）曾经说过：“人口老龄化是20世纪末最突出的社会现象，因为它产生了多方面的、各种各样的变化和深远的影响。”人口老龄化是人类社会发展的自然规律，也是当今众多国家需要共同面对的重大社会问题之一。据国家统计局2015年国民经济和社会发展统计公报调查结果显示，中国总人口为13.7462亿人，其中中国大陆31个省、自治区、直辖市和现役军人的常住人口中，60周岁及以上的人口数为2.22亿，占总人口数的16.1%，其中65周岁及以上人口为1.4386亿，占总人口数的10.5%。第六次全国人口普查结果相比较，60周岁及以上的人口比重上升2.84%，其中65周岁及以上人口比重上升1.63%，面对增长如此迅速的老龄化数据，对于未富先老的我国来说无疑是个沉重的数字，如何更好地解决养老问题令人深思。

而社会支持不但是日常可见的互动方式，也是老年人社会照顾的重要方面，个体可利用社会支持网络来获取资源或支持解决生活中的问题或危机，提升自身环境适应力；还可以通过社会支持促进自身的发展，提高自身的生活质量。基于以上原因，我们希望了解社会支持能对农村老年人的养老问题产生的作用以及其意义所在。

第一节　社会支持及其对农村养老的意义

我们在2016年7月进入位于番禺的P村日托中心进行实习后，通过一份R社区的调查报告发现，在该社区的老年人口调查中，社区人口总数为22560人，而老年人数量则占了4971人，占了该社区总人口数的22%。而作为R社区的9个行政村之一的P村户籍人口为2812人，老年人口约为600多人。如此之多老年人口，P村是如何面对众多老年人口养老问题的，其老年人口的养老问题促使我们对其进行了解，而在通过实习了解后发现加入了该村日托中心的近20多名老年人其精神面貌和日常状态与该村其他老年人的精神状态有很大的不同，日托中心的老年人与本人在日托中心之外见到的老人相比显得更加主动，更加有活力，同时整体的精神面貌以及交谈状态更佳，并且日托中心的老人之间的联系也非常的紧密。

一、社会支持与社会支持网络

对于老年人，社会支持主要体现为老年人能够从家庭、亲属网络、社区网络以及社会网络等所有可能的途径获取物质和精神支持（郑杭生，2002）。老年社会支持是指老年人从社会和他人处获得的各种支持的总和，也是老年人与他人、社会互动所形成的相对稳定的社会关系之总和，这里的社会关系主要表现为血缘关系、姻缘关系、业缘关系、地缘关系等多方面（徐玲，2002）。这些支持对老年人的身体、生活和精神带来积极影响，它体现在对老年人生活上的照顾、经济上的资助和精神上的慰藉等方面。

同时我们认为老年人社会支持网络应该是整合社区各项资源，包括社区组织（街道、居委会）、友邻、社区志愿者等，为老年人提供支持性帮助的网络。同时在本书中我们基本上认同并使用徐勤学者（1995）的观点，将社会支持分为正式支持和非正式支持，“正式社会支持体系指来自于正式组织的各支持供给者的集合，如各级政府、各级组织、机构、企业、社区等；非正式社会支持体系是指来自于老年人在生活中获得的非组织的社会支持供给者集合。这一体系包括家庭成员（ 配偶、子女、其他亲属）、邻居、朋友、志愿者等。”

我们在文献中发现学术界对老年人生活需求的研究已较为详述，针对老年人的社会支持，国内外的许多学者也从不同方面做了研究。但是以城乡老年人对比研究居多，专门以农村老年人这一群体为研究对象的仍然很少。农村老人是我国社会转型过程中出现的农村老年人，相较于这一快速增长的群体，相关的研究并不十分详尽，且多是针对农村养老保险尚未建立之时对其家庭养老困境的考察。但同时，该群体又是一个动态发展的过程，随着我国城市化进程的加速以及新农村养老保险制度的逐渐确立，他们所面临的问题势必也会随之改变，所以，在了解现有研究成果的基础上，我们以农村老年人为研究对象，了解其社会支持中各种支持的获得情况和来源，分析社会工作者在其中的作用和不足，并提出自己相关的见解，一方面以期填补学术界在该领域的不足，另一方面为改善农村老年人社会支持状况提出对策建议。

二、社会支持在农村养老问题中的意义

首先，对当前我国学术界关于社会支持理论的拓展而言。众多学者对大学

生、农民工等不同群体的社会支持情况有所研究，而对老年人特别是农村老年人的研究较少。通过本次研究将社会支持理论应用于农村老年群体，研究他们在生活各个方面社会支持的具体情况，可以进一步丰富社会支持理论。

其次，本研究是对研究社会工作在社会支持中的作用本研究从农村老年人的非正式社会支持和正式社会支持这两个方面来分析农村老年人的社会支持的基本情况和社会工作者介入的状况，了解社会工作在其中起到的作用，探索其中的不足，研究社会支持在社会工作实务中的应用。

最后，研究农村老年人社会支持的情况，有利于我们了解农村老年人真实的生活水平，心理及生理健康状况，正确认识他们所面临的各种困难；同时有利于我们了解农村社会保障对老年人生活的保障作用究竟如何，了解农村社会救助制度能否真正地改善农村贫困老人的生活状况，以此为基础探究完善农村老年人社会支持的对策，家庭、政府、社会应如何联动，以改善农村老年人的生活状况，使得农村老年人能够更好地安享晚年。

因此我们希望通过使用社会支持的相关理论研究去探讨社工进驻 F 日托中心后，社会工作者在其中产生的作用是什么？她是通过什么样的方法促进日托中心的老年人的社会支持产生变化的，社会工作者在在其中做到了什么？有什么是社会工作者没做到的，农村老年人社会支持存在哪些问题等，期望能通过观察和研究寻找到农村老年社会支持中的某些不足之处，为改善农村老年人社会支持现状提出一些可行性建议，帮助农村老年人群体做出一些有益改变。

第二节　老年人非正式社会支持分析

在本书中，我们使用了将社会支持划分为非正式社会支持和正式社会支持这种划分方法，非正式支持主要针对的研究范围为家庭、友邻、朋友、志愿者、宗族；正式支持主要通过政府、村委、民间机构、社区医院等四个方面进行研究。

徐勤对于非正式支持的解释为："非正式社会支持（Informal Support）体系是指来自于老年人在生活中获得的非组织的社会支持供给者集合。这一体系包括家庭成员（配偶、子女、其他亲属）、邻居、朋友、志愿者等。非正式社会支持具有不确定性特征，除了配偶与子女外，一般无政策与法律可依，它更多地表现为个人与个人之间的关系。"因此，我们希望通过家庭、友邻、朋友、志愿者、宗族等研究农村老年人不同非正式支持的程度，了解这些非正式支持对老年人的不同影响，分析社会工作者的介入情况以及介入效果，寻找其中的不足，并提出自己的思考。

在文献中，我们发现农村老年人的非正式社会支持具有随意性，家庭支持者不明确；缺乏稳定可靠的机制；并且作为一种互动资源，它需要农村老年人内部与外部关系持有密切的相互联系、互动交流等。而通过我们的研究，P村日托中心的农村老年人的非正式社会支持中有着家庭支持不充分，社会支持之间的关系容易断裂并且社会支持间的互动性较差、非正式社会支持系统具有排斥性等特点。而在这些非正式社会支持特点之下则是该村农村老年人存在的一些问题。

一、家庭支持不足

家庭支持是传统的非正式社会支持里面的重要部分，家庭支持既是有力的保障，然而却也缺乏稳定可靠的机制作为保障，这导致了现代的家庭支持在经过经济发展的冲击后家庭成员相聚时间逐渐减少，家庭成员对于家庭支持的功能弱化，在P村中，通过访谈和参与式观察发现，该村的老年人家庭支持具有供给不充分，情感支持缺失的特点。

（黄×爱）“是啊，我儿子他们休息很少的，就算休息，也有很多朋友约去吃饭，在家吃饭不多的。就像今天我儿媳妇就是休息的，都不在家里面吃，我买了菜她说又不在家吃饭了，我儿子也是，朋友一约就出去了，所以说一个人在家还是很寂寞的。”

从以上的案例样本中可以发现这位秀姨其实是非常渴望跟家人们多接触的，但她的儿女很明显在相处方面的时间很少，子女们对她的陪伴很少，使得老年人在情感的支持上是缺失的。该老年人的家庭支持的功能因为家庭成员间长久的缺少接触导致了功能的弱化，家庭成员间的联系逐渐减弱，而明显的家庭支持并不具有强制的规范机制去约束家庭的其他成员加强家庭社会支持的互动交流，因此这就导致了整个家庭支持供给的不充分，老年人从中获取的家庭支持不足。

（黄×秋）是该村的居家养老对象，在我们跟随居家养老工作人员对其探访时发现，该老年人独自居住，房子凌乱不堪并有异味，而该老年人待在阴暗的房间内并没有出门，随后了解到该老年人的儿子均应事故，并且早年已经丧偶，现在还剩下一个儿媳妇对她进行接济和照顾，而该长者因为曾经发生事故全身大面积烧伤，并且双手变形，因此日常生活、出入等自理能力困难，而在日常中其儿媳妇孙子等对她的照顾较少，在跟该老年人聊天的时候发现她情绪低落，对于家庭等问题的提问较为抵触。

家庭支持是每个老年人接触最为频繁的支持，在非正式社会支持中与老年人的支持度最为密切，而且对于农村老年人，缺少外来支持来源的他们，家庭支持是保障其老年生活的重要所在。在上述的案例上，该名老年人的家庭支持很明显地遭受到不可抗力因素的破坏：中年因火灾遭受残疾之苦、配偶、儿子等密切关系的亲人因故去世等，而其自身也因身残不能保障其自身的生活与日常的自我照顾，儿媳妇、孙子等对其关注较少，这导致了她陷入了一个家庭支持断裂，家庭支持力度不足，而其他社会支持又不能保障其基本生活的状态，使该老年人陷入了生活的低谷境界。

随后，我们在与这些老年人进行的访谈中发现，日托中心的20位固定成员中15位老年人是与子女同吃同住的，其他五位老年人则与子女分开吃住；但在这些与子女同吃住的老年人则表示，子女一般下班回家才有可能跟他们一起吃饭，其他时间也是要去市区上班的，而且因为应酬的原因也大多数不回家与父母一起吃饭，其子女在回来之后也因为休息和工作忙的缘故很少进行深入的交流；而其他5位长者表示除了过节，子女一般也是每月回家一两次探望他们，从中发现这些老年人与家人之间的互动交流是不足的，家庭支持者表现出了随意性的特点，同时也进一步说明了，在家庭支持中并不具备强制执行的规范，老年人的家庭支持是与其他家庭成员相互依托的，老年人的家庭支持是相互流动的支持。

在社会支持中，关系都是相互的，只有经过充分的互动交流，才能使社会支持的关系变得更加稳定，家庭成员间浅层的相交并未能为农村老年人提供强大的家庭支持。家庭支持既有工具性的经济支持，也有精神上的情感支持。我们知道，在现在的农村生活中，已经可以基本解决个人的温饱问题和基本生活需要了，但对于农村老年人来讲，精神支持的需求也非常的重要，经济性的支持能满足老年人的基本生活需求，却弥补不了老年人的精神需求，单单只有经济这一方面的支持，只是片面的发展状态，毫无疑问并不能真正对老年人的日常生活的正向发展起到促进作用，甚至偏颇的发展，很容易导致通过长时间的积累，从而演变成心理疾病，为老年人带来更大的危害。

二、友邻支持不稳定

友邻支持，也即是邻居支持，是除了家庭支持外老年人接触较多的支持，友邻支持既有经济方面的支持又有精神方面的支持。然而与家庭支持相比较，友邻支持在经济支持方面并不突出，也因家庭群体的不同及隶属程度并不能长久存在，另外，友邻支持在精神方面的支持也具有极大的局限性，传统的文化更注重于家庭和自身，认为家庭和自身的事情是自己人的事，很少会选择将自己的事情向其他人说明或者谈心事等，而对于农村来讲，家庭的事情更加是关起门来自己说的事，因此在这种想法之下，农村老年人与邻居的接触较多但却很难形成良好的交流互动渠道，而友邻支持需要农村老年人内部与外部有充足的接触和交流后才能真正地体现其作用，而在P村日托中心，通过了解我们发现农村老年人的社会支持交互程度浅，互动关系容易断裂，缺乏长久稳定性。

（卢X崧）"平时在家就看电视，搞些卫生咯。有时候对面的老人家出来，因为她是住在二楼嘛，出来之后就跟她聊下天咯，原来隔壁还有两个老人家的，有时候还是会经常去跟他们聊天的，后来他们都死了，就没地方聊天了，一整天地待在家里面，后来就来中心了，来了中心之后，生活就变得充实咯，时间也安排得满满的，充实，没有那么无聊，所以过一天很快，如果以前啊，一个人过一天很长的。"

在上述的访谈中可以发现，该名老年人与邻居是有交流和互动的，但他们的交流互动却因为邻居的逝世突然地中断了，在随后的访谈中发现该名老年人对于邻居逝世之事是怀有芥蒂的，对她所造成的精神冲击也非常巨大，我们认为，对于农村老年人的邻居支持而言，我们在探讨农村老年人的邻居支持的时候，也应该将老年人的身体健康和精神健康纳入考虑的范围，思考老年人本身的精神稳定及健康稳定是否会对邻居支持的构建产生影响。

（文X菊）："左邻右舍啊，有去坐一下的，但是不多吧，也不是不喜欢和她们聊天说话，但是跟她们聊天好像没什么好说的，而且她们聊天一般都是在说别人的是非什么的，这种说别人家的事情，我不喜欢这样，所以就很少去。"

彼此交流的加深是建立在互动交互程度足够的基础上的，传统的价值观念会对较为传统的农村老年人的相互交流造成影响，在访谈中了解到该名老年人与邻居是有接触的，在日常生活中与邻居的关系也非常和谐，但在老年人的谈话中发现其与邻居的接触和熟识很大程度上止于日常生活谈话，家庭及心事一般不会相互告知，彼此的交互程度较浅。

在农村中，老年人因长久居住并且缺少流动的原因，社会关系一般是固定的，并且扩张的机会较少，因此农村老年人一般都与周围的邻居较为熟悉，在日常的生活中也大都认识。但在传统的农村文化中，"各扫门前雪"的观念还比较盛行，交流互动的时候一般不会过于深入，在与这些老年人的访谈中，他们认为一般在跟邻居互动的时候都不会进行太多深入的交谈和互动，并且在说一些私事的时候也会刻意避过，认为家里的私事不应该与外人交谈。另外，农村老年人的关系也较为复杂，他们之间的互动关系很容易受到内部矛盾、外部压迫、自身等原因产生断裂，例如争吵、邻居逝世等，在上面的案例中，老年人的友邻支持关系就是因为邻居家的老人逝世而断裂了，表明了他们之间的关系缺乏一种稳定性，这种不稳定的支持在发生不良的状况时，邻居朋友间的密切关系不但不会提供强力的社会支持，甚至会是精神伤害的来源，容易诱发心理疾病。

三、朋友支持对外具有排斥性，对内具有互助性

朋友支持并不是一种地缘上的支持，而是一种以情感支持为主的非正式支持。朋友支持是与老年人个体的人际关系相关联的，更加注重相互间的交流互动的状态，而这种支持并不会随地方的改变而发生改变。随着老年人身体上的衰弱和老化，交际圈逐渐减少，他们的社交圈子逐渐硬化，因此老年人的朋友会逐渐变得固定；同时因为老年人处于老年时期，其精神状态、心理等也受到了外部和自身的影响，变得孤独、渴望关注、缺乏自信等，因此对于外部关系的介入会产生怀疑感，会表现出对新的外部关系介入的排斥感；另一方面因为老年人的交际圈子趋于固定，因此老年人交际圈内部的成员大多认识，同时相互结识的时间较长，因此在生活上圈子内部的成员相互间具有一定的依赖性，并且在内部的成员需要帮助的时候提供合适的帮助。

（黄×爱）都挺好的，怎么说呢，你不知道，刚开始来的时候那些人都有几个还是有点排斥我的，有点看不起我的，我也有点自卑的，刚来的时候，看到自己跟他们还是有点差别的。后来我用自己的实际行动，总之我应该有什么可以做的就做，也多点跟他们聊天沟通什么的，现在个个都对我没什么了，个个都对我很好，像对本地人一样了，所以现在我觉得自信很多了，就没有那么自卑了。

农村老年人在年龄逐渐变大后，其向外的交往能力逐渐变弱，身体和精力是阻碍他们交往扩大的主要原因，而且农村老年人日常的生活模式都较为固定，因此认识的人也不多，朋友关系也基本成型不会增加，而这一时期的农村老年人更多地会受到劳动能力缺失带来的失落感、渴望家庭的关注、渴望别人的尊重等心理问题的影响，因此为了维护原有的关系不被打破、维护的自身权威，会对外来进入的关系产生排斥，具有排斥性。上述案例中的秀姨是随儿子到番禺的“候鸟”老人，她作为外来者加入这个团体后，在进入日托中心时很明显地受到了原有老年人朋友支持关系的排斥，而该长者自身也因为不能融入新环境的圈子，朋友支持缺失，导致自身受到了影响，造成了一定程度上的心理伤害。

在与这些日托中心老人们谈话后发现，他们喜欢与人交流，但与他人深入交友的念头则很少，同时他们表达自己的朋友不多，大都是认识了几十年的村里人；其中简X鸿老年人表示，他有几个非常相熟的朋友，会经常约在一起吃饭聊天，并表示在聊天的时候会向这些比较亲密的朋友谈一些比较苦恼的问题。而简X辉表示，他现在患有心脏病，而他是与子女分开吃住的，子女并不在身边。因此，每次到了要去广州拿药的时间都非常困难，而简X鸿长者在知道其基本情况后，就坚持每个月都陪伴他去广州拿药，而且已经坚持了三年了，因此简X鸿有什么事情请他帮忙他也会尽量去帮，还会经常去吃饭聊天。通过这些访谈发现，这些农村老年人的朋友支持关系较为固定、长久，同时朋友支持也为这些老年人的日常生活提供了支持和帮助。

在农村中，朋友支持是农村老年人除家庭支持外的重要情感支持来源，同时它也为农村老年人的日常生活提供了重要的保障，在农村老年人遭遇困难时能够获得及时的外部支援；同时朋友支持也是农村老年人社会支持扩张的重要途径，虽然朋友支持具有排斥性，但却仍然可以在足够的交流互动后接纳外来的关系进入，足够强大的朋友支持能够为农村老年人的社会支持提供稳定的支撑；在上述的访谈中，农村老年人对于朋友支持的关系是接纳的，在其遇到问题和困难的时候也会向这些支持关系求助，而在朋友支持的关系中，其关系密切的朋友也在自己的能力范围内提供了援助，帮助困难的农村老年人解决了自身的困难；因此，完善农村老年人的朋友支持，使农村老年人的朋友支持更加牢固、强大也是社会工作者在农村老年人社会工作过程中所需要注意和加强的地方。

四、志愿支持覆盖面小，志愿支持资源弱

志愿支持，即志愿者支持，既有工具性支持，又有情感性支持。我们知道非正式支持是内部和外部的互动结合，志愿支持虽然有内部需求的基础，但它外部却不具备覆盖全国的资源，在我国，相对于数量庞大的需求人群来说，志愿者资源还异常的稀缺，同时老年人领域也是一个较为薄弱的领域，参与其中的志愿者更为缺少。在P村，因其位置偏僻的原因，民间的服务机构少，志愿支持资源不足，覆盖面小，无法满足农村老年人的需求，难以作为主要的非正式社会支持。

（陈社工）我们P村还属于农村，这边太偏了，再加上这边的家综每年出的钱比较少，入不敷出，因此是很少有大机构看得上这边的，所以过来这边进行

志愿活动的志愿者很少的；再者，社工机构本来就不多，基于我国的相关制度并不完善，覆盖面不足，志愿者不可能覆盖到全部地区，照顾不到所有的老年人，使所有的农村老年人都得到其非正式社会支持的照顾，仅仅能相对做到照顾那些更加需要得到其非正式支持照顾的老年人（五保户、老年人等）。

志愿支持属于第三方的支持体系，它独立于与农村老年人相关的地缘和血缘的关系，其本身也并不受老年人的控制，但同时它既能给农村老年人带来一定的精神慰藉，例如为一些单独居住在家、患有疾病的贫困家庭、五保户等进行入屋探访、进行定期聊天、教导日常照料知识等等，减少他们情感支持的缺失，帮助他们面对生活；又能为他们带去一定的生活照料，帮助他们进行一些需要协助的家居清洁、修补家庭设施等，减轻他们平时的生活负担，同时志愿支持还能进入非正式社会支持体系里面，改善各个非正式社会支持之间的关系，例如帮助解决家庭矛盾，促进邻居朋友沟通交流等，增强非正式社会支持系统。在与陈社工的访谈中发现，因地处偏僻和入驻机构少的原因，出现和吸引形成规模的志愿团队资源较少，仅满足于自身机构的发展需要，却并没有向外拓展趋势和培育出大规模的志愿团队资源。

（陈社工）在我们中心里面，有几个非常热心的老人家的，一有什么活动需要志愿者就会报名参加，然后我觉得这是一个契机，所以就慢慢地通过最开始的几个长者去引导中心里面的长者，使他们对志愿活动有了新的认识，从而慢慢地去接触和了解志愿活动，并且慢慢参与其中，享受其中的乐趣。

基于现有社会环境，志愿系统并不能做到全部面积的覆盖，并且在引导和宣传方面也是缺失的，因此对于大多数农村老年人来说对志愿者还非常的陌生，并且对志愿者具有提防心理。通过与日托中心的社会工作者交谈了解到，进入日托的二十位长者从一开始的只有两三位老年人参加活动到现在受到活动的吸引以及社工的引导已经组建了一支老年义工队，但是这个义工队的志愿者受到资金、活动范围等限制，并不能大范围地为 P 村里面的其他老年人带去覆盖全面的志愿支持系统，并且受限于机构的大小以及宣传力度问题，志愿队的扩展速度缓慢，难以真正形成有效的志愿支持体系。

五、宗族支持持续性弱，利用度少

宗族是我国古老相传的血脉传统，它使很多宗族人以血脉为聚集点聚集在一起，为很多的宗族成员提供了互通有无的渠道，同时它也给予了同族的族人许多帮助和支持。

据与多位老年人的访谈中了解到，在 P 村，宗族氛围浓厚，在村内存有多家不同姓氏的宗族祠堂，村内同族之间若有关乎同族人利益的事情时一般会召开宗族大会通过投票决定；而在平常的节日中，村内的村民也会自发去宗祠进行祭祀；对于村内的人而言，宗祠不但是同族人的一个日常聚居点，很多老年人会在白天的时候到祠堂聚集活动：聊天、打牌、打麻将等，同时也是同族联络感情的地方。宗族支持以同族族人为支持对象，对宗族的族人提供范围性的支持，同族之内的族人相互间互有联系，形成强弱不一的宗族支持网络；另一方面，因一个宗族之内的人数过多，因此宗族的支持大多提供的是普遍性的支持，例如进行集体活动、对合适范围内的老年人提供资助等；宗族支持具有普惠性，宗族作为一个血缘的集合体，能够为非正式社会支持提供一定的助力却很难成为持续的社会支持来源。

据对该村多位老年人走访了解到，该村的祠堂文化非常兴盛，每到农历初一十五，该村不同姓氏的村民便会纷纷到各自的宗族祠堂进行拜祭活动。同时这些同宗族的族人也会在特定的日子开展“老人饭”，对老人表示慰问和关怀。这种同族之间的活动每年会举行 3 到 4 次，并且在每次的“老人饭”活动上宗族的领头人都会为族内的老年人们发放数额不等的补助金。

宗族支持其实不但存在于 P 村，它作为血脉传统的一种，在我国其他农村都占有重要的意义，是一种血缘上的传承。从访谈上可以了解到，宗族之间的集体活动每年会视情况和节日传统举办 3—4 次，这是宗族之内约定俗成的集体活动，而宗族之内的老年人也大多数会去参与这种集体活动，在不同的访谈中发现，宗族的这种做法一定程度上为农村老年人的精神慰藉提供了支持，使宗族内的老年人更多地获得了其他组内成员的关注，而组内的成员基于血缘的关系，在自身能力范围内给予他们精神支持，缓解他们的心理问题，同时也为他们带去了一定的经济支持。但这种普惠型的支持并不是持续的，同时它也不具备持续的基础，并不能真正长久地解决农村老年人的生活问题，因此即使其具有范围广，联系较为密切等特点，却并不能使它成为非正式社会支持体系里面的重要支持方式。

李建新（2009）的研究发现，我国以后的社会中，每对夫妻所抚育生养的孩子会逐渐减少，这不但是我国政策发展的原因，也是社会生活导致个人的生活方式、思维转变的原因，这是一个很大程度上会存在的现象；在这个现象稳定后，每个人会更多地将时间和精力用于血缘之外的社会支持，如朋友支持、邻居支持、宗族支持、志愿支持等。因此家庭支持、友邻支持、朋友支持、志愿支持、宗族支持这五种支持不但是构成 P 村非正式社会支持网络的社会支持体系，也能通过这五种支持更清楚地研究到 P 村老年人的非正式社会支持的基本情况和基本的需求，有利于社会工作对非正式社会支持的介入，提高他们非正式社会支持的水平。

第三节　老年人正式社会支持分析

现今文献研究中大都认为社会支持体系下的正式社会支持呈现复杂化、保障程度不理想、组织缺位等特点。正式支持的主体是规范制度下的组织或团体，其具有非常严谨的组织纪律性；但从另一方面来说，也表明了正式支持的变化和进步所需要花费的时间也是非常之巨大的，同时这些规范它针对的是一个普遍性的群体，在个别方面上会存在模糊甚至缺失。而在这些研究的基础上我认为在 P 村的正式社会支持的主要特点是：正式社会支持力度不明显，保障程度不高等，而在这些正式社会支持特点之下则是该村老年人存在的一些问题。

一、政府保障支持不充分

政府支持在我国是正式社会支持的主体，在上述的文献分析中，可以很明显地发现顾宪源、东波等学者将政府支持摆在了首位，纷纷阐述了其重要性，具体而充分地发挥政府支持的作用无疑会使农村养老的问题得到更大的改善，而农村老年人的正式社会支持系统也必将得到增强，然而通过 P 村日托中心的老年人观察和访谈发现政府支持存在信息发布不及时、政策延迟、政策内容不合时等，政府支持保障并不充分。

（李姨）“那些通知啊，一般都是其他人跟我说的咯，就是小白兔啊、邻居啊或者是跟我自己的事情有关的时候他们也会打电话过来的吧。一般自己是很少看到的，那些通知什么的都在村委那边，谁会无缘无故跑去那边啊，而且我又不认识字，所以咯，那些通知政策，要做什么的大多数不知道的，都是靠别人跟我说的。”

政府支持，主要是指国家相关的法律、法规、政策的倾向与扶持。在上述的访谈中看到，政府信息的发布渠道少、散播范围窄，农村老年人接收到信息的难度大，不利于政府政策、信息的传播。在这里，老年人们与这些政策信息之间存在延迟性，老年人们的信息渠道并不固定，缺少规范的信息接收制度。

而在 P 村所指的政府支持主要包括医保、社保、居家养老等。首先在访谈中了解到在日托中心的大多数的老年人（16 名日托中心老年人）对于政府相关养老政策及社区的养老信息并不了解，剩下的则对相关信息了解较少或了解一点。大多数的农村老年人对政府推行的养老政策、法规以及其他与农村老年人们有关的项目并不熟悉，因此当相关的养老保障制度实施时往往会造成信息闭塞，不利于农村老年人的正式社会支持，这在另外一方面表明了政策信息的宣传都不足，这也使得许多养老信息和政策并不能更多地使农村老年人受益；另外，大部分的老年人（17 名日托中心老年人）的养老保障金虽然每月都进行派发，但保障金的数额较低，并不能对其生活起到保障作用。而在该村，居家养老虽然没有名额限制，但却有年龄、行动力、经济能力等需求，往往得到名额的都是那些需要特殊照顾的老年人，并不能对整个村子的老年人进行覆盖，缺乏一般性，同时居家养老服务并没有涉及生活照料等方面，对老年人的支持力度不足。

（陈社工）一般养老政策更新或者有其他对我们中心的老人家们有利的信息发布时，我都会先去接触了解，然后跟我们的老人家讲，同时帮助一些有需要的老人家去了解需要的信息，要不然他们很多人对新的信息都是不了解的。

从与这些老年人们的谈话发现，这些农村老年人们的学历普遍不高，仅有一人为高中学历，一人为初中学历，其他为曾经上过小学的程度，对于汉字大多数为仅仅认识日常汉字的情况。因此若没有解读来源，这些农村老年人们的政策、信息等必然会出现偏差，不利于这些老年人们的正式社会支持资源的整合。

因此，我们发现，当下的政府支持存在以下的一些问题：第一，信息发布渠道不足。第二，信息解读力度不足。第三，信息宣传力度不足等。

二、村委支持程度不高

村委是由村民选举出来管理村子的村民，是直接接触村民的一群基层干部，相对于政府支持而言更贴近于农村老年人们的日常生活，同时也是村里面资源的重要把持者。村委支持主要在于以下的几个方面：第一，资源的获取和发放能力。第二，信息沟通的能力。第三，政策执行推动的能力。第四，对需要特殊照顾的对象提供某些便利的能力。通过将村委纳入正式支持里面，发挥村委的调节资源、获取资源的能力，无疑会使正式支持得到很大的提高，然而在与老年人们的访谈中发现，村委与老年人们的接触不多，两者相交较少，同时老年人们对村委的评价并不满意，对老年人的正式支持程度不高。

（简 X 样）“村委举办的活动啊，很少咯，最多的就是年底派发的分红比较好一点咯，不过这个不是每个人都有的，户口在这就行。至于村委的活动呢，一般都是那些年轻人参加的活动吧，打篮球啊，什么文艺汇演啊，有时间就去看一下咯，其他的就没有什么了吧。”

村委虽然是P村里面非常重要的正式支持系统，但在很多事情上并没有与农村老年人过多地进行接触，对村委的职能不清楚，两者之间的接触情况存在断层，没能为他们的日常生活提供必要的支持。通过访谈了解到P村每年都会对村民按人头派发分红，但是这些分红的派发上并未形成对老年人特别的照顾系统，因此总的来说虽然为P村老年人们带来了一定的经济支持外，并没能在其他的方面为老人们提供便利。

三、民间机构支持不足

民间机构支持是正式支持的主要来源之一，它同时也是政府支持之外的重要补缺点，民间机构有企业、公益机构、专职机构等，通过民间机构，政府提供的资金得到项目的落实，各种资源将得到有效的调配，能够将工作实行于各个服务当中，有利于建设老年人的正式社会支持；然而在P村却因为地理位置、发展速度缓慢等原因，获取资源能力不足，机构介入困难，开展服务也非常不便利，因此，缺少机构介入的契机，无法形成有效的互助支持网络，对农村老年人们的非正式社会支持不足。

（陈社工）“其实在P村，公益服务机构是不足的。P村里面主要进驻了两个机构，但家综里的F机构主要的服务点是社区里面的其他点，对于P村的关注小，主要重心在其他村子；而我们机构则是项目为主，主要负责日托中心项目，但对象也只是针对这些日托中心的老年人，并没有向外拓展的能力，因此，对于这个村子的其他老年人来说是缺少机构的服务的”。

可以发现，在机构支持这一方面，P村的老年人们存在着一个真空的地带，机构服务的分布范围和服务范围成为制约机构提供支持的地方，而人力资源的不足也是削弱机构支持的一个重要因素。而作为进驻的机构，室内对于这些项目的小机构的关注也较少，很少有专门的扶助和照顾。

在与陈社工的访谈中了解到，s社区因地处偏僻，只有两家社工机构进驻：F机构和S机构。F机构是综合性服务机构，但它们的主要核心在镇街中心，服务范围并没有覆盖到P村；S机构则是项目性机构，承办了P村的日托中心，但因为人手、资金和场地的问题，并不能扩大服务范围，为全村的老年人服务。

四、政府文化支持不足

当今社会是不断发展进步的，经济的快速发展基本满足了人们衣食的基本需求，物质上的进步也需要精神上的配合，精神需求也是当前人们所需要进步的。在P村中，公共文化设施较少，在我们对于社区的走访中发现，该村落建筑较为密集，空阔、娱乐的地方较少，而在对老年人们的问话中发现，基于身体状况和精神状况，他们能去的地方不多，更多地会集中在祠堂、社区中心的篮球场等公共地方闲坐，仅靠打牌、打麻将来度过平时空余的时间。

（简X辉）“平时有机会也会去到处走走的，但是那些公园太远了，身体本来就不太好了，脚又不太好使了，所以一般都很少去的，在进日托之前，去最多的就是村里面的祠堂了，那里的老人最多了，不过大多数都是在玩纸牌、玩麻将咯。”

中国有句古话“仓廪实而知礼节，衣食足而知荣辱”，衣食的需求解决之后，精神上的需求则需要得到满足。而在马斯洛需求理论中我们也可以知道，自尊自信的需求是高于基本的物质需求的，对于老年人而言，这一点尤令他们关注，处于老年时期，每个人的社会角色都发生了不同的变化，从工作者、劳动者的角色变为退休者，闲散人的角色，家庭话语权的丢失，产生了巨大的心理落差，甚至产生自卑，绝望的心理，否定自身的存在价值，将自身作为家庭和社会的负担，在心理上渴望得到别人的尊重和认同，而文化的功能很大一部分上能对这些不良的心理进行调节，在促进老年参与的基础上通过文化的认同感增强老年人的自尊自信，使这些老年人在不同的文化氛围中团结合作，感受自我的存在感。

五、社区医院保障较低

老年人的身体或多或少都会存在着毛病，而他们的行动又因为年龄的原因变得没有那么的灵动，所以一间好的社区医院是老年人们重要的正式社会支持，但我们在P村发现看病困难，照料条件少等，保障程度较低。

老年人的身体相对于年轻时候来说会变得逐渐衰老，同时会变得脆弱，容易感染疾病，虽然随着经济的发展，农村老年人的医疗环境变得完善和进步，基本能满足农村老年人的一般性需求，对老年人的医疗健康起到了保障的作用，但就整个农村范围来讲，对于重大疾病、急性疾病、传染疾病等的治疗环境和器具仍然不足，远远不能满足大部分农村老年人的治病需求，而在对于老年人的治病照顾、疾病日常照顾、疾病居家照顾方面仍然不够，对于老年人的疾病问题主要集中在缺少病后的日常照料、支付的医疗费用、疾病过程中的陪伴等方面。在当前环境中，子女出外打工已成为一个重大的趋势，农村老年人生病之后缺少子女照顾和探望，不但身体遭受疾病折磨，心理上也渴望能得到家里人的关注和照料；在当前医疗资源与照顾资源缺失严重，并不能对这些生病的老年人提供足够的需求资源，身心健康发展是每位老年人的需求，同时也是农村老年人能够获得安稳生活的基本保障；健康的意义对于老年人来讲尤为重要，生病期间能否得到亲人的照料是他们渴求和担忧的事情，但生病后却又需要面对子女在外，家庭没人的现实状况。

（黄×权）我们这些老人家多多少少都有不同的病痛的，就拿我来说吧，我就有高血压，每个月的药费都要六七百快，我这算便宜的了，有些贵的药要用上千元的，以前有去过社区医院拿过药，那里的药还是很便宜的，十几块就行了，但是效果不太好，我吃了之后，血压经常忽上忽下的，不太正常，就不敢吃了。我们两个加起来，每个月也要一千多块了，压力还是非常大。

在P村只有一间社区医院在社区中心，经常会有一些老年人去那里开具一些日常的用药如：降压药、维生素等等，但因为医生的配备和一些制度的原因，其实老人们来社区医院看病的很少。在访谈中，日托中心的20位长者中，都表示在社区医院拿过日常用药，16名长者表示日常看病会去镇上的医院治疗，20名长者则表示在遇到重大问题时会选择到市里的医院。在上述的访谈中可以看出，农村老年人在医疗环境不足的情况下所要负担的经济压力非常大，一般的社区医院对于农村老年人的正式社会支持较弱，保障程度低。

正式社会支持主要是指各种正式规范的组织团体的支持供给者的集合，如政府机关、民间团体、公益机构、企业、社区组织等。在当下工业化、城市化的发展和进城务工浪潮的推动下，以前在农村以家庭养老作为养老的主要模式已不能很好满足当下养老的新要求，然而我国在养老方面的制度和政策方面仍然不足，我国相关的农村社会养老保障的构建不足和滞后，农村中社会养老保障覆盖面不广，只能覆盖到部分老人，养老保障金不足以完全保障老年人的生活，如何合适地解决农村养老问题，提高正式社会支持的力度的问题迫在眉睫。

第四节　社会工作服务的困境

正式社会支持是指来自正式组织的各种支持，如各级政府，各级正式组织、机构、企业、社区等，其具有经常性特征，往往有政策或法律依据，表现的是一种个人与社会组织的联系。在正式支持方面，农村老年人往往属于正式社会支持中较为弱势的群体，而对于大多数提供正式支持的组织来说，对正式社会支持提供的支持也大多数是从自身的利益和想法出发的，与农村老年人的需求想法不一致，因此，正式社会支持其实更像是非正式社会支持关系之外对农村老年人提供进一步援助的“外衣”，它是相对独立存在的。在正式社会支持之中，社会工作者的服务主要有以下的不足之处。

一、日托中心的服务覆盖范围小

日托中心的服务覆盖范围小，服务人群不足。限于机构本身的原因，供给的资源逐渐不能满足发展的需要。日托中心的发展经过两年的发展逐渐为更多的农村老年人熟知，也有更多的农村老年人期望进入日托中心，然而基于资金和场地的限制，日托中心并不能加大招纳新的成员，这也导致了这些农村老年人的社会支持网络得不到新的扩建，也得不到新的更新，而外部渴望加入的需求也得不到满足。日托中心服务范围过小，对整个村子的正式社会支持网络的增强并没有起到促进作用，反而会使部分过于期待的农村老年人的愿望得不到满足，从而削弱其非正式支持。

二、日托中心与村委关系不足

村委在村子里面不但有许多的人力资源和物力资源，同时也有着对村子进行基本功能改造的能力。社工与 P 村村委的关系不足，未能将其纳入正式支持之中。作为正式支持的一种，村委在村子里面拥有很大的话事权，同时也是一个资源和人才库，与村委打好交道，能够在一定层面上能为农村老年人争取到更多的资源，同时也能得到更多的机会获得其他正式社会支持的关注和资源。通过整合归纳这些资源，能更好地为农村的老年人们争取到更多的权益，使他们与机构、村委的连接加深，使其正式社会支持的范围扩大。

三、对机构本身的宣传不足

社工进驻日托中心之后，虽然曾就不同的项目进行活动的宣传，但因其接触的对象较少，宣传次数不足，不足以让更多的人对机构有了解，这导致机构本身的活动缺少参与者，而老年人也缺少了链接新的正式社会支持的机会。通过机构为中点，联合不同的人群，能对人力和物力进行资源的优化和调配，形成强力的社会支持网络。

第五节 农村老年人社会支持对策

构建和完善农村老年人社会支持。农村老年人的社会支持体系应当包含正式社会支持和非正式社会支持，它是农村老年人中的个体在与生活中的其他人相接触或交往时构建的关系的集合，而农村老年人可以通过这种集合关系去获得不同方面的支持和引导，改善自身因为遭受困难而停顿的生活，同时能够获得更多的关注和帮忙从而解决所遇到的困难，并且最终能够优化自身的生活环境，促进晚年生活的进步，最后还可以通过家人支持、朋友支持、友邻支持，甚至是农村老年人本身的加入，通过社工及其他专业人员的指引，为其他有需要的农村老年人提供支持，满足需求，形成强大的社会支持体系。

一、非正式支持对策

家庭支持。在我国的传统思想中，社会生活是以家庭为单位的，而人也是团体动物，良好的家庭支持无疑有益于老年人非正式社会支持的建立。农村老年人在家庭中更加渴望获得关注和认同，家庭支持的确立，不但能够满足农村老年人的经济需求、生活照料等，更能满足他们情感上的需求，减少心理疾病的形成。农村老年人在家庭内部得到何种支持是构建农村老年人社会支持的社工所需要了解和发现的。

在构建农村老年人家庭支持的过程中，社工应当将老年人作为家庭的一员去对待，将整个家庭作为服务对象，深入到家庭中去，对农村老年人的家庭情况、基本信息等分析清楚并建立档案，了解分析老年人所处的家庭位置以及当前老年人的心理情况。当发现老人们遇到家庭支持方面的困境时，应通过个案及时了解老年人遭遇事件和解决方式，并通过对老年人、老年人家庭进行辅导和谈话，安抚其情绪，促进家庭内部之间的自我解决事情的能力。另外一方面，社工日常针对老年人开展的工作也应该将家庭纳入对象中去，定期进行探访，或者通过自制日托中心老年报刊，将老年人的话语心声通过报纸传递给家人等方式，使家庭与老年人相连接，为老年人提供支持。家庭支持的工作的难点在于促进老年人与家人之间的沟通，因此，社会工作者在日常的生活中可以就家庭相处的相关知识、相处方式、沟通技巧等提供相应的个人和家庭培训等，促使其家庭支持的形成。

友邻支持。因为现今的社会工作手法中并没有专门针对友邻支持的细化手法，因此可以将纳入社区工作中去，社工通过组织农村老年人参加各种主题的活动，通过辐射的方法扩大参与范围，使不同的组员之间相互联系相互认识，构建出友邻之间的互助支持团体，促进其支持关系的加深和巩固。社工通过资源链接者、倡导者的身份，对活动和项目进行宣传、教育，扩大养老问题的影响力，发掘社区内热心人士，使这些热心认识加入帮扶系列中去，形成不同的互助家庭，强化巩固农村老年人之间的支持系统，例如在互助家庭中安装“互助铃”，通过互助铃帮助有需要的人，促进邻里互助网络的形成，这样使得友邻支持更加具体化，形成稳固的友邻支持。

宗族支持。在P村宗族的支持得不到真正有效的运用，作为村内重要的血缘集合体，社工应该与宗族的领头人相互协商，寻求合作的契机，例如通过宗族去宣传“孝”文化和养老问题，促进养老文化的宣传，使养老文化氛围深入人心，营造良好的互助结构，或者在宣传活动的时候开放相关数量的名额，通过宗族支持发放，使宗族支持的资源流通起来，发挥宗族支持的互助力量，使农村老年人的社会支持得到补充。

朋友支持。扩大P村日托中心老年人的朋友圈范围，社工在进行活动时尝试邀请与他们相熟的老年人参加活动，扩大交往圈，增强他们的朋友支持的范围，同时巩固已有的朋友关系。

志愿支持。社工可以将日托中心的老年人志愿队作为品牌项目，在村内进行推广吸纳更多的农村老年人进入，形成村内的志愿队，增强村民间的连接度，加强他们的非正式支持，志愿支持资源是闲置的资源，只有流动、宣传起来才能吸纳更多的资源，同时在吸纳了资源之后，将这些资源又反哺于农村老年人的照顾中，形成良好的循环关系。

二、正式社会支持对策

经济支持。在经济支持上，目前我国针对老年人的经济支持主要是通过养老保险来制度来进行的，包括社会保险、社会救助、社会福利和优抚安置四个部分。在城市中，老年人的养老制度已经是比较完善了，而在农村的老年人中，目前在一些地区可以得到的政府支持主要是低保和五保。

文化支持。正如马斯洛对人的需求层次做出的解释，人的需求是不断变化的。在经济需求获得基本满足的情况下，精神需求也悄然而来。经济的发展并不能满足人们的所有需求，精神需求的空虚更容易给人的心理带来伤害。因此，P村应该加强农村基础设施建设，建立公共空间和娱乐设施帮助农村老人满足精神需求，同时加强先进文化的宣传，让老人在空闲时期接受新鲜事物，避免农村文化的严重落后。

村委支持。处于转型期的中国农村社会，特别是对于老年人群体来说，家庭支持功能弱化，本村集体的赡养资源、功能也明显不足。在这一情况下充分挖掘村委会的基层组织作用十分必要。可以与他们进行联合社区宣传，宣传若老的文化和传统美德，形成尊老、敬老、爱老的良好氛围；同时还可以根据老年人的身体状况、意愿和能力，引导其参与村委社区工作，在村落集体事务中扮演不同的角色，建立起积极健康的角色认识等。

社会支持网络是个人生命过程的组成部分，其构建与强化是一个长期的过程，需要外部资源的整合投入和内在参与人的互动参与（吴金风等，2014）。社会工作认为服务对象是处于一个多系统的社会环境当中，因此不仅要用网络的观点来分析老年人的社会关系状况，而且要通过介入网络来帮助老年人建立社会支持性关系。作为社会工作者，应着力扮演组织者、协调人、资源联络者、整合者和传递者等专业角色，从服务对象的现状和需求出发，通过联络整合有效的社会资源，积极开展老年人社会支持网络的建设，改善老年人的支持系统，带动老年人能力的提升、社会关系的融洽及与社会环境的调适，通过以上的非正式社会支持和正式社会支持为P村日托中心乃至为P村搭建一个运行良好的社会支持网络，为农村老年人的日常生活提供帮助。

第六节　结论

在本书的研究中农村老年人的社会支持体系分为正式支持和非正式支持体系，正式支持主要为老人提供政府政策层面上的支持，非正式支持主要为老人提供日常生活上的帮助等。通过对P村日托中心的老年人们的社会支持情况进行分析，了解到农村老年人的基本情况和问题所在，通过对社会工作介入的研究，分析社会工作介入农村老年人非正式支持和正式支持的效应和不足，剖析到社会工作所解决的问题以及其界限所在，最后通过总结这些经验，分析出如何构建农村老年人社会支持和社会工作者如何介入农村老年人社会支持。

在上述的分析中，社会工作者通过正式社会支持和非正式社会支持介入了这些长者的需求当中。在非正式支持方面有家庭支持、友邻支持、朋友支持、志愿支持和宗族支持；在正式支持方面则有政府支持、村委支持、政府文化支持、民间机构支持、社区医疗支持等。这些支持在不同的方面补充了农村老年人们在日常生活中的基本需求，满足了其发展的需要。

在现代社会，对未富先老的中国来讲，农村的养老保障远远不及城市的发展，同时社工的发展也未能覆盖全国的农村，因此社会工作对农村老年人社会支持的介入必然充满困难。在对P村的资料收集中发现，在日常的工作中，社会工作者以日托中心的服务对象本身为出发点，主要构建以了老年人家庭支持、朋友支持为主，政府支持、民间机构支持、政府文化支持等为辅的P村农村老年人自身的社会支持网络，满足了自身发展的需求，在生活上、家庭中都得到了支持，使他们无论在精神上还是在健康上都保持圆满的状态面对生活。

但同时，社会工作者在很多社会支持方面的工作仍然有待加强：在正式支持方面，家庭支持挖掘的深度不足、友邻支持的介入程度不足、志愿支持的资源利用程度不足、宗族支持的宣传程度不足；在正式社会支持方面政府支持的信息、宣传不足、村委支持相交度较浅、政府文化支持不够深入、民间机构支持少、社区医疗支持保障不足。

参考文献

[1] 2015年国民经济和社会发展统计公报，http：//www. stats. gov. cn/tjsj/zxfb/201602/t20160229_ 1323991. html.

[2] 中华人民共和国国家统计局.2010年第六次全国人口普查主要数据公报（第1号）. http：//www. stats. gov. cn/tjsj/pcsj/rkpc/6rp/indexce. htm.

[3]“我国农村老龄问题研究”课题组. 积极构建城乡统筹的社会保障体系[N]. 人民日报，2011-04-29（07版）.

[4] 陈成文. 农村老年人的状况及其社会支持[J]. 消费经济，1999，(06)：23-25.

[5] 陈传锋. 家庭居住与机构居住老年人社会支持的比较研究[J]. 心理与行为研究，2008，6（1）：23-29.

[6] 陈婷婷. 城市空巢老人社会支持体系研究——基于山东省城市空巢老人的调查[D]. 山东理工大学，2012.

[7] 陈成文. 社会弱者论——体制转换时期社会弱者生活状况与社会支持[J]. 北京：时事出版社，2000.

[8] 程虹娟，张春和，龚永辉. 大学生社会支持的研究综述[N]. 成都理工大学学报（社会科学版），2004，12（1）：88-91.

[9] 杜敏，郭文汇. 关于我国老年人社会支持相关研究的综述[J]. 景德镇高专学报，2013（4）.

[10] 谷玉冰. 农村老年人社会支持状况与对策研究[J]. 社会，2009.

[11] 贺寨平．个人特征与老年人社会支持［J］．江苏社会科学，2008(5)：99－105.

[12] 贺寨平．国外社会支持网络研究综述［J］．国外社会科学，2001（1）．

[13] 金宏艳．社会支持研究综述［N］．庆科技学院学报（社会科学版），2008（3）：32－34.

[14] 蒋涛．社会支持网理论综述［N］．经济师，2012（1）：63.

[15] 珂莱尔·婉格尔，刘精明．北京老年人社会支持网调查——兼与英国利物浦老年人社会支持网对比［J］．社会学研究，1998（2）：56－66.

[16] 刘萍，席淑华，等．我国老年人社会支持现状［J］．解放军护理杂志，2009，26（2B）：46－52.

[17] 刘爱玉，杨善华．社会变迁过程中的老年人家庭支持研究［J］．北京大学学报（哲学社会科学版），2000，3（37）：59－70.

[18] 刘维民，何爽．组织支持研究进展综述［N］．社会心理学，2009，24（105）：49－53.

[19] 徐晓锋，等．组织支持理论及其研究［N］．心理科学，2005，28(1)：130 －132.

[20] 卢艳，张永理．社会支持网络视角下的农村互助养老研究［J］．宁夏党校学报，2015，17（5）：69－72.

[21] 瞿小敏．社会支持对老年人生活满意度的影响机制——基于躯体健康、心理健康的中介效应分析［J］．人口学刊，2016，38（2）：49－60.

[22] 唐咏．“候鸟型”老人社会支持、心理健康与社会工作介入的研究［J］．经济与社会发展，2007，5（6）：105－107.

[23] 唐踔．构建农村留守老人社会支持体系研究［J］．河北青年管理干部学院学报，2014（4）：25－29.

[24] 汪莹．空巢老年人社会支持与心理健康的相关研究［J］．大庆师范学院学报，2007，27（6）：35－40.

[25] 吴捷．老年人社会支持、孤独感与主观幸福感的关系［J］．心理科学，2008，31（4）：94－98.

[26] 武晓雪．关于社会支持的理论研究综述［J］．中国科技经济新闻数据库（科研），2015（9）：275.

[27] 吴丹伟，刘红艳．大学生的主观幸福感与社会支持的相关研究［J］．河北科技大学学报（社会科学版），2005，5（3）：94－96.

[28] 徐琳，谭小林，等．农村社区健康老年人的社会支持状况及其相关因

素分析［J］．重庆医学，2013，42（6）：668—670.

［29］肖汉仕．我国家庭空巢现象的成因及发展趋势［J］．人口研究，1995，19（5）：13－16.

［30］姚远．非正式支持理论与研究综述［J］．中国人口科学，2003（1）．

［31］左习习，江晓军．社会支持网络研究的文献综述［J］．中国信息界，2010（06）：75－77.

［32］周林刚，冯建华．社会支持理论——一个文献的回顾［N］．广西师范学院学报（哲学社会科学版），2005，26（3）．

［33］张凤，李宗华．关于老年人社会支持研究的综述［J］．山东省农业管理干部学院学报，2011，28（4）．

［34］赵阿勐．中英两地老年人主观幸福感与社会支持的比较［J］．中国老年学杂志，2011，31（19）：3887－3789.

［35］张磊，李立，等．老年人社会支持与生活质量的关系［J］．中国临床康复，2004，8（12）：2378－2379.

［36］赵和丹，王金龙，等．嘉兴地区老年人社会支持及影响因素分析［J］．现代实用医学，2011，23（9）：988－990.

［37］张长伟．社会支持网络理论在解决高校贫困生问题中的价值揭示［J］．中州学刊，2005（3）．

［38］周湘斌，常英．社会支持网络理论在社会工作实践中的应用性探讨［J］．中国农业大学学报，2005（2）．

［39］张凤，李宗华．关于老年人社会支持研究的综述［J］．山东省农业管理干部学院学报，2011，28（4）：68－71.

［40］朱欣怡．老年人精神需求的社会支持网络构建［J］．新西部（理论版），2014（22）：4－5.

［41］张友琴．老年人社会支持网的城乡比较研究——厦门市个案研究［J］．社会学研究，2001（4）：11－21.

［42］MCAULEY E，BLISSMER B，MARQUEZ D X，et al. Social Relations，Physical Activity，and Well－Being in Older Adults［J］．Preventive Medicine，2000，31（5）．

［43］SILVERSTEIN M，BENGTSON V L. Does Intergenerational Social Support Influence the Psy－chological Well－Being of Older Parents? The Contingencies of Declining Health and Widowhood［J］．Social Science & Medicine，1994，38（7）．

引导语：

整合社会资源，联动社会力量是社会工作重要的基础性环节以及社会工作者需要具备的基本能力之一。资源如何链接和整合，能够形成一个让服务对象能够共同参与，共同管理，共同发展的为服务对象解决困难、满足需求的公共服务平台，是社工需要长期投入培育的一个具有技能技巧性的有一定模式的过程。社区社会组织则是资源整合及连接中常见且微观的公共服务平台，孵化与培育社区社会组织让多元社会力量能够参与到社会治理，满足了社区居民多样化需求。随着“共建共享共治”社会治理格局的进一步推进，在社区建设和社会生活中，社区社会组织持续发挥着积极作用。探寻如何服务好、培育好、发挥好社区社会组织这个公共社区服务平台的资源整合力量是非常必要的。

第八章

整合社会力量：社区社会组织培育研究

社区社会组织作为基层社会重要的组成细胞，是现代社会治理与服务的主要支撑系统。随着“共建共享共治”社会治理格局的进一步推进，在社区建设和社会生活中，社区社会组织持续发挥着积极作用。但当前社区社会组织“依赖”现象较为严重，其日常运作和活动开展还是紧密依靠居委会或社会组织，而难以真正形成自主能力，且服务及社区参与层面较浅，难以形成真正协商共治、共建共享的自治力量。

我们在实习过程中，主要负责跟进“共建共享美好社区”项目，该项目通过培育具有社区使命感的社区志愿者队伍，带动社区居民共同参与，整合社区各方资源，服务社区困难群体，完善社区自我服务功能，助力美好社区建设，落实创新基层城乡社区治理政策。项目已历时一年，成功培育出一个健康发展的社区社会组织，能够独立开展执行参与社区自治功能，自主服务和管理，并通过活化社区文化，美化社区环境，以实现“自助”的创新模式被广州市社会组织授予2019年度优秀“广州街坊”社区治理案例。通过该项目的经验总结，我们想重点探讨以下几个问题：社会组织如何能够脱离社工实现“自助”功能，真正深度融入社区治理的核心，充分挖掘内部资源力量，调动居民的民主参与积极性，形成组织化、正规化团队，独立自主地投入社区自治建设中？那社工如何将“助人自助”成功践行到社区治理中？另外，“助人自助”的理论是否能在社区治理的过程中得到理念延伸和技术发展，从而形成一种新的社工的技术手段？

第一节　助人自助与社区社会组织培育

一、“助人自助”理念

“助人自助”是西方文化影响下，随社会工作传入中国的“外来”理念，是建立在强烈的西方个人语境下的，自由、平等、尊严和个人价值的追求。而在中国传统文化中的“助人”概念本质上还是为了维护社会秩序，安稳人心，是基于“同情”而非“共情”概念的，本质上是缺乏尊重人格为前提的慈善手段。随着社会工作在国内的发展壮大，“助人自助”也成为其核心理念引入。助人自助是社会工作区别于其他行政类帮扶工作的根本价值，社会工作的助人过程始终秉持助人自助的价值理念，注重居民的主体性、能动性及参与，而不仅仅是“被救助”的对象，因此，实现助人自助理念是社会工作专业性的重要体现。“助人自助”理念在专业社会工作中一直作为核心价值理念、基本价值及终极目标来定位，在专业社会工作中的运用和实现的重要性不言而喻，反之，助人自助在社会工作实务中是否实现也可以检验该实务成功与否。

从理论角度出发，“助人自助”理念亟须本土化。在西方语境下，“助人自助”更强调个人自身的发展，而非需求，注重个人潜能和能力的挖掘提升，这在西方“个人主义”的社会中是容易实现的。姚振强（2009）认为我国现行的社会工作伦理守则虽然与西方的用词类同，但意义相差较大，因此在社会工作专业化的过程中，基于西方文化背景的社工理念的差异以及当下民族文化意识的缺失是不容忽视的问题。他认为在文化环境差异的情况下，实现“助人自助”需要“文化能力”的养成；世界观、价值观的反思和确立；自我意识的能力。李弘、卜长莉（2019）认为作为舶来品，社会工作进入中国一直存在本土化问题，诸如“案主自决”“个别化”“尊重”等价值观伦理，是以西方文化“个人为本”为依托，在实际操作中，社会工作者无法像西方社会工作者一样与服务对象建立“助人自助”的专业关系并完全杜绝其他关系，不考虑其他社会因素，这往往导致服务对象感觉没有切实解决自己的困惑，社工感觉自己没有尽到该有的责任和义务，无力感加强。任文启也对“助人自助”的本质表达是否恰当提出了质疑，基于与西方社会工作形成与发展的政社关系和文化环境等的不同，“助人自助”即便在西方语境下发生而具有一定的自洽性，但在中国语境下往往使社工理论与社工现实呈现两张皮的尴尬。在此基础上他提出了“利他使群”的观点，让社会工作在助人过程中，秉承利他主义的基本原则，以修复服务对象社会关系为最终的目标，帮助服务对象面对困境、分析化解矛盾、最终解决问题，并在此过程中培养其自我解决问题的能力，使服务对象能够返回其作为社会人的本质属性中去，实现社会工作真正向社会的回归（任文启，2016）。这种观点使“助人自助”理念进一步本土化，摒弃了一部分西方个人主义预设内涵，具有一定的借鉴意义。文军指出，社会工作的价值观之争主要体现在“个体主义”与“整体主义”之争上，“个体主义”走向心理学取向的社会工作实务路径，“整体主义”走向社会学取向的社会工作实务路径，而最终要构建本土的社会工作价值观，需要超越“个体主义”与“整体主义”（文军，2008），具体需要根据中国的文化土壤实践和社会工作发展需求来决定。

从实务角度出发，“助人自助”理念亟须操作化。刘晨（2019）认为“助人自助”在我国文化情境之下比较宽泛和笼统，缺乏一个统一的标准来衡量助人自助，在开展服务过程中怎样实施，如何才能达到这一目标，如何评估，这些都没有操作性的标准。郭锦蒙（2020）认为，社会工作还仅仅停留在助人层面上，至多为服务对象提供良好的可持续发展平台，以保持其长久的服务效果。由此看来，助人自助这一理念的实践指导性不强，容易让实践者因服务效果的持续性陷入对专业的否定，不利于整个专业的内部良性发展。任文启（2016）也认为社会工作的本质表述存在缺陷，一是仅仅从助人的角度来进行界定，“专业的助人者”，“如何实现专业”这个问题基本上是无法具体回答的；二是助人要达到何种程度，如何达到使其“自助”的程度，如何判断其实现了“自助”或者具有了“自助”的能力，基本上也是个很难判断的目标。从中可以看出，当前“助人自助”理念在社会工作实务中的运用并没有形成一个统一规范的标准，其过程还需进行全面反思，并从本土社会工作的角度去建构一套自洽的理论话语和实务操作模型。

二、社区社会组织培育

目前，国内关于社区社会组织的概念还没形成一个普遍的定义。“社区社会组织”概念相关文献中被引用最多的定义是认为社区社会组织是社区组织或个人在社区内独立或联合组织的社会自发组织，在社区内开展活动，满足社区居民的不同需求，具有非政治性、非营利性、自治性、志愿性和公益性五种属性（陈洪涛等，2009）。社区社会组织的重要性和功能被我国学者普遍认可，社区社会组织参与社区治理是多元社会结构形成的重要路径，因此社区社会组织参与社区治理确有必要性和可行性，社区社会组织无论是对于社区、社会建设抑或治理改革方面都有着重要的意义。但当前我国社区社会组织发展还处在初级阶段，许多问题需要深入研究（郁建兴等，2011）。我国当前社区社会组织的发展尚在起步阶段，在宏观环境政策及微观社区实践场域中尚存在实际阻力，在社区参与和治理中的实际作用较弱。因此，社区社会组织的培育和发展依旧面临着重重困境，是亟待研究发展的重要课题。

对于社区社会组织在参与当前社会建设所面临的困境，已有文献的研究大体可以分为宏观层面和社区社会组织自身两个层面来探讨社区社会组织现有发展的问题。宏观层面上，面临制度设计方面统一性不足、管理体制机制不完善、政府资助和购买服务机制不完善、社区治理的政策要求和社区社会组织的参与机制错位、社区社会组织合法化困境等。社区社会组织自身的发展进程中，存在着对政府依赖性较强、自身能力相对较弱、发展不平衡等当前我国社区社会组织发展的共性问题（郁建兴等，2012）。梳理近十年的文献来看，影响社区社会组织自身发展的主要两个因素就是自身能力不足及依赖性问题。

三、“助人自助”理念融入社区社会组织培育

“助人自助”理念当前在社区社会组织培育的结合十分有限，大部分研究社工介入社区社会组织培育或孵化的文献，重点在于实务过程的困境与社会工作如何解决，将“助人自助”作为一个指导理念摆出来，对“助人自助”理念具体是如何指导社区社会组织培育和发展的并没有详细展开。吕京蒙（2015）提出社工要注重“助人自助”的理念在培育发展社区社会组织过程中的运用，以社区居民为主体，以促进居民自助互助为本，增强居民积极参与社区社会组织的积极性，通过与组织的互动培养集体意识和社区意识，自觉参与社区发展建设。乔秀萍（2014）认为随着我国城市化的快速发展，一些大型居住社区迅速建成。由于这是非自然发展而成的，政府在此类社区的管理和服务上的有限得到了明显体现。此时，社区社会组织做了重要的补充，为社区的健康发展提供了动力，帮助居民自助，也促进了社区在这一过程中的自我发展和完善。卫丹（2019）在社会工作“助人自助”理念的指导下，运用小组社会工作的手法，探索了社区文艺团队骨干领导能力提升的新路径。可以看出，“助人自助”理念与社区社会组织培育和社区社会组织内部建设结合的重要性已被学者认可和肯定，有待于进一步研究。

当前社区治理结构中，社区社会组织发挥着越来越重要的功能和作用，是社区居民参与社区治理实践的重要路径。但目前我国社区社会组织发展整体还处于初级阶段，面临着多层面的发展困境，从参与层面来说，社区社会组织整体面临着参与层面不够深入和组织持续性不强两方面的困境。社会工作作为社区治理的主体之一，一直致力于社区社会组织的培育实践，专业社会工作秉持的“助人自助”理念与社区社会组织的长足发展理念不谋而合。但当前社区社会组织培育过程与“助人自助”理念结合不够紧密，导致理念与实践分离的现实困境，致使社区社会组织发展无法实现深入和持续性参与，如何结合“助人自助”理念的多重维度来培育社区社会组织发展是亟待研究的重要问题。

第二节 实现助人的五要素：创容小组培育过程分析

社区社会组织的培育是一个动态成长的过程，“创容貌行动小组”从社区共同关注问题为凝聚而组建，通过一系列社区实践而增能实现自主实践、管理和发展的“助人自助”的过程。我们将该过程分为萌芽期、发展期和成熟期三个周期来介绍“创容貌行动小组”育成的动态发展情况，分析三个周期的主要目标及困境，反思三个周期的实务过程，探讨社区社会组织成果由“受助”到“自助”过渡机制中的重要培育要素。

一、萌芽期：激发动力与孵化组织

（一）培育过程

1. 招募社区“能人”

因为南北台社区是单位型城乡结合社区，基于社区内多数年轻劳动力输出打工，社区内“留守”儿童较多，父母外出工作，主要由爷爷奶奶照顾的现实困境。在招募过程中，社工逐渐将“儿童”作为切入点，通过一系列儿童及亲子小组活动，连接社区内的“爷爷奶奶”“家庭”对我们的项目持续关注，于是不少中老龄居民积极参与到项目中来。在此群众基础上，社工开设了“我心目中的美好社区”座谈会，邀请热心居民、能人及街道居委参与，让该社区的“话语权者”了解社工对共建共享美好社区的想法和行动。通过这次活动，更多的居民认同社工的想法及行动，并表示愿意支持，但还是有部分居民持怀疑或观望态度。因此社工继续持续宣传，也从报名的居民当中进行调查筛选，挑选出具有一定的“社区意识”且有时间规划可以参与的居民作为组织成员，并通过这些居民了解目前对于社区环境问题的看法及社工宣传的反馈，根据居民的进一步意愿挑战宣传策略及改良实践活动。招募中社工赠送了购物袋、纸巾、毛巾等实用礼品，持续刺激居民的参与热情，吸引更多的社区居民参与到项目中来。

2. 组织成立

经过对报名人员的筛选，社工将前期活动中积极参与的20位居民作为行动小组的目标对象，拉入到微信群中，与大家一起确定时间在居委会的居民议事厅组织了一次以破冰为目的的小组，以增进组员之间的相互了解，也为了综合各方的意见和建议，以便制定组织的工作目标和组织章程。

小组活动首先通过社工带领居民一起外出走访社区一圈，并对前期招募活动时收到的居民对社区环境问题的处理反馈和成效进行了汇报，提出美好社区需要大家共同的努力，需要成立团队来行动，居民对这一提议响应热烈，社工请居民回到议事厅后，通过表决确定了“创容貌行动小组”这一队名，并将共创美好社区新容貌作为大家共同努力的目标。之后社工引导成员思考日后行动小组如何运行，需要大家共同商议小组章程，帮成员一同梳理小组章程，并逐一表决通过，最终形成组织章程，章程确定了组织的宗旨、主要任务、组员权力及义务，并请每位成员在章程上签字，表示对章程的认可。

3. 能力建设及社区初探

制定好目标及组织章程后，创容小组正式以固定的组织形式开展社区环境改造行动。通过为期四节的社区营造实践小组，社工为组织成员分享了社区营造的基本理论与实例，社工组织成员一起进行社区营造主题的社区宣导，有组员负责制作宣导海报和手册，在南北台社区篮球场开设摊位，一起设计一系列以社区营造为主题的小游戏吸引社区居民的参与，让更多的居民了解到项目和组织行动，扩大创容小组的影响力，提升居民的社区意识。同时，行动小组和社工一同多次走访社区，收集其他社区居民对“美好社区”的愿景，凝聚社区共识，找到“社区文化”。

（二）困境及对策

1. 参与动力不足

南北台社区的环境问题一直是社区居民长期所关注的问题，但由于社区内长者和小孩较多，长者们对社区社会组织的认识程度不高，对加入创容小组一直持“观望态度”，导致创容小组的发展动力不足。但辖区内长者对社区服务是有一定了解基础，也较为有积极性，于是社工针对这一特点开展了一次“顺德社区营造一日游活动”，以短途游的形式成功吸引到了不少长者的参与，从活动中让社区居民体验社区营造及认识到社区社会组织及社区服务给社区带来的巨大改变，通过顺德社区营造的先进经验引导居民进一步反思南北台社区的情况，激发社区居民的参与动力。

2. 组织化程度不够

在创容小组初步开展工作之后，社工发现部分社区社会组织成员对社区社会组织行动的重视程度不高，组织工作参与中具有较强的随意性，都是根据自己的意愿及喜好“临时起意”，使得组织松散，缺乏专业性和秩序性。因此社工的态度非常重要，要让居民认识到社区社会组织的专业性和秩序性，首先要让居民看到社工的专业的态度和能力，在组织中发挥榜样作用。其次，通过学习和社区活动让组织成员认识到社区社会组织的专业性，并产生提升和约束自身的意识。最后，社区社会组织的约束力和秩序性是社区社会组织能长远发展的基础，社工将这一目标作为社区社会组织前期培育的重点，通过开展议事会的形式邀约组织成员共同建立协商议事机制，实现创容小组的组织化发展。

3. 行政指令干扰组织发展

该项目社工是兼职负责该项目，社工手头除了项目中的社区营造及社区社会组织的培育还有其他的机构指标需要完成，除此之外南北台居委会将党团建设的行政职能交给社工完成，社工只能将部分是社区社会组织的活动结合党员活动同时进行，这使得社工无法真正发挥自身专业价值和能力。为了弥补这种情况，社工只能尽量兼顾两者，如“不忘初心跟党走”暨创建美好宣传及调研活动，社工将党建活动和社区宣传调研结合起来，能够发挥一定的党员示范作用及引领作用，吸纳党员参与到社区社会组织当中，但也会导致宣传人群局限及调研样本单一的情况。

（三）“助人自助”理念下的实务反思

社区社会组织培育初期的主要目标就是社区社会组织的孵化，以共同关注的社区问题来开展社区行动，吸纳社区居民，形成社区社会组织。

1. 以共同关注的社区问题为切入点

社区环境问题是南北台社区居民共同关注的社区问题，是作为关注焦点而能够快速凝结居民的社区参与的有效途径。社区社会组织的孵化愿景是社区社会组织成功培育的重要因素，这涉及了组织成员的参与动机，参与动机与实践目标相结合则会形成一股强大的内生力，刺激组织成员的持续参与和组织关注度的提升，形成一种情感的凝结。对于居民关注的问题使社区行动过程中更加富有动力，且南北台社区的社区环境问题，并非是居民一方的不满及需求，居委也对这个问题给予了很高的关注度，一直想解决社区老化、环境脏乱差的问题，但是居委缺乏与居民的互动，无法调动居民的参与。所以，从共同关注的社区问题出发，既能快速引发社区对该组织行动的广泛关注，也能够实现社区话语权者的资源支持，迅速孵化出切合居民需求的社区社会组织，实现“助人自助”理念中专业社会工作开展“助人”平台。

2. 找到组织目标和文化

在社区社会组织孵化初期，组织需要确定清晰的组织目标，这个目标并非仅仅是当前社区需要解决的现实问题，还包括社区行动目标、组织发展目标、阶段性目标、战略性目标和组织的定位，明确组织的行动边界，避免组织功能宽泛化、组织成员松散化。初期，南北台居民加入社区社会组织的相当一部分成员，对自身加入社区社会组织的目的没有清晰的认识，抱有娱乐心态或盲从心态，这导致社区社会组织必然无法开展深入的社区实践，社工需要对组织成员进行一定的筛选，并协助组织成员一同订立清晰的组织目标，使社区社会组织成员初步形成“自助”动力。因此，组织应当建立开发、思辨、平等的组织文化，可以由社工组织，但不能由社工主导，注重每位成员的意见表达，大家共同商讨目标，一道进行社区实践。在此过程中，社工也应当持续秉持“助人自助”的社会工作专业价值观与专业助人手法，避免在潜移默化中，步入传统的社工主导社区社会组织孵化模式，体现出社会工作“助人”的专业能力。

3. 厘清社工职责

项目经费有限，社工人才不足，往往公益创投项目中社工都非全职投入于该项目中，创容小组负责社工也是。因此难以避免出现培育过程需兼顾其他指标，包括机构或居委下达的。因此社工在南北台社区中面临多项任务和角色，需要厘清项目中的权责，结合自身的工作计划发挥最大效用，对社区社会组织的培育介入做到有计划、有策略地进行，提高社工自身专业价值和能力。同时，保持与居委合作协商的利益共同体关系，表明工作职责和能力限度，发挥社工介入社区社会组织培育的最佳状态。

二、发展期：建立机制与培养能力

（一）培育过程

1. 组织领导者的发掘

从创容小组的前期活动中，有三位小组成员展现出较强的“社区意识”及领导策划能力，社工以这三位作为重点培养对象，在接下来的活动中，与他们一同讨论、策划，并支持他们轮流主持行动小组会议，在行动中，分为三组，分别由他们带领开展活动。另外，社工连接枢纽社会组织资源，让三位参与了社区营造项目培训班，与其他社区骨干一起交流学习。

2. 集体议事规则的建立

创容小组初期只确立了小组的目标与章程，但没有形成成熟组织内部的议事规则。在社区服务开展中，由于组员身份的差异性，不少中老年组织成员需要带孙子、孙女，限制了参与组织议事的过程。因此创容小组组内的安排、计划基本都是由社工及少数活跃分子进行决议。这样的决议方式从长远来看，不利于创容小组的自主发展，这种决议方式使得创容小组中的领导者所拥有的权限已经超出了社区自组织平等、自治下的领导者的权限，导致创容小组内部产生权利的不平等，也会影响创容小组内部的信任机制。于是，社工通过“我心中美好的社区”南北台社区座谈会，与组员商议，大家一致认为应该建立集体议事规则，在组织内建立平等的运行秩序。因此，社工组织创容小组成员共同制定创容小组集体议事规则。

（二）困境及对策

1. 发展资源匮乏

创容小组的发展目标是以社区环境改造及社区营造为目标的社区社会组织，组织主要通过公益创投项目经费来支持社区行动的开展，但在这一阶段组织活动不再局限于小组工作的手法进行内部培育，而是通过社区工作来学习和反思实践经验，增加组织整体能力。因此，社区行动需要较多的资金资源及活动场地，但创容小组一直受限于没有固定的场地和充足的资金，无法深入地开展社区营造活动，社工为了增强创容小组获取社区及社会资源的能力，社工鼓励创容小组提高信息敏感度，多关注政府网站，自主获取扶持及补助信息，并培养创容小组的文书写作能力，“南北台创容貌社区项目”就是创容小组成员通过三个月的学习和摸索，成功完成了文书资料的收集与撰写，并通过该项目获得了社区的项目资金支持并给予了居委的活动中心二楼作为创容小组恒常开展活动及会议的地方。

2. 社区影响力不足

由于创容小组是短时间由社工发起的新组织，对该组织的目标和作用社区内的部分话语权者及居民对其的了解有限，制约了创容小组的进一步深入的社区实践。社区社会组织的影响力最好的宣传效果便是稳打稳扎的社区实践，在实践过程中，社工组织创容小组积极做好自身工作之外还配和居委进行社区治理的工作，让社区中的话语权者肯定组织自身的影响力。另外，积极进行创容小组的行动成效宣传，以社区为宣传基础，让更多人看到、认识到组织的实践成效，让更多的居民更愿意配合、支持和参与创容小组的社区行动。

3. 资源链接能力不足

南北台社区是一个单位型旧社区，实际的人际网络较为紧密。社工首先对“创容貌行动”小组目前的社区支持网络开展了一个简单的评估，发现创容小组与枢纽型社区社会组织、镇街居委、社工机构等资源代表缺乏黏性，目前难以建立双向支持关系。社会工作者所在的机构对创容小组提供单向支持，组织孵化、连接资源和指导培训等。其他枢纽型社会组织也存在可利用的发展资源，但与创容小组并没有建立相应的支持网络，还需要进一步开发挖掘。现阶段，组织需要对社区进行一系列墙绘、彩绘的社区营造活动，但是缺少专业老师指导，因此社工则根据需求对社区周边学校及培训机构等潜在的资源方进行主动的联系，对资源的可利用性进行筛选，这一过程需要创容小组组织骨干的共同参与，从中学习提升资源链接、人际交往和调节协调等能力，社工从中做好链接的角色。

4. 项目社工更换

中期面临最大的挑战则是前期负责该项目的社工离职，项目社工进行了更换交接，由于人员变动带来的项目的后退，前期已建立好的关系没有及时跟上而停滞。在此阶段由于创容小组还没有完全成熟，社工培育处于攻坚期，于是南北台社工站由该社区社工主任直接负责该项目继续的进程，避免新社工进入项目对项目的不熟悉以及需要重构与组织成员的信任关系导致的社区项目停滞甚至后退。由于社工的流动性大，对社区社会组织的培育有着直接影响，应当在前期项目设计中就做好预案，应对这种情况的发生。

（三）“助人自助”理念下的实务反思

1. 注重并强化组织成员间互动

不论是社区社会组织内部，抑或是社区实践过程中，成员间的互动是社区社会组织情感凝结的过程。柯林斯的《互动仪式链》一书中提出了互动仪式模型，其中的一个核心概念是“情感能量”，用来解释利他行为。情感能量并非通常意义上的“情感”，是一种参与社会互动与获得成员身份的渴求，带有明显的社会取向，对个体而言，情感能量的追求是一种自我满足的行为，但是在客观上有利于促成群体的团结（王鹏等，2006）。社区社会组织成员在社区社会组织中的共同的社区实践及行动目标，以及组织内部建设的议事会、居民代表大会等都是组织成员之间相互关注的焦点及共享的情感状态，这一系列持续性的持续性社区实践与共同参与，促进了成员个体的情感能量的聚集，促进了群体团结，是社区社会组织的凝聚力和生命里的重要表现。社工在组织的培育过程中，应当注重各个层面成员之间的多方式互动和交流，使成员个体形成足够的情感能量，使之有持续性的“助人”动力。

2. 在社区实践中挖掘潜能

社区社会组织成员的能力在“自助”实现的过程中是非常重要的，社区社会组织的能力需要具备策划能力、反思能力、文书能力、组织能力、沟通能力、资源获取和运用能力。这些能力需要社工在社区实践中帮助组织成员一道挖掘、学习和反思，并非是社工统统都能赋予和教授的，社工需要与组织成员一同实践，作为一个伙伴的角色与组织成员一同探讨问题，提升能力。在实践中引导成员反思总结经验，获得良好的社区实践体验感，激发社区社会组织成员的动力和能力。

三、成熟期：整合社区资源

（一）培育过程

1. 搭建社会支持网络

第一，社工定期与街道、居委的联系，向居委反馈项目进展与成效，保持着良好的合作关系，在居委的支持下，以“创建容貌示范社区”项目成功入选并获得南沙区社会组织发展扶持资金，在街道层面，社工与镇街居委已形成了良性的互动关系，社工积极与街道联系，带领创容小组骨干进行组织的备案与登记来保证组织的合法性，并在这一过程中加强在街道层面对创容小组的宣传，目前创容小组在筹措注册经费便可登记备案，资料已收集完备，有助于组织发展的稳定性；第二，社工在项目宣传之处便组建了志愿者微信群，结合之前与南北台社区周边学校的志愿者资源一起组建了志愿者联盟，并随着项目开展影响力的提高，越来越多的居民加入到志愿团队中；第三，创容小组建立之初就是对社区环境改造的社区公共问题的解决为目的，是南北台社区各方主体共同困扰的问题，组织一成立就迅速从这个问题入手，在社区内安放了智能垃圾分类桶站、美观墙绘、涂鸦路等，这些举措得到了相当的成效，获得了居民的认可。越来越多的社区居民参与到创容小组组织的活动当中，对组织的支持力度也越来越大，使创容小组的发展有了坚实的群众基础，也扩大了组织的影响力，大大促进了组织的发展。

2. 建立资源链接渠道

为增强创容小组的社会资源获取能力，社工支持组员提高信息获取能力，关注政策惠利，及时申请。该项目作为优秀社区治理创投项目符合广州市南沙区社会组织发展扶持资金的申请条件，在社工的帮助下成功获得报批“荣誉奖励激励补贴”。组织成员也通过区级社会组织的培训活动，包括社区社会组织运营经验沙龙分享、公益创投培育和新媒体应用等获得了多方面的能力提升资源，在参与培训的这一过程中，组织成员的人际网络也得到了提升，组员能够通过各种培训及沙龙会议上，建立更高一层的人脉网络，探讨合作发展机遇，深湾村的社区社会组织与创容小组尝试合作，从南沙天后宫到南北台社区再到深湾社区形成一条旅游线路，带动社区内的经济发展，并制作特色手信出售，这种组织间的合作对于双方都是有利的，对于组织的发展也起到了推动作用。

3. 搭建服务成果展示平台

服务成果展示贯穿社区社会组织培育的全过程。创容小组的服务成果展示主要有三个路径：第一，传统宣传方式，组织成员将南北台社区环境美化的前后对比图拍下来，制作成海报和宣传活页，并在开展活动中发放给社区居民，并制作宣传海报在社区宣传栏及居委大厅中进行展示；第二，自媒体宣传方式，社工利用朋友圈平台，发起“幸福南北台，美丽南北台”活动，居民通过与南北台社区中的墙绘合影后分享到朋友圈，并加上“幸福南北台，美丽南北台”的文字描述，让更多的亲朋好友发现社区的变化，集满38个赞便可以兑换小礼品的方式，吸引了大量的居民参与到成功宣传中。社工联动居委在南北台社区官方公众号，及其他自媒体平台将组织成员制作的对比照分享在平台上，使宣传效果更广泛；第三，以活动为载体的宣传方式，在项目完成后，社工和组员一起筹备了项目成果展，邀请到社区居民及周边社区居民共同走访参观社区，并通过PPT展示让居民了解到创容小组的社区服务贡献，即提升了组员的荣誉感，也提高了公众认知度，为创容小组日后的继续服务发展奠定基础。

（二）困境及对策

1. 文书写作能力不足

在创容貌行动小组的发展过程中，小组文书撰写能力不足体现出来，即使活动开展得很好，如何规范地进行书写和归纳文书是组员的弱项，因为部分组员的文化程度有限，所以社工将有一定写作水平的组织成员作为重点培养对象，让其作为文书写作的负责人进行培养。其余有识字能力的，则分别负责文书的归档工作，让文书形成完善合理的体系，利于社工可以通过文书对社区社会组织进行督导和指引工作，也可以运用文书进行社区宣传扩大组织的影响力。

2. 资源运用能力缺乏

本阶段创容小组的培育基本结束，资源平台已基本建立，资源的运用如何与本组织的发展结合来获取资源最大化是社区社会组织发展必须具备的能力，包括如何整合资源、配置资源和使用资源。只有具备资源运用的能力，社区社会组织才能适应社区的发展变化，不断进步。因此，社工链接枢纽型社区组织资源，对如何使用政策资源等能力进行培训，并在未来的社区实践中逐步强化该能力。

（三）“助人自助”理念下的实务反思

1. 促进组织合法性

在组织培育后期，组织合法性的培育是非常重要的。组织合法性是组织制度理论中的概念，是一个组织向同级或上级系统证明其有生存权利，被熟悉、了解并承认，组织的合法性也是从侧面印证了组织的生存能力和发展潜力。后期社区社会组织培育中支持网络的搭建、资源渠道的建立以及成果展示平台，都是社区社会组织合法性的提升渠道。在创容小组的培育过程中，通过一系列社区行动的成果宣传，让社区各个利益相关治理主体看到行动小组的能力与价值，吸引各利益主体愿意主动合作和资源兑换，南北台社区居委看到了创容小组的行动意识和能力，主动找到组织和社工将该公益创投项目延伸为社区代表项目，这时候的社区社会组织则是作为主体形象在平等对话，这一过程中社工就积极进行“居民自治”的意识权利的多方倡导，实现社区社会组织的自治权和社区层面的议事权。

2. 注意社工角色的演变

社工在社区社会组织培育中扮演的基本角色是“伙伴”，同组织成员一同学习、思考、参与和反思，但对于社区社会组织层面来说，社工角色是有一个从组织内部的弱化到组织外部的强化的一个转变，从初期社工角色主要致力于组织内部建设，是一个引导者、组织者和资源链接者的角色，到组织自身发展成熟期，社工则转变为协助者和倡导者的角色，让社区社会组织能够独立策划开展社区活动，社工则在需要时候协助，为社区社会组织的权益倡导，通过与基层政府及枢纽型的社会组织等组成的沟通平台中积极发声，做好宣传，形成各方主体互动的良性循环，增强各主体对社区的关注和反应意识，使之能够给予社区社会组织资源，而社工则不作为社区社会组织的资源凝结点，使社区社会组织拥有“自助”的实现资源。

综上，从创容小组的培育实务过程中可以看出，社会工作介入社区社会组织培育实现这一完整过程需要五个培育要素：社区社会组织“助人”的动力、平台、能力、机制和资源。对于社区社会组织而言，必然是在“助人”的前提下实现“自助”，因此这五要素是社区社会组织具有可持续发展能力的必备动因。

在前期，社工以共同关注的社区问题作为“助人”关系的切入点，通关专业的社会工作理念与手法，开展社区宣传活动，吸引社区居民的参与，孵化了社区社会组织，挖掘组织文化和目标，成功建立了有效、可持续的助人关系，培育了社区社会组织“自助”的有效平台和基本动力。

在中期，社区社会组织成员通过一系列社区实践，关注社区社会组织成员的良性互动关系，在不断互动的过程中获得情感能量，不断强化社区社会组织成员“自助”的动力。在实践中，社工与组织成员一起进行实践反思、总结，使社区社会组织成员具备反思批判的能力，再一遍遍的批判反思中不断提升，使成员具备“自助”的能力。介入社工社会组织的内部协商议事机制的建立，形成完备的组织服务和发展目标、章程与议事规则，有效提升组织化程度，并在服务中与组织成员坚持践行该机制，强化机制的效力，也为社区社会组织后续规范有序的发展提供了基础。

在后期，社工逐步推出社区社会组织内部，转而从社区层面推进社区社会组织的合法性构建，推进社区社会组织在资源平台上的平等地位，倡导社区公共资源的下沉，实现社区社会组织"自助"的资源建构。社区社会组织拥有了所具备的资源、机制、能力和平台，以及实践过程终形成的情感能量促进社区社会组织持续性的发展动力，形成了社区社会组织自助服务、管理和发展的基础，能够在社区中持续性地深入参与社区治理行动。因此，社区社会组织培育过程中动力、平台、机制、能力和资源这五个要素，是实现社区社会组织培育的"助人自助"理念闭环必不可少的。

第三节　实现自助的横向策略：创容小组培育策略分析

增权理论下社工培育社区社会组织需从内外部环境同时入手，横向切入个人、组织和社区三个层面，同步培育"自助"的意识、机制与平台，这不同于其他理念下的递进式培育策略。因此，本章将结合增权理论从个人、组织、社区三个层面上分别探讨社会工作介入社区社会组织实现"自助"意识、机制与平台的横向实务策略，分析三个层面中具体的培育手法。

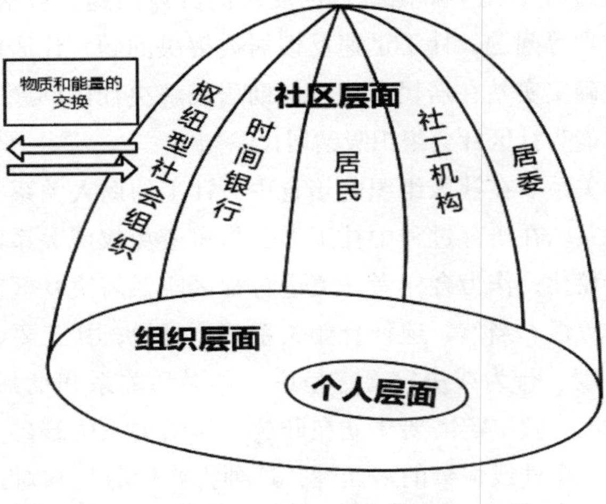

图1　社工培育社区社会组织的介入层面

一、个人层面："自助"意识的孵化策略

根据增权理论，当个人感到无力入侵自己的社会系统时，他们会内化自己的感受，逐渐认为自己是无助的。在内化的过程中，人们会承认，他们的情感、智力和精神形态阻碍了他们对现实存在可能性的理解，从而导致他们真正的无权（Lerner，1986）。我国社区的构建是为了应对单位解体后模糊的城市空间，是出于国家治理需要而形成的自上而下的制度安排，在这种背景下，社区居民常常处于一种无权感和被动地位，要实现社区社会组织真正"自助"，"自助"意识的孵化是基础。

（一）建立信任合作关系

建立信任合作开放的服务关系是社区社会组织培育的前期重要工作。增权理论认为，工作者和案主之间所建立的相互关系是任何介入成功的关键。在创容小组的培育经验中，社工与组织成员的服务关系具备以下三个要素：信任、合作、开放。

第一，信任关系。社区社会组织培育中，成功的服务关系一定是建立在信任的基础上。在创容貌小组的培育前期，社工切实为社区做实事，及时回应回馈居民需求，让社区居民认识并接纳社工是社区社会组织能够成立的基础。在社工进入社区前期了解到，之前所入驻的社工机构与居民联结不足，承诺居民调解的问题并没有实现，导致南北台社区居民对社工身份的信任感不足，于是社工在前期调研过程中先了解困扰社区居民的具体问题，包括景观树收虫蛀、垃圾桶摆放不合理等问题，社工迅速反馈居委解决问题，让居民看到社工的行动大于言语，确确实实站在居民角度，帮助居民解决社区问题，居民对社工的信任感提升，才能为社区社会组织吸纳居民参与。

第二，合作关系。在社区组织的培育中，社工的助人关系并不是一个指导者，而是伙伴关系。在培育过程中社工需要尽量避免权威关系的出现，专家也尽可能地解除神秘化，作为合作者一道进行社区实践解决社区问题，注重与组织成员之间的平等性。当然，这种合作关系并不是说，社工要无条件地接受组织成员所有的态度、行为或决定，它是说一种对话关系和批判性分析，由此，组织成员能够做出有效决定需要建立在开放合作的关系的基础上，社工可以和组员讨论分析一个事件或情景的多面性，这种批判性分析和对话关系可以促进组员批判意识的觉醒。在创容小组中，社工在策划、开展和总结活动的过程中都会重视成员的参与和建议，在议事过程中培养开放轻松的思辨氛围，把组员

当作一道进行社区工作的伙伴，认可和相信组员的能力。

（二）培育成员批判性意识及能力

批判是帮助社会工作者实现从“助人”到“自助”转变的关键，是提升服务对象自主意识和能力的核心所在（童敏等，2017）。

第一，及时进行实践经验总结与反思，促进组员的互相分享和支持。创容行动小组的社区实践行动中，社工会与组织成员对实践进行及时的总结与反思，包括如何采取行动和行动结果对我们自身带来了什么样的实践经验，下次做如何提升会更好，引导成员的总结与反思提升批判意识。通过总结与反思，成员会逐渐注意到成员之间的共同经验，会帮助成员共同去理解和采取行动；通过互相分享和支持，成员可以批判性地思考问题的内在和外在方面。

第二，推动批判性技巧及知识的学习。社工和创容行动小组成员在诚信合作关系建立的基础下，在社区实践的过程中一起开放性地思考与讨论，一起进入一个辩证的过程，作为伙伴一起进行社区实践，一同策划社区行动、理解反思社区实践中的困境，组织成员在这一过程中可以培养必须的技巧、知识和资源，来提升权能感。就行为而言，他们变得愿意并能够与他人一起行动，并能够从中吸取教训，以实现共同的目标和社会变革。

（三）提升成员自我效能感和主体性

社区社会组织在社区治理实践中的主体性是指可以主动采取自己认为合适的行为的特征，是积极的行动者，是有意志的、有选择性和创造性的行为主体。自我效能感和主体性是“自助”意识的培养皿，能够使组织成员在面对社区当中的困难和问题的时候具有较强的毅力，能够保持平静的心态去寻求解决方案，而不是反复认为自己能力不足。在创容小组培育过程中，社工在实践中采用如下几个策略较为有效：

第一，利用好群体互动，公开肯定或接受组织成员对问题的定义或看法。比如在开展小组或议事会中，对自我效能感较低而成员，社工会给予更多的关注，并在该成员发言的时候给予及时的正面肯定及反馈。自我效能感低的组织成员在群体关系中，往往是处于比较沉默的状态，不仅是与社工，与其他成员之间也缺少互动仪式，导致个人意志和主观能动性难以发挥。社工在群体互动过程中积极肯定成员想法，引导群体之间对该成员观点进行互动讨论，增强其自我效能感和主观能动性。

第二，在社区行动过程中，确认和加强组织成员的长处。社工在创容行动小组培育过程中，仔细观察组织成员的积极状态及擅长技能，并通过社区行动不断地去发掘成员的长处。比如在创意绘画过程中，社工发现成员有擅长绘画、擅长构图、擅长摄影，社工要在这个过程中不断让行动小组成员也能够肯定自己所长，增加自我效能。有些组员并不擅长技术方面，尤其是一些年纪大的组员，社工不应将年纪大看作是成员的弊端，而是一种资源，一种社会阅历及对社区的熟悉度。社工通过年长的组织成员获取社区的信息，在这个过程中这些成员也展示了自身对社区的了解程度与关注度，使得年长的组员也充分发挥主体性与能动性。

第三，通过社区地助人关系，让组织成员体验个人权力感、控制感。社区社会组织成员，在社区实践助人过程中，收获了荣誉感和权力感，是组织成员增权的重要表现。在与其他居民这种互动关系中，让组织成员体会到了自身的价值及社区行动的意义，促进组织成员持续性地助人和权能感的增加。

（四）社区意识的觉醒

“社区意识”是社区社会组织之所以形成和存续的心理基础，也是衡量一个社区社会组织是否成熟的重要指标。只有社区意识的觉醒和社区凝聚力的形成，社区发展的动力才是内在的、主动的，这种发展才是扎根于本社区土壤内的，因而才是有生命力的（王思斌，2011）。在社区实践中，浓厚的“社区意识”至关重要，增强组员的“社区意识”，是提升组员实现“自助”的必然之路。“社区意识”的培养是创容小组前期社工介入的重要工作，社区居民正是因为共同的社区关注和需求而形成的社区社会组织。

第一，注重组员需求的充分表达并及时回应。培养社区意识作为社会工作介入的关键，着手解决社区环境整治问题。在南北台社区中，社区环境是居委、居民等社区多方群体共同关注的问题，是亟须回应的切实需要。在大家共同关注的社区议题下，社区意识会飞速发芽。社工与组员一起共同认识、解决共同问题，并通过不同的活动方式，认识社区议题，提升社区意识。社工组织的社区行动方式需要多样且创新，脱离专家模式、教学模式，才会吸引组织成员的持续参与，加深社区行动活力。

第二，促进组员加深社区互动。社区意识的发展需要通过自我和他人共同认可的集体经验来确认。这种理解有助于促成集体观点，产生共同的命运感和提升社区意识。社工通过增加社区社会组织成员的其他系统层面的社区互动，来培养集体经验和社区意识。

第三，挖掘重建“社区文化”。社区文化也是社区营造“人文地产景”五大元素之一，是社区意识的重要部分，共同的社区文化是构建社区社会组织凝聚力的重要元素，社工通过社区漫步、绘社区资源地图和墙绘等方式展现社区文化，并把社区历史作为墙绘，展示在一进社区的墙上，让新老社区居民都能够了解、重现社区文化。

二、组织层面："自助"机制的搭建策略

社区社会组织要实现自我服务、自我管理、自我发展需要行之有效的实践机制，能够维持组织的恒常运行与发展。

（一）协商议事机制

协商议事机制的建立目的是能够利用有效的方式社区社会组织内部能够定义和实现集体目标的行动能力，也是社区社会组织能恒常运作和发展的必备要素。包括表决机制、集会机制、奖惩规则、领导人的确立等要素，这些不能由社工一人做主机械地设立，而是由社区社会组织成员在持续性的社区行动中的实践经验的反思总结。创容行动小组在社区营造活动中经历了前期一系列社区活动最终经过社区社会组织成员之间的反复调整得出了最行之有效的协商议事机制，通过"少数服从多数"的表决机制，决定了组织领导人及每月一次的组织集会来议事。

（二）持续性激励机制

持续性的激励是社区社会组织能够自主服务的必要条件。在南北台社区社区社会组织发展中，持续性激励机制包含以下三部分：物质激励、情感激励和成效激励。

第一，物质激励，在社区行动中，适当的物质激励会吸引社区成员的参与，提升服务热情，社工主要是通过社区活动发放礼品及开实践证明让成员去时间银行兑换实务礼品两部分来提供物质激励。

第二，精神激励。精神激励主要是满足人们的社会需求，尊重需求和自我实现的需求，满足人们的高层需求。社工主要是通过增加社区社会组织成员在社区行动中的能力展示机会、工作荣誉感和成就感来激发其参与社区行动的积极性。使之能够持续性地认可社区行动成果，并继续参与社区行动。

第三，成效激励。成效激励是一种重要的激励手段，即利用人们对于成就感的追求来激发人们的工作积极性的方法。在南北社区营造中，通过环境治理、墙绘改造等方式营造了良好的社区环境，社区居民对这些改变是肉眼可见的，增加了社区幸福感和参与社区行动的积极性。

三、社区层面："自助"平台的建立策略

"自助"平台是资源自助获取和流通的平台，资源是社区社会组织持续发展

的必要元素，社工需要协助社区社会组织建立“自助”平台。

（一）动员资源构建多元参与协商共治的平台

社区社会组织的发展是需要处在一个资源丰富的立体场域中，这个场域的形成不仅仅需要社区内部资源支撑，并且需要相当的外部资源助推。因此，社工在这个场域当中应当连同各个治理主体，包括镇街居委、办事处、社工机构和社区内外的其他组织、居民等连接成一个良性流通的资源互动网，彼此间进行物质资源与信息技术能量的交换，形成良好且平等的互动关系，实现社区资源的有效整合和流动，形成社区社会组织发展的良好资源环境。

培育过程中，社工依靠专业的技巧和能力带动组织与其他治理主体间协同发展。其中，专业社会工作作为专业力量积极回应社区社会组织的发展需求，提供帮助及外部环境的倡导，对社区社会组织的骨干培育、能力提升、组织建设等技术方面提供支撑；镇街居委则为社区社会组织提供相应的政策支持和监督管理，协助社区社会组织的良好发展；枢纽型社会组织则是社区基层组织发展的重要资源，也是连接政府和社会资源的枢纽点，为社区社会组织提供帮助及信息灌输。

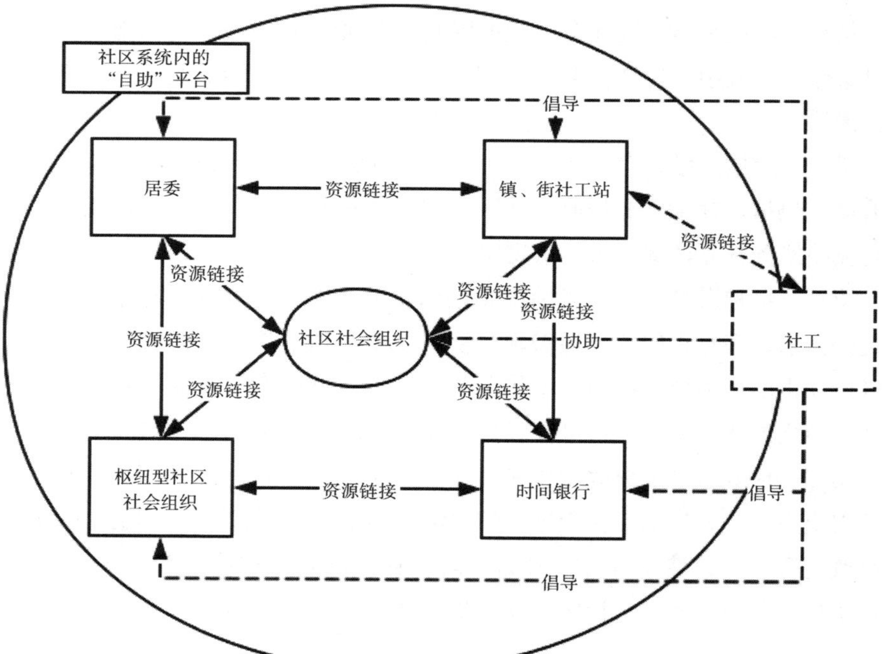

图2　社区系统内的“自助”平台

因此，社工在介入社区社会组织培育的过程中，通过与社区居委会、枢纽型社会组织、时间银行形成多元协商合作良性互动关系，获得相应技术、场地、资金等方面的资源支持，共同推动社区社会组织培育机制的发展成熟。

（二）为社区社会组织进行倡导

社工不仅仅是链接当前资源促进社区社会组织的发展，且需要为社区社会组织未来更好的发展环境及资源获取的便利进行多方位的倡导。倡导完善相关法律法规，建设良好制度环境。第一，要倡导相关部门优化社区社会组织管理监督体制，增强居民的认同和信任度，公开透明地进行社区社会组织管理；第二，倡导政府部门简化社区社会组织的登记手续，分门别类降低社区社会组织的注册资金，细化管理规范，形成完备的社区社会组织管理体制；第三，细化当前社区社会组织培育的相关政策制度，做到有针对性的指导引领，增强政府对社区社会组织培育服务的购买力度，给予更多规范化的支持与保障。

第四节　自助模式："助人自助"理念下社区社会组织培育的本土化新路径

从南北台社区创容小组培育的实践和效果来看，"助人自助"理念指导下培育的社区社会组织不论是在社区参与的深度，抑或是组织发展的可持续性上来说都有较好的表现，是社区社会组织培育的可行之策。创容小组由公共的社区环境问题为专业社会工作的切入点孵化出来，在一同解决这个公共问题的过程中专业社会工作从个人、组织和社区全方位介入，孵化"自助"意识、建立"自助"机制、搭建"自助"平台，实现社区社会组织从"受助"到"自助"的过渡，最终实现社区社会组织的自主服务、管理和发展，发掘和整合有效的社区资源，从而由"自助"向"助人"反哺，服务社区、深度参与到社区治理当中。创容行动小组这一培育过程可以用"自助模式"来概括（如图3）。"自助"模式不仅是专业社会工作与社区社会组织之间关系格局的系统性描述，而是一套动员多方参与的、以社区社会组织"自助"深度发展为目标的系统化的介入模式。

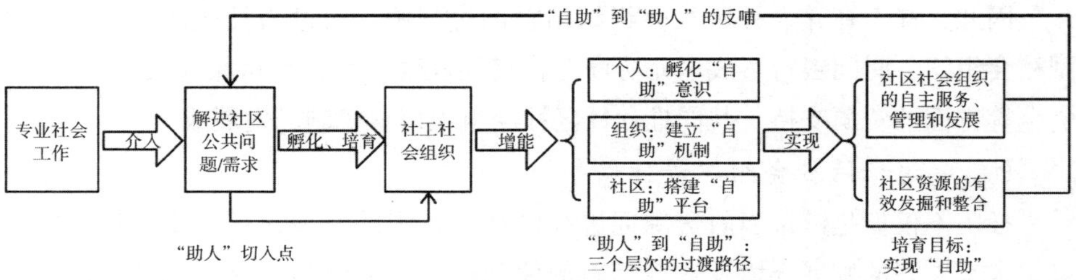

图3 "自助"模式的社区社会组织培育运作机制

一、"自助"模式有效运作的关键要素

（一）核心原则：建立平等、开放的伙伴关系

"自助"模式以解决社区公共问题及需求为出发点，凝结社区居民，孵化社区组织。将社区社会组织每一位成员视作主体及社区行动的伙伴，相信成员个体有解决问题和获取资源的能力，在一道进行社区行动的过程中共同探讨、反思经验，激发组织成员的自我意识、思辨能力及社区意识，注重关系中的平等和对等原则，让组织成员发出自己的声音，避免传统社区社会组织孵化的专家模式和任务型动员模式。

在南北台社区实践中，创容小组从孵化到培育正是践行着此种理念。第一，坚持以社区公共需求或问题为出发点，创容小组的孵化建立在深入而充分的社区调研的基础上，把握居民需求才能快速有效地深入社区孵化组织；第二，社区社会组织从孵化的起始到组织的发展成熟，社工一直尊重组织成员的主体地位，作为一道进行社区行动的伙伴，支持其自我服务、管理和发展，实现良性循环互动关系；第三，社区社会组织的培育过程中，专业社会工作的介入是系统性，从个人、组织和社区全方位地介入，培育和激发组织成员的权利意识及参与能力，培育科学的议事机制和社区社会资本。介入不全面或不平衡就会导致社区社会组织发展的"营养不良"，无法持续性深入地进行社区参与。

（二）注重组织成员之间的互动关系与情感能量

社区社会组织成员之间的社区实践行动可以看作是一种互动仪式，组织成员参与到共同的社区行动之中，达到身体共在，通过共同关注的社区问题使群体关注聚焦，从而产生集体意识和团结感，形成情感能力，即参与社会互动和获得成员身份的渴求。但这一互动仪式在缺乏及时回应、集体兴奋度低以及联结关系不足时就会失败，无法形成长期的情感能量，使社区社会组织成员参与动力不足。因此，社工要十分关注组织成员之间的互动关系，创新服务形式，把握成员的社区关注焦点，活跃成员关系，使之形成良性的成员互动关系，凝结情感能量，促进组织成员的社区参与。

创容小组中社工关注组织成员提出的社区问题和反馈，以社区社会组织成员所共同关注的议题为活动主体开展社区实践。在社区实践中，注重成员的自我效能感，在社区行动过程中确认和加强社区社会组织成员优势，给予每一位成员充分表达的权利，及时了解调节组织中的矛盾，形成组织成员之间良好的人际关系与互动，形成长效情感能力作为社区社会组织成员长足参与社区实践与治理的动力。

（三）尊重社区社会组织的自主性

尊重社区社会组织在参与社区事务中的主体性，引导组织成员树立权利意识。权利意识是实现“自助”的意识基础，缺乏社区社会组织成员的内在发展意识，创容小组也必然无法脱离对社工及项目的依赖性。所以培育权利意识，激发“争权”观念，提升参与能力是实现“自助”的必然选择。注重社区社会组织的参与意识、权利意识和主体意识，不仅强调个体的自我效能感，而且更注重成员具有批判性意识和能力。培育权利意识和增强自我效能，这些能力不是社工或专家赋予的，而是在社区建设中，社区居民与其他主体互动中形成的。

创容小组的权利意识以及参与能力是以“共建共享美好社区计划”社区治理项目为依托，在社会治理到社区营造这一过程中进行培育，利用群体互动及社区中的助人关系，让组织成员体验权力感和自我效能感。并通过社区行动的集体经验的确认，能够一遍遍加深组织成员的自我认同及社区意识，使得其在社区参与中获得充分的自主性。

（四）动员社区社会组织和其他利益相关群体的参与

社区社会组织的活跃系统是在社区，虽然社区社会组织是自主的，但其自主性的发挥是需要在社区系统内获得多方利益相关群体的支持与互动。所以动员多方参与，吸纳社区内外主体的丰富资源，是促进社区社会组织自身成熟发展和深度社区参与的重要条件。在“共建共享美好社区计划”项目中，社区社会组织成员在社工的引导下，与时间银行、居委、枢纽型社会组织和社工站等资源主体都搭建了良好的关系，形成了社区社会资本的良性流动平台。社工与组织成员在社区行动中，积极发掘社区文化，改造社区环境，让社区社会组织本身也成了资源拥有者，让社区社会组织也能在社区社会资本平台上成为一个重要主体，而不单单是资源索取者、依赖者的地位。

（五）为社区社会组织建设提供系统性支持

社区社会组织不是一个静态的名词，而是一个动态的过程，即通过社区成员的自愿参与、独立协商、沟通、化解冲突、增进信任、建立共识、合作行动参与社区公共事务，它是居民真正参与的外在表现，社区社会组织自身建设水平决定社区参与深度（谭祖雪等，2014）。倘若要促进社区社会组织的发育，社工必须为其提供系统性的支持，而不是单指某一方面。因此社区社会组织本身的体制机制建设也至关重要，没有科学可持续的运行机制，社区社会组织依然无法摆脱“短命”的困境。创容小组在项目中通过去顺德的社区营造游学活动，参观了先进的社区社会组织情况及项目成果后，在社工的引导下根据自身情况，成员一同商议了创容小组的协商议事机制。并在后来的社区实践中，通过每月一次的座谈会在对经验的总结和反思下不断改进组织自身的内部建设，形成科学的协商议事机制，实现创容小组自身的内源性发展。

二、“自助”模式社区社会组织培育的运用可行性分析

“自助模式”的社区社会组织培育模式的形成并非是随机性的小概率实践，而是具有运用理论实用性和推广性的培育模式。第一，符合本土化社区治理和社区社会组织培育的必然趋势。从“自助模式”的培育理念来说，它更注重社区社会组织“质”的培养而非“量”的追求，本模式培养下的社区社会组织从组织成熟度和效能来说，都符合我国当前“共治共享共建共治”的社会治理格局的取向要求。第二，可操作性强。“自助模式”的社区社会组织培育模式对社区自身的条件要求不高，并非是传统培育模式的专家视角，需要有专业资源的大量介入。第三，多方受益、共同成长。“自助模式”下，注重社工和社区社会组织互相学习，共同成长，也注重在多方互动下的资源流通，所以，“自助模式”的运用不论成熟与否，也不会出现社区社会组织倒退或社区资源浪费的情况。

三、“自助”模式的社区社会组织培育工作步骤

通过对创容小组的培育过程的分析，总结提炼了“自助模式”的如下工作步骤：

（1）招募社区能人。以社区公共问题及需求为切入点，孵化社区社会组织，招募对社区实务积极性、关注度高的组织成员。

（2）制定组织目标和章程。根据社区社会组织的类型及社区需要，与组织成员及各社区话语权方，一同商量制定组织的行动目标与行动计划，制定组织章程建立起监督及奖励机制，规范社区社会组织的发展。

（3）进行能力建设和社区实践。社工与社区社会组织成员一起深入社区，在社区行动的过程中，从社区互动、社区实践中进行学习、经验反思提升社区社会组织的行动意识和能力。

（4）发掘组织领导者。在社区实践过程中，社工注重培养能力者，并定期培训、链接外部专业资源，学习社区内部管理和治理的技能和知识。

（5）建立集体议事机制。根据社区社会组织目标和计划，协助成员形成组织内部的议事规则，使社区社会组织能够常态化运作下去。

（6）建立资源边接渠道。社工运用专业手法打通社区内支持网络，让内外部社区资源充分流通，使社区社会组织获得相应资源支持。

（7）建立激励回馈机制。对组织成员的社区实践给予相应的精神或物质激励，推动成员持续性参与。并运用社区宣传、自媒体平台等多种宣传渠道对社区社会组织的社区行动成果进行宣传，刺激社区社会组织的参与积极性。

四、“自助”模式中社工扮演的角色

在社区社会组织培育及参与社区治理这一动态过程中，专业社会工作者扮演的角色也随着社区社会组织的发育程度和不同介入层面而不同，总的来说是呈现由强介入向弱介入过渡的一个过程。从萌芽期社会工作者扮演引导者、组织者和行动者的角色，与社区社会组织成员一道参与组织内部建设与社区治理实践，随着社区社会组织的逐步成长起来，社会工作者作为伙伴、实践者与资源链接者与社区社会组织成员共同学习成长，逐步建立开放思辨的组织内部环境和议事机制，链接各方资源为社区社会组织的建设发展打下基础，在社区社会组织成员的主体意识、社区意识、多元协商共治的平台等各方面思想和外部条件都逐步发展起来后，社工应当逐步退出组织内部的中心位置，让组织独立进行社区服务、管理及发展，社工作为支持者、协助者和倡导者对社区社会组织给予必要的帮助，支持鼓励社区社会组织自主服务、管理和发展，为社区社会组织参与社会治理更好的外部环境进行多方倡导，逐步实现社区社会组织的“自助”。

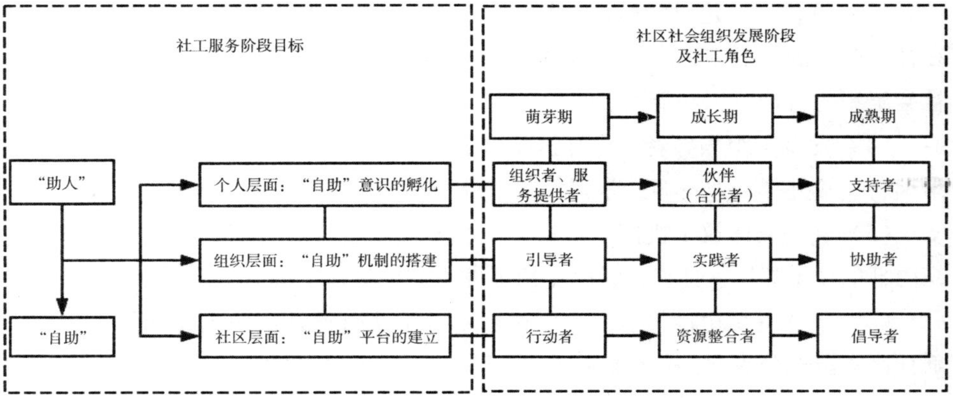

图4　社区社会组织培育中社工角色图

第五节　结论

近五年来，社区社会组织的培育得到了越来越多的重要度认同及社会工作实践，作为居民参与社会治理的重要渠道及平台，广州的社会组织培育基地及孵化站在各街道应运而生，但存在普遍的只"孵"未"育成"的现实困境，无法脱离项目及社工持续性的服务管理发展。而"助人自助"作为专业社会工作的助人理念，运用在社区及社区社会组织培育过程中，实现社区及社区社会组织"自助"也是社区社会组织培育过程体系的最终目的及实现路径。本书通过对社区社会组织参与社区治理的实务过程进行考察，采用了"助人自助"的社会工作理念和增权理论分析视角，从专业社会工作"助人"的介入过程，到社区社会组织由"受助"过渡为"自助"，最后实现服务社区的"助人""反哺"的实务过程，考察"助人自助"理念在社区社会组织培育过程中的实现情况，并从个人、组织、社区三个层面分析不同层面目标下的专业社会工作介入社区社会组织培育实现"自助"的目标和策略，构建出了一个系统化有效的"自助"社区社会组织培育模式。

本书通过对创容小组培育的实务过程分析得出，实现"助人自助"理念的社区社会组织首先需要社会工作者具备专业的助人能力、价值观，由公共的社区环境问题为专业社会工作的切入点孵化社区社会组织，在一同解决这个公共问题的过程中专业社会工作从个人、组织和社区全方位介入，孵化"自助"意识、建立"自助"机制、搭建"自助"平台，实现社区社会组织从"受助"到

“自助”的过渡，最终实现社区社会组织的自主服务、管理和发展，发掘和整合有效的社区资源，从而由“自助”向“助人”反哺，服务社区、深度参与到社区治理当中。

在社会工作者培育社区社会组织从萌芽期、成长期到成熟期是一个由社工“助人”到社区社会组织“自助”的一个实务的过程，在这一过程中社工需要从个人、组织和社区三个层面同时介入，分别是：从个人层面需要对社区社会组织成员进行“自助”意识的孵化，需要在与社区社会组织成员搭建起合作信任的关系基础上，提升成员自我效能感和主体意识，在社区实践中觉醒社区意识，并及时反思总结经验，培育成员的批判意识及能力；在组织层面上，搭建实现社区社会组织的“自助”机制，首先是社区社会组织内部的协商议事机制，保证社区社会组织具有独立商讨解决问题及社区事务的内部结构，同时社工要从物质、精神及成效三方面对社区社会组织的社区实践行动进行激励，激发社区社会组织持续参与的内部及外部动力；最后在社区系统中，专业社会工作动员社区资源资本积累和链接，动员多方社区治理主体构建多元参与的协商议事平台，在此基础上为社区社会组织参与社会治理的外部环境及政策支持进行多方位的倡导，实现社区社会组织自主获取资源更好发展的外部环境。在“自助”意识、机制和平台随着社区社会组织发展的周期成熟后，社区社会组织则能实现真正的“自助”，减少对社工介入的依赖性，实现持续性自主服务、管理和发展。

参考文献

[1] 陈洪涛，王名．社会组织在建设城市社区服务体系中的作用——基于居民参与型社区社会组织的视角［J］．行政论坛，2009，16（01）：67－70.

[2] 郭锦蒙．精细化助人：社会工作价值理念本土建构的尝试［J］．社会与公益，2020（01）：12－16.

[3] 李弘，卜长莉．本土化社会工作中“制度化利他”的分析［J］．长春理工大学学报（社会科学版），2019（05）：67－72.

[4] 刘晨．从助人自助角度看社会工作本土化发展［J］．重庆城市管理职业学院学报，2019，19（03）：1－3.

[5] 吕京蒙．地区发展模式视角下培育发展社区社会组织的研究［D］．首都经济贸易大学，2015.

[6] 乔秀萍．社区社会组织的发展路径研究［D］．上海交通大学，2014.

[7] 任文启．利他使群：社会工作本质的中国表述［J］．社会建设，2016，

3（01）：52－59.

［8］谭祖雪，张江龙．赋权与增能：推进城市社区参与的重要路径——以成都市社区建设为例［J］．西南民族大学学报（人文社会科学版），2014，35（06）：57－61.

［9］童敏，罗敏敏．反思、批判和反身性：实现“助人自助”的三种服务逻辑［J］．中国社会工作研究，2017（02）：44－56.

［10］王鹏，林聚任．情感能量的理性化分析——试论柯林斯的“互动仪式市场模型”［J］．山东大学学报（哲学社会科学版），2006（01）：152－157.

［11］王思斌．社会工作导论［M］．北京大学出版社，2011.

［12］卫丹．小组工作介入社区文艺团队骨干领导能力提升的实务研究［D］．甘肃政法学院，2019.

［13］文军．身体意识的觉醒：西方身体社会学理论的发展及其反思［J］．华东师范大学学报（哲学社会科学版），2008，40（06）：73－81.

［14］姚振强．从“助人自助”看社会工作实务开展的文化背景问题［J］．社会工作下半月（理论），2009（06）：19－21.

［15］郁建兴，金蕾．社区社会组织在社会管理中的协同作用——以杭州市为例［J］．经济社会体制比较，2012（04）：157－168.

［16］郁建兴，李慧凤．社区社会组织发展与社会管理创新——基于宁波市海曙区的研究［J］．中共浙江省委党校学报，2011，27（05）：40－46.

引导语：

在我国，社会工作的发展离不开社会政策的支持，两者之间是相互依赖和促进的关系。社会工作服务是在政府的社会政策框架内进行，政府财政支持是社会服务机构的主要经费来源。同时，社会工作服务是社会政策的实施过程，社会工作的效果能成为推动社会政策的改进力量。因此，社会工作要更好地发展和更有效发挥作用，在社会政策框架下，探索符合中国特色社会主义建设，执行回应社区在地化需求的社会工作服务项目尤为重要。

第九章

执行政策规划：社区营造周期研究

社区营造是推动社区建设的有效形式，不仅可以解决困扰社区建设的难题，对于推进社区治理现代化具有重要价值。因此，社区营造的探索和研究也具有重要理论和实践意义。目前，对于社区营造研究，多数集中于：第一，关于它的历史变迁过程，即概括社区营造的特点、主要内容以及未竟问题，总结经验教训；第二，以“人”“文”“地”“产”“景”不同维度划分，探讨社区营造的模式；第三，探讨参与主体在社区营造中发挥的不同作用。以上的研究，都是对社区营造项目的静态分析，缺少从动态分析的角度探讨社区营造。

我们所在的 B 机构从 2014 年至今一直承接 S 村社区营造项目。S 村社区营造项目组前期是从需求为本的取向介入社区，但项目难以继续发展，项目组进行反思，从需求为本转为资产为本取向，建立与社区各方面关系，培育社区组织，促进社区组织增能，让村民自主管理和自主服务社区，推动村民形成集体行动，保育 S 村蕉业为主的传统农业文化。S 村社区营造经过四年的发展，项目成果获得外界一致肯定，被顺德区评为优秀社会工作服务项目。因此，我们以 S 村社区营造为研究案例，探讨资产为本视角下的社区营造，分析其不同发展阶段的执行情况、所遇问题，进行实务反思，提出社区营造周期，期望给予其他社区借鉴经验，协助得到长效发展，推进基层创新社区治理。

第一节　资产为本与周期理论：社区营造研究的新思路

各国的社区运动缘起于二战结束后，各国面临众多社会、经济问题，而政府的能力有限，难以全面支持。1952 年，联合国经济社会理事会通过“社区发展计划”，认为社区发展是一种复合过程，急需要人民自己的参与，并尽可能靠自己创造以努力改善其生活水准，由政府以技术或其他服务以促进其发挥更有效的自助、自发与互助，意图利用民间资源，借用民众力量，实现社区自主发展（林胜义，2011）。

“社区营造”起源于日本。60年代的日本发生了市民运动，随着日本经济发展和社会进步，民众生活发生了巨大变化，为了维护社会稳定，日本各地社区将社区营造作为工作的重点，其关注的焦点包括文化、环保、防灾等居民身边的议题。日本专家学者主要根据实际营造情况，对社区营造的概念和模式进行了研究。吉田友彦等学者认为，社区营造的过程实际上就是从集落—村落—城市化的进化过程（吉田友彦等，2005）。在宫崎清教授的倡导下，日本的专家学者们把社区营造的维度归纳为“人”“文”“地”“产”“景”五个方面（曾旭正，2013）。

国内的社区营造发展刚刚起步，其中台湾地区发展较为成熟。1990年，台湾人类学者陈其南在学习了日本“造町运动”和“地方文化产业”的经验后，提出了社区总体营造的理念。他认为社区营造的主要功能并非仅限于单个的社区建设，实际上是要营造一个新社会，营造一个新文化，营造一个新的人（曾旭正，2013）。

大陆地区对社区营造关注较迟，最早是张燕和秦永福进行社区营造的研究，他们基于经验材料对日本与台湾的社区营造案例和经验进行了介绍（1996）。随后的十年间，继续有更多学者研究“社区营造”的历史变迁过程，为大陆社区营造的实践提供经验教训。刘晓春从社区营造的缘起说起，以台湾地区“社区营造”的实践与经验，介绍传统农村、传统乡镇、城中村、少数族群聚居区以及环境低劣地区的社区营造实践（2014）。王桂亭回顾了社区营造20年的历史，将台湾社区营造政策转变概括为三个关键词，即文创、赋权、参与（2016）。对于社区营造的维度，目前国内学者专家基本沿用宫崎清教授的“人”“文”“地”“产”“景”的五大维度。

总体而言，社区营造研究形成了以下不同视角：

第一，以“景观生态营造”为本的社区营造模式研究。中兴大学、淡江大学的教授和非营利组织对桃米村进行了研究和支持，将桃米村打造成了台湾“生态村”。学者们认为以“景”为中心的社区营造模式较为重要，认为地区特色能够吸引在地居民积极参与，自发地参与到社区营造中来（周琼，2015）。

第二，以“文化保育模式”为本的社区营造模式研究。台南市土沟社区以“文”入手，倡导成立农村文化营造协会，在此基础上进行社区营造，协会与在地居民共同参与，当地高校的指导团队也参与其中，在营造过程中开发了文化学堂、阿婚灶脚、猪寮咖啡厅等，在村容村貌方面让村居焕然一新（赵容慧，2016）。

第三，以民间组织、社会团体为本的社区营造模式研究。学者认为在社区营造过程中，关键点在于强化社区凝聚力和培养公民意识。因此，利用民间团体的社区营造手法成为社区营造的重要模式（河口充勇，2013）。张明珍基于在云南乡村社区营造的经验，通过与 NGO 机构的资料和当地村民提供的事实材料，提出了“NGO 模式下的社区营造”的具体模式类别（2011）。

第四，以社区空间为本的社区营造模式研究。张智强以人文地产景为切入点，同时结合建筑学的观点，提出城内村社区营造模式下的社区有机更新建议（2013）。彭予欢等从历史街区公共空间改造模式入手，通过对淡水老街两处公共空间改造的分析，论述了社区营造作为一种设计方法对历史街区转型的可行性（2016）。

第五，分析不同参与主体的社区营造研究。胡澎从日本社区营造的历史出发，他认为非营利组织的兴起和发展承担着重要的角色，弥补了日本社会结构和体制的一些弊端（2015）。霍修浩着眼于社区服务中心在社区营造中发挥的作用，认为人文地产景五个方面为社区营造下社区服务中心的发展策略（2016）。刘洁莲分析社工机构的社区营造角色，厘定社工机构在社区发展中的地位，社工参与社区营造模式的优势。探讨政府、有关的社区资本、民间力量，推动社区发展的机制（2017）。蔡静如提出从建立多主体互动的合作网络，在地资源的活化和融入可持续发展观念这三个方面探索乡村社区建设的路径（2017）。

“以资产为本的社区发展”（Asset - Based Community Development，ABCD）来源于美国西北大学资产建立社区学院，该模式的创始人是 Kretzmann 和 McKnight。他们认为传统的社区发展工作，多半以社区的问题与需求为取向，容易导致贫穷的社区变得更为贫穷。所以，他们于 1993 年提出了资产为本的社区发展模式（林胜义，2011）。

资产为本代表着西方社区发展的一种模式转换与实践创新，从强调社区的需求与问题转向建设社区的能力与优势。社区资产是资产为本社区发展的内在动力，所谓社区资产是指社区中的个人、组织与机构以及他们所拥有的天赋、技巧和能力等（Kretzmunn，McKnight，1996）。

资产为本的社区发展模式的三个基本原则（林胜义，2011）：

1. 以社区资产为基础：社区所拥有的资产，是推动社区发展工作的起点和动力。

2. 以社区内部为焦点：社区不论其规模大小，都有一些固有的资源，而社区及其居民也有想要自立自强的动机。他们的领导者通常会先尝试以社区居民本身的力量来推动社区发展工作，而不会一开始就寻求外界的援助。

3. 以伙伴关系去推动：社区居民是伙伴关系，会团结在一起，集结大家的资源，合力推动社区发展工作。

2000 年 Pinkett 提出了资产为本的社区发展五个步骤：绘制资产地图、建立内部人际关系、资产动员、展望社区发展、建立外部联系（陈红莉，2011）。

表 1　资产为本的五个步骤

序号	步骤	主要内容
1	绘制资产地图	对个人、居民团体及本地机构的能力进行全面的绘图
2	建立内部人际关系	在社区内部建立有利于问题解决的关系网络
3	资产动员	充分调动社区资产，促进经济发展与信息共享
4	展望社区发展	召集具有广泛代表性群体建立社区发展的规划
5	建立外部联系	利用社区外的活动、投资及资源等来支持社区居民定义的社区发展

以资产为本的社区发展模式的工作目标，包括：改变社区环境、经济结构思维，以及公民参与，让社区居民可由服务的消费者转变为社区方案的社区者，甚至成为社区的创造者。虽然资产为本的社区发展模式没有明确提出有关社区工作者角色，但是从其原则和关键因素中，不难看出社区工作者的主要角色是倡导者、促进者和动员者。

资产为本的社区发展模式本身还存在很多未完善之处，许多学者不断尝试对这模式进行更深入的补充。如什么是“社区资产”，学术界的用法还不太一致。目前，普遍被使用是把社区资产划分为四个方面：个人资产、社区组织资产、社区团体及部门资产、自然资源及物质资产（文军，2008）。Gray 等将社区资产分为七种社区资本形式，分别是人力资本、物质资本、社会资本、金融资本、环境资本、文化资本和政治资本（2012）。

资产为本的社区发展模式具有很强的实践性，以至于有些学者将其作为社区发展的一种方法，而不是一种理论（周晨虹，2014）。近年来，国内工作者将资产为本的社区模式理论运用于实务领域中，对于资产为本的社区模式研究普遍见于探讨社区工作中。文军等人提出资产为本的社区发展模式对中国社区发展主要启示：更加重视社区资产运用、积极促进社区组织发展、努力推动居民间伙伴关系建立（2008）。邵娜娜结合深圳市社区服务中的社工义工联动服务模式，整合资产为本理论，探讨联动服务模式的可持续发展（2014）。王莉综合运用资产为本与乡村传统文化框架，多向度地认识农村社区内在的能力、价值和可能性，促进社区资源的整合和利用（2015）。张志辉将“资产为本”的社区发展模式用于农村灾后社会工作，通过参与式社区需求评估、社区自组织培育、社区可持续产业打造、社区互助文化构建和妇女赋权等方式探索农村地区社会工作创新实践（2018）。

资产为本的社区发展模式与社营造的本质，均是发掘社区内部资源，动员社区内部力量，促使社区自我发展和自我建设，两者本身都有未尽完善的地方。资产为本的社区发展模式对于社区资产的定义未完善，值得思考，它既包括了资产的主体拥有者，也涉及资产形态。相比而言，社区营造的五个面向，更能清晰对社区资产进行分类，在实务中更具指导性。对于社区营造的研究，目前多是围绕历史发展、侧重不同维度为中心的静态研究，缺乏动态角度研究。

在项目管理学科中提出项目周期的概念，目前普遍认同项目周期包括五个阶段：项目启动阶段、项目计划阶段、项目实施阶段、项目监控阶段、项目收尾阶段（郭慧芳，2017）。学者根据所研究对象的实际情况及特征，把项目周期划分不同阶段，进行研究。刘洋等选取企业项目的领导者作为研究对象，以项目启动、计划、监控、收尾四个阶段为分析线，探索了领导者领导风格组合机制（2018）。郭子韬构建智慧城市建设项目全生命周期成本管理模型。研究在成本发生时间顺序维度及项目进展顺序两个维度上进行成本管理，形成多维的成本管理模型。其中横向上进行时间成本管理，在事先、事中、事后开展成本管理策略。纵向上是从规划设计、实施开发、运行维护三个阶段，分析成本管理的形式，在每个阶段中都不同（2018）。

在竞技研究中，训练周期理论是一个重要的理论，它的产生和发展是基于实践经验。运动训练周期理论的基本思想是，以年度为单位，把训练周期分为三个阶段，分别是准备期、比赛期和过渡期（胡伟，2018）。训练周期理论的最终目标是使运动员的最佳竞技状态出现在比赛期。因此运动训练的安排要沿这一轨迹设计和思考，并从训练学的角度给不同训练阶段赋予实际的内容，形成了训练周期的核心内容（邓成涛，2004）。由此可见，基于周期的背景去探讨问题，可能使研究结论更具有普适性。对于项目周期理论的探索，有利于项目目标的实现。

本书提出项目周期理论指项目发展是有周期性阶段的，沿着这一轨迹，根据该项目介入原则，给不同阶段设定内容。本书以佛山S村社区营造项目为研究对象，本书分析线是社区营造发展的时间线，结合社区营造的“人”“文”“地”“产”“景”五大面向与资产为本的社区发展模式的步骤，分析发展前期、发展中期、发展后期工作，构建出社区营造周期的分析框架。在此框架下，分析社会工作者作为社区营造的推动者，如何开展社区营造项目，梳理执行情况、所遇困难与问题，进行反思。从而得出社区营造周期，包括社区营造阶段、介入原则、主体角色。

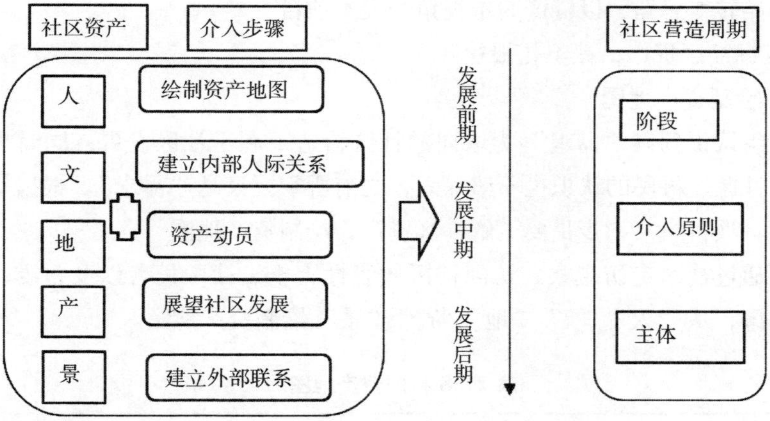

图1　分析框架

第二节　S村社区营造的周期分析

一、发展前期：发掘社区资产

（一）发展前期的执行情况

1. 需求为本的社区活动

S村社区营造项目组刚进驻村时，最先做的工作是“需求问卷调查”，问卷的问题主要集中于“你觉得有什么需求”“你认为这个社区有什么不足和问题”，最后问卷得出的结果是村民普遍认为“文娱活动不足”“环境卫生差”等。当时项目组以“需求为本”的模式去开展服务，开展如有奖摆摊、手工兴趣小组、三八妇女嘉年华等活动。

活动的后期慢慢发现问题，村民的参与流于表面，并没有持续性。同时村民也依赖于社工满足需求，都在等社工提供服务。村民的参与根本不深入，他们关注的只是自身利益。同时村民也只会把社区视作一个充满问题的社区，对社区的归属感和参与感大大下降。这时候，项目组进行内部反思，以“需求”为取向的模式，并不适合社区营造，社区营造的五个面向均得不到发展。社区的需求存在多元性、重叠性和复杂性，项目组难以逐一回应。若项目组扮演问题解决者的角色，一方面自身的能力未必能解决所有问题，另一方面社区的能力和潜能并未得到充分的发挥，当外部资源撤离，社区发展将陷入困局。因此，项目组开始转变思路，以资产为本视角开展本项目。

2. 发掘社区资产，社工扎根社区

（1）绘制资产地图

项目组认识到以“需求”为取向的社区营造不利于社区发展，同时也发现自身对于社区、村民的认识也不够深入，之前所掌握只是“需求”。根据资产为本的步骤，项目组第一步是要了解社区资产，绘制资产地图。

社工通过社区走访观察，访问社区代表性人士、社区长者以及村委，了解社区的故事，从“人”“文”“地”“产”“景”绘制资产地图。

表2　S村的资产地图

社区资产	S村情况
人	户籍人口、外来人口、村委会
文	城隍文化、祠堂文化、农耕文化
地	S城隍庙（广东三大庙之一）、农田示范区（广东省级）
产	香蕉、大蕉
景	社区公共空间（社区公园）

通过资产地图绘制，项目组关注到S村在文化与地理资产方面有突出优势，初期选取“文化”“环境”为介入点，开展社区文化类与社区环境类服务项目。

“文”：村城隍庙不仅承载着民间信仰，也是S村历史遗留下来的文化遗产，村民引以为傲。每年的农历四月十三城隍庙诞是S村社区文化的重头戏，因此，项目组借着城隍庙的平台，开展“S城隍诞计划”，将公益和城隍诞进行结合，在城隍诞期间开展公益义卖、村史导赏、公益论坛等，让更多人了解城隍庙、了解公益、参与公益。

在走访过程中，社工发现在S村本地的发音中“薯”与“仕”发音相似，因此社区营造项目组打造S村专属的邻里节，就以“薯粉节”命名。薯粉节以邻里互动为主题，为村民搭建一个交流平台，通过舞台表演、跳蚤市场、游园摊位、互动游戏、颁奖表彰等方式，让村民聚集在一起，增加彼此互动。

“城隍诞计划”与“薯粉节”每年持续开展。城隍诞上义卖所得运用到社区公益活动上，薯粉节从一开始以村民的才艺表演为主的活动，发展到如今以美食共享共聚、公益参与、对全民投票选出的积极团队以及村民进行表彰为主的邻里节日。村民对这两个专属的节日认可度越来越高，成为了社区新的文化，村民对社区的归属感也越来越深。

“地”：S村面积4.46平方公里的土地，农业用地就占了约3222亩，占全村总面积的59.14%。S城隍庙是广东三大庙（城隍庙、龙母庙、波罗庙）之一，据史料记载，S城隍庙初建于宋代，如今已成为S村的地标。S村以前也有大大小小的祠堂，数量达到十几间，鼎盛时期在伦教可谓数一数二，后受“文化大革命”影响，S村的祠堂逐渐拆掉，如今只剩下三座，令人惋惜。S村祠堂经历一路风雨，它们具有寻根问祖的传统意义，寄托着S人互帮互助的团结精神。

因此，S社区营造项目组充分利用农田示范区、城隍庙、祠堂的背景，开展相关特色服务，鼓励居民关心社区生活环境，社工带领村民打造社区村史墙和开展环境改造活动，传承村文化及倡导环保意识。让村民在营造社区生态和文化资源的过程中，找回土地的归属感，寻回集体对乡土的共同情感。

（2）培育“人”

项目组从“人”与“文化”“环境”三个点切入，其中，育“人”是关键，重点为促进村民参与。

“人”：项目组着重与村委会建立关系，调动长者、妇女、青少年活跃群体切入。如调动村民参与村史文化保育行动，在保育文化的过程中，社工引导，主要调动长者、青少年制作了村史小册子、绘制村史墙画、拍摄村史微电影《S，我们的家》。社区营造团队尝试通过村内各种主题活动平台，让不同群体的村民表达自己的声音，并且促成他们参与行动。因此，无论是本外融合的儿童成长、文娱体育等公共福利项目，还是生态环境的优化等，都是村民共同策划，共同筹备和开展的结果，这激励村民有更多共建社区的行动。

“我们觉得工作重点是与‘人’建立关系，培育村民。我们所有的工作的最终目的，都是和人有关的。通过从村史、城隍文化、景观不同主题入手，从村民的兴趣点入手，前期要多鼓励他们表达自己的看法和意见，他们渐渐有了自信，以及感到和社工一起做一些事情也不是很困难，也开心时，那个转变是很明显的。后期就要多以他们为主导。这整个过程，自己都要把他们看成是同路人，而不是一个人力资源而已。”

（资料来源：访谈资料，访谈编号为S1）

“在项目开始，与同事达成在五个维度中，‘人’是最为关键的这个共识。并且把这个理念融入年度服务设计中。日常工作过程中，也会注意和同事反思在服务设计、实际操作中，同事是否真的做到这个理念。”

（资料来源：访谈资料，访谈编号为 S2）

（3）建立社区关系网络

社工以同吃同住形式走进村民生活，以寻找共同点和合作机制与村委建立关系，加强社区关系网络。

面向不同的群体，项目初期如家庭综合服务中心形式，开展小组、社区活动，吸引村民参与，扩大知名度，期望建立关系。如开展宣传环保知识，虽然吸引了很多人，村民对中心与社工有印象，但村民只是为了礼品过来，活动结束就结束而没有后续。

经过前期的反思，社工为了与村民建立关系，驻村入住，通过搭台吃饭，融入村内生活。在这些非正式沟通下，村民和社工关系迅速建立，社工能明显感觉到与村民关系的转变。社工能从村民口中，了解更多村内的文化，以及通过积极村民介绍，从村中链接到合适资源配对开展服务。同时，村民和社工的信任加强，村民主动带社工下村走访，反馈村中需要关注的情况。

"我们刻意早上去村中最热闹的粥店吃早餐，开始村民不知道我们是谁，但是我们主动聊天，他们也很热情回应。后期，除了早餐，一些积极村民还邀请我们到他们家吃饭。这些积极村民后来有些就是我们合作社的成员，我们合作社的工作，也可以算是从这里开始"。

（资料来源：访谈资料，访谈编号为 S1）

"刚开始，有些同事对与村民在非正常工作时间接触，以及到村民家里吃饭有疑惑，觉得这有点违反社工守则，认为'不正统'。当时，由那时项目主任做示范，并要求同事都去尝试。因为重点不是与村民直接的所谓'利益'问题，而是我们的出发点是什么。"

（资料来源：访谈资料，访谈编号为 S2）

社区营造团队与村委的关系建立不是一蹴而就的，是经过社工的努力，寻找与村委的共同关注点，以及因扎实工作得到村民肯定，才能顺利与村委建立良好关系。并且通过建立项目与村委的沟通机制，每月定期与村委汇报沟通工作，交流近期工作的重点与难点，以及项目也会定期与村委共同团建，以增加与村委工作人员的沟通了解，更好促进双方的合作关系。

"我们刚入驻的时候，村委觉得我们很麻烦，经常需要找村委拿各种资料，认为社工的成效并不明显。后来我们有意识开始关注和他们的关系建立。我们通过服务与居委会工作人员安排团建、活动，甚至驻村委会办公。明显的改变，是国庆期间发生龙卷风，同事在龙卷风时期赶回驻点参与救助，与村民一起在驻点打地铺，陪伴村民。同时，部分村民也一直在村委面前夸奖社工。从那次之后，村委态度就有明显的改变。”

（资料来源：访谈资料，访谈编号为S2）

（二）发展前期所遇困难及解决方式

1. 社区关系建立方面

村委会容易将社区营造项目社工当成一个伙计或下属，有很多杂事也会叫社工帮忙。同时，因为很多活动基本由社工主导，村委比较依赖社工。社工首先要了解村委的意愿以及想法，再寻找合作点，与村委明确分工，取得合作共识。在合作过程中定期与村委沟通。

2. 社区文化发展方面

不同村民对社区文化产生了不同理解的状况，如对本村来源的正解究竟是如何的，出现了不同的说法。社工认为这是一个公开讨论社区公共事务的良好话题与契机。社工借机组织村民进行座谈会，以及开展其他社区走访调查，使社区文化得到定调，而这样的社区文化也是所有村民参与社区公共事务的重要结晶品。

前期的活动缺乏创新性，不能让村民很好地体验节日氛围和了解节日文化，不能最大程度地引发村民参与和共鸣。社工进行访谈和问卷调查，了解村民对节日文化活动的建议和兴趣。多方位进行节日文化的推广和宣传。即视觉：文字故事宣传、节日微电影；触觉：节日习俗的体验；说：开展节日茶话会。

3. 社区组织培育方面

在项目开展的过程中，能吸引到社区不同层次不同类别人群的关注，但动身参与其中的人群集中在青少年儿童，其他群体多以一个观望状态表示关注。社工正视这个问题，考虑到不同的介入方式对不同人群的有效性。如彩绘这种新鲜事物对中老年人的吸引性不强，自然而然便难以引导这个群体的参与，便采用其他方式如村史收集等与其相关的途径，便能推动他们的参与。换言之，同一个介入策略不能要求每个群体能有相同程度的参与。另外，便是运用“小拉大”的策略方式，如“一元·焕彩”项目能吸引儿童的参与，便可借势将其父母也纳入其中，因此当中少了活动媒介的连接。为解决该问题，社工开展亲子工作坊，借助儿童的力量拉动社区中年群体对社区公共事务的参与。

健身队的队长在管理和统筹角色突出，在开始的时候，队长负担太重，又没有办法完全兼顾。社工马上对她和队员们澄清执行服务项目的规则；在遇到问题的时候，尽快地和她们一起商讨答案，赢得她们的理解和信任。同时，社工培育团队内积极的几位队员，减轻副队长的负担。健身队的成员们最终也和社工建立了比较好的关系。

曲艺社参与社区服务的动机是展示社员的能力，他们着重于追求艺术性的表演，而难以固定进行义务性的社区服务。社工尊重曲艺社内部的决定，改为在一些特殊节日时，合作开展一次性的大型晚会，例如敬老节曲艺晚会。

义工团队经过培训后，仍无法完全独立策划活动。社工发挥督导作用，前期带领义工策划，安排分组，以分工合作形式完成活动方案，并在每节活动结束后，社工引导义工进行内部反思，促进义工汲取经验，发挥团队合作能力。

（三）发展前期的实务反思

1. 社工具备社区工作意识

社工要放下一些既定的条条框框，如社工是服务主导者、社工与服务对象只能很正式交流和见面，社工要将项目的理念、策略和工作相融合，灵活与居民、社区的关系建立。

社工要有社区工作的意识，即把社区工作价值观和原则融入工作中。如建立社区力量、尊重社区自决、强调居民的自助参与，工作手法要弹性，多用外展的方式，接触居民、社区团体，社工要相信居民，与民同做。

2. 绘制资产地图

对于社区资产绘制，是伴随整个社区营造实施过程的，并在过程中不断补充扩大。同时，资产地图绘制不只是社工去实行，而是应该以社工引导，村民为主体、村委协助的形式开展，社工从中了解到社区资产，更好发掘资产，应对社区未来将要面对的机会和挑战。更关键在于让居民对自身社区资产有所了解掌握，并能提升他们自信和自豪感。

3. 多元主体互动参与，构建合作机制

社工团队要秉持多元参与社区公共事务的原则，积极和各个单位进行合作，特别是社区内的各个单位。根据不同的单位，有不同的合作侧重点，构建合作机制：

第一，针对不同议题，找准合作的相关利益方。例如，村内的文娱康乐活动，促进各个有表演技能的团队共同和村委会代表谈话，更加容易促成事情的解决；异地户口的居民参与社区的公共福利议题上，工会、团委等资源更能推动问题解决。

第二，赋权与陪伴社区社会组织。社区大多数组织有开展社区活动，丰富文化娱乐生活的愿望，而公益创投或基金会可提供社区资助项目，因此，项目组协助他们申报及活动开展，成功的申请能大大增强村民参与的信心。然而，这也容易造成他们依赖社工，因此，社工在角色转换的过程中，对社区社会组织的协助程度需要逐渐抽离，让他们知道，他们能通过学习得到自务运营的能力。

第三，与各个单位合作，除了采用各种沟通的方式，更加应该注意在日常的互动中维系关系。如在重大节假日来临之际，项目组编辑节日问候信息给各个单位的领袖和联系人。在各单位中，村委与项目组的关系最为重要，所以，项目组安排同事每周有半天在村委办公，以促进双方关系建立。

第四，对于项目的支持单位和公益伙伴，项目组认为合作不是一次性的行动，需要持续维持赞助商、支持单位参与的积极性。项目组重视活动进展情况的反馈及总结，让合作方看到付出的价值，保持与每位合作方的联系。

二、发展中期：发动社区资产

（一）发展中期的执行情况

1. 从育“人”到育“组织”

培育社区自组织。当社工驻扎社区后，已经与一群热心村民熟悉并建立了关系。社工开始慢慢引导零散的热心村民组成团队，通过座谈会、团建活动、面谈等方式，促进村民从零散化到组织化。在各社区组织的组建过程中，社工还动员社区其他资产，引导各社区组织除了关注自身外也关注社区，调动他们的社区意识。例如村史保育队伍，会去发掘村内的村史文化资产，并且拍摄微电影以及制作村史小册子等，保育和宣传S村的村史；又例如乒乓球队、篮球队、烹饪队等，通过S村暑期夏令营活动为平台，在暑假期间教育小朋友相关的课程，引导组织关注儿童教育及村内事务。

项目组重点培育的社区组织是关注生态发展议题的梦乡园芭蕉专业合作社，让这个社区组织能自主运作和自主服务社区。第一步，项目组首先与热心村民、农民蕉农进行面谈，了解他们发起合作社的意愿。经过多次的动员大会，与村民共同探讨如何开展生态经济项目、生态经济及合作社的意义等，确定了合作社的发起人。第二步。社工引导社员们共同商谈完善管理制度、组织架构、运营方式，以及确定了组织的愿景、使命、目标、宗旨。梦乡园芭蕉专业合作社的愿景是：以合作社的力量带头，带动村内更多力量关注和参与S村的生态保育，令S村变成美好的家园。人员架构方面，合作社设立了理事长、财务、监事、仓管、宣传等职位，负责着不同的板块。第三步，陪伴合作社的成长。社工通过开展共同劳作和外出学习，增强团队的凝聚力和提升社员们社区参与能力。

引导已有的社区组织参与社区服务。如巾帼健身队，它原本是一支很成熟的队伍，平常的活动就是跳舞表演。社工通过链接镇街创新大赛，鼓励她们申请项目，团队与项目组联合申请了探访孤寡老人公益项目，现巾帼健身队已能进行自主的探访和跟进。

2. 加强社区关系网络

积极沟通与邀请村委会参与，促进意识和行为的改变。社区营造团队日常积极与村委会互动，多交流以社区共同体的角度看待S村，推行社区共融，对于S村的非本地户口居民能有更多的包容和接纳。在第二年度开始，在儿童参与暑期夏令营、老人参与敬老大会等平台或传统仪式上，都能看到有非本地户口居民的身影，他们也有权利共享社区的公共福利。虽然他们的参与还是有局限，不能完全和本村人平等，但在村委态度和行动的转变方面，这是一个好的开端，未来也有望更进一步。

社区营造团队还邀请村委会中与S社区营造的对接人共同去顺德区其他社区营造项目学习和交流，激发了他们共同培育社区团队的想法，促使村委会开始有意识——社区营造需要大家共同参与推动才能见成效，包括他们的参与。

（二）发展中期所遇困难及解决方式

1. 社区关系建立方面

在培育社区团队初期，社工难以和团队打成一片。与不同群体的村民群体打交道，有不同特性，大叔有时候调侃，阿姨有时候强势，青年有时候尴尬。对于年轻的社工来说，需要一一克服，变成见怪不怪，并且也要冷静应对每一种群体的情绪和要求。以上这些事情的克服离不开团队之内同事之间的互相支持和鼓励，而在每周恒常的走访中，社工也逐渐习惯，能和大叔调侃，和阿姨跳舞，陪青年群体打球等。

2. 社区组织培育方面

团队培育过程中，普遍遇到的问题是，当项目尝试将他们引导规范化，备案登记时，他们都不太愿意这样，认为过于正式，只想走“大家因为共同兴趣聚在一起，遇到什么事情大家共同商讨的草根路线”。

项目组对社区组织发展的设想，就是从无到有，从非正式到规范。然而，实践中发现，项目组与团队之间想法有所出入。因此，项目组不断检视工作和进行反思，及时调整，使社区团体的压力减轻。在日常的培育中，项目组仍然是推动他们来共聚参与社区事务，也更多地听取社区团队非正式领袖的声音，根据团队意愿来组织和带动村民参与。当时机成熟时，才提出备案登记，团队会更容易接受自身身份和责任。

（三）发展中期的实务反思

1. 寻找介入支点

资产为本的视角是指将社区中暂时存在的问题和需要先搁置，发掘社区的资源和优势，着重开发社区的潜能。因此社区营造的基础和根本工作，便是发掘和运用社区资产。不论是从资产为本的四种分类，或是社区营造的五大维度，对社区资产进行分析，我们都会发现每个社区有其在地特色。同时，同一个社区在不同时期因外部环境不同，其社区资产也会有所不同。所以，我们认为在社区营造工作过程中，重点是根据社区当下的资产情况，结合社工团队能力，寻找最合适的介入支点，即不需要全面铺开五大维度的工作，循序渐进为佳。

2. 社工角色的转变：组织者到同路者

社工从一开始的组织者、领导者，慢慢因为变为协助者、同路者的角色。在S村的社区营造实践中，除了根据村民需求和兴趣点，在服务中与村民接触外，社工团队通过“同吃同住同劳动”的方式，迅速有效地与村民建立关系。社工的工作节奏与村民日常作息合拍，让村民也开始当社工是“村民”，慢慢与社工成为“朋友”，而不是当社工是一群外来者。社工也能够最大限度地成为“村民”，开始了解村民的想法，对于往后调动村民参与也打下了基础。同时当社工成为“村民”，也能更好地去发现社区的资源与优势。

3. 村民的参与促进能力提升

社工让出更多的空间让村民参与，通过参与促使村民的能力提升。村民因为越来越多的参与机会以及社工的导向性培育，能力得到提升。

“一开始我们向村民介绍项目，他们都不是很明白，也没有兴趣去多了解。后来，我发现通过让村民自己去了解自己村的历史，去梳理，去谈论怎样呈现设计小册子。成品完成后，参与青少年向我说觉得有自豪感，更喜欢S村了。那时，我就觉得，从参与和赋权，真正让村民感受到社区营造的价值。这时，再和他们去介绍，他们便能更接受，并会向身边人介绍”。

（资料来源：访谈资料，访谈编号为S1）

4. 解决内部冲突

在发展的中期，项目组发现社工更多精力用于处理内部冲突。如村委与社区组织之间存在的冲突，村委既希望社区组织能多参与社区工作，但又担心社区组织提到村内利益相关事宜，并有抱团行动；社区组织与社区组织之间的冲突，常见是社区资产的分配问题，场地、活动资金等；社区组织内部冲突，成员对于组织发展有不同看法。村委与社工的冲突，对于社区发展有不同侧重点。

面对这些冲突，社工秉持价值中立原则，寻找双方的共同点，找寻平衡。同时，主动推进建立合作和沟通机制，通过规则共识的确定、及时与定期沟通，预防和减少冲突发生。

三、发展后期：累积社区资产

（一）发展后期的执行情况

1. 串联“人”“文”“地”“景”促进“产”

社区资产再发掘。项目组与村民一起走访农田示范区，访问其他村民所关注的社区议题，以及认为社区的特色是什么。与第一次的“需求”问卷调查完全不同，这次是通过优势视角来询问村民。经过访谈调查得知，村民最关注的社区议题是社区环境与社区经济，城隍庙和香火蕉多次被提及，但同时也表示城隍庙和香火蕉都慢慢在没落。项目组认为非常有必要创新S村的农业价值，从而重新焕发吸引村民对于社区生态文化的关注和参与，因此利用“人”“文”“地”“景”，以及结合S村的社区需求，整合成“产”——S生态发展项目。

“虽然在项目开始时，通过资产图绘制，我们都知道城隍庙和香火蕉是S村特有的资产。但是，一直在第二年开展的妇女烹饪小组中，通过村民分享，才真正注意到蕉蕾的价值，以此为契机，开始推进了‘产’，并且支撑和串联起项目重点工作，如公益蔬果园、生态体验路线，慢慢演变为现在的S生态观光游，可以对外接团收费。”

（资料来源：访谈资料，访谈编号为S1）

“产”：在S村党委、村委的支持下，项目组将S农田示范区一块1.5亩的荒地打造成为用于生态体验的教育基地，开展“做回农夫”公益蔬果园项目。利用S村生态、文化资源优势，打造了结合农耕文化、城隍文化、蕉产业文化、河流和扒艇文化等组成的生态观光体验路线，让这些正在凋落的生态、文化，通过创新的形式引导村民重新去探讨和守望。此外，项目组链接到中山大学杨教授，在他专业配方的指导下，经过采摘、清洗、切碎、晾晒等一系列工艺，搭配村民自主设计的包装，把原本要被舍弃的蕉蕾变身成一盒盒颇具特色的蕉蕾茶，让价值没落的蕉再次引起村民的关注。

S 村生态发展项目。梦乡园合作社的村民分工合作带访客扒艇观光，骑单车去体验蕉农和渔农的生活，在村民感觉十分平常的东西得到访客的赞叹和认可，村民开始重新审视他们拥有的农耕文化的价值。通过接待不同地区的观光体验团体，向外推广 S 村的生态观光游同时创造了社区新价值，截至 2017 年 12 月，合作社通过接待生态观光体验团体和销售蕉蕾茶，总收入 8 万多元。

2. 促进可持续化发展

打造自我造血与自我管理机制。项目组组建社区互助基金，其资金主要来源于梦乡园合作社。根据合作社成员的共同约定，销售蕉蕾茶和接待生态观光体验团体利润的 80% 用于合作社再生产和劳务费，20% 捐赠到社区，其中 10% 用于社区互助基金，社区互助基金由项目组发起及培育的村民自主会管理及监督。社区基金的成立，是村内社区服务的自我造血机制基础，促进社区自我管理的可持续化发展。

（二）发展后期所遇困难及解决方式

1. 社区关系建立方面

项目社工离职，对村民造成打击，感到不舍，新社工需要重新建立关系。社工提前与村民做好离别情绪处理，搭配其他社工与准备离职社工接触利益相关方；做好项目的离职工作交接。

对于生态游创收的收益使用，合作社、村委、社工有不同侧重想法。社工带领合作社成员通过向村民派发《S 村社区基金主要用途调查问卷》，确定了 S 村社区互助基金使用主要方向以扶持社区弱势群体和改善社区环境卫生为主。

2. 社区产品发展方面

项目组推动烹饪小组一起研发社区的特色美食，大家选取了 S 村“蕉”的主题作为特色，研发了蕉蕾茶等产品，大家逐渐想把特色进行推广。然而，2016 年 1 月村里唯一大范围种植蕉林的土地被征地，项目组不知如何继续推进工作。项目组改变把问题只由自身解决的思路，发动村民一起走访 S 村农田示范区，寻找种植蕉树的农户，和农户进行合作，收购他们的蕉蕾，制作成蕉蕾茶，创新传统蕉产业的文化价值。让农户重新看到 S 村蕉的价值，从而有可能继续种蕉，使传统农业得以有一定程度的保育。

3. 社区组织培育方面

社区组织对项目团队的依赖性，特别体现在某一两位社工身上。社工避免社区组织把解决问题决定权放在自身，注重引导和培育骨干把组织发展及问题，在团队内讨论，共识解决。

（三）发展后期的实务反思

1. 融入可持续发展理念

第一，社区营造项目的可持续发展——自给自足自主运行。要实现社区自主力量，仅靠村民对村的热爱，或者空谈情怀是不切实际的，必要的利益是社区发展的必要条件。经济是满足人们基本生活需求的物质基础，适当发展社区产业，村民更有意愿聚集在一起共同协作，挖掘地方特色，活化生态和传统农业文化。社区产品的创收，必需促进到其他资产发展，形成循环，才可使社区可持续发展。因此，建立社区基金，把社区产品创收的部分收益归入社区基金，用于解决社区问题，培育社区基金管理会，由村民自主运营社区基金。

第二，项目团队的可持续——项目文化建设。在社区营造中，每位社工都和不同的村民群体有着联系，强的网络关系是项目推进重要因素。所以，如果项目团队有同事离职，对于强调社区关系营造的社区营造项目将是不小的打击。因此项目组在探索自己团队的工作愿景和使命时，重点在于传承和实践它们，而非只纸上谈兵。这样，即使项目组在人员流失，以及面对其他的外部挑战时，只要有核心的价值观和信念在，有共同认可的目标愿景在，项目还是可以持续下去。

2. 社区资产的累积

社区资产并不是静止不动，以及并不是个体独立的，相反各种资产是相互交集的。通过“人”“文”“地”“景”，来改善促进“产”的发展。资产为本的社区发展模式，很重要的一点就是构建资产与资产之间的关系，这样才能可持续以及全面调动社区的发展。同时资产为本的社区发展模式虽然强调社区内在的动力，但并不排斥社区之外的力量介入。因此，在发掘和驱动内在能力的同时，社区工作者还需要协助社区成员拓展和引入外部的能力，例如吸引外人来参与S村生态体验团，链接专家学者促进产品研发，吸引外面的资源进驻社区，让围绕社区的内外资产形成稳固的网络，共同作用于社区的发展。

综上，从对S村社区营造实务工作的分析中可以发现，有效推进社区营造项目离不开三点：第一，多元主体互动参与，主要指政府、社工、居民、村委；第二，寻找介入支点，通过发掘社区资产，综合评估自身与环境情况，找寻支撑起项目发展的重点工作，逐步累积社区资产；第三，社区工作意识，指社工必须清楚社区工作价值观和原则，并把可持续发展理念融入工作中。

第三节　社区营造周期：分析框架构建

一、社区营造阶段

根据对S村社区营造的案例分析，本书提出社区营造周期内包含三个阶段（图2）。

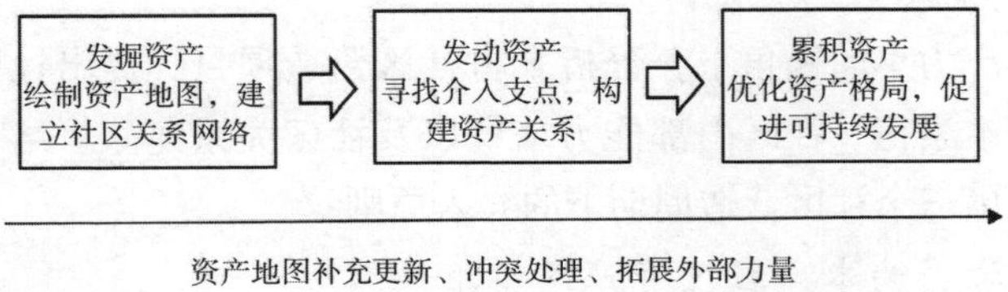

图2　社区营造阶段

（一）发掘社区资产

通过绘制资源地图，了解社区资产，更好发掘资产；在社区内部建立有利于社区资产发展的关系网络，首要是社工与村委会、村民建立关系，再促进不同利益相关方之间的关系建立。对于社区资产绘制，不只是在开始的部分，而是伴随整个社区营造实施的过程，并在过程中不断补充扩大。资产地图绘制不只是社工去实行，而是应该以社工引导，村民为主体、村委协助的形式开展。同时，资产地图只是一个指引，社区内处处都是资产。社工除了关注人文地景产五个有形的资产，也需要关注两个无形资产：关系和权力。

（二）发动社区资产

这个过程中，不仅是动员资产，还有发展资产，即指聚焦资产及将资产增量。这个过程的重点是根据社区当下的资产情况，结合社工团队能力，寻找最合适的介入支点推进资产发展，构建资产关系。要把既有的资产关系明晰，明确好。如若不清晰的，让居民自行讨论，通过座谈会或建立民主议事制度来明确。

资产的关系，其根本是人与人之间的关系，是资产主体间的关系。因此，在此过程中，处理内部冲突尤为突出。社工需秉持价值中立，以及寻找双方的共同点，找寻平衡。主动推进建立合作和沟通机制，通过规则共识的确定、及时与定期沟通，预防和减少冲突发生。当然，除了内部，还有外部冲突，作为推动者，社工在整个过程都需要处理内外部冲突。

（三）累积社区资产

优化资产格局，把人文地产景资产进行优化，推进社区自主机制，促进社区发展可持续化。同时，任何时候都不排斥合适的社区外力量介入，社工协助社区成员拓展和引入外部力量，让围绕社区的内外资产形成稳固的网络，共同作用于社区的发展。

二、社区营造介入原则

本书在资产为本的视角下，分析S村社区营造项目，提出社区营造的三个重点为社区资本累积、社区内部能力培育以及社区关系建立。结合周期的阶段发展观点，提出三个社区营造周期下的介入原则：

（一）以资产为本，社区资产逐步推进

我们认同前人所提的：社区所拥有的资产，是社区营造工作的起点和动力。社工强调社区的能力、优势，在此基础上尽可能发挥社区能力和优势，利用此推动社区发展。但社区资产不是全面铺开地增加，而是找寻支点，逐步增加的。在这个过程中，不单只是考虑社区资产，也需要分析和评估社区需求与问题。在前期，社工是通过为居民提供服务，与“人”建立关系。在中期，着重结合社区资产、需求与社工能力进行综合分析，寻找介入支点。后期社工注重与多方合作，促进社区资产累积。在此原则下，“人”是营造的关键，初期围绕“人”发掘、培育，中期发展其他资产，资产间相互促进增量，后期优化资产，形成资产累积（图3）。

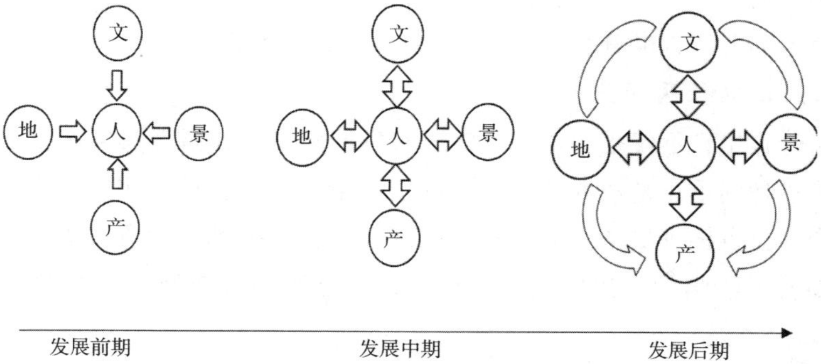

图3　社区资产的逐步推进

（二）以社区为主的内在取向工作策略

以社区为主的内在取向工作策略，强调首先以社区居民、组织力量来推动社区营造工作，不会一开始寻求外界援助。社区居民、组织是自身发展的专家，他们最懂得如何利用社区资产，能更有效地发动社区资产推动社区发展。但是，强调社区内在的动力，并不代表排斥社区之外的力量介入。因此，在发掘和驱动内在能力的同时，社区工作者还需要协助社区成员拓展和引入外部的能力，特别在发展后期，"产"的推动外部动力的加入尤为重要。所以，在发展前期，社工的注重是社区内在的动力，中期需要注重引入外部动力，后期促进社区内部动力与外部动力的合作。

（三）以关系为重，伙伴式推动发展

重视社区关系网络的建立，社工与社区居民、村委会是伙伴关系，集结内外部的资源，合力推动社区发展。社区关系建立，着重在于接触与参与。社工搭建各种沟通和参与平台，促进自身与社区之间、居民之间、组织之间的交流，增加社区内人与人的信任关系。在发展前期，关系建立围绕在社工与村委、社工与居民之间，建立伙伴式关系。在发展中期，是以社工为桥梁，促进居民与居民之间、村委与居民之间的关系建立。发展后期，社工工作重点是维护伙伴关系。

三、社区营造周期与各主体角色

社区营造的主体主要是三个：政府、社工、社区。在资产为本的视角下，政府是社区营造的保障者、社工是社区营造的推动者、社区是社区营造的参与者。在周期的观点下，三个主体在不同阶段的角色侧重点有所不同（表3）。

表3　社区营造周期与主体角色情况

周期阶段	主体角色情况		
	政府	社工	
介入前	政策、资金支持	社区工作意识	
发掘、发动社区资产	政府	社区	社工
	参与与支持	村委与居民参与能力提升	组织者、专业服务提供同行者
累积社区资产	政府	社区	社工
	持续参与与支持	自主自治	促进可持续发展退出

（一）政府：营造的保障者

2014年，顺德区人民政府办公室发布《顺德区社会体制综合改革2014年工作要点》提出“推动社区营造，挖掘社区资源、培育社区组织、促进社区参与、发展社区经济，打造社区发展共同体，为促进社区全面发展探索经验”。近年来，顺德加大了对社区营造推进，从开始的三个试点增加到现在的二十多个，仅区社工委对社区营造的投入资金总额就达到505万元，镇（街道）部门在区资金扶持的基础上进行配套投入，带动各方面资金超1000万，社会各界人士都参与其中进行捐助和投入。

顺德政府不仅提供对社区营造政策、资金支持，更加搭建社区营造支持体系，形成多方联合推动机制，参与到社区营造项目运营中。区社工委负责政策制订和统筹指导，各个镇街有资源和资金配套，社创中心在智力支持和业务指导上进行推动，各个村居、社会机构、社区组织负责实施，形成比较完整的支持体系。顺德的社区营造被认为是走在珠三角地区的前线，离不开地方政府支持与重视。

由此可见，在社区营造的推广工作中，需要政府强大的后盾支持，包括资金的保障，政策文件的指引，宣传推广的协助，社区发展成效的推介等。我国大陆十多年的自上而下的社区发展模式具备一定的影响力，一下子颠覆为“自下而上”的发展是不可能的，但由政府部门作为保障者，进行引导并发展，我们相信可以为社区营造发展带来巨大的效力。

（二）社工：营造的推动者

开始时，社工主要角色是社区营造的发起人。过程中，社工是专业服务提供者。但是，在社区营造中，社工最为重要是同路人的角色，担当好同路人，才能更好推动社区营造。社工需谨记社区营造的理念及项目目的，不是社工为“上”，居民为“下”的这种专家模式，而是逐步地与居民共同寻找发展社区方法，累积社区资产。社工通过聚焦社区共同所关注的生态环境、农业经济问题，引导居民共同采取行动，激活居民积极性。在后期，社工需以自身总会退出社区的角度出发，促进社区的可持续发展，并考虑退出机制。

（三）社区：营造的参与者

1. 居民：营造的主体

居民是社区营造的主角，是社区营造主要推手与动力。在社区营造的五维元素中，“人”是关键联动元素，社区的文化、在地物产、景观的维护等，都需要社区居民的参与积极支持，这样才会更有力地推动社区营造模式的扎根生长，这样才能逐步地提高社区营造的认同度与影响力。

在S村社区营造中，项目组从村民身边的事物和兴趣点入手，提供给村民更多的参与机会。村民从原来对村史漠不关心，认为与自己的关联不大，对环境卫生有诉求，但只是问题提出者，等待村委或其他人解决，自身不是解决者。到现在可以自豪地向外来者介绍S村的特色，参与到S村的环境保护工作中，开拓生态观光游，村民改变显而易见。社工团队、村委的积极配合，促成了村民自我认知与对S村情感的转变。

社工最终是要退出社区，村委会换届，但居民不会。因此，居民意识与能力的提升是社区得以持续发展的命脉。

2. 村委会：营造的协助方

村干部对村庄的基本信息与资源概况都比较了解，同时，他们在村民中有较高威信，能带动村民积极性。在项目发展中，如果没有村委会所提供的一块1.5亩荒地，用于打造为生态体验的教育基地，不会有“做回农夫”公益蔬果园项目。如果没有村委会的支持，项目便不能整合S生态、文化资源优势，打造结合农耕文化、城隍文化、蕉产业文化、河流和扒艇文化等组成的生态观光体验路线，让这些正在凋落的生态、文化，通过创新的形式引导村民重新去探讨和守望。因此，积极的村干部，在社区营造发展中提供至关重要的支持和推动，是营造的协助者。

第四节　结论

资产为本的社区发展模式与社营造的本质，均是发掘社区内部资源，动员社区内部力量，促使社区自我发展和自我建设，两者本身都有未尽完善的地方。本书以社区营造的五大维度作为社区资产的维度，在资产为本的社区发展模式五个步骤的背景下，以S村社区营造项目发展前期、中期、后期为动态分析的路径，我们归纳出社区营造周期，即社区营造阶段、介入原则与主体角色。

社区营造的三个阶段为发掘社区资产、发动社区资产、累积社区资产。发掘社区资产的主要任务是：绘制资源地图与建立社区关系网络。发动资产的主要任务是：寻找介入支点，构建资产关系。累积资产的主要任务是：优化资产格局，促进可持续发展。

社区营造的三个介入原则是以资产为本，社区资产逐步推进、以社区为主的内在取向工作策略、以关系为重，伙伴式推动发展。以资产为本，社区资产逐步推进，主要指“人”是营造的关键，初期围绕“人”发掘、培育，中期发展其他资产，资产间相互促进增量，后期优化资产，形成资产累积。以社区为主的内在取向工作策略，主要指前期社工注重是的社区内在的动力，中期需要注重引入外部动力，后期促进社区内部动力与外部动力的合作。以关系为重，伙伴式推动发展，主要指前期关系的建立围绕在社工与村委、社工与居民之间。中期是以社工为桥梁，促进居民与居民之间、村委与居民之间的关系，后期社工工作重点是维护社区各方的伙伴关系。

社区营造的三个主体是政府、社工、社区，政府是社区营造的保障者、社工是社区营造的推动者、社区是社区营造的参与者，他们在不同阶段的角色侧重点有所不同。

我们对S村社区营造经验的总结，希望能供其他实践者或研究者进行参考。同时，限于我们的研究水平和研究对象等方面存在限制，社区营造仍存有许多尚待深入研究的内容，有待进一步探索。

参考文献

[1] 蔡静如. 社区赋权视角下的乡村社区营造研究 [D]. 浙江工商大学，2018.

[2] 陈红莉，李继娜. 论优势视角下的社区发展新模式——资产为本的社区发展 [J]. 求索，2011 (04)：75 – 76.

[3] 邓成涛. 运动训练周期理论的形成与发展 [J]. 辽宁体育科技，2004 (06)：1 – 2.

[4] 郭慧芳等. 项目百子柜 [M]. 中国社会出版社，2017：10.

[5] 吉田友彦，邓奕. 日本：公众参与社区营造 [J]. 北京规划建设，2005 (06)：52 – 55.

[6] 胡澎. 非营利组织在日本社会治理中的作用 [J]. 社会治理，2015 (01)：148 – 153.

[7] 胡伟，褚欢. 运动训练周期理论的思考和讨论 [J]. 江苏理工学院学报，2018，24 (04)：89 – 92.

[8] 霍修浩. 社区营造下社区服务中心的发展状况研究 [D]. 安徽大学，2016.

[9] 河口充勇，俞祖成，夏世明. 社区营造与民间团体的功能：以中国台湾新竹市为案例 [J]. 中国第三部门研究，2013，6 (02)：2 – 23.

[10] 刘洁莲. 珠三角地区城镇社区营造模式探究 [D]. 江西财政大

学，2017.

［11］刘洋，马钦海，闫俊．项目生命周期中领导风格组合的案例研究——基于计划行为理论［J］．中国人力资源开发，2018，35（08）：116－125.

［12］林胜义．社区工作［M］．五南图书出版公司，2011：8－97.

［13］彭予欢，蒋龙波，黄瑞茂．台湾淡水老街在社区营造模式下的公共空间设计［J］．山西建筑，2016，42（22）：1－3.

［14］秦永福．“一町一品”运动——日本“社区文化”总体营造中对传统手工艺的保护和开发［J］．上海工艺美术，1996（05）：18－20.

［15］王本壮等．社区 x 营造——政策规划与理论实践［M］．社会科学文献出版社，2017.

［16］王莉．资产为本视角下农村文化重组和互助网络构建的研究［D］．云南大学，2015.

［17］王国顺．广东省珠海市金湾区小林村社区营造研究［D］．西北农林科技大学，2017.

［18］王桂亭．台湾社区营造政策 20 年发展刍议［J］．台湾研究集刊，2016（01）：95－102.

［19］文军，黄锐．论资产为本的社区发展模式及其对中国的启示［J］．湖南师范大学社会科学学报，2008，37（06）：74－78.

［20］周晨虹．内生的社区发展：“资产为本”的社区发展理论与实践路径［J］．社会工作，2014（04）：41－49＋153.

［21］张明珍．NGO 模式下的社区营造［D］．昆明理工大学，2011.

［22］邵娜娜．社工义工联动服务模式的可持续性研究——基于资产为本的视角［D］．南京大学，2014.

［23］周琼．台湾桃米社区生态产业发展及其启示［J］．台湾农业探索，2015（03）：1－4.

［24］赵容慧，曾辉，卓想．艺术介入策略下的新农村社区营造——台湾台南市土沟社区的营造［J］．规划师，2016，32（02）：109－115.

［25］曾旭正．台湾的社区营造［M］．台北县新店市：远足文化，2011：16－20.

［26］张燕．经济的追求和文化的维护同样重要——日本“造乡运动”和台湾“社区营造”的启迪［J］．装饰，1996（01）：50－53.

［27］庄优波．社区营造与遗产地发展台湾桃米村社区营造案例分析［J］．世界遗产，2015（07）：15－19.

[28] 张志辉．“资产为本”视角下的农村社会工作实践［J］．山东青年政治学院学报，2018（02）：15－19.

[29] 张智强．“社区营造”模式下的农村社区更新研究［D］．厦门大学，2013.

[30] GREEN G P，HAINES A. Asset Building and Community Development［M］．USA：SAGE Publiacations，2012.

[31] KRETZMUNN J，MCKNIGHT J. Assets－based community development［J］．National Civic Review，1996，85（04）：23－29.

引导语：

当前，随着政府采购力度的加大，越来越多的政府职能转移以项目的形式打包给社会工作机构运作，同时，社会工作机构自身也越来越多地采取项目化整合零散的具体服务内容。项目化以其目标清晰、时间明确、投入精准、产出高效受到实务工作者的喜爱。然而，项目化运作以后，服务又不可避免地出现活动形式化、过程监管不足、服务质量堪忧等问题，因此有必要构建起既符合第三方评估要求，又有助于服务不断自我改进的质量控制模型。本书所指管理服务项目侧重于项目的质量管理方面，相对于项目策划、项目评估，项目过程中的具体运作及其质量问题在当前形势下显得更为突出。通过构建“P－C”模型，旨在帮助实务工作者更好地掌握过程和结果监控办法，为他们提供一套具体可行的操作工具，从而为服务对象提供高质量的社会工作服务。结合具体案例，采用准实验法，本书向读者展示了“P－C”模型的具体运作过程以及项目的前后对比情况，同时，该模型也是一个开放的体系，允许实务工作者结合实际情况不断加以调整和完善，以达到学以致用的目的。

第十章

管理服务项目：社工项目质量管理研究

本书构建了社会工作服务项目质量控制体系“P－C”模型，是基于社会工作服务项目化管理成为新的趋势，并出现了一系列困境和挑战，存在许多质量问题，仅靠第三方评估无法实现全面动态质量管理的背景下而提出来的。本书试图以G项目为研究对象，探索以下三个方面的内容。面对众多的质量问题，如何做好社会工作服务项目的质量改进？有没有具体可操作的体系可供借鉴？如何建立一套适用于社会工作服务项目的质量控制体系？这三个问题是本书核心讨论的问题。因此，基于现实情况的要求，我们结合评估和质量控制的取向，尝试建立一个符合社会工作服务项目的质量控制体系“P－C”模型。

第一节　PDCA与质量控制体系

为更好地进行借鉴和运用相关研究成果，站在前人研究的基础上提出适合社会工作服务的质量控制体系，本书综合国内外学者的相关研究成果，首先将质量控制体系的概念、类型进行梳理，并对不同体系之间的情况进行对比分析；然后对社会工作服务项目质量控制体系的整体研究情况、社会服务质量控制体系模型的创新和修正情况的相关文献进行系统性整理和分析，最后再对比和分析各类社会服务质量控制体系模型之间的优势和不足，并引出构建“P－C”模型的创新性和必要性。

一、质量控制体系

质量管理是指确定质量目标、方针和职责，并通过质量体系中的质量策划、质量控制、质量保证和质量改进来使其实现的所有管理职能的全部活动（徐厚丽，2013）。而本书则专注于质量控制环节的研究，以发现项目实施过程中的偏差和问题，采取有效的程序、措施、手段去纠正。质量管理广泛应用于各行各业，并分别形成了不同的“质量控制体系”，对这些体系进行系统性梳理和分析，有助于给社会工作行业提供有益的借鉴。

（一）质量控制体系的概念

质量控制体系作为管理学上的一个重要概念，广泛应用于医学、物流、会计、银行、制造、酒店服务、食品、护理等等各行各业。质量控制体系的含义为：致力于满足质量要求的管理系统，是为满足产品质量要求，而实时进行的质量测量和监督检查系统，具体包括作业标准、作业流程、作业记录以及监督检查组织机构（廖群，2013）。不同学科的专家学者大都是站在这一基本概念的基础上，概括出本学科或领域的质量控制体系概念。

（二）质量控制体系的内容

国外的质量控制研究起步较早，学术界进行了许多探索。T. C. Powell 认为全面质量管理应该在质量管理的各个方面得到体现，并成为一个具有持续性的有竞争力的管理体系（T. C. Powell，1995）；Jo Y. jung and Yong Jian Wang 认为企业应建立全方面的保证体系，明确质量控制的整个过程，全公司从上到下实施全面质量管理（Jo. Y. Jung，Yong Jian Wang ，2006）；Clarke，R. ，Soltan，H. 通过建立质量控制知识系统来对质量进行质量控制（ Clarke，R. ，Soltan，H. ，1996）。此外，Kerzner，HR. 的《项目管理；计划、调度和控制的系统方法》（Kerzner，H. R. ，2013）、Burke，R. 的《项目管理：规划与控制技术》（Burke，R. ，2013）等著作都是国外项目质量控制体系方面系统而全面的研究成果。

二、社会服务项目质量控制体系

目前不少社会工作实践者和研究者已经运用质量管理的相关理论和概念，从不同角度构建了不同的质量控制体系并进行了相关的可行性和影响性的研究，为我们提供多方面的借鉴和参考。

（一）社会服务质量控制体系的研究情况

社会工作人员为应对社会发展的需要，曾“改编”管理专业及有关学科的理论为己所用，但任何单一的管理学理论都不可能完全适用于社会工作的管理，社会工作管理应该从自身的特点出发，合理运用不同的管理方法，以追求有效率和效益的方式，为有需求的人群提供高品质的服务（罗峰，2011）。质量控制体系是管理学中的概念，社会工作者不可能直接照抄照搬过来，必须通过理论论证和实践检验，才能最终为社会工作实务所用，因此众多社会工作领域的专家学者对此展开了相关的研究。

为提高老龄人口的生活质量和健康水平，有学者运用全面质量管理的理论和方法，在项目质量控制、质量保证、质量改进、完善组织构建、质量管理教育、制定质量标准对老龄人口健康服务项目进行了质量分析和管理（陈兴龙，2014）。顾东辉认为在社会服务机构中推行TQM①，必须在策划、组织、人事、领导、沟通协调、决策、公关和通报、预算和评估等方面良好地体现上述职业伦理和工作目标，而在社会服务开始时就依托价值和目标建立相应的质量体系（顾东辉，2004）。有学者运用ISO9000质量管理体系②的相关理论构建了政府工作质量管理体系，用以改善政府部门的工作效率和效果（舒远兴，2007）。有学者对中国政府与美英政府购买公共服务质量控制的对比分析问题的基础上，提出相关政策建议，如细化购买规则、明确责任、健全流程、多元监管、完善购买模式等（李喆，2015）。有学者利用项目生命周期理论将社会工作服务项目控制流程分为准备、实施、结束三个阶段，在每一个阶段都规定了详细的控制工作（范汨，2011）。

有学者将管理学的PZB③服务质量模型运用到居家养老服务领域，形成了可靠性、保证性、响应性、可感知性和移情性5个基于SERVQUAL④的社区居家养老服务质量维度，进而构建了社区居家养老服务质量的理论模型（章晓懿，2012）。有学者运用WBS⑤力图探索项目管理专业技巧在社会工作项目管理中发挥积极作用的可能性和操作性（罗峰，2011）。

（二）基于PDCA质量循环的社会服务质量控制体系模型的研究情况

前文介绍了不同学者利用项目管理的不同模式或方法构建的社会服务质量

---

① TQM即是全面质量管理（Total Quality Management）的英文简称，即是指一个组织以质量为中心，以全员参与为基础，目的在于通过顾客满意和本组织所有成员及社会受益而达到长期成功的管理途径。

② ISO9000质量管理体系是国际标准化组织ISO制定的国际标准之一，在1987年提出的概念，是指“由ISO/TC176（国际标准化组织质量管理和质量保证技术委员会）制定的所有国际标准”。

③ 北美的服务管理研究组合PZB（A·Parasuraman，Valarie A·Zeithaml，Leonard L·Berry）提出的“顾客感知服务质量模式”。三位学者对于服务质量的改进以及实施高服务质量所面临的问题进行了研究，认为服务质量是消费者对组织整体优越度的衡量，是一种态度但不等于满意度，是由消费者对服务的期望和认知比较而来。

④ SERVQUAL是一种用来测度服务质量的特定技术和方法，其核心是利用来自顾客对服务的期望和感知信息来判断服务质量，它是建立在顾客感知服务质量的相关理论基础之上的。

⑤ WBS即是指工作分解结构，由3个关键元素构成：工作（work），产生有形结果的工作任务；分解（breakdown），是一种逐步细分和分类的层级结构；结构（structure），按照一定的模式组织各部分。

控制体系，但经过对比分析，我们认为以 PDCA 质量循环为基础构建的体系更为简明，实用性更强，易于普通的社会工作者理解和操作，所以专门梳理了基于 PDCA 的社会服务质量控制体系模型的研究情况。

目前不少实践者和研究者已经将 PDCA 质量控制循环应用到社会服务实践领域，研究其对于社会工作服务项目质量控制的有效性。关于 PDCA 质量控制循环的运用性研究，即是运用 PDCA 理论具体指导社会工作服务项目实践，研究该理论对于实践的影响。邹琴在《PDCA 循环在医院志愿服务——临床心灵关怀项目管理中的应用》探讨医院志愿者服务在项目运行模式、志愿者招募与筛选、志愿者的培训、志愿者考核与奖励机制、提供服务的项目与方式、方法等方面进行了探索，PDCA 循环使得该项目在质量上循序渐进，逐步提高，取得了较为满意的效果。她列举了在项目服务的各个阶段如何运行质量控制环，并认为这样的方法能够有效改善服务质量（邹琴，2017）。黄志辉在《南宁市困境未成年人社会工作服务项目质量评价体系构建研究》一文中，提到了 PDCA 循环的作用，并举例说明了在检查阶段发现项目的进度情况不佳，紧接着采取了相应的调整策略和措施，保证了项目的顺利运营（黄志辉，2016）。阳文彬、张源慧、陈旭辉、唐龙在《PDCA 循环法在慢性阻塞性肺疾病病人居家护理中的应用》中，将 PDCA 循环法应用在慢性阻塞性肺疾病病人居家护理中，通过研究得出结论，PDCA 循环法能有效改善慢性阻塞性肺疾病居家病人的生活质量，降低其抑郁水平（阳文彬、张源慧、陈旭辉等，2015）。周茂同在《质量管理在社会工作服务项目中运用的可行性研究》中，运用 PDCA 的原理，通过需求了解、活动计划、活动执行、检查反馈、问题解决的过程之后，让社工服务内容与服务对象需求的一致性保持了较高的契合度（周茂同，2015）。

从上述研究中，我们可以看到学者们在不用的社会服务领域对 PDCA 的运用进行了探索，提供一些质量控制管理的成功案例。但是这些研究基本上都还是围绕 PDCA 的四个阶段开展相关探讨，并没有能突破其原有的框架进行丰富其相关内容，发展和完善相关细节。而有些学者则结合社会服务项目的具体领域，对 PDCA 循环进行了发展性研究，建立了相关质量控制模型，例如下文所提到的相关研究。

陈天红、李绥州在《基于质量管理的老年人社会工作服务成效评价指标体系研究》中，运用 PDCA 循环原理，构建了老年人社会工作服务质量管理模型（陈天红、李绥州，2016），如图 1 所示。

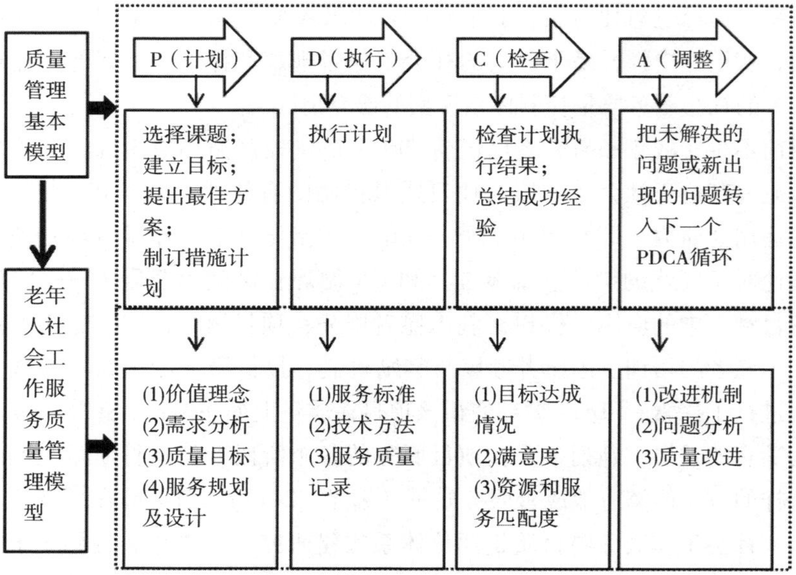

图 1　老年人社会工作服务质量管理模型

彭宽按照 PDCA 的方法，将护理服务机构的护理服务改进的每一个过程都进行了流程化（彭宽，2014）。蒋希明针对影响公共物业服务项目质量管理的各项因素，建立质量控制的流程（蒋希明，2013），如图 2 所示。

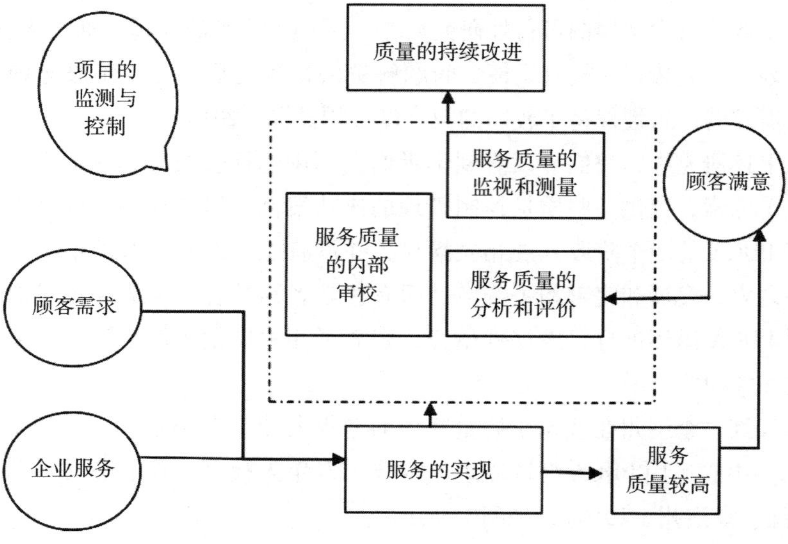

图 2　公共物业服务项目质量控制流程

第二节　"P－C"质量控制体系建构：引入 CIPP 改进 PDCA

通过前文的相关论述，本书是以 PDCA 作为构建社会工作服务项目质量控制体系的理论基础，但考虑到传统的、常规的 PDCA 质量控制循环，不能够在 CHECK 检查阶段很好地系统地检查出项目所存在的各种质量问题，因而我们设想尝试使用 CIPP 成果评估模型作为该阶段的检查工具以解决上述问题。

一、PDCA 和 CIPP 的介绍及研究

通过查阅文献，系统性地梳理 PDCA 和 CIPP 两个重要的方法，包括它们的相关定义、主要内容以及社会工作行业学者对其进行的研究情况。

（一）PDCA 质量循环

PDCA 循环又称"戴明环"，是由美国"统计质量控制（S 质量监督）之父"休哈特在 20 世纪 20 年代提出的，后来经美国统计学家戴明博士的深度研究，在 20 世纪 50 年代末提出 PDCA 循环（谢丹，2015）。PDCA 工作过程依次为 P（PLAN）—D（DO）—C（CHECK）—A（ACTION），即计划—执行—检查—行动，工作原理为按照 PDCA 循环，不停顿地周而复始运转，且下一个循环基于上一个循环的基础，从而使得产品质量得到逐步提高（杨洁，2011），具体如图 3 所示。

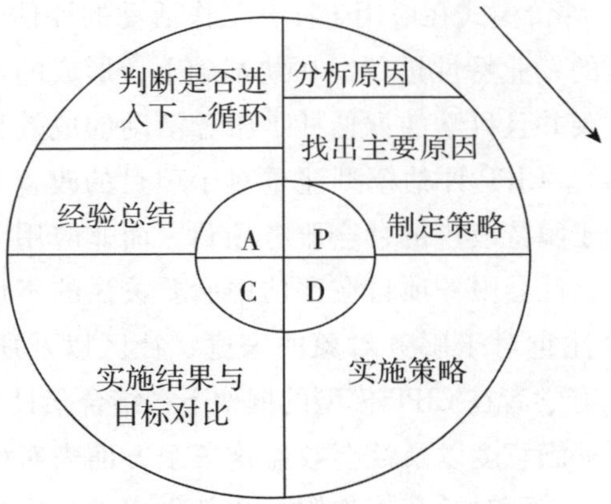

图 3　PDCA 质量控制模型

（二）CIPP 成果评估模式

1. CIPP 成果评估模式的定义

CIPP 模型是由美国教育评估研究专家斯塔佛尔比姆提出，起初有背景评估、输入评估、过程评估及成果评估四个部分，后在近期的发展中进一步把成果评估分解为影响、效能、可持续性和可应用性四个小细节，此形成了四组七步的评价模块（胡宏嘉，2014），具体模型如图 4 所示。

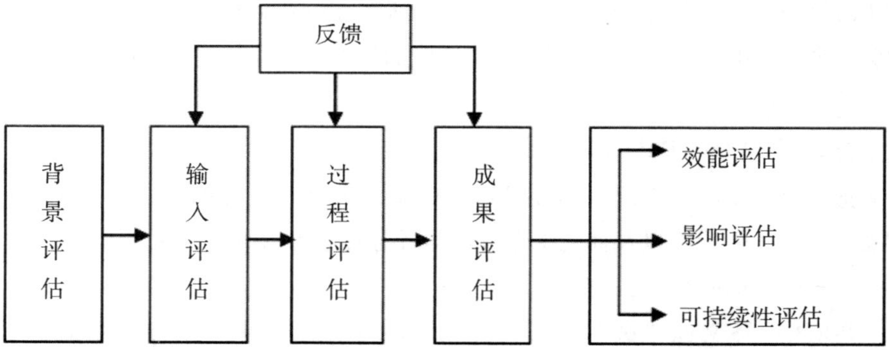

图 4　CIPP 评估模型

2. CIPP 成果评估模式的运用

“服务对象是否真的有所改变?”“对社会有何积极的影响?”“社工的服务是否真的专业?”等等，新兴的社会工作服务行业服务人员必须向出资人和社会大众就这些问题作出合理的解释，所以学者和实践者对 CIPP 进行了许多相关的研究和探索。CIPP 评价模式在应用于社会工作活动的评估中也应该要结合社会工作的理论与实践的专业特性进行，在此基础上，形成的社会工作服务效果评估指标体系对于客观并且科学的评估社工服务活动的成效具有一定的参考性价值（杨丽娟，2014）。CIPP 评估模型注重对于项目的改善与提高，因此，我们应将评估模型应用于亟待改进的社会服务项目，而非应用于仅仅为了证明服务效果的项目。此外，社会服务项目在评估中所要关注的不仅仅是服务对象本身的变化，还应十分注重对于服务对象的家庭、社区以及所在环境的整体影响（葛丹玲，2013）。有学者在 CIPP 模型的框架下，结合某社会工作服务项目，从服务对象改善、服务满意度以及社会效益这三个方面来对残疾人社会工作服务进行服务成效分析，进而对社会工作服务成效做出较为客观公正的评判，为改善残疾人的康复服务提供了依据（胡宏嘉，2014）。有学者运用 CIPP 模式，通过以背景评鉴来帮助目标的选定，以输入来帮助研究计划的修正，以过程评鉴来引导方案的实施，以成果评鉴来提供考核性决定的 CIPP 评估模式甚为合适（骆建建等，2010）。CIPP 也存在不适用于社会工作服务项目评估之处：一是将项目计划、项目目标作为评估的出发点；二是模型未设置专业性评估指标与动态性评估指标；三是成果评估模块未全面涵盖项目的相关主体（胡文曼，2015）。

二、PDCA 的实务应用及其局限性

PDCA 质量循环作为项目质量控制的重要手段，在我们开展研究之前，已经为东莞市的许多社工机构所运用。但通过访谈的反馈来分析，PDCA 在社会工作服务项目的应用中存在技术工具缺乏、无法调动社工积极性和检查结果不够系统的局限。

（一）PDCA 的实务应用情况

许多社会工作领域的专家学者已经将 PDCA 用于社会工作服务项目的实践中，例如前文所提到的邹琴将 PDCA 用于医院志愿服务，黄志辉运用 PDCA 检查出未成年人服务项目问题等，学者们一定程度上从不同的专业领域出发，研究了 PDCA 的实务运用，为我们提供了许多有益的借鉴。然而当我们开始将 PDCA 落地执行时，往往会有不一样的收获和体验，尤其是其存在的局限和不足之处是我们在借鉴他人研究成果的阶段，无法估计的。因此我们以 PDCA 在东莞市社会工作服务项目中的运用情况为例，阐述其在东莞市社会工作行业中的运用情况，并通过访谈了解评估人员、项目负责人和项目社工对于 PDCA 的观点和看法，以便更好地用于构建质量控制体系。

1. PDCA 在东莞市社会工作服务项目中的实务运用情况

在 2016 年度，与我们所在的 G 项目同时获得东莞市社会组织专项资金资助的项目共有 23 个，分别由东莞市 8 家社工机构和 15 家其他社会组织负责运营。在进行项目交流会上，我们了解到其中有 12 家机构都宣称自己运用了 PDCA 对项目的质量进行控制和管理，也能提供一些相应的证明材料和使用痕迹。经过仔细倾听各项目负责人对于该方法的使用介绍和翻阅相关使用痕迹记录，我们总结 PDCA 在东莞市社会工作服务项目中的实务运用情况如下。

一是 PDCA 的使用有助于项目负责人理清思路。由于评估时有一项质量管理方式的指标，所以各项目负责人都不约而同地想到和借鉴了 PDCA 质量循环的方法。通过对该方法的学习，大多数项目负责人都能够与自身项目相结合，理清了项目在计划、执行、检查和调整各阶段的工作任务，并有意识地指导项

目社工开展相关服务。

二是PDCA的使用大都处于浅层次的初级阶段。虽然PDCA的使用较好地帮助了项目负责人理清思路，但是基本上都属于浅层次的初级阶段。只是将项目简单地划分为四个阶段计划、执行、检查和调整，机械地使用这些方法和流程，没有与自身项目实际情况的契合，特别是对于如何检查出项目自身存在的质量问题和调整策略的方法缺乏深度的创新和反思。

三是PDCA的使用未能形成有实用的操作技术。通过各项目负责人的介绍，我们看到PDCA在东莞市社会工作服务项目中的使用大都是概念上或者理论上的阐述，未能产出有实用价值的操作工具和技术。而这些工具和技术恰恰是项目社工所缺乏的，因为他们需要忙于各类项目事务，没有时间去研究如何使用PDCA，那么简单的易于操作的实用工具和流程对他们而言，才能有效地提高工作效率和项目质量。

2. 对PDCA在东莞市社会工作服务项目实务运用的评价

我们在G项目开展期间，经常会与第三方评估中心人员、各项目社工交流，运用随机访谈的方法，了解他们对PDCA实务运用的评价。

“现在有一些社工机构为了解决这个问题能够运用了PDCA质量循环的概念，但仅仅是将该理论简单地套用在社工服务中。问及如何具体地进行操作时，项目的人员往往说不清楚。”由于第三方评估只是在项目的中期和末期对项目做一次结果性的评估，并不能很好地帮助社工理解和运用PDCA的相关理论，同时受限于第三方评估者的身份，他们也不可能实实在在地教导社工如何运用，所以要掌握好项目的质量管理方法关键还是看社工机构内部的自我学习和成长。

我们发现绝大多数的项目负责人都没能形成质量管理的概念，他们只是将自己的工作和管理流程做一个简单的罗列，并不愿意花太多的时间去研究如何运用PDCA建立适当的体系。少部分项目负责人使用了该理论指导实践，但是由于缺乏相关的操作流程和技术手段，在运用到实际的管理实践时感到无从下手。

（二）PDCA应用的局限性

这次访谈引起了我们的反思，“是因为PDCA真的不适用于社会工作服务吗”“为什么PDCA没有能够引起项目社工使用的兴趣呢”“PDCA的使用存在哪些具体的局限性”，结合访谈内容，经过细致的分析，我们总结了该理论在社会工作服务项目中使用的局限性。

1. 缺乏具体可操作的技术工具和流程。PDCA的很多概念还只是停留于理论阶段，还未能和社会工作的具体实践发生碰撞，并产生实用的各种技术工具和操作流程，只靠项目社工的力量难以完成该项探索工作。其他领域已经探索出一些具体的技术工具，例如因果分析图、要因确认图、甘特图、5W2H 法①等等，但并不是说社会工作实务可以拿来即用的，还需要不断地修正和调整，才能用于具体的实践工作。而对于 PDCA 理论中原本没有的工具和方法，例如服务对象需求调查表、资源分析图、满意度调查表、服务对象改善程度表等等，则需要项目社工自己设计和填充完善。而这些对于本身工作已经非常繁忙的项目社工来说无疑是巨大的挑战，然而即使能够设计出来还要面临“行业是否认可”“测量结果是否准确”“是否符合服务标准”等各方面的质疑。

2. 未能有效调动项目社工的积极性。“为什么要改进质量呢，完成指标不就好了。”这是许多项目社工存在的心态，运用该理论似乎都是为应付评估的无奈之举。即使提升了项目服务的质量跟社工的关系并不大，所以他们的积极性不高，带来的服务效果则不理想。PDCA 在运作的时候更多地强调要求社工该如何完成现有的项目任务，常常忽略了作为具体服务者项目社工的真实内心感受，没有能够帮他们很好地建立职业归属感，通过具体的项目实践活动来获得机构和行业的认可，清晰自己的职业规划。社会工作工作服务是一个讲求“以生命影响生命”的过程，如果项目社工不能以积极的职业态度去提供项目服务，那么就无法给服务对象带来优质的服务体验。

3. 检查的手段过于简单，不够全面具体地发现项目存在的质量问题。PDCA 在检查阶段只是提到了完成指标和质量目标之间的比对，但却不能发现服务对象需求调查、服务对象满意度、服务对象改变、执行过程情况、带来的社会效益等等各方面存在的质量问题。检查和发现具体的质量问题，是项目持续获得改进的前提条件。在没能检查出全面具体质量问题的情况下，项目社工改进质量的工作变得很片面和表面，许多项目的实质问题得不到有效解决。由此，也就引起我们思考在 CHECK 阶段引入 CIPP 以完善其评估的内容和手段。

三、CIPP 引入 PDCA 的原因分析

CIPP 在检查阶段有自身的优势，有效地弥补了 PDCA 的局限，让社工项目能够实现动态管理。

（一）CIPP 作为检查工具的优势

CIPP 不仅在理论上已经为许多专家学者所接受和研究，并已经在现实的许

① 这里所提到的因果分析图、要因确认图、甘特图、5W2H 法等方法都是常用的质量控制技术工具。

多公益社会组织评估机构中获得了任何和具体使用。评估基本上都是围绕 CIPP 的背景评估、输入评估、过程评估和结果评估四方面进行的，虽然具体细项拆分的方式不同，但都属于上诉所说的四大范畴，只是侧重点有所不同而已。CIPP 是一种相对静止的“评判”工具，它通常是在中期或者末期对项目的服务进行一次系统性地评价；而 PDCA 则是一种动态的质量控制过程，一直贯穿于项目的始终，不管是横向的层级之间的管理，还是纵向的项目各个阶段的管理，它能随时发现问题，解决问题。为了更好地进行内部的自我检测、适应第三方评估和调动一线社工的积极性，我们对原有的 PDCA 质量控制模型的 CHECK 检查阶段进行了部分修正，引入 CIPP 成果评估模式，对项目进行全面系统的评估。

（二）CIPP 能有效弥补 PDCA 的局限

PDCA 质量控制体系在加入了 CIPP 成果评估模型后，在检查阶段则能更加贴近社会工作服务项目的实际情况，对于计划、执行、检查、调整等环节都起到了良好的促进作用。而且 CIPP 几乎涵盖了项目所可能涉及方方面面的问题，有助于拓展社工的思维和眼界。两者相结合可以说是“动态”和“静态”管理的相结合，互相弥补了对方的局限和不足，更有利于项目社工提升服务质量。

四、“P－C”质量控制体系的建构

为能有效解决社会工作服务项目存在的质量问题，构建一种新的质量控制体系势在必行。

（一）“P－C”体系的概念界定

在展开具体的建构工作之前，我们需要对社会工作服务项目质量控制体系“P－C”模型进行一个清晰的概念界定，以便于让项目社工更好地理解和掌握。

通过多方的探讨和研究，我们将社会工作服务项目质量控制体系“P－C”模型的概念界定如下：以 PDCA 质量循环为基础，在 CHECK 检查阶段融入 CIPP 成果评估模式作为检查工具，一整套用于满足社会工作服务质量要求，而实时进行的质量测量和监督检查的项目质量管理系统。取 PDCA 和 CIPP 的首字母作为代表，简称“P－C”模型或“P－C”体系。

该体系具体包括 PLAN 阶段的需求和资源分析，DO 阶段的不断形成项目质量标准、明确的服务流程、清晰的服务记录、实用的操作技术、质量抽查等，CHECK 阶段运用 CIPP 成果评估模式对项目进行背景、输入、过程、成果四个方面系统的检查，ACTION 阶段的经验总结、奖励优秀社工、制定改进策略等。

（二）“P－C”体系建构的内容

我们结合 CIPP 成果评估模式，配套相应的质量控制工具，并最终形成社会工作服务项目“P－C”模型，如图 5 所示。

1. P（计划）阶段，应当结合需求调查、当地资源情况、合同书、各利益相关方的要求、机构发展理念等因素制定项目具体计划和质量目标。在计划阶段，项目社工需全面考虑各方的利益诉求，分析所拥有的资源以及潜在的优势，再结合自身的能力讨论出详细的年度计划和目标，并充分论证该计划和目标的可行性。

2. D（执行）阶段，则应制定相关的服务标准、技术方法、服务记录、进度管理、人员培训、督导、机构管理、质量抽查等方面进行丰富和细化。在执行阶段即是围绕计划阶段所制定出的年度计划和质量目标采取具体行动的过程，所以具体的服务工具会落实到每一名项目社工身上，由他们将项目的服务理念传达给服务对象，也是我们产生具体服务质量的过程。项目管理者需要利用相关的服务质量标准、技术方法、操作流程等给予项目社工以具体而实用的指导，然后再为项目社工提供与项目相关的具体的服务知识培训，最后通过查阅服务记录、现场走访、督导、质量抽查、进度管理等方式，确保项目社工能够按标准按进度为服务对象提供服务。

3. 特别需强调的是在 C（检查）阶段，本书直接在该阶段引入了 CIPP 的成果评估模式作为项目内部自评的检查工具，从目标达成情况、满意度、资源和服务匹配度等方面进行了质量检查，这样得出的检查结果则更为全面和深入。在检查阶段，是对计划阶段和执行阶段的系统性检查和反思的过程，所以必须要运用专业的评估检查手段才能做到。利用 CIPP 评估模式制定出适合项目需要的内部成效测评机制，形成相应的指标体系，让项目社工可以简单清晰地参照对比，从项目的背景、输入、过程、成果四个方面系统地对项目执行情况进行检查，从而得出客观真实的结果。

4. 在 A（调整）阶段，可以进一步完善为总结成功经验、形成质量标准、分析存在问题、制定改进策略、奖励优秀社工、进入下一轮质量循环等方面的内容。在调整阶段是项目获得改进和提升的关键，对于服务中展现出来的优势部分，需及时进行成功经验总结，形成新的质量标准和服务模板，推广给其他项目社工使用，并给予优秀社工予以适当的奖励，对于服务中存在的质量问题，需认真分析原因，制定出相应的改进策略并将为解决的问题带入下一循环。

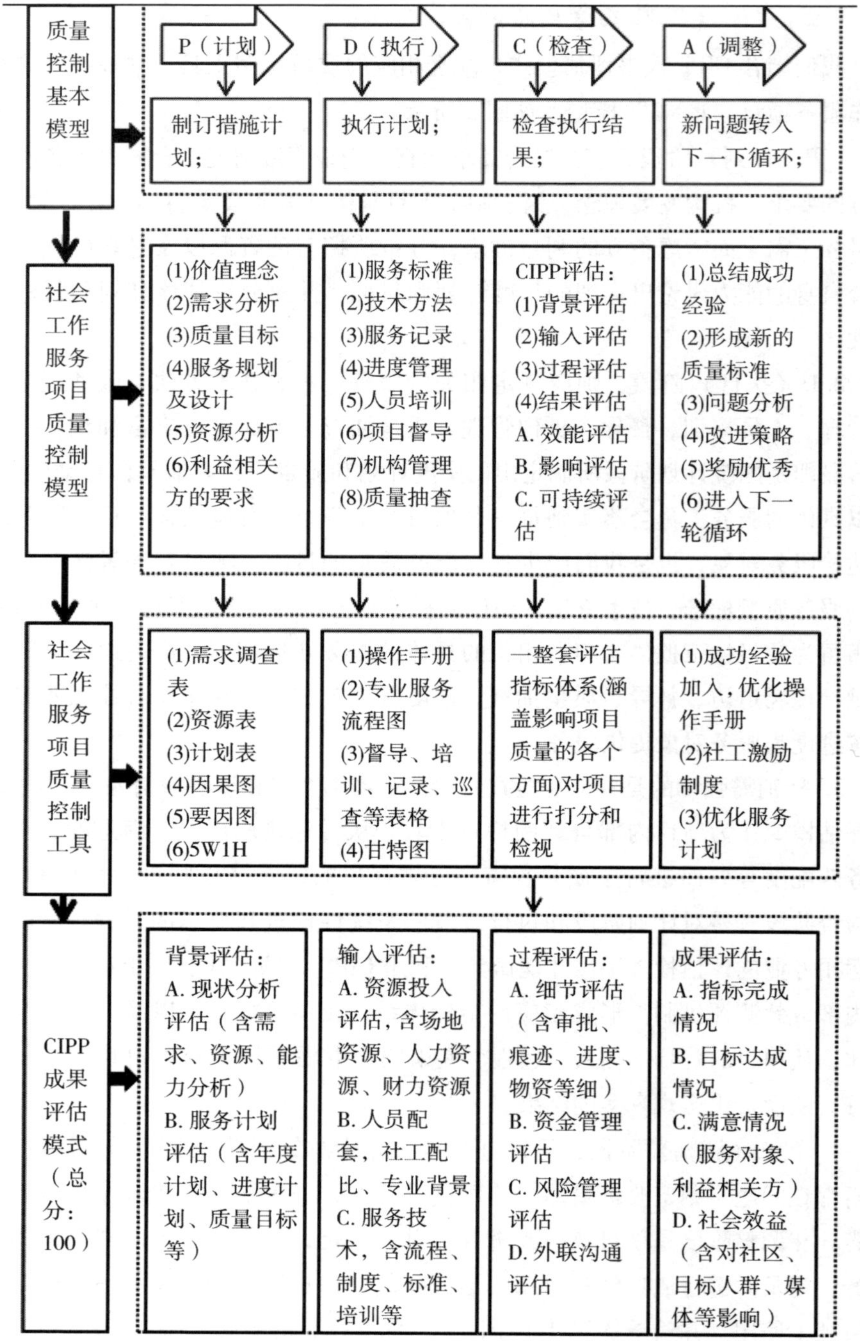

图5　“P－C”质量控制体系图

第三节　“P－C”质量控制体系的研发过程：G项目案例周期分析

我们分别在项目的前期、中期和末期进行实践、研究和反思，并在这个过程中不断地总结提炼“P－C”体系运用的经验教训。

一、PDCA应用及其效果：G项目前期评估及反思

（一）PDCA在G项目前期的应用情况

我们作为G项目的负责人，尽量保持客观性，虽然只是运行PDCA，但也如实地进行相关管理，严格按照计划、执行、检查、调整各阶段进行质量控制。

1. PLAN阶段的项目质量控制情况。项目确定开展后，项目负责人随即召集项目社工、机构管理人员共同开会，商讨项目计划，制定项目目标。在会后，要求项目社工进行服务对象需求和资源的调查分析。这些工作其实跟正常的社工机构管理并无太大差异，只是更加明确地规定好项目社工在该阶段的工作内容以及完成的时间。

2. DO阶段的质量控制情况。项目负责人主要采取项目进度管理、抽查服务、现场督导的方式对项目执行进行监管。在执行阶段，项目社工需要在计划的指导下开展具体的服务工作，在明确了项目进度后，大部分社工都能够按照进度开展相关服务，对于服务过程中遇到的各种问题都能够及时地与项目负责人沟通处理，较好地确保了服务质量。

3. CHECK阶段的质量控制情况。由于在G项目前期，为了对比差异，项目负责人并未引入CIPP作为检查工具，而只是进行了两项常规的检查。一是指标量的完成情况检查；二是存在质量问题的反馈。许多项目社工都没有能够按照项目进度完成指标量，这里有项目社工频繁调动的原因，也有不熟悉项目服务的原因。对于存在的质量问题，例如“服务目标偏离问题”，很多社工并不能很好地理解项目目标。

4. ACTION阶段的质量控制情况。在该阶段，项目负责人主要和团队成员进行了成功和失败经验的总结。哪些社工做得好，哪些服务点有特色，哪些是“循规蹈矩”，哪些是“应付了事”等等，经过认真的对比和筛查，整个项目的运营质量概况已经一目了然。

（二）PDCA 在 G 项目前期的应用效果

PDCA 在 G 项目前期的质量控制效果如何呢？我们用第三方的中期评估结果来进行客观评价，从服务提供、人力资源配置、物资管理、公共管理、项目成效五大方面对 G 项目进行了评估。项目的总体评价等级为及格，得分为 65.51 分。项目中期评估的部分评价情况如下。

工作量完成情况：整体完成中期计划的 64.08%。项目目标达成情况：通过对项目社工的访谈，查阅项目实施痕迹资料获知项目部分服务活动内容与项目预期计划目标偏离，项目部分服务对象偏离。服务对象评价方面：平均得分率为 55.76%，服务对象反映有活动了解到如何更好地照顾家中残疾人，但对活动开展的次数较少，对于专业的服务需求，社工无法满足。

通过分析第三方评估结果，我们可以看到 G 项目前期存在大量的突出质量问题，包括服务计划未完成、服务目标偏离、服务对象偏离、缺乏项目服务流程与质量标准、质量测评与调整工具不够合理、无项目自筹资金、利益相关方的沟通不够、服务成效不明显、服务对象评价不高、社会效益不明显等问题。虽然前期使用 PDCA 对 G 项目进行了质量控制，但从整体上来看所取得的效果不佳。中期评估结果只是勉强过了合格线，充分检验出了 G 项目存在的各种质量问题，这就要求我们在中期及时地进行改进和提升。

（三）PDCA 在 G 项目前期的评估反思

在进行项目中期评估结束后，我们与评估人员、项目社工就项目采用 PDCA 进行质量控制的情况作了沟通和交流。

项目能够有意识地运用管理学 PDCA 质量循环对项目质量进行控制是一种好的表现，但是由于技术工具、操作流程、质量标准等方面的问题没能考虑清楚，所以整个质量控制的过程看起来还比较生涩，尤为重要的是检查和调整阶段，如果能形成项目自身的内部测评机制自查自检，然后再及时地进行调整，或许对项目的帮助更大。

运行这个 PDCA 好像跟我们没有什么太大关系呀。那不就是你们要我们做什么我们就做什么。虽然规定了一些调查、服务和材料需要完成的时间，但是具体的要怎么做，我们还得自己去摸索。而且标准掌握在你们这里，我们只能跟着改，实际上并不知道自己做得对不对。

整个项目管理的工作可以说是包罗万象、纷繁复杂，如何能提纲挈领地抓住项目的核心工作，系统全面地掌握项目情况，这是对项目管理人员提出的挑战。我们除了从评估人员、项目社工的角度分析了 PDCA 运行的一些情况，还从调动社工积极性、机构角色、质量标准三方面反思了 PDCA 在 G 项目前期质量控制过程的一些问题。

1. PDCA 无法有效调动社工积极性，影响项目服务的质量。项目社工个人的积极性和主动性对于项目质量的影响是至关重要的，可以从两方面进行检视。一是项目社工是否积极地进行个人能力提升，增强专业素质；二是项目社工是否在项目服务中，是否体验到服务的快乐。机构管理者始终强调社工素质的重要性，但是 PDCA 的运行只是在 DO 阶段更加关注了项目的进度管理而已，强调项目社工要按时完成任务，致使项目工作非常繁忙，忽略了对项目社工个人专业成长和心理需要的积极关注，最终造成项目人员素质较低，离职率高，很难保证项目的服务质量，服务对象的满意度不高。

2. PDCA 未能与机构的现有管理相挂钩，未能形成积极良性的互动。项目申报下来后，项目团队只是运用 PDCA 进行团队内部的自我质量管理，虽然有定期向机构管理层提交资料和汇报项目进度情况，但是机构管理并不能给予项目人员专业的支持，只是流于形式上的隶属关系，双方的沟通了解不够充分。

3. PDCA 缺乏系统专业的检测体系，较难形成统一的社会工作项目服务质量标准。PDCA 的一大特点在于 ACION 调整阶段，可以总结经验，形成服务模板和质量标准，进而用于下一阶段的循环，提高项目的执行效率和服务质量，但由于 PDCA 在 CHECK 阶段缺乏系统的评估检测工具，导致无法梳理出合理的服务质量标准。

二、“P－C”体系应用：G 项目中期质量控制过程

（一）G 项目中期 PLAN 阶段的质量控制过程

该阶段，项目管理人员与项目社工共同进行工作，包括文字资料的组织和搜集；按照合同和项目书要求设定项目实施的质量目标，制定合理的项目计划书和项目进度表，与合作方和利益相关方沟通。具体的内容如下：

1. 持续优化服务对象需求调查和资源调查。虽然在项目的前期，项目社工开展了相应的需求调查，论证项目的可行性和必要性，但是在拿到项目后，为了执行好项目，一线社工仍需持续开展深入的需求调查和挖掘资源。

2. 与项目社工梳理服务目标，确保服务质量。项目的质量目标即是如何利用项目一系列服务和活动满足服务对象的需求的目标。大多数服务点并没有意识到通过项目服务可以给本社区服务对象带来哪些改变，仅仅是知道自己中心所需负责的活动任务量是多少而已。

3. 进一步优化各服务点实施计划和进度安排。本研究所访谈的绝大多数服

务点都有项目的实施计划和进度安排表。项目管理人员与他们进行详细交流，提升他们整体规划的意识。

（二）G项目中期DO阶段的质量控制过程

根据CIPP在输入和过程方面的评估要求检查出来的问题都一一进行了调整，主要包括以下三个方面。

1. 进一步规范G项目服务审批流程，加强文书的撰写和整理。G项目是参照所在机构的服务审批流程，每一个活动、小组、个案的开展都必须经过督导、中心主任、财务人员，分别在专业、行政、资金上进行确认方可执行。项目管理人员对项目的文书进行抽查，包含个案、小组和活动。

2. 增强项目社工的相关业务知识培训。项目团队根据社工的需求设计了相关的培训主题，邀请不同的专家学者对她们的能力进行提升，大大提升了服务的质量。

3. 提升项目社工与利益相关方的沟通能力。项目社工注意倾听利益相关方的意见，并与他们商讨下一步的服务计划，让他们能够主动地参与到服务中来，增强了他们对于项目的认可度。

（三）G项目中期CHECK阶段的质量控制过程

由于社会工作服务项目的特殊性，仅仅查看相关文书记录和开展满意度调查并不能很好地反映项目的服务成效，所以应当多维度地进行结项验收。项目管理者与项目社工商量由资深社工、督导到各服务点进行自评自检，对检测出有质量缺陷的服务内容提出整改，在整改后再次检测直至达到合同和项目计划书质量要求。因此，项目团队引入CIPP成果评估模式形成一套内部测评机制在检查阶段进行运用，对项目的总体服务成效情况进行自查自检。

运用内部测评机制，由项目督导、资深社工进行打分和评价，保持评分结果的客观性和真实性。分别对G项目进行背景评估、输入评估、过程评估、成果评估，通过检查发现G项目的服务质量比前期有了很大的提升，对于存在的问题进行分析，调整服务策略。

（四）G项目中期ACTION阶段的质量控制过程

在项目的调整阶段，根据检查阶段反映出来的实际情况，项目管理者和项目社工主要做两方面的工作，包括进行经验总结和将未处理的问题放入下一循环。

1. 项目的成功经验总结。一是项目实施过程中，产生了许多优质的服务方案和计划。通过对项目现有文书档案的检查，项目专职人员从中挑选出了各个板块的优秀计划书，在进行分析和梳理后，形成服务模板和质量标准，提供给其他服务点参考和使用。二是项目中有不少服务对象对于项目表示了认可，并提出有针对性的建议。虽然项目的整体服务满意度不高，但也有不少服务对象对项目表示满意，项目专职人员专注于研究两者之间的区别，比对出服务质量的差别后，列出相应的项目执行注意事项以供参考。

2. 未处理的问题放入下一循环。根据 CHECK 检查阶段的结果，项目管理者梳理出项目尚需要解决的问题进入下一循环，即所谓的局部质量修正①。我们根据整体质量控制和局部质量改进整理出了 G 项目的质量改进运行图，如图 6 所示。

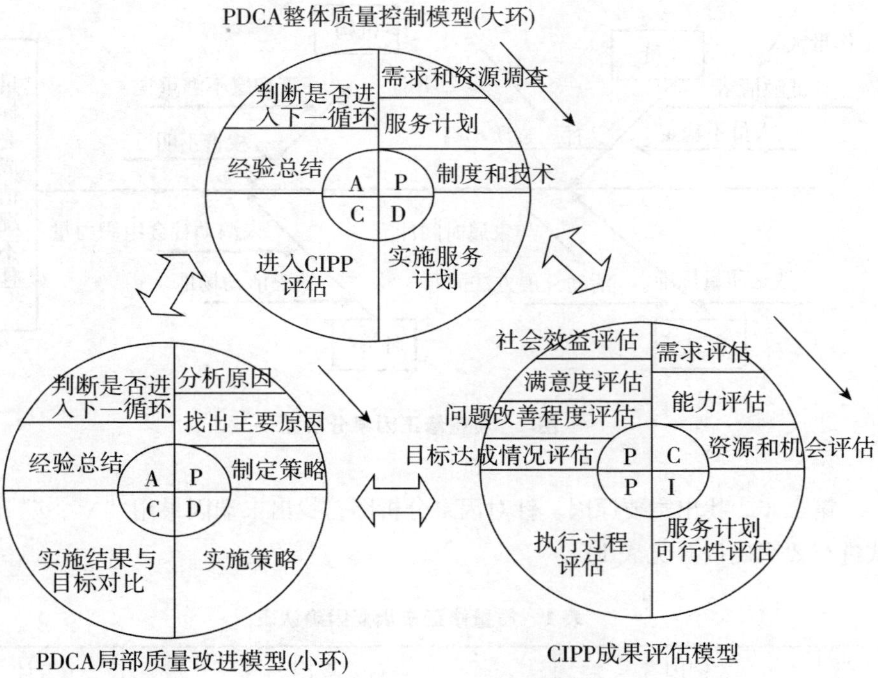

图 6　G 项目的质量改进运行图

项目社工对存在的质量问题，例如部分服务点服务目标偏离、部分服务对象对项目的认知度、满意度不高、部分服务对象的改善程度不明显等等，进行具体的调整和改进。项目管理者与各服务点的社工都一一确认存在的问题，商量改进的策略，鼓励他们在接下来的服务当中持续不断地进行改进。

---

① 局部质量改进是相对于整体质量控制而言的，前者是指具体的质量问题的解决过程，后者是指项目整体质量问题的改进过程。

3. 局部质量修正流程

具体的局部质量修正，项目社工需遵循基本的操作流程，主要分为六个步骤。本书囿于篇幅不一一列举修正内容，仅以质量问题“目标完成情况不佳”的改进情况为例，进行具体的阐述。

第一步，分析原因。项目团队联合机构项目部成立G项目质量控制小组展开讨论，全面收集了项目社工、督导、服务对象代表意见，集思广益，对影响“目标完成情况”的关键性因素按照人员、机构、环境、方法四个方面进行了分析汇总，如图7所示。

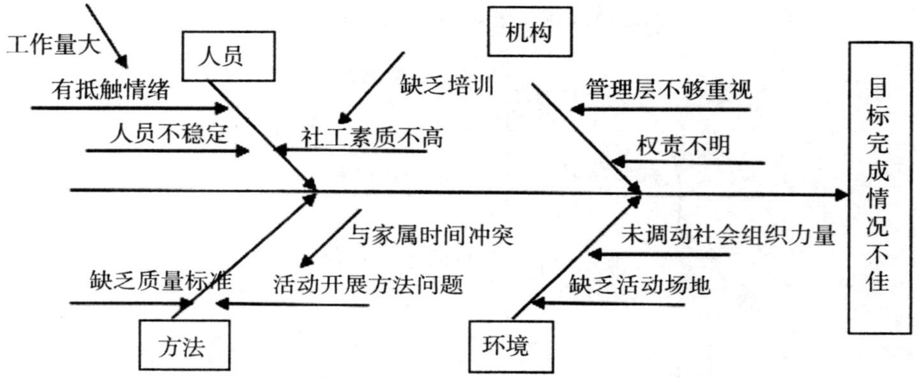

图7　质量修正因果分析图

第二步，找出主要原因。针对因果分析图，找出末端因果用“√、/”的形式进行要因确认（见表1）。

表1　质量修正末端要因确认表

序号	关键因素	确定要因	合计
1	人员不稳定	√、/、√、√、√、/、/、/	4
2	有抵触情绪	√、/、√、√、/、/、/、/	3
3	社工素质不高	√、/、√、√、/、/、√、√	5▲
4	管理层不够重视	√、/、√、√、/、/、√、√	5▲
5	缺乏质量标准	√、/、√、√、/、/、√、/	4
6	活动开展技巧问题	√、√、/、√、/、√、√、√	6
7	未调动社会组织力量	√、/、/、√、/、/、/、/	2
8	缺乏活动场地	√、/、/、/、/、/、/、/	1

第三步，制定策略。从上表可以看出，社工素质不高、管理层不够重视、活动开展技巧问题是影响目标达成情况的主要原因，针对上述主要原因，质量控制小组进行讨论并制定以下对策（见表2）。

表2 质量修正对策表

序号	产生问题原因	采取的对策	执行人	完成时间
1	社工素质不高	加强业务能力培训	项目专职人员	—
2	管理层不够重视	与管理层展开沟通，促使其重视项目运营	项目负责人	—
3	活动开展技巧问题	总结活动开展技巧，形成模板和经验分享	资深社工	—

第四步，监督执行。根据上述现状、原因分析以及针对主要问题的对策，质量控制小组在项目管理中制定相应的工作程序，并描述执行结果。（见表3）

表3 质量修正执行情况表

产生问题原因	工作程序	执行结果
1. 社工素质不高	邀请机构资深督导对项目社工开展基础课程培训，提升其个案、小组、活动、项目的开展能力。	1. 开展了4期培训课程； 2. 参与人数达到项目人数的90%以上； 3. 每期培训时长达4个小时
2. 管理层不够重视	项目负责人与总干事、项目部展开沟通，促使其重视项目运营	1、沟通次数达3次； 2. 负责人反馈项目问题并提出建议； 3. 总干事及项目部表态将重视项目运营，并参与1次项目例会
3. 活动开展技巧问题	邀请优秀项目社工总结活动开展技巧，形成模板和经验分享	1、形成文书模板1套； 2. 形成经验技巧共20条； 3. 开展沟通分析达3次

第五步，检查问题解决情况。质量控制小组对比改进前后效果（见表4）。

表4　质量修正前后效果对比表

指标达成情况指标	改进前质量情况	改进后质量情况
1. 服务人数/人次完成质量	1. 服务人数仅为150人，服务人次为300人，平均每周新增服务对象为5人。 2. 服务对象的基本档案资料，电话、地址、身体状况等不齐全。	1. 服务人数仅为250人，服务人次为1000人，平均每周新增服务对象为10人。 2. 服务对象的基本档案资料，电话、地址、身体状况等都很完善，电话采访样本都真实有效。
2. 个案指标完成质量	1. 完成个案指标为10人，平均每周新增个案约为0.5个。 2. 服务对象的基本档案资料，电话、地址、身体状况等不齐全。	1. 完成个案指标为40人，平均每周新增个案约为2个。 2. 服务对象的基本档案资料，电话、地址、身体状况等都很完善，电话采访样本都真实有效。 3. 对于项目服务的认可度和满意度很高。
3. 小组指标完成质量	1. 完成小组指标为6个，平均每周新增小组约为0.3个。 2. 服务对象的基本档案资料，电话、地址、身体状况等不齐全。	1. 完成小组指标为20个，平均每周新增小组约为1个。 2. 服务对象的基本档案资料，电话、地址、身体状况等都很完善，电话采访样本都真实有效。 3. 对于项目服务的认可度和满意度很高。
4. 活动指标完成质量	1. 完成活动指标为18个，平均每周新增活动约为1个。 2. 服务对象的基本档案资料，电话、地址、身体状况等不齐全。	1. 完成活动指标为56个，平均每周新增活动约为2.5个。 2. 服务对象的基本档案资料，电话、地址、身体状况等都很完善，电话采访样本都真实有效。 3. 对于项目服务的认可度和满意度很高。

第六步，判断问题是否解决。通过本次“P–C”循环，目标完成情况达到预期的效果，各项指标的完成质量得到了显著提高。

4. ACTION 调整阶段的总结和反思

在该阶段是跟 CHECK 阶段紧密结合的，通过 CIPP 的检查评估，不仅发现了存在的质量问题，更重要的是筛选出了许多成功的经验、流程、技术手段可供其他服务点使用，极大地提升了服务的整体质量。项目社工的能力提升也是显而易见的。

“我们都是主动地去调整项目服务中的一些技巧和方法的，不仅看到了问题，更多的是看到了希望，可能过去我们都没有发现自己所做事情的价值，但是通过 CIPP 检查出来了，对我们是很鼓舞的，同时还看到了其他服务点的成功做法很好地弥补了我们服务点存在的问题，彼此进步，共同成长。”采用“P–C”模型对 G 项目社工进行长达 6 个月的质量控制，我们与项目社工的关系由前期的互不了解，甚至“对抗”关系，到彼此信任，协同改善服务质量，双方的关系有了很大的改善和提升。CIPP 抓住了社工的需求点与 PDCA 进行了很好的结合，在这个过程中，不仅项目社工的能力获得了很大的提升，“P–C”模型各阶段的操作流程也变得更加清晰和完善。

三、“P–C”体系实务效果：G 项目末期评估分析与反思

“P–C”体系运用到 G 项目的真实情况如何，需要经过实践的检验和第三方评估才能有效做出评判。通过对第三方对 G 项目的末期评估结果进行分析，我们再结合自己的思考得出有价值的反思和总结。

（一）G 项目的末期评估情况

第三方对 G 项目的末期评价为优秀，得分为 90.39。部分服务评价如下。

服务对象评价：项目末期计划受众量为 500 人，截至末期评估时受众为 639 人，完成中期计划的 100%。通过电话调查和实地访谈，抽取 80 名服务对象作为样本，其中拨打电话 50 个，有效样本 48 个，无效样本 2 个（6 个不接听电话），实地走访 30 个，有效样本 30 个。经对有效访谈者的访谈记录，服务对象就工作人员的服务素质、活动时间、内容、效果进行了综合评价，服务对象甚至表示“学到了照顾残疾人的护理方法、很开心、缓解了照顾压力”“项目社工能够关系家属，关心病情，心情舒畅”“在遇到困难时，有许多爱心人士伸出了援助之手”，但仍有服务对象认为项目服务应当更加及时回应他们的需求，“多教授一些预防疾病的技巧”“提前预告活动”“多一些社区之间的互助”。

合作方评价：项目提供合作伙伴名单共27人。经访谈记录进行整理，得分率为98.75%，合作方认为，“项目服务能够定期探访服务对象，派送物资，让他们感受到社会的关爱”，“一些经济困难的服务对象可以享受到更多的政策支持、使其能够长期接受康复训练”。

其他成效或成果：项目影响到了东莞市内的其他社会事务办、残疾人联合会以及其他一些公益组织，经访谈项目社工由于相关组织展开合作。写出了《家属照顾手册》1本，在国家级报刊发表文章2篇。项目获得《南方都市报》、广东广播电视台等多家省级媒体的正面报道。项目获得广东省“智慧杯”公益创新大赛优秀奖。

总评：项目各项规章制度健全，人员素质不断提高，制定并执行了质量标准和监管，确保了服务的质量和水平；财务管理科学规范，物资管理得当；项目实施对服务对象产生了积极的影响，营造了良好的社会效益，如能持续整合资源为服务对象提供延续性服务效果更佳。

（二）对G项目末期评估结果的分析与反思

1. 其他学科的理论与社会工作的理论相互交融。PDCA是管理学质量控制循环的理论，而CIPP是教育学成果评估的模式，两者都运用到社会工作服务项目的管理中来，体现了社会工作实务整合性的特点，所以社工一定要保持开放的心态去接纳和吸收其他学科的精华用于实践，不断提升和完善服务的质量。

2. “P－C”质量控制模型管理的是项目过程，更是项目社工的能力。“P－C”模型将所有项目服务工作实现了“动态”和“静态”的管理，可以有效地帮助项目管理者发现问题和调整策略。但所有的服务工作都是一线社工在执行，质量控制的桥梁是项目社工，只有项目社工的能力获得提升，才有可能为服务对象提供高质量的服务。

3. 项目社工自发运转才能最大化地发挥“P－C”模型的作用。要让“P－C”体系就像是社工平常开展服务所用到的社会工作理论一样熟练掌握，自动自发地运用到项目会议、项目服务和项目的整体规划上来，帮助他们理清思路，发现问题，分析原因，解决问题。唯有如此，项目服务的质量问题就能得到及时的发现和处理，并能在原来的基础上不断地调整和改进。

4. 无论采取何种质量控制方法，都应以服务对象的问题改善为最终落脚点。“P－C”模型是项目管理者与现实情况博弈的结果，这里面有第三方评估的要求、出资方的要求、社工机构的要求、项目社工的能力水平等等，但是质量控制行为的最终指向都应该是服务对象。他们的问题有没有得到改善，他们的满意度如何，能否帮他们度过危机，对他们的家庭、社区甚至社会有没有产生积极的影响，这是评判我们的质量控制方法有没有取得实效的终极标准。

第四节　“P－C”质量控制体系实务评价

将“P－C”质量控制体系运用到G项目的过程结束了，但更为重要的是后期的总结和反思，只有如此才能整理出有价值的实务经验。

一、“P－C”质量控制体系的特色与优势

“P－C”模型经过G项目的实践运转，以及不断进行调整和完善后，对比其他行业运行质量控制体系的情况，它展现出较为鲜明的特色和优势。

第一，“P－C”模型配套和完善了各阶段的技术工具和流程。无论是运行PDCA还是CIPP，无论是进入哪一个环节，都有相应的标准和技术工具可供项目社工借鉴和使用，让该模型不再是停留于理论阶段，而是真正地与实务高度融合。另外，“P－C”模型有不断自我淘汰更新的特点，每一次运转发现问题之后，不合适的技术工具和流程都会被进行调整和改进，直到符合实际的需求。

第二，PDCA循环的运行周期更具系统性。项目生命周期模式在把握项目总体进展情况、判断项目风险、优选项目方案以及编制项目融资计划等方面都可以发挥出重要的作用（梁小勇，2004）。利用项目生命周期理论，本书以一个自然年为基准，把项目分为前期、中期、后期三个阶段，每个时间节点运行一次PDCA循环；把整体和局部进行区分，在运行了整体的PDCA质量循环后，将检查出来的质量问题进行先后次序排列，首要和关键的问题进入局部PDCA质量循环，也就是质量修正环。通过这样的梳理和区分，让项目社工能够清晰地知道该何时进行整体和局部的质量控制，还有如何处理各环节质量要素的优先次序。

第三，将PDCA和CIPP模式结合之后，对其内在的运行和逻辑关系更加清晰。在PDCA的C（检查）阶段，运用CIPP成果评估模式进行全面系统的检查，两者相互补充，前者体现了社会工作质量控制的动态管理，后者则体现了质量控制的阶段性检查结果，综合运用之后，让PDCA的各环节运行更有针对性。

二、“P－C”质量控制体系的不足及完善措施

虽然“P－C”体系具有鲜明的特色和突出的优势，但是目前还是存在着很

多的不足之处，也面临着不少的质疑之声，而这些不足之处很可能会影响项目质量控制的效果。

（一）“P－C”体系自身导致的问题及其完善措施

1. “P－C”体系有可能导致社工形成惯性思维。“P－C”模型让社工能更好更快地完成现有工作，每一轮运转都是同样的内容，则会造成社工服务缺乏新意和激情。例如某些工作效率差的项目社工，则总是等待其他项目社工形成好的服务标准和模板以后，才开始着手服务，形成了“等靠要”的心态，渐渐地则造成创意枯竭，而那些原本积极的社工也会走向使用别人的成果的心态。另外，由于“P－C”模型会不断地积累和完善服务流程和手段，这样也有可能会固化了工作的服务技巧和方式，大家形成了这样的惯性思维后，有可能导致最终思维的僵化。

2. “P－C”模型有可能给项目社工带来管理和工作的压力。“P－C”模型所要涉及的项目质量管理内容包罗万象，种类繁多，若没有清晰的头脑，熟练地掌握各阶段的任务和工作，则会给项目社工带来很大的管理和工作的压力。而且社会工作服务项目的运转周期一般都很紧张，项目社工的工作很繁忙，若不能有效掌握，则会给项目造成不必要的混乱。

3. “P－C”模型配套的技术工具和流程有可能不适用于社会工作服务项目的实际需要。“P－C”模型需配套大量的技术工具才能发挥应有作用，例如需求调查工具、进度测量表、因果图等等，但是这些技术工具和流程是否真的能与社会工作服务项目相适应呢？项目社工需要加以思考和甄别，不能“拿来主义”，乱用一通，因为有些技术工作可能是可以简化的，抑或是需要改进的。例如G项目在运行“P－C”模型时，在PLAN阶段大量运用了《残疾人职业能力测量表》对服务对象进行测量，但是后来发现这一量表的数据对于项目质量提升的帮助不大，因为我们缺乏相应配套的就业资源，然而却耗费了大量的人力和时间成本。

（二）外部因素导致的质量问题及其应对策略

1. 外部行业标准制定的进度影响“P－C”体系服务质量标准的形成。质量标准应当参照现有行业标准，对于个别部分行业还未出台标准的，机构内部应当有自己独立的标准。质量的好坏不是凭借个人主观意愿来评价的，社会工作服务项目的质量应当通过统一验收，并制定质量控制条例来规范项目质量。

2. 第三方评估指标体系的变化可能会影响“P－C”体系的实际效果。不可否认，“P－C”模型融入了CIPP成果评估模式以后，每一个阶段的运行都充满了评估检查的元素，有可能造成项目社工拿着评估指标体系挖空心思地靠近评估标准，而忽略服务对象的真正需求和现实的情况，最终导致调查失真，“P－C”模型的运转成效则大打折扣。当第三方评估指标体系发生改变时，项目社工会跟不上新的评估思维，为了迎合评估，压力过大，把过多心思用于思考如何适应评估要求，而不是扎扎实实的服务时，容易产生本末倒置的现象。

第五节　结论

G项目在最开始的时候，服务质量问题堪忧，甚至出现服务对象投诉的现象，还有社会大众对项目质疑的情况，对于这些问题让项目社工感到迷茫和无助，也让项目管理者感到非常的棘手。到后来，项目管理者能够梳理出清晰的质量控制方法，与社工保持同行，不断改进服务质量，直至获得服务对象和第三方评估机构的认可。我们将所有材料分析整理的基础上，对于“P－C”体系在G项目前期、中期和末期中的使用过程进行了系统性的梳理，整理出一个完整的G项目质量控制体系研发过程图，以更好地进行比较和分析，如图8所示。

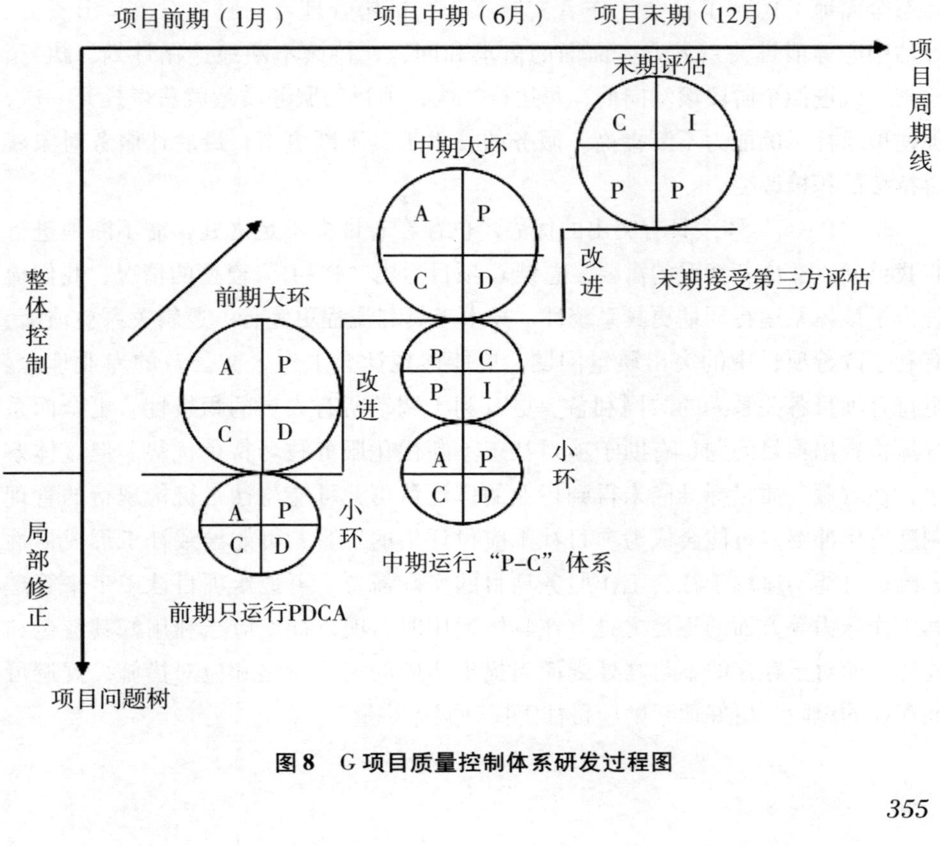

图8　G项目质量控制体系研发过程图

论文以质量控制、成果评估理论作为基础，以G项目为实例，运用“P－C”体系对项目过程进行质量控制，同时引用第三方评估机构对项目的评估结果进行效果检查，证明“P－C”体系的有效性，从而梳理总结项目经验。按照发现问题—理论研究—项目实践—效果评价—反思和经验总结，得到以下结论：

1. “P－C”体系在社会工作项目服务质量控制中的应用是切实可行的，能够有效地指导项目实践，提升项目的服务质量。该体系在G项目中应用取得了很好的效果，有效地调动了与项目有关的所有人员的积极性，形成了完善的运行流程，解决了项目前期所存在的大部分质量问题，并通过对项目关系人的多方评价和第三方评估的实际检验，证明了该体系对G项目的质量管理起到了关键性的作用。由于“P－C”体系与社会工作服务项目实践深度结合，产出了许多适用于项目社工使用的技术工具和操作流程。

2. “P－C”体系能有效地帮助社工对项目持续地进行质量改进。该体系能够系统而又全面地考虑各种因素，实现动态和静态质量的相结合，持续不断地发现问题和解决问题，还能不断地自我更新，以适应新环境的需要。“P－C”体系全面地考虑到了社会工作者实际工作、机构管理者、服务对象、出资方、评估中心等项目关系人方方面面的需求和问题，持续不断地遵循计划、执行、检查、改进四个阶段滚动向前，每运行一次，项目的服务质量就获得提升一次，促使项目社工的能力不断提高，服务的技术工具不断更新，最后让服务对象获得持续的积极改变。

3. “P－C”体系具有突出的优势，也存在着许多不足之处，需不断地进行自我更新以适应新情况的需要。总结G项目运用“P－C”模型的情况，我们梳理出了该体系运行周期更具系统性、技术工具和流程更完善、逻辑关系更清晰、有利于改善项目中的突出质量问题、更能体现社会工作人文公益的专业理念、更符合项目各关系人的共同利益、更有利于调动所有人员的积极性、更全面系统地检查出项目问题、有助于项目社工不断优化服务技巧特色优势。但该体系也存在着服务质量标准尚未得到行业的广泛认可、可能与社工机构现行的管理制度发生冲突、可能会成为项目社工应付评估的工具、可能导致社工形成惯性思维、可能不适用于社会工作服务项目的实际需要、可能给项目社工带来管理和工作压力等方面的不足之处。在具体运用时，项目社工应当利用好其特色和优势，而对于存在的不足之处则应当提出相应的完善策略和应对措施，规避可能存在的风险，更好地帮助项目社工提升服务质量。

参考文献

[1] 陈天红，李绥州．基于质量管理的老年人社会工作服务成效评价指标体系研究［J］．行政与法，2016（07）：81－87.

[2] 陈兴龙．全域社区老龄人口健康服务项目质量管理研究［D］．吉林大学，2014.

[3] 崔光胜，耿静．公益创投：政府购买社会服务的新载体——以湖北省公益创投实践为例［J］．湖北社会科学，2015：1－57.

[4] 范泪．社会组织的社会服务项目管理的本土经验研究［D］．中国青年政治学院，2011.

[5] 高玉姣．社会管理创新背景下街道社会工作指标化现象分析［D］．沈阳师范大学，2015.

[6] 葛丹玲．CIPP 评估模型在社会服务项目中的应用研究［D］．复旦大学，2013.

[7] 顾东辉．试论社会服务机构中的全面质量管理［J］．社会福利，2004（7）：11－14.

[8] 胡宏嘉．残疾人社会工作服务项目成效研究［D］．华东理工大学，2014.

[9] 胡文曼．项目评估模型的适用性研究［D］．华中科技大学，2015.

[10] 黄丽华．南宁市青少年社会工作项目化管理研究［D］．广西大学，2016.

[11] 黄志辉．南宁市困境未成年人社会工作服务项目质量评价体系构建研究［D］．广西大学，2016.

[12] 黄志辉．南宁市困境未成年人社会工作服务项目质量评价体系构建研究［D］．广西大学，2016.

[13] 蒋希明．公共物业服务项目质量管理研究［D］．东北石油大学，2013.

[14] 梁小勇．项目生命周期模式研究［D］．北京化工大学，2004.

[15] 廖群．我国会计师事务所审计质量控制体系研究［D］．西南财经大学，2013.

[16] 骆建建，周庆元．CIPP 评估模式下的 S 学院社工服务方案［C］．中国江苏常州，2010.

[17] 彭宽．上海失能老人机构护理服务质量控制体系研究［D］．上海工

程技术大学，2014.

[18] 舒远兴．政府工作质量管理体系研究［D］．南京航空航天大学，2007.

[19] 肖乐乐．政府购买社会服务的第三方评估：动因、效应及策略研究［D］．华东理工大学，2015.

[20] 徐厚丽．优质护理服务质量管理评价指标体系研究及应用［D］．山东大学，2013.

[21] 阳文彬，张源慧，陈旭辉，等．PDCA 循环法在慢性阻塞性肺疾病病人居家护理中的应用［J］．护理研究，2015（33）：4160－4163.

[22] 袁伟．项目干系人的优化管理策略探讨［J］．经济师，2017（2）：274－275.

[23] 章晓懿．城市社区居家养老服务质量研究［D］．江苏大学，2012.

[24] 周茂同．质量管理在社会工作服务项目中运用的可行性研究［D］．福建师范大学，2015.

[25] 邹琴．PDCA 循环在医院志愿服务——临床心灵关怀项目管理中的应用［J］．经营管理者，2017（11）：385－387.

[26] JUNG J Y，WANG Y J. Relationship between total quality management（TQM）and continuous improvement of international project management［J］. Technovation，2006，26：716－722.

[27] KERZNER H R. Project management：a systems approach to planning，scheduling，and controlling［M］. Hoboken，NJ：John Wiley and sons，2013.

[28] CLARKE R，SOLTAN H. A framework for the generation of project－specific quality control for knowledge－based system development［J］. Expert Systems，1996，1（13）：41－54.

[29] POWELL T C. Total quality management as compelitive advantage：A review and empirical study［J］. Strategic Management Journal，1995，16：15－37.

后　记

社会工作的根本是服务关系。社会工作行业与专业发展，最终要回归到服务关系建设和服务行为供给的质和量上，解决为谁服务和如何提供高效高质的服务这两大问题。基于这些认识，本团队通过实地调研，从一些侧面探究和呈现了广东的社会工作经验，以便相对系统地表征广东在社会工作实践中，在社会工作服务关系建设和服务行为供给方面作出的努力、取得的成效和存在的不足。广东经验不仅体现了广东社会工作行业和专业的发展，也呈现了全国社会工作政策效应和实践成就。为更好地讲好广东故事，同时聚焦主题、凝练经验、构建理论，本团队从对各个主题的拟定，到整体框架的制定，到最后的排版定稿，经历了多次修改和讨论，最后才形成本书。

社会工作是一个方兴未艾的事业，在发展过程中不断产生新经验新理论，也不断产生新困境新问题。一些疑问最终聚焦到社会工作的根本属性上，聚焦到社会工作行业与社会工作专业主题上，并最终促成本书有关社会工作行业和专业发展的十个维度：社会工作行业发展要做好功能定位、机构发展、平台建设、队伍建设、能力建设，社会工作专业发展要能够掌握专业技能、服务社会群体、整合社会力量、执行政策规划、管理服务项目。本书十个维度的内容在总论有简要介绍，各章有具体内容，这里不再赘述。总体而言，广东社会工作行业和专业发展在十个维度上都有很多建树，取得了许多成就。本书本着未来发展的思路对一些可能存在的发展困境进行了分析，但更多的还是想构建一种思考社会工作发展的分析框架，引发更广泛、更深入的思考。经验体悟是本书的写作基础，基于实践思考，团队成员各自完成了华南农业大学社会工作学位论文，本书的十章内容便是团队成员在教育学习、工作实践过程中完成的，也是在此基础上经多次修改完善而成的。本书形成大致经历了实践经验文本化、经验理论化、理论主题化三个阶段。

本书是团队成员通力合作和努力付出的结果。团队成员的专业背景主要是社会工作，他们当前的职业大多与社会工作有关。陈玉生为华南农业大学公共管理学院副教授；胡文辉为广州工商学院商学院团委书记；李瑶葵任职汕头市青年志愿者行动指导中心，挂职共青团汕头市澄海区委员会副书记；李开为云南民族大学社会学博士研究生，惠州学院社会工作系教师；许亚柯为湖南化工职业技术学院教师；黎倩欣为广东理工学院教师；李诗韵、钟赵云、黄嘉颖、颜舒婷、王誉烨在社会服务机构等单位工作。团队部分成员为社会工作师或社会工作督导，均有丰富的社会工作实务与科研经验。

各章责任人如下。

陈玉生——总论　宏观社会工作与微观社会工作：基于广东省的实践看社会工作本土化创新与发展

颜舒婷——第一章　社会工作功能定位：角色理论视角下的青少年服务个案内容分析

李瑶葵——第二章　社会工作机构发展：场域理论视角下的区域社会工作发展研究

许亚柯——第三章　社会工作平台建设：双边平台理论视角下的社工平台发展研究

黎倩欣——第四章　社会工作队伍建设：内外影响力范式下社工职业稳定的定量研究

黄嘉颖——第五章　社会工作能力建设：赋能理论视角下的社工专业支持研究

胡文辉——第六章　掌握专业技能：社会工作小组动力干预研究

钟赵云——第七章　服务社会群体：农村老年人社工服务研究

王誉烨——第八章　整合社会力量：社区社会组织培育研究

李诗韵——第九章　执行政策规划：社区营造周期研究

李　开——第十章　管理服务项目：社工项目质量管理研究

陈玉生

2021 年 12 月 25 日